U0909259

马克思主义理论研究和建设工程重点教材

西方经济学

（第二版）下册

《西方经济学》编写组

高等教育出版社
人民出版社

二维码资源访问

使用微信扫描本书内的二维码，输入封底防伪二维码下的 20 位数字，进行微信绑定，即可免费访问相关资源。注意：微信绑定只可操作一次，为避免不必要的损失，请您刮开防伪码后立即进行绑定操作！

教学课件下载

本书有配套教学课件，供教师免费下载使用，请访问 xuanshu.hep.com.cn，经注册认证后，搜索书名进入具体图书页面，即可下载。

图书在版编目（CIP）数据

西方经济学. 下册 /《西方经济学》编写组编. -- 2 版. -- 北京：高等教育出版社，2019.9（2025.2 重印）
马克思主义理论研究和建设工程重点教材
ISBN 978-7-04-052554-0

Ⅰ.①西… Ⅱ.①西… Ⅲ.①西方经济学-高等学校-教材 Ⅳ.①F0-08

中国版本图书馆 CIP 数据核字（2019）第 181810 号

责任编辑 施春花　封面设计 王 洋　版式设计 于 婕　插图绘制 于 博
责任校对 刁丽丽　责任印制 沈心怡

出版发行	高等教育出版社	网　址	http://www.hep.edu.cn
社　址	北京市西城区德外大街 4 号		http://www.hep.com.cn
邮政编码	100120	网上订购	http://www.hepmall.com.cn
印　刷	涿州市星河印刷有限公司		http://www.hepmall.com
开　本	787mm×1092mm 1/16		http://www.hepmall.cn
印　张	20.25	版　次	2012 年 12 月第 1 版
字　数	330 千字		2019 年 9 月第 2 版
购书热线	010-58581118	印　次	2025 年 2 月第 33 次印刷
咨询电话	400-810-0598	定　价	40.00 元

本书如有缺页、倒页、脱页等质量问题，请到所购图书销售部门联系调换
版权所有 侵权必究
物 料 号 52554-00

目　录

下篇　宏观经济学

下　篇　宏观经济学

第九章　宏观经济的基本指标及其衡量

从本章开始主要论述宏观经济学的基本内容。在导论第一节，已经对宏观经济学进行了界定。宏观经济学研究经济体（一个国家或一个地区）的总体经济活动，着眼于国民经济的总量分析。由于宏观经济学以经济体的总体经济活动为考察对象，因此，对宏观经济及宏观经济运行状况的认识和了解，需要从描述宏观经济开始。具体地说，需要对宏观经济的运行进行衡量。这样做不仅有助于宏观经济学构建相关的理论或模型，而且可以使读者更好地了解宏观经济是如何运行的。

对宏观经济运行进行衡量，就需要定义和介绍宏观经济一些最基本的概念和指标。这就是本章的基本目的。在宏观经济学中，最初定义和介绍的宏观经济的基本指标主要涉及三个方面，即总产出、总体价格水平和总体就业水平（或失业水平）。另外，由于主要的宏观经济问题都与上述指标中的一个或多个相联系，本章第四节对主要的宏观经济问题进行了说明。

第一节　国内生产总值及其衡量

在宏观经济学的所有概念中，最重要的指标是国内生产总值（简称 GDP）。这个指标不仅与经济增长和经济波动等宏观经济学的重要概念有关，而且能帮助政策制定者据此判断宏观经济运行的状况，当人们关注一国经济发展水平时，也会考虑这一指标。

一、GDP 的含义

作为衡量一国经济总产出的宏观经济指标，GDP 是指一定时期内在一国（或地区）境内生产的所有最终产品与服务的市场价值总和。为了更准确地理解 GDP 的含义，有必要做如下说明：

第一，GDP 是一个市场价值的概念。为了解决现实经济中不同种类产品和服务的实物量一般不能加总的问题，人们转而考虑这些产品和服务的货币价值。一种物品的货币价值可以用该物品的单位价格乘以该物品的数量来表示。

这意味着，GDP 一般是用某种货币单位来表示的。例如，2018 年，中国的 GDP 为 900 309 亿元人民币。

第二，GDP 衡量的是最终产品和服务的价值，中间产品和服务价值不计入 GDP。所谓最终产品和服务是指直接出售给最终消费者的那些产品和服务。它与中间产品和服务的概念不同。后者是指由一家企业生产出来被另一家企业当做投入品的那些产品和服务。举例来说，一辆小汽车是最终产品，而小汽车上的耐磨轮胎则是中间产品。把 GDP 核算的产品限定为最终产品的用意是，避免价值核算中的重复计算问题，以使 GDP 指标能真实地反映经济活动的成果。

第三，GDP 是一国（或地区）范围内生产的最终产品和服务的市场价值。也就是说，只有那些在指定的国家或地区生产出来的产品和服务才被计算到该国或该地区的 GDP 中。例如，美国的耐克公司在中国生产的旅游鞋，其市场价值应该计入中国的 GDP，而不是美国的 GDP。同样的，中国的海尔公司在美国生产的电冰箱，其市场价值应该计入美国的 GDP，而不是中国的 GDP。

第四，GDP 衡量的是一定时间内所生产的产品和服务的价值。这段时间或者是一个季度，或者是一年。这意味着 GDP 属于流量，而不是存量。①

二、GDP 的衡量

一般地，核算或衡量 GDP 有三种方法：生产法（又称为增值法）、收入法和支出法。它们分别从三个不同的角度衡量经济体的总产出（总成果）。从理论上说，这三种方法因为都是衡量同一经济体的经济活动，其结果应该是相同的。下面简要说明收入法和支出法的等价性后，介绍核算 GDP 的支出法和收入法。

（一）收入法与支出法的等价性：循环流程图

宏观经济学通常用循环流程图说明核算 GDP 的收入法与支出法的等价性。为了更好地说明循环流程图，有必要明确作为决策者的家庭和企业在经济中的角色。

家庭在经济中具有两个基本角色：既是产品和服务的需求者，又是生产要素的供给者。家庭在现实经济中要做出各种各样的决策，比如买什么、存多少钱、在哪里工作，等等。虽然一般来说，一个家庭有好几口人，但经济学通常

---

① 在经济学中，流量是一定时期内发生的量，存量是一定时点上存在的量。

把家庭看作一个决策者。家庭通过供给其拥有的生产要素获得要素收入，从而使其在产品和服务市场上能够购买所需要的产品和服务，形成消费。

企业是由追求利润的企业家把生产要素结合起来生产商品和服务而组织起来的经济单位。企业在经济中的角色主要有两个：一是生产者的角色，企业通过对生产要素的组织和运用，可以提供各种实物产品，如房屋、食品、机器、日用品等；也可以提供各种无形产品即服务，如理发、医疗和旅游等。二是需求者的角色，企业生产得以顺利进行的一个前提条件是企业要拥有生产要素，而获取生产要素不是免费的，需要企业在要素市场上用货币购买或租用，因此，企业在生产要素市场上构成需求方，是以要素需求者的角色出现的。

下面就来说明循环流程图。为了简单和便于理解，考虑一个只用劳动这种单一投入生产包子这种单一产品的经济。图 9-1 显示了这个经济中家庭和企业之间发生的经济交易。

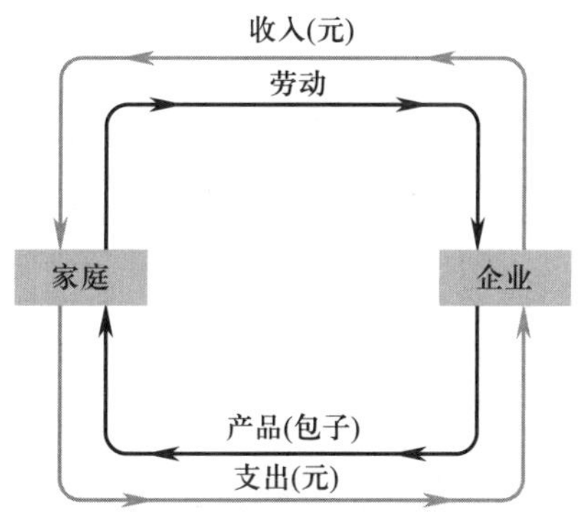

图 9-1　循环流程图

图中有两层循环，里面的循环代表包子和劳动的流动（实物流）。家庭把他们的劳动卖给企业，企业使用工人的劳动生产包子，又把包子卖给家庭。因此，在图中，劳动从家庭流向企业，而包子从企业流向家庭。图中外面的循环代表相应的货币流向。家庭从企业购买包子，企业用这些销售的一部分收入向工人支付工资，剩余部分是属于企业的所有者（他们本身是家庭部门的一部分）的利润。这样，对包子的支出从家庭流向企业，收入以工资和利润的形式从企业流向家庭。

在这个简化的经济中，GDP 既是对包子的总支出，又是从生产包子中得到的总收入。

GDP 衡量这个经济中货币的流量。根据图 9-1，人们可以用两种方法来衡量。GDP 是从生产包子中得到的总收入，它等于工资和利润之和，即循环流程图的上半部分。GDP 也是购买包子的总支出，即图中的下半部分。为了衡量 GDP，既可以考察货币从企业向家庭的流动，也可以考察货币从家庭向企业的流动。

这两种核算 GDP 的方法是等价的。这是因为，根据会计规则，买者在产品上的支出必定等于这些产品卖者的收入。影响支出的每一笔交易必定影响收入，影响收入的每一笔交易也必定影响支出。例如，企业多生产了一个包子并卖给了家庭。显然，这笔交易增加了对包子的总支出，但它对总收入也有同样的效应。

在国民收入核算中，由于 GDP 有三种等价的核算方法，因而就有如下关系式：

产出 = 支出 = 收入

根据上面的关系式，GDP 就有三个称谓，即总产出（与生产法相对应）、总支出（与支出法相对应）和总收入（与收入法相对应）。在宏观经济学中，通常用英文字母 Y 表示 GDP，并在不同的场合下，将 Y 称为总产出、总产量、总支出或总收入。

（二）核算 GDP 的支出法

用支出法衡量 GDP，就是衡量在一定时期内整个社会购买最终产品和服务的总支出。那么谁是最终产品的购买者呢？宏观经济学引入了一种有用的部门分类方法来回答这个问题。

一国经济从对产品和服务需求的角度可以划分为四个部门，即家庭部门、企业部门、政府部门和国外部门。其中，家庭部门是指一国中所有家庭的集合，企业部门是指一国境内所有企业的集合，政府部门就是一国各级政府的总和，国外部门是指与该国发生经济往来的所有国家和地区的总和。

对家庭部门而言，其对最终产品和服务的支出被称为消费支出，简称消费，一般用英文字母 C 表示。它又可分为三大部分，即耐用品消费支出，如对小汽车、电视机等产品的购买；非耐用品消费支出，如对食品、服装等产品的购买；服务消费支出，如对医疗、教育、旅游等方面的支出。

对企业部门而言，其支出被称为投资支出，简称投资，一般用英文字母 I 表示。投资是企业在厂房、设备和存货上的支出与家庭在住宅上的支出之和。

当一个企业或家庭变更资本存量时，投资就发生了。在这里，资本存量是指在经济中生产性资本的物质总量，它包括所有的厂房、设备和住宅等。资本存量的增加是投资的结果。由于资本存量不断地被消耗，为了补偿或重新置换已消耗掉的资本，企业需要投资，宏观经济学将企业的这种支出称为折旧，或

重置投资。在经济学中，使经济中的资本存量出现净增加的投资被定义为净投资。净投资大致可以用下式表示：①

当年净投资=当年年终资本存量-上年年终资本存量

在宏观经济学中，总投资被定义为净投资加上折旧，即：

总投资=净投资+折旧

从另一个视角看，一个经济体的总投资还可分为固定投资和存货投资。固定投资是对新厂房、机器设备和住宅的购买。它可分为非住宅固定投资和住宅固定投资。前者是指用于经营活动的建筑物和设备方面的投资。钢铁厂、办公楼和发电厂是建筑物方面投资的例子，卡车、车床和复印机是设备方面投资的例子。住宅固定投资是指用于新住宅和公寓建筑的支出。“固定”这个词意指这种类型的投资将持续一段时间，这就同下面要说的存货投资区别开来。

所谓存货投资是指企业持有的存货价值的变化。它可以表示为：

当年存货投资=当年年终存货价值-上年年终存货价值

根据上式可知，存货增加时，存货投资为正值；而存货减少时，存货投资则为负值。

回到 GDP 衡量问题上来。当用支出法核算 GDP 时，投资指的是总投资，这也是 GDP 被称为“总”产出的原因。

对政府部门而言，将各级政府购买产品和服务的支出定义为政府购买。政府提供国防、修建道路、开办学校等方面的支出是政府购买的例子。政府购买只是政府预算中政府总支出的一部分，政府支出的另外一些部分，如社会保障和福利支出等项目（它们被称为政府的转移支付）通常不计入 GDP 中。其原因在于：这些支出是再分配已有的收入，并不用于交换产品和服务，所以不构成 GDP 的一部分。

在宏观经济学中，通常用英文字母 G 表示政府购买。消费、投资和政府购买之间的差别主要基于购买者的类型，而不是所购买产品和服务的类型。如果一个家庭购买了一辆小汽车并用于消费，那么该汽车作为耐用消费品；如果购买者是企业，且汽车被企业使用，那么它作为企业对设备的固定投资；如果购买者是政府，它就属于政府购买。这个原则的唯一例外是住宅投资。住宅投资包括所有住宅的购买，不管购买者是家庭、企业还是政府。

---

① 为简单起见，此处忽略了资本折旧等影响资本存量变动的因素。

为了衡量国外部门对一国产品和服务的支出，通常引入净出口这一概念。净出口被定义为出口额与进口额的差额。这里，出口额是指本国向国外部门提供的产品和服务的总价值。进口额是指从国外部门输入本国的产品和服务的总价值。从 GDP 支出法核算的视角看，进口应从本国总购买中减去，因为进口表示收入流到国外，不是用于购买本国产品的支出；出口则应加进本国总购买之中，因为出口表示收入从国外流入，是用于购买本国产品和服务的支出。因此，对国外部门来说，只有净出口应计入总支出。现用 X 表示出口，M 表示进口，NX 表示净出口，则有：

$$NX=X-M$$

按照 NX 的定义，净出口可以为正值，也可以为零，还可以为负值。按照国际贸易的用语，当净出口 NX 为正时，表示一国经济存在贸易盈余或贸易顺差；当净出口 NX 为零时，表示一国经济达到贸易平衡；当净出口 NX 为负时，表示一国经济存在贸易赤字或贸易逆差。

把上述四个部门的支出项目加总，用支出法核算 GDP 的公式可表示为：

$$GDP=C+I+G+NX \tag{9.1}$$

表 9-1 给出了 2015 年美国 GDP 和各项支出的构成情况。

表 9-1 2015 年美国 GDP 及其组成部分

项目	数额（10 亿美元）	占 GDP 的百分比（%）
个人消费支出（C）	12 268	68
投资（I）	3 018	17
政府对商品和服务的采购（G）	3 184	18
商品和服务的净出口（NX）	−532	−3
国内生产总值（GDP）	17 938	100

资料来源：N. Gregory Mankiw，*Principles of Economics*，8 ed.，New York：Cengage Learning，Inc.，2018，p. 482.

注：由于计算过程中四舍五入的关系，各项累加可能不等于总和。

从表 9-1 中可以看出，在美国的 GDP 构成中，个人消费支出占 GDP 的份额最大，为 68%；政府对商品和服务的采购占 GDP 的 18%，排在第二位。2015 年美国的净出口为负值，表明美国在这一年的对外贸易为逆差。

顺便指出，在对宏观经济的理论考察中，人们把包括家庭部门、企业部门、政府部门和国外部门的经济称为开放经济（或四部门经济），把只包括家庭部门、企业部门和政府部门的经济称为三部门经济，把只包括家庭部门和企业部门的经济称为两部门经济。两部门经济和三部门经济又统称为封闭经济。

（三）核算 GDP 的收入法

与支出法核算 GDP 不同，收入法使用要素成本，即生产产品与服务时所使用的生产要素的成本，来核算所生产的产品与服务的价值。这需要收集收入数据：劳动的工资、资本的利息、土地的租金以及企业家才能的利润，然后对这些收入进行加总。这就是收入法核算 GDP 的基本思路。

以美国为例，美国国民收入与生产账户将收入划分为两大类。一是工资收入，在国民收入账户中被称为雇员薪酬，是劳动服务的报酬。它包括净工资和雇主支付的额外福利，如医疗保险和养老基金等。二是利息、租金和利润收入，是资本、土地和企业家才能所带来的总收入。利息收入是指家庭所收到的对其资本支付的利息。租金收入是指对使用土地和其他可租用的生产要素的支付。利润收入包括企业利润以及自己经营企业的企业家收入。工资、利息、租金和利润收入的加总被称为以要素成本衡量的国内生产净值。

需要指出的是，以要素成本衡量的国内生产净值并不是 GDP。要得到 GDP 还需作出两项调整：一是从要素成本到生产价格；二是从净产值到总产值。相对于前者，可知支出法使用市场价格来核算产品与服务的价值，而收入法使用要素成本来核算产品与服务的价值。现实当中的间接税（如销售税）和补助金（政府对企业的补偿）使这两种计算结果出现差异。销售税使得市场价格要超过要素成本，而补助金使得要素成本超过市场价格。将以要素成本衡量的价值转换成以市场价格计算的价值，必须加上间接税并减去补助金。相对于后者，国内生产净值和 GDP 的区别在于折旧，折旧来自资本品的使用和报废所导致的资本价值的损耗。收入法 GDP 核算中的企业利润，是扣除资本折旧后的净值，而支出法 GDP 核算中的投资，既包括购买新的资本品，也包括对资本品损耗或废弃的重置投资。为了以收入法得到 GDP，必须在总收入上加上折旧。

综上所述，可以形成核算 GDP 的收入法的公式：

$$GDP = \text{工资} + \text{利息} + \text{租金} + \text{利润} + \text{折旧} + \text{间接税} - \text{补助金}$$

从理论上说，核算 GDP 的收入法和支出法得到的结果应该是相等的，但在实践中，这两种方法核算的 GDP 并不一致，两者的差额被称为统计误差。

三、名义 GDP 和实际 GDP

GDP 是经济中产品与服务总产出的价值。但是，GDP 是衡量经济福利的一个好指标吗？考虑一个只生产苹果和橘子的经济。在这个经济中，GDP 是生产的所有苹果和所有橘子的价值之和。即：

$$GDP = \text{苹果的价格} \times \text{苹果的产量} + \text{橘子的价格} \times \text{橘子的产量}$$

宏观经济学把用现期价格衡量的全部最终产品与服务的价值叫做名义 GDP。值得指出的是，根据上面 GDP 的表达式，名义 GDP 的增加可能是由于价格的上升，也可能是由于产量的增加以及价格和产量两者都增加。

容易看出，用这种方法计算出的 GDP 并不是衡量经济福利的好指标。也就是说，这种衡量指标没有确切反映出该经济可以在多大程度上满足家庭、企业和政府的需求。如果产量没有任何变化而价格翻倍了，那么，名义 GDP 也将翻倍。但是，如果我们说经济满足需求的能力翻倍了，那么，这将是一种误导，因为所生产的每一种商品的产量和以前是相同的。

从直观的角度，更好的经济福利衡量指标是计算产品与服务实物产出，它们不受价格变动的影响。出于这一目的，宏观经济学使用实际 GDP。实际 GDP 是使用一组不变价格衡量的产品与服务的价值。也就是说，实际 GDP 表明如果产量变化而价格不变时产出的变动。

为了说明实际 GDP 如何计算，设想我们要比较生产苹果和橘子的经济中 2014 年的产出和随后年份的产出。我们可以从选择一组价格开始。这样一组价格被称为基年价格，例如 2014 年的价格。用基年价格来给每年不同的产品估值，然后把产品和服务价值加总。在所考虑的上述简化的经济中，2014 年的实际 GDP 是：

$$\text{实际}\ GDP = 2014\ \text{年苹果的价格} \times 2014\ \text{年苹果的产量} + 2014\ \text{年橘子的价格} \times 2014\ \text{年橘子的产量}$$

类似地，2015 年的实际 GDP 是：

$$\text{实际}\ GDP = 2014\ \text{年苹果的价格} \times 2015\ \text{年苹果的产量} + 2014\ \text{年橘子的价格} \times 2015\ \text{年橘子的产量}$$

2016 年的实际 GDP 是：

$$\text{实际}\ GDP = 2014\ \text{年苹果的价格} \times 2016\ \text{年苹果的产量} + 2014\ \text{年橘子的价格} \times 2016\ \text{年橘子的产量}$$

在上述情形中，由于价格是不变的，只有在产量变动时，不同年份的实际 GDP 才发生变动。由于一个社会向其成员提供经济上满足的能力最终取决于所生产的产品与服务的数量，因此，实际 GDP 比名义 GDP 提供了一个更好的经济福利的衡量指标。

顺便指出，在宏观经济学中，实际人均 GDP 是指经济体的实际 GDP 除以该经济体的人口总数。一般认为，一国生活水平依赖于该国实际人均 GDP。实际人均 GDP 提高，意味着人们能够购买到他们所需要的更多的商品和服务，进而人们的生活水平得到改善和提高。

四、与 GDP 相关的一些经济指标

除了 GDP 这一指标外，一个经济体的国民收入核算还包括一些其他收入衡量指标。了解其他一些相关指标是重要的，因为宏观经济学的一些文献和经济类出版物经常提到这些指标。

与 GDP 相关的另一个收入概念是国民生产总值（简称 GNP）。GNP 被定义为一个特定经济体的公民拥有的生产要素所生产的产出的市场价值。

一般地，GDP 衡量经济体地理范围内生产的总收入，而 GNP 衡量经济体的公民赚取的总收入。例如，如果一个中国公民在美国纽约拥有一处房产，则他赚取的租金收入是美国 GDP 的一部分，因为这一收入是在美国赚取的。但是，这一租金收入是中国 GNP 的一部分，不是美国 GNP 的一部分。

根据 GDP 和 GNP 的定义，两者的关系可以由下式表示：

$$GNP = GDP + \text{来自国外的要素报酬} - \text{支付给国外的要素报酬}$$

有了 GNP 后，为了得到国民净产值（简称 NNP），需要从 GNP 中减去资本折旧。因此有：

$$NNP = GNP - \text{折旧}$$

国民收入（简称 NI），是与国民净产值近似相等的另一个收入衡量指标。两者的差别只有统计误差。这种统计误差的产生是由于不同的数据来源可能并不是完全一致的，这意味着：

$$NI = NNP - \text{统计误差}$$

国民收入这一指标衡量经济体中所有人一共赚取的收入。

如果问，一个经济体的家庭每年实际上有多少钱可供花费？则用可支配收入这一指标回答这个问题。可支配收入被定义为家庭获得的市场收入，加上转移支付，再减去个人税收，即有：

$$可支配收入=家庭获得的市场收入+转移支付-个人税收 \quad (9.2)$$

第二节 价格水平及其衡量

从一定的角度说，上一节说明的 GDP 指标提供了一个经济体中有关生活水平的信息，在本节中，将把视角放在衡量生活成本的指标上。这涉及一组物品价格水平的衡量问题。

一、一组物品价格的衡量问题

对于一组物品（产品和服务）来说，如何描述和反映它们价格的变动情况似乎是一个较复杂的问题。首先，不能用一种物品的价格来代表该组物品的价格，因为这犯了以偏概全的错误。其次，也不能简单计算所有物品价格的平均值，因为这样做会把所有产品与服务等同处理。在现实中，人们购买的鸡蛋可能会比带鱼多（或相反），所以，鸡蛋的价格在计算相应指标时的权重就应该大于（或小于）带鱼的价格的权重。

把上述问题延伸到一个经济体中。一个经济体所涉及的产品和服务数量众多，这些产品和服务的价格变化也千差万别，如何从总体上描述一个经济体中各种产品和服务价格的走向或趋势呢？宏观经济学引出了价格水平的概念。所谓价格水平是指经济体中特定范围内的产品和服务价格的总体平均水平，它是衡量货币购买力或货币所能购买的产品和服务数量的指标。

二、衡量价格水平的主要指标

在宏观经济学中，价格水平通常用价格指数来表述。价格指数是同一组产品和服务在某一年的费用额同它在某一设定的基准年度（基期年，或简称基年）的费用额的比率。基年的指数通常为 100，如果以后该组产品和服务的价格上涨，则指数相应地上升。例如，假定 2013 年为基年，衡量 2015 年的价格水平的指数值为 152，这意味着，购买同一组产品和服务在 2013 年需 100 元，在 2015 年需 152 元。

在宏观经济学中，常用的价格指数有两个：一个是 GDP 平减指数，另一个是消费价格指数。

（一）GDP 平减指数

GDP 平减指数与前面提到的名义 GDP 和实际 GDP 有关，它被定义为经济体的名义 GDP 与实际 GDP 的比率，即：

$$GDP\text{ 平减指数}=\frac{\text{名义 }GDP}{\text{实际 }GDP}\times 100\text{①} \tag{9.3}$$

一般地，GDP 平减指数反映了经济体总体价格水平发生的变动。

为了更好地理解这一点，考虑一种非常简单的情况，即只生产一种产品——包子的经济体。给定特定时期，如果 P 是该时期包子的价格，Q 是该时期包子的销售量，那么，该经济体在该时期的名义 GDP 就是 $P\cdot Q$。根据前面实际 GDP 的定义，该经济体在该时期的实际 GDP 则为 $P_{\text{基期}}\cdot Q$，其中 $P_{\text{基期}}$ 为包子在基期的价格。根据式（9.3），该经济体在该时期的 GDP 平减指数为 $P/P_{\text{基期}}$。如果包子的价格在该时期相对于基期上涨了，则 $P/P_{\text{基期}}>1$；若包子的价格在该时期相对于基期下降了，则 $P/P_{\text{基期}}<1$。这说明，GDP 平减指数确实能反映经济总体价格水平发生变动的情况。

利用式（9.3），可以把名义 GDP 和实际 GDP 的关系表示为：

$$\text{实际 }GDP=\frac{\text{名义 }GDP}{GDP\text{ 平减指数}}\times 100 \tag{9.4}$$

式（9.4）说明，实际 GDP 可以通过缩减名义 GDP，即除以价格水平（价格指数）来得到。一般地，式（9.4）也适用于宏观经济的其他总量变量，如消费、投资和货币量等。

（二）消费价格指数

正如 GDP 把经济体中许多产品和服务的数量变成衡量生产成果的价值的单一数字一样，消费价格指数（简称 CPI）把许多产品和服务的价格变成衡量价格总体水平的单一指数。

编制 CPI 是一项庞大的工作，通常包括三个基本步骤：①通过对城镇消费者对产品和服务的购买进行消费者支出调查，进而确定消费者购买的一个“商品篮子”；②对“商品篮子”中的物品价格进行调查和记录；③计算 CPI。

对上述步骤①和②，限于本书篇幅，兹不赘述。下面说明步骤③。

对于步骤③，又可分为如下三步：

---

① 在一些宏观经济学文献中，为了避免价格指数带有更多的小数，常常在指数的表达式中乘上 100 来处理。

第一步，指定基年（期），计算在基期价格下“商品篮子”的费用额；

第二步，计算现期（计算期）价格下“商品篮子”的费用额；

第三步，按下面的公式计算基期和现期的 CPI：

$$CPI=\frac{\text{现期价格下“商品篮子”的费用额}}{\text{基期价格下“商品篮子”的费用额}}\times 100 \tag{9.5}$$

下面用例子说明上面的计算，见表 9-2。

表 9-2 鸡蛋和苹果的价格

年份	鸡蛋价格（元/斤）	苹果价格（元/斤）
2016	2	3
2018	5	8

假定所确定的“商品篮子”是 5 斤鸡蛋和 2 斤苹果。基期（年）为 2016 年，计算期为 2018 年，根据公式（9.5）有

$$CPI_{2016}=\frac{5\times 2016\text{ 年鸡蛋价格}+2\times 2016\text{ 年苹果价格}}{5\times 2016\text{ 年鸡蛋价格}+2\times 2016\text{ 年苹果价格}}\times 100=\frac{5\times 2+2\times 3}{5\times 2+2\times 3}\times 100$$
$$=100$$

上式说明，一般地，基年的 CPI 为 100。

$$CPI_{2018}=\frac{5\times 2018\text{ 年鸡蛋价格}+2\times 2018\text{ 年苹果价格}}{5\times 2016\text{ 年鸡蛋价格}+2\times 2016\text{ 年苹果价格}}\times 100=\frac{5\times 5+2\times 8}{5\times 2+2\times 3}\times 100$$
$$=256.25$$

上述计算的指数告诉人们，在维持“商品篮子”不变的情况下，在基年（2016 年）购买 100 元的“商品篮子”物品（此处为鸡蛋和苹果），在 2018 年要多花 156.25 元。

（三）CPI 和 GDP 平减指数的比较

以上分别说明了 GDP 平减指数和 CPI 的含义。可以说两者的相同点在于它们都提供了衡量一组产品和服务价格水平的信息。但两种指标之间有如下区别：

第一，GDP 平减指数衡量生产出来的所有产品和服务的价格，而 CPI 衡量的只是消费者购买的产品和服务的价格。因此，企业或政府购买的产品价格上升只会反映在 GDP 平减指数上，而不会反映在 CPI 上。

第二，GDP 平减指数只包括国内生产的产品。进口品并不是 GDP 的一部分，其价格变动也不反映在 GDP 平减指数上。因此，当在国内销售的进口品价格上升时，会影响 CPI，但这种变化并不影响 GDP 平减指数。

第三，CPI 给不同产品的价格分配固定的权重，GDP 平减指数分配变动的权重。换句话说，CPI 是用固定的一篮子产品来计算的，而 GDP 平减指数则允许一篮子产品在 GDP 组成部分变动时随时间推移而变动。这可以通过下面的例子来说明。假定一次极端天气影响了一国的橘子收成，使橘子产量下降到零，这时，水果店货架上剩下的橘子价格就会快速上涨。由于此时橘子不再是 GDP 的一部分，橘子价格上升并不反映在 GDP 平减指数上。但是，由于 CPI 是用包括橘子在内的固定一篮子产品计算的，橘子价格的上升，就会引起 CPI 数值的上升。

在宏观经济学中，通常用英文字母 P 表示价格水平。

三、通货膨胀的含义

有了价格水平和价格指数的概念，就可以说明宏观经济运行中常见的一种现象，即通货膨胀。在宏观经济学中，通货膨胀是指一个经济体在一定时期内价格水平普遍、持续地上升的情况。

通货膨胀的程度是通过通货膨胀率来反映的。通货膨胀率被定义为从一个时期到另一个时期价格水平变动的百分比。如果以 P_t 表示 t 时期的价格水平，P_{t-1} 表示 $t-1$ 时期的价格水平，π_t 表示 t 时期的通货膨胀率，则有：

$$\pi_t=\frac{P_t-P_{t-1}}{P_{t-1}}\times 100\% \tag{9.6}$$

式（9.6）中的价格水平 P 既可以用 GDP 平减指数表示，也可以用 CPI 表示。例如，假设 2018 年为当年，2018 年经济的 CPI 为 140，再假设上一年即 2017 年的 CPI 为 120。那么，2018 年的通货膨胀率为：

$$\pi_{2018}=\frac{140-120}{120}\times 100\%=16.7\%$$

CPI 是使用最广泛的衡量货币购买力的指标。当人们达成用某种货币支付的协议时，为保护自己不因通货膨胀而遭受损失，可以在合同条款上注明费用额随 CPI 的变化作相应的调整。这种做法被称为生活费用调整，被广泛应用于社会保险支付以及阐述工会工人就业条件的劳资谈判协议中。

图 9-2 给出了部分国家 2003—2013 年年均通货膨胀率的情况。从图中可以看出，在这 10 年中，俄罗斯、土耳其和巴西的通货膨胀率均处于较高的水平，包括中国在内的其余国家物价水平相对稳定。

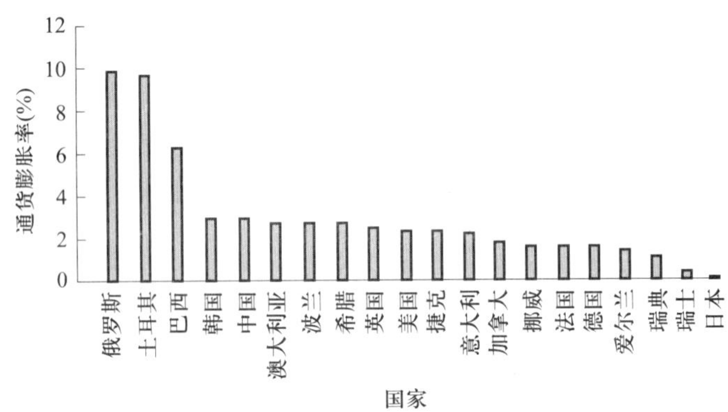

图 9-2 2003—2013 年平均通货膨胀率的跨国比较

资料来源：[美] 弗雷德里克 · S. 米什金：《宏观经济学：政策与实践》（原书第 2 版），杨澄宇译，机械工业出版社 2018 年版，第 7 页。

本章对于价格水平的介绍旨在描述和衡量。在本书第十三章，将考察通货膨胀的原因及影响。

第三节 失业及其衡量

本章的基本内容是如何描述（或衡量）一个经济体的总体状况，前面已经说明了两个方面的指标，即 GDP 和价格水平，现在来说明第三个方面的指标。

一个经济体经济状况的一个重要方面是该经济体利用劳动力资源的情况。由于劳动力是一个经济体的主要资源之一，所以，反映一个经济体经济状况的第三个方面的指标与失业或就业状况有关。

一国的劳动力市场指标通常由该国的劳动统计部门提供。下面以美国为例介绍有关情况。

一、家庭调查

美国劳工统计局每个月都对 6 万个左右的家庭进行调查，这种调查被称为现期人口调查。根据对调查问题的回答，每个家庭的每个成年人（16 岁及以上）被归为以下三类之一：

（1）就业者：这一类人包括那些在调查时作为有报酬的雇员在工作、在自有企业中工作或在家庭成员的企业中从事无报酬工作的人，还包括当时没在工作但实际上有工作而只是由于假期、疾病或坏天气等原因而临时缺勤的人。

（2）失业者：这一类人包括那些愿意参加工作但没有工作的，并在此前4周中力图寻找工作的人，还包括被解雇的正在等候召回的人。

（3）不属于劳动力者：这一类人包括那些不属于前两类的人，例如全职大学生、料理家务者或退休者。值得指出的是，这类人还包括所谓“沮丧劳动者”，即想要找工作，但最后放弃寻找的人。

在美国，关于劳动力市场状况的调查除了家庭调查外，还有另一种调查被称为机构调查，该调查通过收集全美国约15万家商业机构关于就业、平均时薪和周薪以及工作时间等问题的反馈来完成。

二、相关指标

根据上述对成年人的分类，依次形成如下指标。

劳动力被定义为就业者和失业者之和，即

$$\text{劳动力人数}=\text{就业人数}+\text{失业人数} \tag{9.7}$$

失业率被定义为失业人数在劳动力人数中所占的百分比，即

$$\text{失业率}=\frac{\text{失业人数}}{\text{劳动力人数}}\times 100\% \tag{9.8}$$

相应地，就业率被定义为就业人数在劳动力人数中所占的百分比，即

$$\text{就业率}=\frac{\text{就业人数}}{\text{劳动力人数}}\times 100\% \tag{9.9}$$

根据式（9.7）、式（9.8）和式（9.9），可以看出，失业率和就业率之和等于1，这意味着知道二者中的一个数据，就可以推知另一个数据。

劳动力参与率被定义为劳动力人数占劳动年龄人口数的百分比，即：

$$\text{劳动力参与率}=\frac{\text{劳动力人数}}{\text{劳动年龄人口数}}\times 100\% \tag{9.10}$$

下面给出上述指标的一个数字例子。假定某国的家庭调查显示，该国在2016年4月有如表9-3所示数据。

表9-3　某国2016年4月家庭调查情况

项目	人数（亿）
劳动年龄人口	2.474
就业者	1.457
失业者	0.097
不属于劳动力者	0.92

根据以上数据以及相关指标的定义，计算出如下数据：

$$劳动力人数=1.457+0.097=1.554\ (亿)$$

$$失业率=\frac{0.097}{1.554}\times100\%=6.2\%$$

$$劳动力参与率=\frac{1.554}{2.474}\times100\%=62.8\%$$

上述结果表明，该国在2016年4月近2/3的劳动年龄人口属于劳动力，劳动力中约有6.2%的人没有工作。

图9-3给出了2003—2013年一些国家的平均失业率。其中，希腊的失业率超过12%，是瑞士的4倍多。

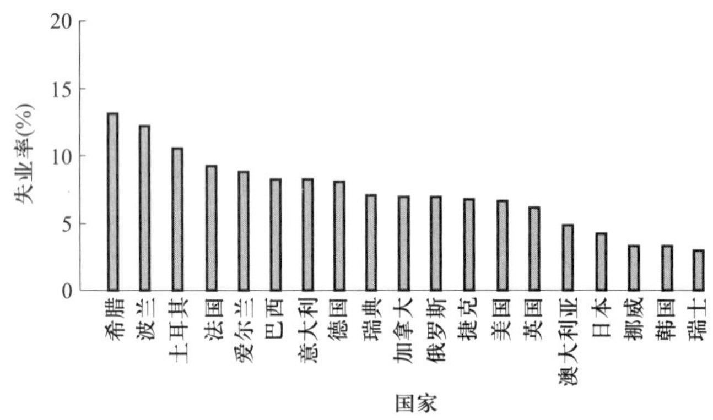

图9-3　2003—2013年平均失业率的跨国比较

资料来源：［美］弗雷德里克·S.米什金：《宏观经济学：政策与实践》（原书第2版），杨澄宇译，机械工业出版社2017年版，第6页。

三、失业的类型

宏观经济学通常把失业分成三种类型，即摩擦性失业、结构性失业和周期性失业。

摩擦性失业是指因工人和工作之间的匹配过程所引起的失业。在现实中，工人们有不同技能、兴趣和能力。工作岗位也有不同的技术需求、工作条件和薪资水平。所以，一个刚进入劳动力市场的新工人或一个失业的工人都不大可能立即找到可以接受的工作岗位。大多数工人都要花费时间进行工作搜寻，大部分企业也需要花费时间搜寻新员工来填补职位空缺。在现实中，随着社会的发展，经济体总会有一些新的工作岗位被创造出来，也有一些工作岗位会消失，就必然会发生一些职业或职位的调整，因此，一定程度的摩擦性失业是不可避免的。根据本节关于失业率的定义，可以将经济体摩擦性失业的人数与劳动力的比率称为摩擦性失业率。

结构性失业是指源于工人的技能和特征与工作要求的持续不匹配所引起的失业。如果对一种劳动的需求上升，对另一种劳动的需求下降，而劳动的供给又不能及时做出调整，则这种不匹配的情况就有可能发生。在美国，结构性失业的一个典型例子是，2011 年与传统的手绘动画相比，由计算机生成的三维动画更受欢迎。这项技术也被电影行业采用，于是，很多擅长手绘动画的动画师失去了在电影业和其他电影工作室的职位。为了重新找到工作，他们中有许多人学习了用计算机生成动画的技术，或者转投到其他行业。在重新就业之前，他们就处于失业状态。这些动画师的失业就属于结构性失业。与摩擦性失业持续较短时期不同，一般结构性失业延续更长时间，因为失业者学习新技术、新技能需要一定的时间。同样的，将经济体结构性失业人数与劳动力的比率称为结构性失业率。

周期性失业是指在宏观经济运行过程中，随经济衰退而上升，随经济扩张而下降的失业。当经济进入衰退时，很多企业的销售量下降，从而企业减少生产。当生产减少时，企业开始裁员，这些因为经济衰退而失业的人，就会经历周期性失业。例如福特汽车公司在 2007—2009 年的衰退期间进行了裁员。当经济从衰退中缓慢复苏时，该公司开始重新雇用那些员工。这些在衰退期间被裁掉而在其后的扩张期间重新被雇用的公司员工就经历了周期性失业。将经济体周期性失业人数与劳动力的比率称为周期性失业率。

在上述三种失业中，周期性失业是政府最为关注的失业，也是宏观经济学研究的主要失业类型。

四、充分就业和自然失业率

充分就业是宏观经济学中一个专业概念，有很多描述它的方法。这里利用上述失业的分类来定义它。当一个经济体中不存在周期性失业，所有失业都是摩擦性失业和结构性失业时，则该经济体便达到了充分就业。进一步地，充分就业情况下的失业率被称为自然失业率。

在本节中定义了多种失业率，下面说明这些失业率之间的关系。

一般地，经济体的实际失业率可以表述为：

$$\begin{aligned}\text{实际失业率} &= \text{摩擦性失业率}+\text{结构性失业率}+\text{周期性失业率}\\ &= \text{自然失业率}+\text{周期性失业率}\end{aligned} \tag{9.11}$$

根据上式，当周期性失业率为零时，或等价地说，实际失业率等于自然失业率时，经济体就达到了充分就业。

在宏观经济学中引入充分就业和自然失业率这两个概念的一个重要意义在于，为分析和考察短期宏观经济波动提供一个重要的参照物。不仅如此，利用充分就业的概念，还可以定义潜在 GDP 或潜在产量。

从本章第一节的论述中可知，GDP 可以反映一国在一定时期内的总产出情况。一般地，决定一国总产出的主要因素包括劳动投入、资本存量和技术。在短期内，在现有资本和技术没有发生变化或变化不大的情况下，一个经济体的就业人数便成为决定总产出的主要因素。所谓潜在 GDP 或潜在产量是指在现有资本和技术水平条件下，一个经济体在充分就业状态下所能生产的 GDP。它反映的是经济体处于充分就业时的实际 GDP 水平。

本章对于失业的介绍旨在描述和衡量。在本书第十三章，将考察失业的原因及影响。

第四节 与基本指标相关的宏观经济问题

本章前三节分别说明了三个反映宏观经济运行状况的指标，分别是总产出指标 GDP、价格水平指标 CPI（或 GDP 平减指数）和失业率。有了这三个指标，就可以说明一个经济体在运行过程中可能会面临的宏观经济问题。之所以在此引出主要的宏观经济问题，一是这些问题都与这三个指标密切相关，二是可以为后面的宏观经济学内容的论述勾画一些背景和线索。

一、失业

从直观上说，当一个人正在努力地寻找工作，却不能找到工作时，就认为这个人是失业的。对一个经济体来说，高失业率不仅是个经济问题，而且是个社会问题。之所以是经济问题，是因为它意味着经济体要浪费有价值的经济资源。之所以又成为重要的社会问题，是因为它会使失业人员面对收入减少的困境而痛苦挣扎。在高失业率时期，经济上的贫困令人无法承受，影响人们的情绪和家庭生活。

从理论的角度看，一个经济体在运行过程中经常会受到一些外部冲击，出现一些短期的波动，当经济体的实际 GDP 下降和失业率增加时，经济就经历着衰退。严重的衰退被称为萧条。通常，失业（周期性失业）往往与衰退相伴随。

图 9-4 显示了 1970 年以来美国经济中的实际 GDP 和失业率的变动情况。图中深色竖条表示美国经济遭受的衰退时期。

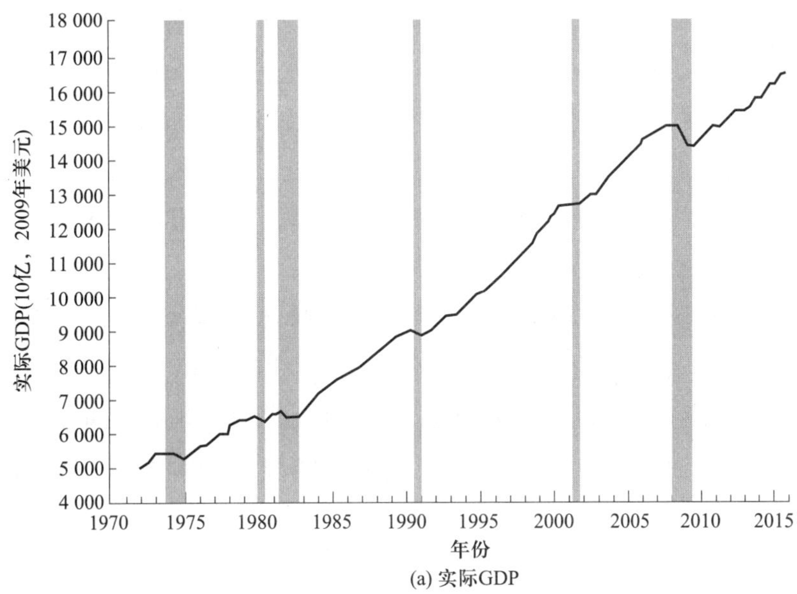

(a) 实际GDP

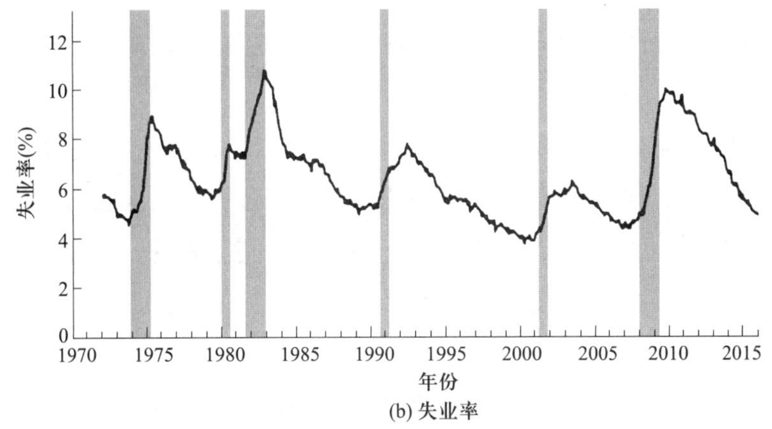

(b) 失业率

图 9-4　美国 1970 年以来的实际 GDP 和失业率

资料来源：N. Gregory Mankiw，*Principles of Economics*，8 ed.，New York：Cengage Learning，Inc.，2018，p. 703.

从图 9-4 中可以看出两点。一是美国经济在长达几十年的时期，宏观经济的运行并不总是平稳的，在衰退时期，实际 GDP 减少时，经济运行就出现了问题。二是在衰退期间，随着实际 GDP 的减少，失业率是上升的。

美国历史上最严重的衰退（大萧条）发生于 20 世纪 30 年代，表 9-4 给出了当时的产出和失业的数据。

表 9-4 美国大萧条时期的产出和失业数据

年份	1929	1930	1931	1932	1933	1934	1935	1936	1937
GNP（10 亿美元）	203. 6	183. 5	169. 5	144. 2	141. 5	154. 3	169. 5	193. 2	203. 2
失业率（%）	3. 2	8. 9	16. 3	24. 1	25. 2	22. 0	20. 3	17. 0	14. 3

资料来源：［美］ N. 格里高利 · 曼昆：《宏观经济学》（第 9 版），卢远瞩译，中国人民大学出版社 2016 年版，第 269 页。

从表 9-4 可以看到，1933 年，美国失业率高达 25. 2%，这意味着，4 个劳动力中就有 1 个是失业者。在产出方面，1933 年的产出只占 1929 年产出的 69. 5%。换句话说，产出水平下降了近 1/3。显然，这是很严重的经济问题。

因此，如何研究和防止衰退，就成为宏观经济学和政府决策者关注的问题。

二、通货膨胀

通货膨胀是价格总体水平上升的现象。通货膨胀是宏观经济运行中的另一个重要问题。

关于通货膨胀的影响本书第十三章会给出较详细的分析，这里我们引用英国经济学家凯恩斯对通货膨胀影响的描述：“当通货膨胀来临时，货币实际价值每月都产生巨大的波动，所有构成资本主义坚实基础的、存在于债权人和债务人之间的永恒关系，都变得混乱不堪甚至几乎完全失去意义，获得财富的途径退化到依靠赌博和运气的境地。”①

通货膨胀的严重程度可以用通货膨胀率来衡量。表 9-5 给出了一些国家在 20 世纪 90 年代一些年份通货膨胀率的数据。

① ［美］ 保罗 · 萨缪尔森、威廉 · 诺德豪斯：《经济学》（第 18 版），萧琛主译，人民邮电出版社 2008 年版，第 582 页。

表 9-5　一些国家的通货膨胀数据

国家＼年份	1990	1991	1992	1993	1994	1995
阿根廷	2 314	172	25	11	4	3
巴西	2 948	433	952	1 928	2 076	66
尼加拉瓜	7 485	2 945	24	20	7	11
秘鲁	7 482	410	74	49	24	11
乌克兰	—	—	—	4 735	891	377
俄罗斯	—	—	—	875	308	197
罗马尼亚	—	—	—	255	137	32

资料来源：[美] 鲁迪格·多恩布什等：《宏观经济学》（第 12 版），中国人民大学出版社 2017 年版，第 393 页。

注：表中通货膨胀率数据用年百分比表示。

从表 9-5 中的数据可知，表中所列国家在 20 世纪 90 年代均出现了严重的通货膨胀。

通货膨胀，尤其是严重的通货膨胀，会导致社会财富的再分配、经济中的不确定性增加和经济交易秩序的混乱，是困扰宏观经济决策者的一个重要宏观经济问题。

三、滞胀

第三个宏观经济问题是所谓滞胀，其含义是经济体出现了高失业率（停滞）与高通货膨胀率并存的现象。

与失业和通货膨胀具有较漫长的历史相比，滞胀这一宏观经济问题被发现于 20 世纪 70 年代初和 80 年代初的西方发达国家，表 9-6 记录了美国 1973 年至 1982 年通货膨胀率和失业率的数据。

表 9-6　美国 1973 年至 1982 年通货膨胀率和失业率的数据

年份	通货膨胀率（CPI）（%）	失业率（%）
1973	6.2	4.9
1974	11.0	5.6
1975	9.1	8.5

续表

年份	通货膨胀率（CPI）（%）	失业率（%）
1976	5.8	7.7
1977	6.5	7.1
1978	7.7	6.1
1979	11.3	5.8
1980	13.5	7.0
1981	10.3	7.5
1982	6.1	9.5

资料来源：［美］N. 格里高利·曼昆：《宏观经济学》（第9版），卢远瞩译，中国人民大学出版社2016年版，第235页。

从表9-6中可以看到，1974年和1975年美国的通货膨胀率和失业率均出现了“双高”，通货膨胀率分别为11%和9.1%，相应的失业率分别为5.6%和8.5%。在1980年和1981年“双高”又一次出现。

显然，滞胀作为一个严重的宏观经济问题，它将失业和通货膨胀给经济带来的负面影响同时施加给了发生滞胀的经济体。

四、增长问题

1776年，英国经济学家亚当·斯密的著作《国民财富的性质和原因的研究》（简称《国富论》）出版。在该书的前面，斯密就阐述了在他看来经济学最重要的问题：是什么原因使一个国家走向繁荣，造福于民？斯密从一开始就清楚地知道应该如何衡量繁荣。他在《国富论》中写道：

“一国国民每年的劳动，是他们每年消费的一切生活必需品和便利品的源泉。这些必需品和便利品或者是本国劳动的直接产品，或者是用本国劳动产品交换而来的外国产品。

“因此劳动产品以及用本国劳动产品交换而来的外国产品与消费这些物品的消费者数量之间的比例关系，就决定了一国国民所消费的全部必需品和便利品的供给情况。”①

将斯密的上述表述换成现代的经济学语言。斯密所指的是一个国家每年的繁荣水平可以由这个国家的人均GDP和人均收入来衡量。并不是说每一年的收

① ［英］亚当·斯密：《国富论》（上），贾拥民译，中国人民大学出版社2016年版，第66页。

入在这一年要花费掉。没有花费掉的那一部分被储蓄下来，或者成为投资，或者成为贸易盈余。无论是成为投资还是贸易盈余，储蓄下来的这部分收入都增加了国民财富，成为未来消费的来源。因此，消费总是源自生产和收入，而消费在一定程度上可以很好地代表人们的经济福利状况，人均 GDP 或人均收入是衡量一个社会繁荣程度的指标。

根据斯密的观点，至关重要的是每年的人均 GDP。在宏观经济学中，经济增长是指经济体产量（GDP）的增加。人们之所以对增长问题感兴趣，不是因为把增长作为最终目的，而是因为一个国家通过不断增长能够达到更高的收入水平和生活水平。

一般地，在长期中，经济体将会经历增长、停滞和下跌等情况。当实际人均 GDP 增加时，将出现经济增长；当实际人均 GDP 不变动时，经济处于停滞；当实际人均 GDP 下降时，经济出现下跌。图 9-5 以直观的方式阐释了上述描述。

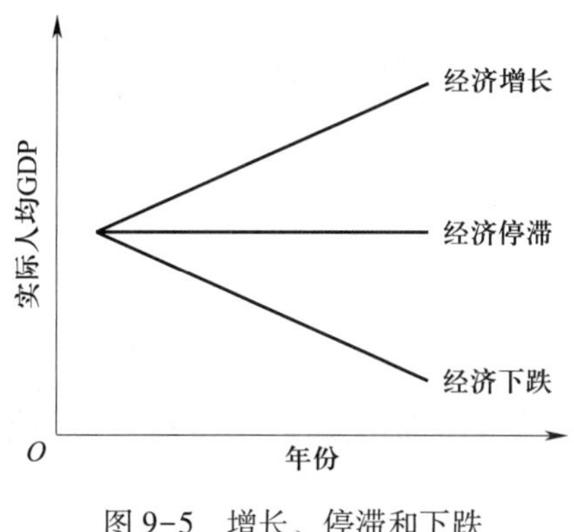

图 9-5 增长、停滞和下跌

图 9-6 展示了世界上不同地区的 11 个国家自 1960 年以来实际人均 GDP 的变化情况。

从图 9-6 可以看到以下事实：

第一，图中几乎所有国家都经历了经济增长。

第二，亚洲国家，如日本、中国、韩国和印度，有着快速的经济增长。这些“增长奇迹”国家已经使超过 10 亿人脱离了重度贫困（收入少于每天 1 美元），这是人类一个巨大的成就。

第三，图中的两个非洲国家，肯尼亚和尼日利亚，尽管自 1960 年后有些年份经济有所增长，但这一时期的经历仍被称为“增长困境”。

关于增长问题的重要性，这里引用两位获诺贝尔经济学奖的美国经济学家

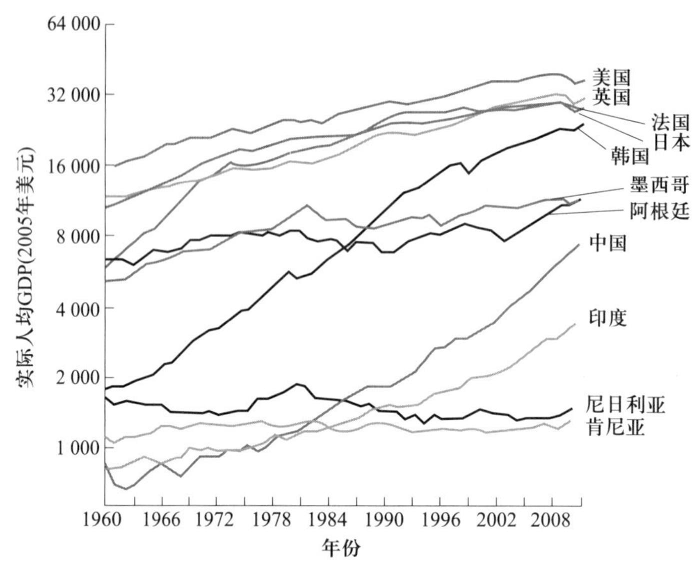

图 9-6 11 个国家的实际人均 GDP 水平

资料来源：[美] 弗雷德里克 · S . 米什金：《宏观经济学：政策与实践》（原书第 2 版），杨澄宇译，机械工业出版社 2018 年版，第 104 页。

的话来说明。托宾指出：“增长的问题并不是一个新问题，而是一个古老的问题——一个使经济学总是令人着迷和神往的问题：现在与未来——换上了新装。”① 卢卡斯指出：“对于涉及人类财富的类似问题的因果关系简直就令人难以置信，一旦某个人开始思考它们，他就很难再去思考别的事情。”②

本节陈述的四个宏观经济的问题，如果从时期上再进行概括，则前三个问题属于短期宏观经济问题，而增长问题属于长期宏观经济问题。

第五节 本章评析

为了考察宏观经济运行，对宏观经济状况进行描述和衡量是一个必要的前提。本章主要介绍反映宏观经济状况的三个方面的指标，即总产出指标、价格水平指标和失业指标。下面依次对它们进行评价，并说明它们的可借鉴

① ［美］N. 格里高利 · 曼昆：《宏观经济学》（第 9 版），卢远瞩译，中国人民大学出版社 2016 年版，第 163 页。

② ［美］戴维 · N. 韦尔：《经济增长》（第 2 版），王劲峰等译，中国人民大学出版社 2011 年版，第 20 页。

之处。

一、对 GDP 指标的评析

核算国民经济活动总成果的核心指标是 GDP，它是一国（或地区）境内在一定时期内所生产的全部最终产品和服务的市场价值。从世界范围来看，无论是国际组织，还是各个国家，都把 GDP 作为核算国民经济活动的核心指标。这在当今已是国际通行的惯例。不仅如此，由于 GDP 内涵明确，核算方法较为科学，已成为国家（或地区）之间进行横向比较和同一国家（或地区）进行不同时期纵向比较颇为常用的指标。从上述意义上说，GDP 是研究一国（或地区）经济现实和历史发展的重要根据，也为制定国家和地区经济发展战略，分析宏观经济运行状况，以及政府调控和管理经济提供重要参考。

但是，GDP 指标也是有缺陷的。首先，GDP 及其他衡量经济总产出的指标不能反映经济中的收入分配状况。其次，由于 GDP 只涉及与市场活动有关的那些产品和服务的价值，因此它忽略了家庭劳动和地下经济因素。地下经济是经济活动中不易被政府察觉的那一部分，它的产生是由于人们想逃避政府的税收与管理，或者该产品和服务本身就是非法的。由于地下经济活动一般不会向政府部门报告，因此无法在 GDP 中得到反映。再次，GDP 不能反映经济体为经济增长方式付出的代价，以及不能反映人们的生活质量。

由于 GDP 在衡量经济绩效与社会进步方面的局限性，法国经济绩效与社会进步测算委员会于 2009 年 9 月公布的专门报告中，总结了 GDP 的有关缺陷以及如何改进 GDP 指标的问题。联合国开发计划署自 1990 年开始，每年发表一份《人类发展报告》，把衡量社会经济发展的指标体系由单纯的 GDP 指标变为涉及经济、社会、环境、生活和文化等方面的“社会指标”。世界银行 1997 年开始运用绿色 GDP 国民经济核算体系来衡量一国（或地区）的真实财富。

中国是一个人口大国，也是一个资源消耗大国。创新、协调、绿色、开放、共享的新发展理念为我们正确认识 GDP 提供了指引。随着我国发展步伐的加快和发展体量的增大，我国资源约束趋紧，环境污染严重，生态系统退化，发展与人口资源环境之间的矛盾日益突出，已成为经济社会可持续发展的重大瓶颈制约。人民群众对清新空气、干净饮水、安全食品、优美环境的要求越来越强烈，必须树立和践行绿水青山就是金山银山的理念，坚持节约资源和保护环境的基本国策，坚定走生产发展、生活富裕、生态良好的文明发展道路，建设美丽中国，为人民创造良好生产生活环境。五大发展理念是立足我国基本国情，总结我国发展实践，适应新的发展要求，顺应世界发展趋势，借鉴国外发展经验提出的。如何在经济社会指标核算问题上更好体现新发展理念，改变“唯 GDP 论”，可以说还有很多理论和实践问题等待人们去探讨。

二、对价格水平指标的评析

如果说 GDP 指标提供了有关一国（或地区）生活水平的信息，那么反映经济中价格水平状况的指标则提供了国民生活成本的信息。

为了有效反映一组物品价格的变化，人们引出了价格水平的概念，它是指一个经济体中特定范围内的产品和服务价格的总体水平。为了衡量价格水平，引出了价格指数。本章重点介绍了两种价格指数，即 GDP 平减指数和消费价格指数（CPI），并进而引出了通货膨胀的含义及其衡量。CPI 和通货膨胀率等概念和指标已成为世界各国非常流行的词语，价格指数和通货膨胀率已成为政府监控宏观经济运行的重要指标。但是，CPI 也是有局限性和偏差的。CPI 并未衡量构成生活成本的所有因素，即使那些被 CPI 衡量的构成生活成本的因素，由于替代倾向、产品质量变化和新产品的进入，也往往未必能得到精确的衡量。这意味着 CPI 在衡量生活成本时也可能是一个有偏差的指标。

我国也已编制和发布了价格指数，这些指标在认识和判断经济运行状况方面具有重要作用。上述关于 CPI 偏差情况的说明，能使我们对价格指数有更全面的了解和认识，进而能更好地改进我们的工作。

三、对失业指标的评析

失业指标从某种意义上说是描述和反映一国经济利用本国人力资源的状况。它也是评估一个国家宏观经济健康程度的一个方便的指示器。西方国家在人口状况调查方面积累了许多经验，也形成了一些较为科学和有效的做法。对于这些，可以结合我国的具体国情加以学习和借鉴。

作为衡量劳动力市场紧张程度的指标，失业率可能会错误地衡量劳动力市场的紧张程度。一些劳动年龄人口由于寻找工作屡屡受挫，最终放弃寻找工作，他们未被计算在劳动力人口之中。这些人虽然放弃寻找工作，但实际上希望就业。在长期经济衰退中，当总体经济活动水平长期持续下降时，一些失业者会变得灰心丧气，从而放弃寻找工作，所以失业率可能会下降。在这种情况下，劳动力市场紧张程度可能不会因为失业率下降而真正得到缓解，但可能会使人们误认为劳动力市场紧张程度缓解了。

思考题：

1. 举例说明经济中流量和存量的联系与区别。
2. 为什么人们购买股票从个人来说是投资，而在经济学中不算是投资？
3. 说明核算 GDP 的支出法。
4. 名义 GDP 和实际 GDP 哪一个能更好地描述经济活动的变化和经济福利状况？
5. 说明 GDP 这一指标的缺陷。
6. 比较 GDP 平减指数和消费价格指数。
7. 如果一个城市消费者的“商品篮子”包括 5 千克大米和 2 个橘子。以 2010 年为基期，写出 2018 年该城市 CPI 的计算表达式。
8. 失业主要有哪些类型？哪种类型的失业是政府最为关注的？
9. 说明中国目前所使用的失业率指标，并进行评价。
10. 说明在衡量失业工作中可能面临的问题。

▶ 自测习题及参考答案

第十章　国民收入的决定：收入-支出模型

在第九章介绍了观察和衡量宏观经济的几个重要概念及度量指标之后，我们从本章开始说明宏观经济运行状态及其整体产出水平如何决定和变动。

短期国民收入决定理论是从总需求变动角度说明均衡国民收入如何决定和产生波动，以及如何向均衡状态调整。这套理论主要涉及四个市场：产品市场、货币市场、劳动市场和国际市场。凯恩斯认为，总供给在短期内（特别是经济萧条时期）一般是稳定的，总需求往往相对不足，就会造成均衡国民收入的下降。解决了总需求不足的问题，均衡国民收入下降的问题就会得到解决。本章介绍的国民收入决定理论主要是短期理论，就是凯恩斯主义的简单国民收入决定理论。这个理论说明总需求不足和整体经济下降之间的必然性联系。在第十一章进一步将这一理论具体化，扩展为产品市场与货币市场的结合，从更贴近实际的角度说明总需求的变化（主要是不足），并在进一步分析需求影响因素的同时，寻求解决需求不足的出路。第十二章将进一步从总供求相互配合的角度阐述总需求与总供给的关系对于均衡国民收入状况的影响，以及它们和价格之间的关系，进而在更全面的角度上说明总需求变化的作用，同时也简单涉及总供给的作用。最终，这套理论可以引申到对于经济衰退和危机问题的解决途径（政府管理宏观经济的各种政策）。

第一节　均衡国民收入的决定

一、均衡国民收入决定原理

（一）市场经济下宏观经济各部分的循环流程

在宏观经济学中，国民收入是个泛指的总量概念，在理论原理上，前一章所提到的 GDP、GNP、NNP、NI 等都可以在不同条件下被看作国民收入，但更多情况下是将 GDP 看做国民收入。

在了解均衡国民收入（也就是实际 GDP）的决定过程时，必定会涉及一些问题：一国的总收入是由哪些因素决定的？全部企业生产了多少产品？总体上工人的报酬是多少？总体上资本所有者的报酬是多少？家庭购买了多少消费品和服务？家庭和企业购买了多少投资品？政府购买了多少公共物品？究竟是什么因素使产品和服务的供给与需求相等？又是什么因素保证了生产水平与意愿的消费、投资和政府购买的支出水平相等？

为了解决这些问题，就有必要了解一下经济中各部分的相互作用。下面，我们用一个封闭经济条件下经济各部分的循环流程图（如图 10-1 所示）加以说明。

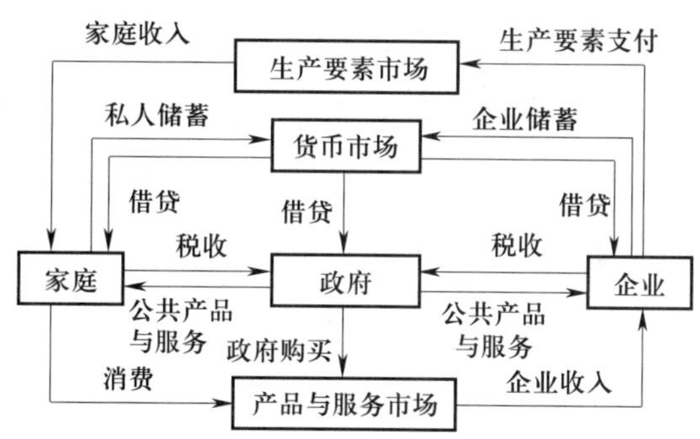

图 10-1　封闭经济条件下经济各部分的循环流程

图 10-1 表明了从不同经济活动参与者的角度来看的货币流动以及同时发生的产品与服务、生产要素的流动。家庭通过向生产要素市场提供劳动得到收入，再以购买消费产品和服务以及向政府缴税的形式支出其收入，并通过货币市场进行储蓄；企业通过出售产品与服务获得收入，再以购买生产要素和向政府纳税的形式支出其收入；政府通过向企业和家庭征税获得收入，再以政府购买来支出其收入。同时，出于各自不同的需要，家庭、企业、政府都会通过货币市场进行借贷。

在正常情况下，图 10-1 反映了收支两个方面的均衡。当循环流程的某个部分遇到障碍时，就会发生局部的失衡。如果其他部分的活动能够对其加以补救，则总体经济不会出现失衡；如果其他部分的活动不能够对其加以补救，则总体经济可能就会发生失衡。经济总体均衡与失衡的不断变化导致经济波动。

（二）国民收入和国民财富的生产

一般说来，一国所生产的全部产品和服务，就是该国的国民财富，同时也是该国的国民收入。不过，在市场经济条件下，直接生产出来的绝大部分产品和服务，都必须借助于市场交易，才能真正成为国民收入和财富。第九章所介绍的 GDP 的概念，就是市场经济条件下国民收入和国民财富的另一种粗略表述。它强调了本国在外国生产与外国在本国生产相等情况下，一国范围内直接生产的产品和服务在市场经济条件下成为国民收入和国民财富的条件。

不过，国民收入一般会以一定的时期作为考察的范围，而国民财富通常不强调时间概念，因而可以从累计的数量上考察。

（三）国民收入和国民财富的分配

国民收入和国民财富的分配首先决定于一国的基本经济制度（所有制及生产关系体系）和生产方式。一般说来，除国家通过强制手段获得税收收入外（有时国家的收入也被理解为政府向社会提供的特定公共服务的代价），占有主要的生产资料和生产手段（包括技术专利）者通过利润获取国民收入中的一大部分，而在生产和销售中提供劳动的人通过工资获得国民收入中的另外一部分，其余部分则由提供社会服务的人通过薪金和劳务费的方式获得。

微观经济学的分配理论认为，各种生产要素所有者，按照各自生产要素在经济活动中的贡献，获取国民收入中的相应部分。宏观经济学的国民收入和国民财富的分配理论只是将微观变量汇总为宏观变量而已，在本质上并没有什么区别。

（四）市场经济条件下均衡国民收入的决定原理：供求决定

市场经济条件下的均衡国民收入（即实际 GDP，有时也指均衡的产出）是指总收入和总支出相一致时的产出。从事前角度（即一定时期的经济活动尚未开始时）看，它是指计划达到的，或者说想要达到的，能使经济社会的收入正好等于全体居民和企业想要的支出情况下的国民收入。不过，市场均衡的国民收入水平未必是唯一确定的，也不一定是理想的，它取决于低于充分就业①供给水平下的总支出水平（只有短期内充分就业的国民收入水平才是唯一理想的）。因此，事前计划达到的均衡国民收入不一定在事后真正能够实现。只有从事后角度（即一定时期经济活动的结果）来看，国民收入核算账户所计算的才真正是实际的（或者说通过交易实现了的）均衡国民收入。

在一般情况下，均衡国民收入已经包括了经济中总收入和总支出相等以及总储蓄等于总投资两方面的含义。对于事后已经实现的国民收入而言，其均衡

① 第九章已经对“充分就业”做出了说明。

的性质不言自明。

二、均衡国民收入决定的基本方向

（一）需求充分条件下的基本方向：均衡国民收入决定于供给

有些时期，经济中的不同供给品可以相互创造出各自的需求。比如，在经济社会整体处于物品普遍相对匮乏的情况下，对物品的需求就可以大致看作比较充分的现象。于是，在这种条件下，均衡国民收入主要就由经济中的总供给水平决定。由于这种情况在经济欠发达国家和地区，或者在相对长一段时期不能改变，所以，这个方向的均衡国民收入决定理论不能通行于所有经济情形。

（二）供给充分条件下的基本方向：均衡国民收入决定于需求

在经济萧条时，往往是需求不足、供给相对过剩的情况，这时，经济中的供给是比较充分的，关键是有效需求的水平较低。由于在供给相对过剩条件下，总需求水平能够达到多高，均衡国民收入就会达到多高。这样一来，均衡国民收入主要就由总需求水平决定。由于这种情况往往是短期的，所以这种理论就是短期均衡国民收入决定理论。不过，事实证明这种均衡国民收入决定理论也不能通行于所有经济情形。

（三）一般观点：均衡国民收入由总需求和总供给共同决定

在关于国民收入决定原理方面，西方主流经济学持有一种折中的路线，既不完全依赖短期中"有效需求"是决定国民收入最重要因素的观点，也不完全依赖长期内国民收入主要由供给决定的观点。他们将上述两种观点结合在一起，认为经济在短期内主要由有效需求水平决定均衡国民收入的水平，而在长期内主要由供给水平决定均衡国民收入的水平。

三、两部门经济：有效需求的原理和框架

为了更好地理解短期均衡国民收入决定理论，我们对其原理进行说明。

均衡国民收入决定原理是：均衡国民收入决定于总需求和总供给的相等，但在短期内或经济萧条中，总供给处于充裕状态或基本无法变动状态。因此，凯恩斯认为，在总供求共同决定均衡国民收入的短期格局中，总需求就成为均衡国民收入水平唯一的决定因素。简言之，凯恩斯短期均衡国民收入决定的基本原理是：短期内主要由总需求水平决定均衡国民收入水平。

总需求由四个重要部分构成，即消费、投资、国外净需求（净出口）

和政府支出。下面从这些组成部分入手对简化的短期均衡国民收入的决定进行具体分析。这是宏观经济学部分最主要的内容之一。

为了具体分析的思路清晰和方便，需要先对封闭经济条件下的两部门经济做出必要的假设：

（1）假设经济活动中不存在政府，也不存在对外贸易，只有居民（家庭）和企业两个部门。消费行为和储蓄行为都发生在居民方面，生产和投资行为都发生在企业方面。假定企业投资是外生变量决定的，即不随利率和产量变化而变动。

（2）假设不论需求量是多少，经济社会都能以不变的价格提供相应的供给量。也就是说，当社会总需求变动时，只会引起产量变动，使供求相等，而不会引起价格变动。在 20 世纪 20—30 年代西方主要国家经济大萧条、工人大批失业、资源大量闲置的状况下，社会总需求增加就会使闲置的资源得到利用，使生产增加，而不会使资源的价格上涨，从而产品成本和价格大体上就能保持不变。因为在短期中，价格不易变动，或者说具有刚性（或黏性），当社会需求变动时，企业首先考虑的是调整产量，而不是改变价格。

（3）假定没有折旧和公司未分配利润。这样，GDP 以及与之相关的 NNP、NI 和 PI 就都可以在特定情况下被当做均衡国民收入来处理。

（4）只考虑短期内的均衡国民收入的决定。在上述假定条件下，经济社会中的均衡产量或者说均衡国民收入就决定于总需求水平。与总需求相等的国民收入（产出）就是均衡国民收入（产出）。如果生产（供给）超过需求，企业所不愿意保有的存货量就会增加，企业就会减少生产；如果生产低于需求，企业的库存量就会减少，企业就会增加生产。总之，由于企业要根据产品销路来安排生产，它就一定会把生产规模确定在和产品需求相一致的水平上。由于这里考察的经济中没有政府和对外贸易，总需求就只由居民消费和企业投资两方面构成，于是，均衡国民收入（等于总需求水平的产出或收入）就可以用公式表示为：

$$Y=C+I \tag{10.1}$$

或者

$$Y/P=C/P+I/P$$

这里，Y、C、I 分别代表除去价格因素变动后的实际产出或国民收入、实际消费和实际投资。但现实中，C 和 I 代表意愿消费和投资的数量，而不是均衡国民收入构成公式中实际达到的消费和投资。例如，我们假定企业由于错误估计形势，生产了 Y 亿美元产品，但市场实际需要的只是 $0.5Y$ 亿美元的产品，于是就有 $0.5Y$ 亿美元产品成为企业的非意愿存货投资（或称为非计划存货投资）。这部分存货投资在国民收入核算中是实际投资支出的一部分。所以，在国民收入核算中，实际国民收入（产出）就等于计划支出（或计划需求）加非计划存货投资。但在均衡国民收入决定理论中，均衡国民收入（产出）却是指与计划需求相一致的产出。因此，在均衡产出水平上，计划支出和实际产出正好相等；非计划存货投资就等于零，或者说就不存在。

均衡产出（或均衡国民收入）是和总需求相一致的产出，也就是说，经济社会的收入正好等于全体居民和企业想要有的支出。假定企业生产 100 亿美元产品，居民和企业要购买产品的支出也是 100 亿美元，那么这 100 亿美元的产出就是均衡产出，或者说是均衡的国民收入。对此，也可以说，社会经济要处于均衡的收入水平上，就必须使实际收入水平对应一个相等的计划（或者意愿）支出量。只有这样，才能使该收入水平继续被维持下去。如果以 E 代表支出，Y 代表收入，则经济均衡的条件就是 $E=Y$（这和 $Y=C+I$ 其实是同一个意思。因为 E 表示支出，两部门的经济中 $E=C+I$）。

假如产出大于 100 亿美元，非计划存货投资就大于零，企业就要削减生产。假如情况相反，企业就会扩大生产。所以，经济总会趋于 100 亿美元的产出水平。再假如总需求为 80 亿美元，则均衡产出必定为 80 亿美元。如果总需求为 120 亿美元，则均衡产出必定为 120 亿美元。

图 10-2 中的总支出就是总需求，总产出就是总收入，45°线表示与实际总收入相等的所有实际总支出的点的集合。计划总支出的所有的点（计划支出函数），以另外一条线表示。计划总支出线与 45°线的交点代表所有具体的计划总支出中等于实际总支出（实际总收入）的均衡点。

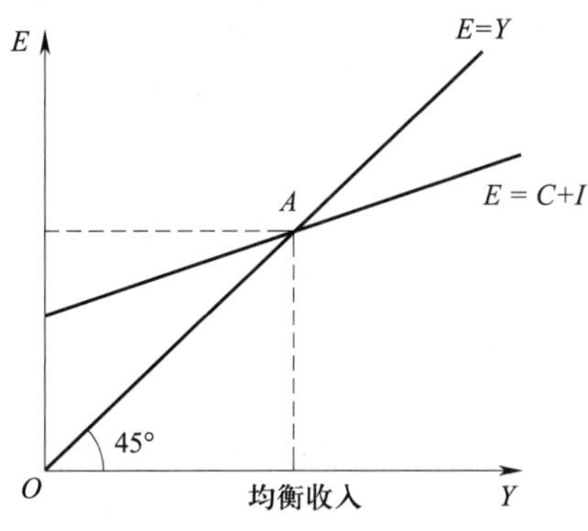

图 10-2　凯恩斯主义交叉图

两线之间的差距表示非计划的存货量，这个量可以为正，也可以为负。只要非计划的存货量不为零，经济就不会处在均衡的位置上。

（5）关于投资等于储蓄的观念和假定。实现两部门经济中均衡产出或均衡国民收入的条件 $E=Y$，也可用 $I=S$ 表示，因为这里的计划支出等于计划消费加投资，也就是 $E=C+I$。而生产创造的收入则等于计划消费加计划储蓄，即 $Y=C+S$（这里，Y、C、S 也都是剔除了价格变动后的实际收入、实际消费和实际储蓄），所以，$E=Y$，就是 $C+I=C+S$，从等式两边消去 C，就会得到：

$$I=S \tag{10.2}$$

这里仍然需要再次说明和强调，此处的投资等于储蓄，是指经济要达到均衡，计划投资必须等于计划储蓄。而国民收入核算中的 $I=S$，则是指实际已经发生了的投资（包括计划和非计划存货投资在内）始终等于储蓄。前者是均衡的条件，也就是说，要想让经济达到均衡，就必须让投资等于储蓄。但是，实际上，计划投资不一定等于计划储蓄，也就是说，设想的经济均衡，不一定就是实际已经实现了的均衡。只有投资和储蓄二者在计划上和实际上都相等时，收入才真正处于均衡状态。而国民收入核算中所指的实际投资和实际储蓄相等，是根据定义而得到的事后的状态，所以，二者必然相等。

第二节 两部门经济：家庭部门

在大多数西方经济学家看来，短期国民收入水平主要决定于总需求水平。由于均衡产出是与总需求相一致的产出，所以，分析均衡产出的决定，就要分析总需求各个组成部分的情况，分析其规模大小和决定因素。

从总需求的构成来看，消费是总需求中最主要的部分，因而也是总收入中的最主要部分。一般情况下，在美国，消费支出的总额占到 GDP 的 2/3 左右；2016 年我国的消费支出总额也大约占到 GDP 的 44.7%。所以，对总需求的分析就由分析消费支出开始，而消费也是两部门经济中家庭的需求。本节将集中讨论家庭消费以及与之相关的储蓄问题。

一、消费函数和消费倾向

消费需求量究竟是由什么决定的呢？在现实生活中，影响家庭消费的因素很多，比如家庭收入水平、商品价格水平、利率水平、社会的收入分配状况、消费者的偏好、家庭财产状况、可提供的消费信贷状况、消费者的年龄构成以及社会制度、风俗习惯等。凯恩斯认为，这些因素中最有决定意义的是家庭收入。所以，凯恩斯主义理论从影响消费需求的众多因素中抽出这个最主要的因素，单独加以分析。

凯恩斯认为，在收入和消费的关系方面，存在着一条基本的心理规律，即当人们可支配收入水平较高时，他们的消费量也较大；反之，则情况相反。

把消费与可支配收入的函数关系用公式表示出来，就是：

$$C=C(Y) \tag{10.3}$$

（一）平均消费倾向

以消费支出额占可支配收入额的比例来表示消费倾向，就是平均消费倾向（记作 APC）。平均消费倾向是指一个既定可支配收入水平上的消费支出在消费者可支配总收入中所占的比率。平均消费倾向的公式是：

$$APC=\frac{C}{Y} \tag{10.4}$$

（二）边际消费倾向

每增加的 1 单位可支配收入中用于增加消费的部分所占的比率，也就是增加的消费额与增加的可支配收入额之比，叫做边际消费倾向（记作 MPC）。边际消费倾向用公式可以表示为：

$$MPC=\frac{\Delta C}{\Delta Y} \tag{10.5}$$

式中，ΔC 代表消费额的增加量，ΔY 代表可支配收入额的增加量。

若可支配收入增量极小时，上述公式可写成下面的表达式：

$$MPC=\frac{\mathrm{d}C}{\mathrm{d}Y} \tag{10.6}$$

假定消费函数是连续的，就可以大致画出一条消费函数曲线（如图 10-3 所示）。

图 10-3 中，横轴表示可支配收入 Y，纵轴表示消费 C，45°线上任意一点到纵轴和横轴的垂直距离都相等，表示可支配收入全部用于消费。$C=C(Y)$ 是消费函数曲线，表示消费和可支配收入之间的函数关系。E 点是消费曲线和 45°线的交点，它表示，这时候消费支出和可支配收入相等。

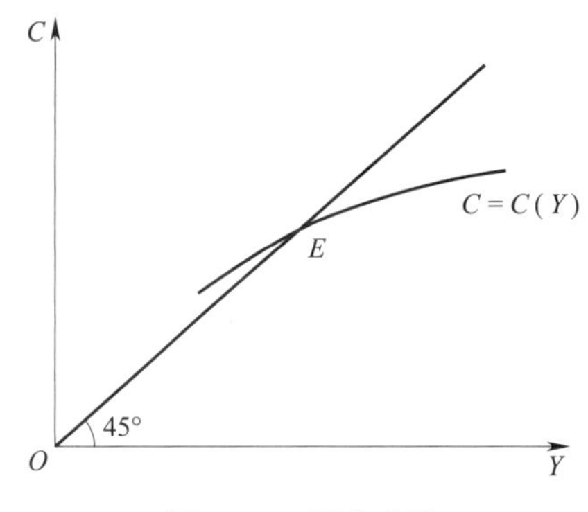

图 10–3　消费曲线

（三）平均消费倾向和边际消费倾向的区别和意义

消费曲线上任意一点的斜率，就是与这一点相对应的边际消费倾向，而消费曲线上任意一点与原点相连而成的射线的斜率，则是与这一点相对应的平均消费倾向。从图 10–3 中消费曲线的形状可以看到，随着这条曲线向右延伸，曲线上各点的斜率越来越小，说明边际消费倾向有递减的趋势；同时，曲线上各点与原点的连线的斜率也越来越小，说明平均消费倾向也有递减的趋势，但平均消费倾向始终大于边际消费倾向。由于消费增量只能是可支配收入增量的一部分，所以，边际消费倾向总是大于 0 并小于 1，但平均消费倾向则可能大于 1、等于 1 或小于 1，因为消费可能大于、等于或小于可支配收入。如果消费曲线是一条直线，则边际消费倾向就是始终不变的。

凯恩斯把消费倾向递减看做一条心理规律。凯恩斯曾经说过："无论我们是从现已了解的人类本性上看，还是从经验中的具体事实来看，我们可以具有很大的信心来使用一条基本心理规律。这条规律就是：在一般情况下，平均说来，当人们收入增加时，他们的消费也会增加，但消费的增加不会像收入增加得那样多。"①

如果消费和可支配收入之间存在线性关系，则边际消费倾向就是一个常数，这时消费函数就可以用下列方程来表示：

$$C=\alpha+\beta Y \tag{10.7}$$

式中，α 为必不可少的自发消费部分，也就是说，即使可支配收入为 0 时，消费者举债或使用其原先的储蓄也必须有的基本生活消费；β 为边际消费倾向；β 和 Y 的乘积表示可支配收入引起的消费，即引致消费。所以，$C=\alpha+\beta Y$ 的经济含义就是：消费等于必需的基本生活消费与引致消费二者之和。例如，已知 $\alpha=$

① ［英］约翰·梅纳德·凯恩斯：《就业、利息和货币通论》，宋韵声译，华夏出版社 2005 年版，第 76 页。

300，$\beta=0.75$，则 $C=300+0.75Y$。这就表示，当可支配收入增加 1 单位时，其中有 75%用于增加消费。所以，只要 Y 为已知量，就可以算出全部消费支出量。

当消费和可支配收入之间呈线性关系时，消费函数就是一条向右上方倾斜的直线，消费函数上每一点的斜率都相等，并且大于 0 而小于 1（如图 10-4 所示）。

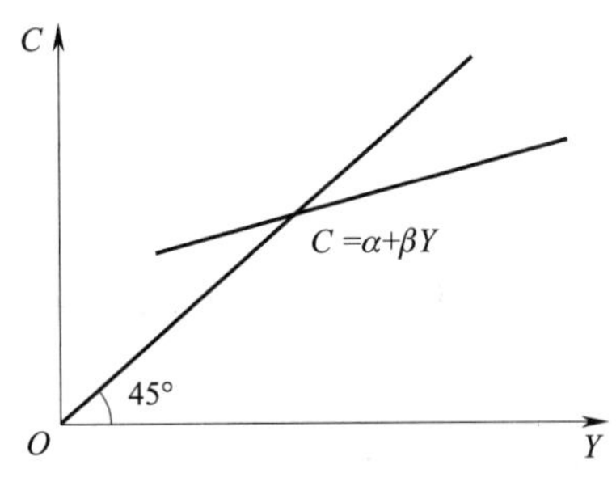

图 10-4　线性消费函数

当消费函数为线性时，$APC>MPC$ 更容易被看清，因为消费函数上任意一点与原点相连所形成的射线的斜率都大于消费曲线（这里是直线）的斜率。而且从公式看，$APC=C/Y=(\alpha+\beta Y)/Y=\alpha/Y+\beta$，这里的 β 即 MPC，由于 α 和 Y 都是正数，所以，$APC>MPC$。随着收入的增加，α/Y 的值会越来越小，这说明 APC 逐渐趋近于 MPC。

二、储蓄函数和储蓄倾向

储蓄是可支配收入中没有被消费的部分。储蓄的大小不仅可以反映消费量的大小，也可以在可支配收入既定情况下影响消费量。

储蓄函数的概念是与消费函数概念相联系的。由于消费随可支配收入增加而增加的比率是递减的，因而可以推论出储蓄随可支配收入增加而增加的比率递增。储蓄与可支配收入的这种数量变化的依存关系就是储蓄函数或储蓄倾向，其公式是：

$$S=S(Y) \tag{10.8}$$

式中，S 代表储蓄函数（储蓄倾向），Y 代表可支配收入。

（一）平均储蓄倾向

储蓄曲线上任意一点与原点相连而形成的射线的斜率，就是平均储蓄倾向（记作 APS）。平均储蓄倾向是指任意一个可支配收入水平上的储蓄在可支配收入中所占的比率。其公式是：

$$APS=\frac{S}{Y} \tag{10.9}$$

储蓄曲线的图形如图 10-5 所示。

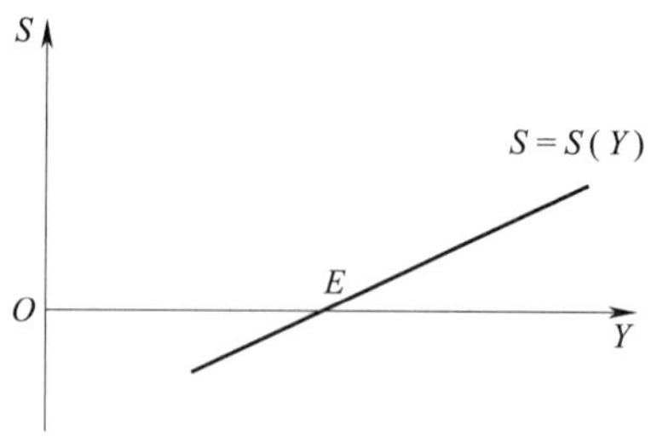

图 10-5 储蓄曲线

（二）边际储蓄倾向

在图 10-5 中，$S=S(Y)$ 曲线表示储蓄和可支配收入之间的函数关系。E 点是储蓄曲线和横轴的交点，表示这时消费和可支配收入相等，即收支平衡，E 点右边是正储蓄，E 点左边是负储蓄。随着储蓄曲线向右延伸，它和横轴的距离越来越大，表示储蓄随可支配收入增加而增加，且增加的幅度越来越大。

储蓄曲线上任意一点的斜率就是边际储蓄倾向，它是该点上的储蓄增量对可支配收入增量的比率。其公式是：

$$MPS=\frac{\Delta S}{\Delta Y} \tag{10.10}$$

式中，ΔS 代表储蓄增量，ΔY 代表可支配收入增量。这也就是储蓄曲线上任意一点的斜率。

如果可支配收入与储蓄增量极小，式（10.10）就可写成：

$$MPS=\frac{\mathrm{d}S}{\mathrm{d}Y} \tag{10.11}$$

上面所说的储蓄函数和储蓄曲线所表示的储蓄和可支配收入的关系是非线性的。如果二者呈线性关系，即消费曲线和储蓄曲线均为一条直线，则由于 $S=Y-C$，而且 $C=\alpha+\beta Y$，于是：

$$S=Y-C=Y-(\alpha+\beta Y)=-\alpha+(1-\beta)Y \tag{10.12}$$

式（10.12）就是线性储蓄函数的方程式。线性储蓄函数的图形如图 10-6 所示。

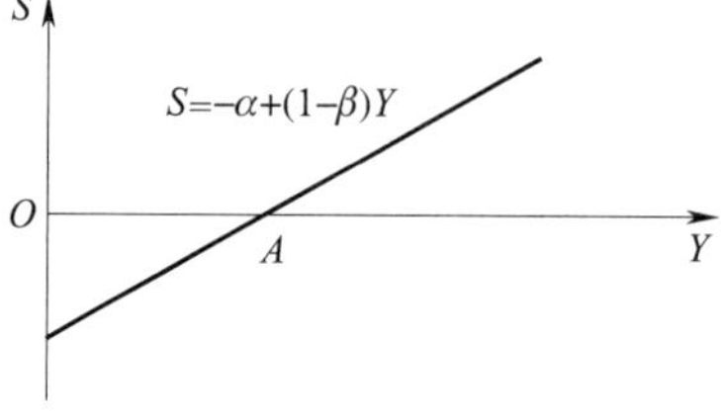

图 10-6 线性储蓄函数

三、消费函数和储蓄函数的关系

由于储蓄被定义为可支配收入和消费之差，因此，消费函数和储蓄函数的关系表现为：

（1）消费函数和储蓄函数互补，消费和储蓄之和等于可支配收入。这种关系如图 10-7 所示。图 10-7 中，当可支配收入为 Y_0时，消费支出等于可支配收入，储蓄为 0。在 A 点的左边，消费曲线 C 位于 45°线之上，表明消费大于可支配收入，因此，储蓄曲线 S 位于横轴下方，储蓄为负；在 A 点右方，消费曲线 C 位于 45°线之下，因此，储蓄曲线 S 位于横轴上方，储蓄为正。

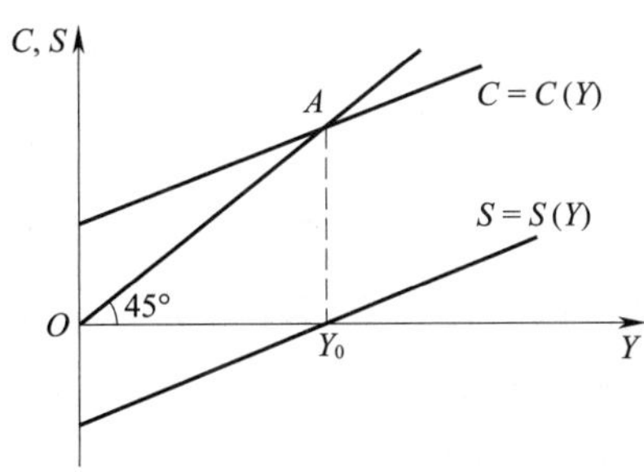

图 10-7　消费曲线和储蓄曲线的关系

（2）APC 和 MPC 都随收入增加而递减，但 $APC>MPC$；APS 和 MPS 都随收入增加而递增，但 $APS<MPS$。表现在图 10-7 中，在 Y_0的右边，储蓄曲线上任意一点与原点连成的射线的斜率总小于储蓄曲线上该点的斜率。

（3）APC 和 APS 之和恒等于 1，MPC 和 MPS 之和也恒等于 1。对此，可以证明如下：

因为：
$$Y=C+S$$

所以：
$$\frac{Y}{Y}=\frac{C}{Y}+\frac{S}{Y}$$

即：
$$APC+APS=1 \tag{10.13}$$

由此可见：
$$1-APC=APS，1-APS=APC \tag{10.14}$$

再看 MPC 和 MPS 的情况：

因为：
$$\Delta Y=\Delta C+\Delta S$$

所以：
$$\frac{\Delta Y}{\Delta Y}=\frac{\Delta C}{\Delta Y}+\frac{\Delta S}{\Delta Y}$$

即：

$$MPC+MPS=1 \tag{10.15}$$

根据以上性质，消费函数和储蓄函数只要有一个被确定，另一个就会随之被确定。当消费函数已知时，就可求得储蓄函数；当储蓄函数已知时，就可求得消费函数。

四、家庭消费函数和社会消费函数

宏观经济学关心的是整个社会的消费函数，即总消费和总收入之间的关系。社会消费函数是家庭消费函数的总和。不过，西方经济学家认为，社会消费函数并不等于家庭消费函数直接加总。从家庭消费函数去求社会消费函数时，还要考虑以下一系列限制条件。

（1）国民收入的分配状况。人们越是富有，就越有能力储蓄。因此，不同收入阶层的边际消费倾向不同，富有者边际消费倾向较低，贫穷者边际消费倾向较高。所以，国民收入分配越不均等，社会消费曲线就越是向下移动。

（2）政府税收政策。如果政府实行累进个人所得税，将富有者原来可能用于储蓄的一部分收入征收过来，以政府支出的形式花费掉，社会中的消费数量就会增加，社会消费曲线就会向上移动。

（3）公司未分配利润在利润中所占比例。公司未分配利润是一种储蓄，如果将其分给股东，必定有一部分会被消费掉。因此，公司未分配利润在利润总额中所占比例大，消费就少，储蓄就多；反之，则消费就多，储蓄就少，社会消费曲线就会向上移动。

此外，还有其他一些影响社会消费函数的因素，所以，社会消费曲线并不等于家庭消费曲线的直接、简单加总。不过，在考虑各种限制条件后，社会消费曲线的基本形状仍然会和家庭消费曲线有很大的相似之处。

五、影响消费的其他因素及其对相关政策效果的影响

（一）影响消费的其他因素

上面的分析，都强调可支配收入是影响消费的最重要因素。但可支配收入变动并非是影响消费的全部因素。尤其在短期内，有时边际消费倾向可以为负数，即可支配收入增加时消费反而减少，可支配收入减少时消费却增加；有时边际消费倾向会大于1，即消费的增加额大于可支配收入的增加额。

这些现象表明，在日常生活中，除了可支配收入，还有其他一些因素会影

响消费行为。其中，主要因素有以下几种。

1. 利率

提高利率可以刺激储蓄，从而在可支配收入既定情况下减少消费。但现代西方经济学家认为，提高利率是否会增加储蓄，抑制当前消费，要根据利率变动导致储蓄的替代效应和收入效应情况而定。

一方面，当利率提高时，人们认为减少目前消费，增加将来的消费比较有利。这种利率提高使储蓄增加消费减少的情况就是利率变动导致的储蓄的替代效应。另一方面，利率提高使人们将来的利息收入增加，会使他们认为自己更富有，以致增加目前消费，这样反而可能会减少储蓄。这种利率的提高使储蓄减少的情况就是利率变动导致的储蓄的收入效应。利率如何影响人们的储蓄，要看替代效应与收入效应的总和状况而定。

就中低收入者而言，利率较高时，主要会发生替代效应，故利率提高会增加储蓄。就高收入者而言，利率的提高，会发生较大收入效应，从而可能会减少储蓄。

就全社会总体而言，利率的提高究竟会增加储蓄还是减少储蓄，则由人们增加和减少储蓄的总和情况来决定。

此外，储蓄的另一目的是将来养老或满足其他特定的用途。如果以将来每年能得到固定金额的收益为目的来储蓄，则利率提高可减少目前所需积蓄的本金，因此，利率的提高会降低储蓄。可见，利率的提高，会发生不确定的效果。就全社会而言，难以事前判断究竟会增加储蓄还是会减少储蓄。

2. 价格水平

影响消费的另一个因素为价格水平。这里所谓的价格水平，是指价格水平的变动。货币收入（名义收入）不变时，若物价上升，实际收入下降，消费者要保持原有消费水平，则消费倾向（平均消费倾向）就会提高；反之，若物价下跌，则平均消费倾向就会下降。

如果物价与货币收入以相同比例提高，实际收入不变，这不会影响消费。但如果消费者只注意到货币收入增加而忽略了物价上升，则会误以为实际收入增加。这种情况下，消费者存在“货币幻觉”（即只关注货币数量变化，不关注货币实际购买力的现象）。

3. 收入分配

前面说过，高收入家庭消费倾向较小，低收入家庭消费倾向较大，因此，国民收入分配越是平均，全国性平均消费倾向就会越大；而收入分配越是不平均，全国性平均消费倾向就会越小。

4. 预期

强调预期作用的经济学家认为，人们可以运用所有可以得到的信息作出对未来消费的适当预期。美国经济学家霍尔最先推导出了对于消费的理性预期含义。他认为，如果恒久收入假说①是正确的，消费者有理性预期，那么，消费随时间推移而发生的变化就是无法预期的，是随机变动的。按照这种观点，如果消费者遵循恒久收入假说，并且有理性预期，那么只有未预期到的政策变动会影响消费，因为这些政策变动会影响人们的预期，从而影响消费。

以上简要说明了影响消费和储蓄的非收入因素。在分析国民收入决定时，为简单起见，本书主要采用凯恩斯的收入决定消费的理论。

（二）影响消费的其他因素对相关政策效果的影响

在经济生活中，人们的消费不仅仅取决于他们的可支配收入，也取决于他们个人的实际财富或实际资产。当利率和物价水平不变时，实际资本存量、名义基础货币和公债数量的变动，都会使实际资产随之发生同方向变动。相反，如果实际资本存量、名义基础货币以及公债数量不变，则实际资产将与利率和物价水平的变化呈反方向变动。这样，实际资本存量、名义基础货币、公债数量、物价水平以及利率的变动，都会通过财富的变动效果来影响消费。新古典经济学家庇古认为，如果消费是收入与财富的增函数，则当物价由于超额供给而发生下降时，财富的实际价值将会随之提高，消费也会因之增加。即便经济处于凯恩斯所说的“流动性陷阱”② 中，在上述“财富效应”作用下，经济仍然可能达到古典学派所说的充分就业状态。

由“财富效应”的影响可以推知，利率的变动会使实际资产与之发生反向变动，从而影响消费。由于需求管理方面财政政策和货币政策都会影响利率，使之发生变动，因此，财政政策和货币政策都会产生“财富效应”，最终影响消费。一般说来，由于单纯扩张性财政政策会使利率上升，单纯扩张性货币政策会使利率下降，所以，它们引起的“财富效应”会在物价水平不变时，增强

① 关于该假说的内容见本节“其他消费理论”部分。

② 这一概念将在第十一章第二节加以阐述。

货币政策效果，而削弱财政政策效果。

六、其他消费理论

前面所阐述的消费函数理论，只是凯恩斯的观点，它假定消费是人们收入的函数。这种消费函数是宏观经济学中消费函数最简单的形式，被称为凯恩斯的绝对收入消费函数理论。鉴于凯恩斯的消费函数理论的局限性，经济学家们又陆续提出了其他消费理论，对凯恩斯的消费函数理论进行了补充和修改，如杜森贝里的相对收入假说、弗里德曼的恒久收入假说以及莫迪利安尼的生命周期假说等。

（一）现期收入假说下的消费函数理论：相对收入假说

相对收入假说的消费理论，是由美国经济学家杜森贝里提出来的。他认为，消费者会根据自己过去的消费习惯以及周围人们消费水准的影响来决定自己的现期消费水平。所以，人们的现期消费是相对固定的。按照他的看法，消费在个人可支配收入中，在长时期内会维持一个相对固定的比率，但短期消费函数却有所不同。

杜森贝里认为，习惯上人们增加消费容易，减少消费比较难，即“由俭入奢易，由奢返俭难”。所以，消费固然会随可支配收入的增加而增加，但不易随可支配收入的减少而减少。因此，在短期内观察，可发现在经济波动过程中，随着可支配收入增加，低水平收入者的消费会向高水平收入者的消费水平看齐，即“攀比效应”。这也是另一种形式的“示范效应”，即消费者的消费行为会受周围人们消费水准的影响。但可支配收入减少时，消费者会顾及他们在社会上的相对地位，还有“爱面子”的考虑，导致消费水平的降低比较有限，会表现出一种“棘轮效应”（即向上走容易，向下走难）。因此，短期消费函数不同于长期消费函数，当期消费取决于当期可支配收入及过去的消费支出水平。

（二）恒久收入假说下的消费函数理论

恒久收入是指消费者可以预计到的长期可支配收入。恒久收入消费理论的假说是与凯恩斯只着眼于当前可支配收入的消费理论有所区别的前向预期的消费理论。前向预期的消费理论把消费同消费者能够考虑到的可支配收入，特别是和预期的未来可支配收入联系起来，而不只是同现期可支配收入联系起来。它是由美国经济学家弗里德曼根据费雪的消费理论，在 1957 年首先提出来的。

恒久收入消费理论认为，消费者的消费支出主要不是由他的现期可支配收入水平决定，而是由其恒久可支配收入水平决定。因为消费者在暂时性可支配收入变动时，往往通过储蓄和借贷来稳定消费。恒久可支配收入大致上可以根据人们所观察到的若干年可支配收入的数值通过加权平均数算出。恒久可支配收入数值距现在的时间越近，其权数就越大；反之，则越小。举个简单的例子，假定某人的恒久可支配收入为下列形式的一个加权平均值：

$$Y_p=\theta Y+(1-\theta)Y_{-1} \tag{10.16}$$

式中，Y_p 代表恒久可支配收入；θ 代表权数；Y 和 Y_{-1} 分别代表当前可支配收入和过去的可支配收入。

消费者的消费支出取决于恒久可支配收入。短期边际消费倾向较低的原因是，当可支配收入上升时，人们不能确信其可支配收入的增加是否会一直继续下去，因而不会马上充分调整其消费。相反，当可支配收入下降时，人们也不能断定其可支配收入的下降是否会一直继续，因此，消费也不会马上下降。如果可支配收入变动最终被证明是恒久性的，人们就会在较高或较低的恒久可支配收入水平上充分调整其消费支出。

按照这种消费理论，当经济衰退时，虽然人们可支配收入减少了，但消费者仍然会按照其恒久可支配收入水平来消费，所以，经济衰退期间，人们的消费倾向也会趋向于长期的平均消费倾向，而不是更低。相反，经济繁荣时，尽管人们的可支配收入水平提高了，但其消费仍会按照其恒久可支配收入水平去消费，所以，这时人们的消费倾向仍然会趋向于其长期平均消费倾向，而不是更高。根据这种理论，如果政府想通过增减税收来影响总需求，那么将是不可能完全奏效的，因为人们由于减税而增加的可支配收入，并不会立即被全部用来增加消费。

（三）生命周期假说的消费函数理论

生命周期假说的消费理论是由美国经济学家莫迪利安尼、安多和布隆贝格在 20 世纪 50 年代根据费雪的消费理论，进一步研究后首次提出的。

莫迪利安尼的生命周期消费理论假定，人们在特定时期的消费不仅与他们在该时期的可支配收入相联系，而且人们会在更长时间范围内计划他们生活中的消费开支，以达到他们在整个生命周期内消费的最佳配置。这就是说，人们总希望自己一生能比较平稳安定地生活，而不愿意起伏不定、动荡不安。一般说来，年轻人家庭可支配收入偏低，这时消费可能会超过其可支配收入。随着他们进入壮年和中年，可支配收入日益增加，这时可支配收入会大于消费，不但可能偿还青年时代欠下的债务，更重要的是可以积蓄一些钱，以备将来退休之用。一旦人们年老退休，可支配收入就会显著下降，消费便又会超过可支配收入，形成所谓负储蓄状态。

实际情况表明，生命周期消费理论的基本结论是成立的。该理论可用下列公式来表示：

$$C=\alpha W_{\mathrm{R}}+\beta Y_{\mathrm{L}} \tag{10.17}$$

式中，W_{R} 代表实际财富；α 代表财富的边际消费倾向，即每年消费掉的财富的比例；Y_{L} 代表可支配的工作收入；β 代表可支配工作收入的边际消费倾向，即每年消费掉的可支配工作收入的比例。

根据生命周期的消费理论，如果社会上青少年和老人比例增大，则消费倾向会提高；如果社会上中年人比例增大，则消费倾向会下降。因此，总储蓄和总消费会部分地依赖于人口的年龄分布，当有更多的人处于储蓄年龄时，净储蓄就会上升。

除了想使自己一生平稳消费这一点，还有一系列因素会影响消费和储蓄。例如，当有更多人想及时行乐时，储蓄就会减少；当社会建立起健全的社会保障制度，从而更多人享受养老金待遇时，储蓄也会减少；当社会上有更多的人想留一笔遗产给后代时，社会总储蓄率就会提高，但很高的遗产税率又会影响这种储蓄积极性。

生命周期消费理论和恒久收入消费理论之间既有联系也有区别。就区别而言，前者偏重对储蓄动机的分析，从而提出以财富作为影响消费函数的变量的重要理由；而后者则偏重于个人如何预测自己未来的可支配收入问题。就联系而言，不管二者强调的重点有什么差别，它们都体现一个基本思想：即消费者是眼光向着未来和长期的前向预期决策者，因而在以下三个方面都是相同的。

第一，消费不只是同现期可支配收入水平相联系，而且是以消费者一生的或恒久性的可支配收入水平作为其消费决策的依据。

第二，一次性的可支配收入变化引起的消费支出变动一般较小，即其边际消费倾向很低，甚至接近于0。但是，来自恒久可支配收入变动的边际消费倾向很大，甚至接近于1。

第三，当政府想用税收政策影响消费时，如果减税或增税只是临时性的，则消费并不会受到很大影响；只有造成恒久性的税收变动的政策，才会有较明显的效果。

第三节 两部门经济：企业部门

企业的主要支出是投资。投资需求又是总需求中的重要部分，而且它比消费需求更具变化性，因而对均衡国民收入的影响也更大。

在西方国家，人们购买有价证券、土地和其他财产，都被说成是投资。但在经济学中，这些都不能算是真正的投资，而只是资产所有权的转移。经济学中所讲的投资，是指资本的形成，即社会实际资本的增加，包括厂房、机器设备和存货的增加，新住宅的建设等，其中主要是厂房、机器设备的增加。本书分析的就是这种投资。

投资需求取决于企业在投资项目上的利弊权衡，因此，投资需求的决定原则是能否获取净利润收益。具体而言，就是投资的利润收益一定要大于其成本。其最低界限是投资收益等于投资成本。

决定投资的实际因素有很多，一般说来，在制度因素确定的条件下，最主要的因素有：作为投资成本因素的实际利率水平、预期收益率和投资风险等。

一、投资和资本边际效率

在市场经济中，企业在决定投资时，首先会考虑该笔投资在未来是否会取得利润（慈善事业、特殊的公共设施和服务等除外）。只有确定了这一点，企业主才会考虑是否投资。在这方面，凯恩斯提出了资本边际效率的概念。

（一）资本边际效率

按照凯恩斯的定义，资本边际效率（记作 *MEC*）是一种贴现率，这种贴现率正好使一项资本品在使用期内各预期收益的现值之和等于这项资本的供给价格或者重置成本。

凯恩斯认为，资本边际效率也是一条心理规律，因为人们对未来收益前景的预期在很大程度上会受到他们心理因素和信心状态的影响。他说：“信心状态之所以重要的原因在于：它是决定资本边际效率的主要因素之一，而资本边际效率与投资需求曲线又是一回事。”①

关于贴现率和现值的关系，我们试举一例来说明，以便更好地理解资本边际效率。

假定本金为 100 美元，年利率为 5%，按复利计算，则：

第 1 年的本利和为：

$$100\times(1+5\%)=105(\text{美元})$$

第 2 年的本利和为：

$$105\times(1+5\%)=100\times(1+5\%)\times(1+5\%)=110.25(\text{美元})$$

第 3 年的本利和为：

$$110.25\times(1+5\%)=100\times(1+5\%)\times(1+5\%)\times(1+5\%)$$
$$=115.7625(\text{美元})$$

…………

以此类推。现在以 r 表示利率，R_0 表示本金，R_1、R_2、R_3 分别表示第 1 年、第 2 年、第 3 年的本利和，则各年的本利和为：

$$R_1=R_0(1+r)$$
$$R_2=R_1(1+r)=R_0(1+r)\times(1+r)$$
$$R_3=R_2(1+r)=R_0(1+r)\times(1+r)\times(1+r)$$

…………

$$R_n=R_0(1+r)^n \qquad (10.18a)$$

现在把问题倒过来，假设利率和本利和为已知，利用公式求本金。假定利率为 5%，1 年后本利和为 105 美元，则利用公式 $R_n=R_0(1+r)^n$ 或 $R_1=R_0(1+r)$，就可求得本金：

$$R_0=\frac{R_1}{1+r}=\frac{105}{1+5\%}=100(\text{美元})$$

这就是说，在利率为 5%时，1 年后 105 美元的现值是 100 美元；在同样利率下，2 年后 110.25 美元以及 3 年后 115.762 5 美元的现值也是 100 美元。一般说来，n 年后 R_n 的本金（初期现值）就是：

$$R_0=\frac{R_n}{(1+r)^n} \qquad (10.18b)$$

① ［英］约翰·梅纳德·凯恩斯：《就业、利息和货币通论》，宋韵声译，华夏出版社 2005 年版，第 115 页。

知道了贴现率和现值，我们再来理解资本边际效率。假定某个企业投资30 000美元购买1台机器，这台机器的使用期限是3年，3年后全部耗损。再假定把人工、原材料以及其他成本（如能源、水等，但利息和机器成本除外）扣除以后，3年内各年份的预期收益是11 000美元、12 100美元和13 310美元。这是该投资在各年份内的预期毛收益（即本利和），3年合计为36 410美元。

如果贴现率是10%，那么3年内全部预期收益36 410美元的现值正好是30 000美元，即：

$$
\begin{aligned}
R_0 &= \frac{11\,000}{1+10\%}+\frac{12\,100}{(1+10\%)^2}+\frac{13\,310}{(1+10\%)^3} \\
&= 10\,000+10\,000+10\,000 \\
&= 30\,000\text{（美元）}
\end{aligned}
$$

由于这一贴现率（10%）使3年的全部预期收益（36 410美元）的现值（30 000美元）正好等于这项资本品（1台机器）的供给价格（30 000美元），所以，这一贴现率就是资本边际效率。它表明一个投资项目的收益至少应该按照什么比例增长才能达到预期的收益，因此，它也代表了该投资项目的预期利润率。如果按照最起码的投资原则，即收益与成本相等，那么，该贴现率（资本边际效率）和利率就应该是相等的。因此，在分析和作出投资决策时，可以直接将利率和资本边际效率（贴现率）等同使用。

假定资本品（如上述机器）不是在3年中而是在n年中报废，并且在停止使用时还有残值，那么，包含资本边际效率（这里就是利率）的资本现值的公式就是：

$$
R_0=\frac{R_1}{1+r}+\frac{R_2}{(1+r)^2}+\frac{R_3}{(1+r)^3}+\cdots+\frac{R_n}{(1+r)^n}+\frac{J}{(1+r)^n} \tag{10.19}
$$

式中，R_0代表资本品的供给价格①；R_1，R_2，R_3，…，R_n代表不同年份（或时期）的预期收益；J代表该项资本品在n年年末的报废价值；r代表利率，也代表贴现率，按照前面的说明，它也代表资本边际效率。

（二）资本边际效率曲线

如果R_0、J和各年份预期收益都能估算出来，我们就能算出资本边际效率的值，如果资本边际效率大于（至少等于）市场利率，该项投资就值得进行；

---

① R_0在式中代表资本在不同时期预期收益的贴现值，所以，这里不以通常表示价格的字母P表示。

否则，就不值得进行。

从资本边际效率的公式可以知道，资本边际效率的数值取决于资本品供给价格和预期收益。预期收益既定时，供给价格越高，资本边际效率越小；而供给价格既定时，预期收益越大，资本边际效率越大。在实际生活中，每一个投资项目的资本边际效率是不一样的，每个企业都会面临若干供选择的投资项目。为了看得更加清楚，我们在图 10-8 中列出几个项目的资本边际效率示意图。

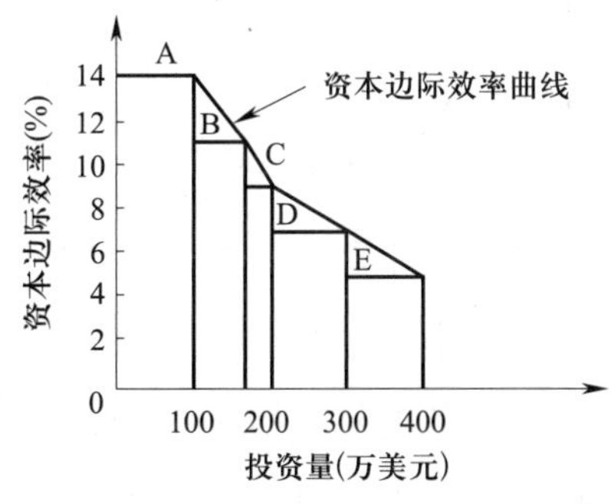

图 10-8 企业可供选择的投资项目及其资本边际效率曲线

图 10-8 表示某企业可供选择的 5 个投资项目。纵轴代表资本边际效率，横轴代表投资量。如果市场利率等于或略低于 14%，则只有 A 项目可以考虑投资；如果市场利率为 11%或稍低些，则 A 和 B 都可考虑投资；如果市场利率降到 9%或更低，则 A、B、C 都可以考虑投资……可见，对这个企业来说，利率越低，投资需求量会越大。图 10-8 中各个长方形顶端所形成的折线就是该企业的资本边际效率曲线。

一个企业的资本边际效率曲线是阶梯形的。如果把经济社会中所有企业的资本边际效率曲线加在一起，阶梯形的折线就会逐渐变成一条平滑的曲线。因为，在相加过程中，所有起伏不平的部分会彼此抵消而转为平滑，这条曲线就是凯恩斯所讲的资本边际效率曲线。这也就是图 10-9 中的 *MEC* 曲线。在投资逐渐增加的情况下，由于边际效率递减规律的作用，实际的投资效率会更低一些，所以，*MEC* 曲线实际上就变成了 *MEI* 曲线。

二、影响预期收益的因素

影响投资需求的核心因素就是预期收益，即一个投资项目在未来各个时期估计可得到的收益。影响这种预期收益的因素是多方面的，除资本边际效率

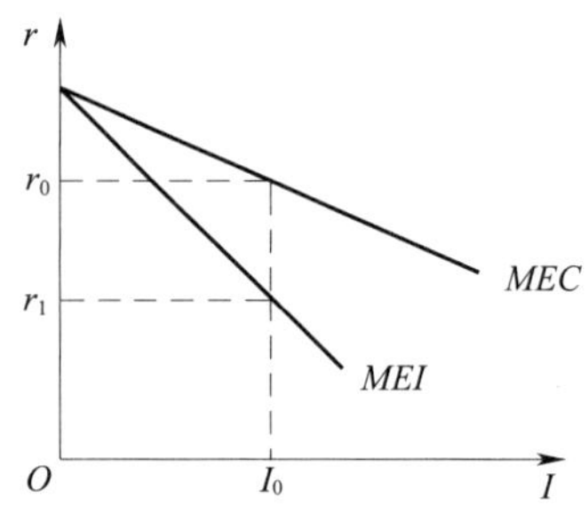

图 10-9 资本边际效率曲线和投资边际效率曲线

外，主要还有以下几种因素。

（一）对投资项目产品的需求预期

企业决定对某项目是否投资及投资多少时，首先会考虑市场对该项目的产品在未来的需求情况，因为这种需求状况不但会决定产品能否销售出去，还会影响产品价格的走势。如果企业认为投资项目产品的市场需求在未来会增加，就会增加投资。（增加一定的产出量要求增加投资，这种产出增量与投资增量之间的关系叫做加速数，说明产出变动和投资之间关系的理论称为加速原理。）所以，对产出的市场需求预期会影响投资的预期收益，进而影响投资意愿。

（二）产品成本

投资的预期收益在很大程度上也取决于投资项目的生产成本，尤其是劳动者的工资。因为工资上升在其他条件不变时会降低企业利润，减少投资预期收益，尤其是对那些劳动密集型产品的投资项目而言，工资上升显然会降低投资需求。然而，对于那些可以用机器设备代替劳动力的投资项目，工资上升又意味着多用设备比多用劳动力更有利可图，于是，实际工资的上升又等于投资的预期收益增加，从而会增加投资需求。可见，工资的变动对投资需求的影响具有不确定性。但就多数情况来说，在劳动和资本完全可以互相替代的条件下，随着工资上升，企业会越来越多地考虑采用新机器设备，从而使投资需求增加。新古典经济学之所以认为投资需求会随工资的上升而上升，理由就在这里。

（三）投资税抵免

在一些国家，政府为鼓励企业投资，会采用一种叫做投资税抵免的政策，即政府规定，投资的企业可以从它们的所得税中扣除其投资总值的一定百分比。例如，假定某企业在某一年投资 1 亿元，如果规定投资税的抵免率是 10%，则该企业就可少缴 1 000 万元的所得税，这 1 000 万元等于政府为企业支付的投资项目的成本。如果该企业在这一年的所得税达不到这个数额，则所剩余额还可以在第2年甚至第3年进行抵扣。这种投资税抵免政策对投资的影响，在很大程度上取决于这种政策是临时的还是长期的。如果是临时的，则此政策的效果也是临时的，过了政策期限，投资需求可能反而下降。比方说，政府为了刺激经济，如果宣布在某一年实行投资税抵免，则该年的投资可能大幅度增加，甚至本来准备第2年投资的项目也可能提前到该年进行投资，但第2年投资需求则会明显下降；或在政策实行的前一年，企业会把一些项目推迟到有政策鼓励时进行投资。

（四）投资风险

投资需求还与企业对投资风险的考虑密切相关。这是因为，投资是现在的事，收益是未来的事，未来的结果究竟如何，总有不确定性。人们对未来的结局会有一个预测，企业正是根据这种预测进行投资决策的。然而，即使是最精明的企业家，也不可能完全准确无误地预测到未来的结果。因此，投资总有风险，并且高的投资收益往往伴随着高的投资风险。如果收益不足以补偿风险可能带来的损失，企业就不愿意投资。这里的所谓风险，包括未来的市场走势、产品价格、生产成本、实际利率、政府宏观经济政策等，都具有不确定性。一般说来，整体经济趋于繁荣时，企业对未来会看好，从而会认为投资风险较小；而经济呈下降趋势时，企业对未来看法会悲观，从而会感觉投资风险较大。因此，凯恩斯认为，投资需求与投资者的乐观和悲观情绪有较大关系，实际上，这说明投资需求会随人们承担风险的意愿和能力变化而变动。

（五）融资条件对投资需求的影响

在做出投资决策的过程中，有时候并不是由于投资的预期收益或者投资成本的问题而妨碍投资的确定，很可能是由于融资的条件限制影响了投资决定。对于这种影响，可以用融资限制效应、资金可利用效应和信贷配给效应来说明。

企业投资资金的来源主要包括自有资金、向金融机构借贷、发行债券、发行新股票等。其中，任何一个融资环节受到限制时，都会影响企业投资的顺利进行。一般说来，当投资所需要的资金受到外部限制时，企业能否顺利地进行投资，就取决于企业是否有足够的资金保留余额以及折旧基金。

所以，融资条件的限制会使企业考虑当前的获利情况，而不是未来的获利情况，来决定是否投资。若经济景气情况欠佳，销售利润和内部资金都会受到影响，也会波及投资。

三、投资和利率①

凯恩斯认为，企业是否要对新的实物资本（如机器、设备、厂房、仓库等）进行投资，既取决于这些新投资的预期利润率（资本边际效率），也取决于为购买这些资产所需要借入的款项（借款筹资的方式可以多种多样）所要求的利率（实际上就是投资成本）之间的比较。前者大于后者时，投资是有利的；前者小于后者时，投资就是不利的。所以，在决定投资的各种因素中，当预期利润率（资本边际效率）既定时，利率就是考虑的首要因素。

利率分为名义利率和实际利率。名义利率是借贷者按约定所支付的利率（不考虑通货膨胀因素）。本章这里的利率，是指实际利率。实际利率大致等于名义利率减去通货膨胀率。假定某年名义利率为8%，通货膨胀率为3%，则实际利率就等于5%。在投资的预期利润率既定时，企业是否进行投资，首先就取决于利率的高低。利率上升时，投资需求量就会减少；利率下降时，投资需求量就会增加。总之，投资是利率的减函数。这里的关键在于，企业用于投资的资金多半是借贷来的，利息是投资的成本。

即使企业投资的资金是自有的，它也会把利息看成投资的机会成本，从而把利息当做投资的成本。所以，利率上升时，投资者自然就会减少对投资物品（如机器设备等）的购买。投资与利率之间的这种关系被称为投资函数，可表示为：

$$I=I(r) \tag{10.20}$$

式中，I代表投资，r代表利率。

例如，我们可以假定$I=I(r)=1\ 250-250r$。其中，1 250表示利率为零时最大的投资量，这种与利率无关的投资，叫做自主投资；250是系数，表示利率每上升或下降1个百分点，投资就会减少或增加的数量，可以称为利率对投资需求的影响系数。如果把投资函数写成$I=I(r)=e-dr$，则式中的e就是自主投资，d是投资的利率弹性，即投资对利率变动作出反应的程度，此处是一种比

---

① 这里的利率被假定为外生因素。关于利率的决定和它对投资的影响的进一步分析，将在第十一章第二节阐述。

率，$-dr$ 就是投资需求中与利率有关的部分。投资与利率之间的这种函数关系可用图 10-10 中的投资需求曲线来表示。该曲线又称投资的边际效率曲线。

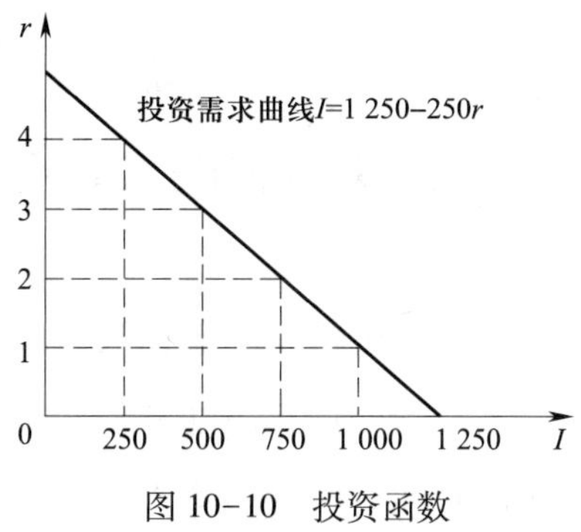

图 10-10　投资函数

四、投资的 q 理论

凯恩斯的投资理论固然有其合理性，但也有其局限性。因此，经济学家们提出的其他投资理论就成为其必要的补充，这里着重介绍托宾的 q 理论。

美国经济学家托宾提出了股票价格会影响企业投资的理论。他认为，企业的市场价值与其重置成本之比，可作为衡量是否进行新投资的标准。他把该比率称为 q。企业的市场价值（在不考虑直接债务情况下）就是企业股票的市场价格总额，它等于每股的价格乘以总股数之积。企业的重置成本是指新建这个企业所需要的成本。因此，

$$q=\frac{\text{企业的股票的市场价值}}{\text{新建企业的成本（或重置成本）}} \tag{10.21}$$

当企业的市场价值小于新建造成本时，$q<1$，说明买旧的企业比新建更便宜，于是社会上就不会有这方面的新投资；相反，$q>1$ 时，说明新建造企业比买旧企业要便宜，因此会有新投资。这就是说，当 q 较高时，投资需求会较大。因此 q 理论说明股票价格上升时，投资会相应增加。

托宾的 q 理论优点在于，反映了资本的当期报酬率与预期报酬率之间的关系，因此，凡是能够影响当前资本收益和预期资本收益的政策，都会影响投资决策。当然，货币政策也可以通过对利率与股价的影响，来影响 q 值，进而影响投资活动。但股票价格会受到股票市场供求波动和投机的影响，有时并不能完全反映企业价值。有些西方经济学家也认为，股票价格与投资之间并不存在这种因果关系，相反，倒是由于企业有较好的投资前景才引起该股票价格的上升。（证券市场的变化十分复杂，货币政策这里也不展开讨论。）此外，该理论

仍然是从个别企业角度来看的，它能否很好地运用到宏观的投资需求中还需要认真研究。

第四节 三部门经济：政府部门

在新古典经济学家的观念中，供给是决定国民收入大小的因素，而需求并不重要。政府置于经济部门之外，而且其活动并不对国民经济和国民收入产生影响，因而政府部门并不在他们的考察范围之内。

但凯恩斯主义经济学家则认为，政府部门的财务活动同样会影响社会的总需求，从而对国民收入产生影响，特别是当经济处于衰退状态时，其积极作用更为明显。当国内的消费需求和投资需求之和小于社会总供给水平时，除了要刺激消费需求和投资需求增加之外，还必须想办法弥补总需求的缺口。而扩大总需求，在消费需求和投资需求一时无法增加的情况下，除了寄希望于国外需求，就必须求助于政府需求。有鉴于此，现代西方经济学也把政府看做（通过扩张需求）影响国民收入的一个重要部门。

一、政府需求

政府需求可以分两类：一类是政府消费需求，另一类是政府投资需求。

政府消费需求是指政府维持其正常活动的需求，它也是对社会生产的产品和服务的需求。政府规模的不同（特别是小国的政府规模很小）会影响这种消费需求的规模，但它毕竟是社会总需求中的一个组成部分。

政府投资需求是指政府为自身需要或公共设施建设等所产生的需求，在特殊情况下可以具有相当大的规模。比如，政府大规模地进行公共设施建设的投资。在特殊情况下，政府也可以对某些国有产业直接投资。这也是构成社会总需求的一个部分。

当然，政府也有其购买支出和其他影响社会总需求的方面。

二、政府对社会总需求的影响

政府对社会产品和服务的消费需求和投资需求的影响主要表现在以下方面。

（一）直接购买支出的影响

政府直接的消费需求和投资需求会通过政府采购来实现。这个数额的大小直接影响到社会总需求的大小。

（二）税收的影响

税收对于社会总需求也有影响。增税或税收较高的直接影响是减少了企业和个人的可支配收入，从而影响社会的消费需求和投资需求；其间接影响是导致了企业和劳动者积极性的下降，从而影响国民收入水平，再影响和调整消费和投资需求。减税和较低的税收的作用则相反。

（三）转移支付的影响

政府转移支付往往会转给个人或企业，从而形成他们的投资或消费需求。比如，自然灾害发生后的救济支出、对贫困人口的特殊补助等，都会在事实上形成社会的消费和投资需求。

（四）制度和政策的影响

政府对需求的影响在很大程度上还取决于政府的制度和政策。政府一些固定的制度会对需求产生一定的影响。比如，农产品补贴制度将使农民增加收入，从而增加消费需求。鼓励消费和投资的税收制度也会影响需求的变化。鼓励出口的政策将会激发企业努力增加出口，增加国外对本国产品和服务的需求。从政策方面看，凯恩斯主义的财政政策和货币政策将会在必要的时候鼓励和刺激社会需求的增加，而经济自由主义的政策则较少具有这方面的促进作用。

总而言之，政府在经济活动中已经成为一个相当重要的组成部分。它对于社会需求的增加具有积极的作用。20 世纪 30 年代以来，每当经济衰退出现时，政府都显示出了积极的作用和影响。

第五节　四部门经济：国外部门

当一国经济处于封闭状态时，其经济中的需求主要取决于消费需求、投资需求和政府需求。但是，随着生产力的发展和对国外产品与服务需求的出现，一国的封闭经济将会被打破，开放经济就成为必然。历史上，很多国家都经历过这样的变化过程，特别是那些经济发展较快而资源相对匮乏的国家，更是如此。尽管一些大国拥有得天独厚的丰富资源，可以维持相对较为封闭的经济活动，但最终在经济全球化的发展趋势中，不可避免地也会走上开放经济的道路。在当今的世界上，各国经济基本上只有开放经济和外向型经济之分，而无绝对封闭的经济存在。

既然经济不可避免是开放的和外向型的，也就必然会涉及国外经济对本国出口产品的需求问题。当一国经济的国内需求不能对自己生产的产品和服务全部购买时，来自国外的需求就是一个很好的补充。也就是说，如果一国经济由于国内需求不足而导致供求失衡的话，就可以考虑通过国外需求来补充其不足部分，使经济达到均衡状态。个别国家的经济甚至完全依赖于国外需求。所以，在当今的世界，来自国外的需求已经成为各个国家总需求中一个必要的组成部分，甚至是相当重要的组成部分。

一、国外需求的决定因素

国外需求是怎么决定的呢？这仍然取决于影响需求的各种具体因素。

首先，在开放经济和外向型经济条件下，国外需求的大小取决于外国的国民收入水平，特别是人均收入水平的高低。国外人均收入水平高，其对别国产品和服务的需求就大；反之，需求就小。

其次，国外需求水平的高低与国外人们的消费倾向高低有关。他们的消费倾向高，同样情况下对别国产品和服务的需求就多；反之，这种需求就少。

再次，国外对于他们本国所没有的产品和服务需求较大，对于本国虽有，但质量、价格都优于本国的国外产品和服务也会具有一定的需求。产品和服务的价格也是影响国外需求大小的重要因素。当其他条件不变时，别国产品和服务的价格便宜，对其需求就较大；反之，需求较小。而质量、款式更优良的产品和服务也会得到消费者更多的青睐，从而增加需求。

总之，我们已研究过的一般的需求决定因素，在这里仍然适用，只不过研究的是国外需求，而不是国内需求。

国外对本国产品和服务的需求，在一定条件下决定了本国的出口倾向，即出口产品和服务的价值占本国国民收入的比率。国外的进口倾向和边际进口倾向（即国民收入每增加 1 单位中增加的进口所占的比例）的大小，在同等情况下就决定了国外对本国产品和服务需求量的大小。其进口倾向和边际进口倾向越大，则它对本国的商品和服务的需求就越大。

从出口供给角度来说，国外对本国产品和服务的需求，首先取决于本国能否提供多方面符合国外需要的产品和服务。如果做不到这一点，就谈不上国外需求。

二、净出口的决定

对一国经济（GDP）实际起作用的国外需求，其大小在统计上可以由该国的净出口来说明。净出口额等于一国的出口总额减去其进口总额。但一国实际对外经济活动的规模要以进出口总额来衡量。净出口只衡量国外对本国的需求。

由于净出口由出口和进口两方面的因素决定，因此考察国外需求的大小就要考察这两个方面。但除去本国对特定产品与服务或对特定国家出于特殊需要而限制外，出口更多地是由国外因素决定，是本国无法控制的因素，所以，我们在这里假定它是严格既定不变的外生因素，然后集中考察进口的作用。

本国对外国产品和服务的需求水平会受国内进口倾向和边际进口倾向的影响。进口倾向指进口价值总量与国民收入总量之比，即 X/Y；边际进口倾向是进口增量与引起它的收入增量之比，即 $\Delta X/\Delta Y$。这两种倾向数值越大，进口额就越大，在出口额既定时，最终的净出口就会变小；反之，净出口就会增大。

进口倾向和边际进口倾向取决于本国的国民收入水平、人均收入水平、消费倾向和边际消费倾向几个因素。一般地，我们主要考察本国的边际进口倾向。在国民收入水平既定时，该倾向越大，进口就越多；该倾向越小，进口就越少。而在边际进口倾向既定时，本国的国民收入水平越高，进口就越多；反之，进口就越少。

三、几个主要的国外需求影响因素

除去上述因素之外，国外对本国产品和服务需求的大小也受汇率变动的影响。在其他有关条件不变时，本国货币贬值或国外货币升值都会在一定程度上增加对本国出口的需求；反之，本国货币升值或国外货币贬值都会在一定程度上减少对本国出口的需求。

一国的对外实际投资也会带动对本国机器设备、人员、技术、服务的出口需求。但这要取决于该国的经济发达程度和科学技术水平。

另外，国际竞争的激烈程度和贸易保护主义的程度也会影响国外的需求水平。

以上只是从最主要和最基本的角度考察了影响国外需求的因素。

总之，消费、投资、政府收支、净出口这些因素都会直接影响总需求，从而也是在总供给（总支出）既定情况下直接影响均衡国民收入的主要方面。在总供给（总支出）既定情况下，只要总需求有所增减，均衡国民收入也就相应有所增减。

第六节 影响需求的重要机制：乘数

乘数机制是凯恩斯主义理论中强调总需求对均衡国民收入变化产生进一步影响（有时是决定性影响）的重要机制。

一、乘数原理：以投资乘数为例

假定经济处于低于充分就业的某一均衡状态时，若 $I>S$，则生产就会增加；若 $I<S$，则生产就会减少，并最终达到均衡收入水平。例如，在两部门经济的简单国民收入决定模型中，假定 $C=1\ 000+0.8Y$，$S=-1\ 000+(1-0.8)Y=-1\ 000+0.2Y$，$I=600$ 亿美元，令 $I=S$，即 $600=-1\ 000+0.2Y$，最终，$Y=8\ 000$ 亿美元。这一结果是在经济处于均衡（即 S 和 I 正好相等，这里为 600 亿美元）时得出的，所以，它是一个均衡的国民收入。如果我们把自主性投资支出从 600 亿美元增加到 700 亿美元，国民收入就会从 8 000 亿美元增加到 8 500 亿美元，即 $Y=(\alpha+I)/(1-\beta)=(1\ 000+700)/(1-0.8)=8\ 500$（亿美元）。这就是说，由于投资增加导致的收入增加量，是这个投资增加量的 5 倍，这个倍数就是投资乘数。换言之，投资乘数是指国民收入的变动量与带来这种变化的初始投资支出的比率。

为什么投资支出增加时，国民收入会增加更多呢？因为当增加的投资用来购买资本品时，实际上是用来购买制造投资品所需要的生产要素。这笔投资以工资、利息、利润和租金的形式流入生产要素的所有者（即居民）手中，居民的收入便因此而增加了等同于投资的数额。这是投资使国民收入实现的第一轮增加。

经济学家认为，解释这一问题的关键，是要记住这笔投资购买的机器设备被当作了最终产品，其价值会构成国民收入。也就是说，这批机器设备的价值等于为生产这批机器设备所需要的全部生产要素（包括开采铁矿、炼钢铁、制造机器等整个生产序列中所需要的各种生产要素）所创造的价值。这些价值又都可以被转化为工资、利息、利润和租金。所以，新增投资购买机器设备，就会使国民收入增加。

假定该社会的边际消费倾向是 0.8（这在消费函数 $C=1\ 000+0.8Y$ 中为已知），增加 100 亿美元就会有 80 亿美元用于购买消费品。然后，这 80 亿美元又以工资、利息、利润和租金的形式流入生产消费品的生产要素所有者手中，从而使该社会居民收入增加 80 亿美元，这是国民收入实现的第二轮增加。

同样道理，这些消费品生产者又会把这 80 亿美元收入中的 64 亿美元（$100\times0.8\times0.8=64$）用于消费，使社会总需求支出提高 64 亿美元。

这个过程不断继续下去，最后会使国民收入一共增加 500 亿美元。若以 ΔY 代表增加的国民收入，ΔI 代表增加的投资支出，则二者的比率 $k=\Delta Y/\Delta I=500/100=5$。因此，$\Delta Y=k\Delta I$。

以上计算表明：

$$\text{投资乘数}=\frac{1}{1-\text{边际消费倾向}} \tag{10.22a}$$

或者

$$k=\frac{1}{1-MPC} \tag{10.22b}$$

如果以 β 代表 MPC，上面的式子就变为 $k=1/(1-\beta)$。由于 $MPS=1-MPC$，所以：

$$k=\frac{1}{1-MPC}=\frac{1}{MPS} \tag{10.23}$$

可见，投资乘数大小和边际消费倾向及边际储蓄倾向有关，边际消费倾向越大，或边际储蓄倾向越小，则投资乘数就越大。实际上，投资减少也会引起国民收入相应地减少若干倍。所以，投资乘数的作用是双向的。上述投资乘数所揭示的作用就是乘数原理，乘数原理在凯恩斯主义宏观经济学中具有十分重要的作用。

实际上，乘数原理所表明的一定需求量可以被放大的作用，在其他一些经济变量上也同样可以表现出来。这就是说，乘数原理在实际运用中是可以扩展的，并不仅限于投资。由于总支出的各个组成部分都可以看做总需求的部分，所以，它们都可以在一定条件下发挥出扩展自身需求的乘数效应。扩展的乘数效应可用图 10-11 来表示。在图 10-11 中，$C+I$ 代表原来的总支出线，$C+I^*$ 代表新的总支出线，$I^*=I+\Delta I$，新增投资支出为 $\Delta I=I^*-I$，新增均衡国民收入为 $\Delta Y=Y^*-Y$，乘数为 $\Delta Y/\Delta I$。该图中也可以让投资不变，让消费增加一定量，其结果是相同的。

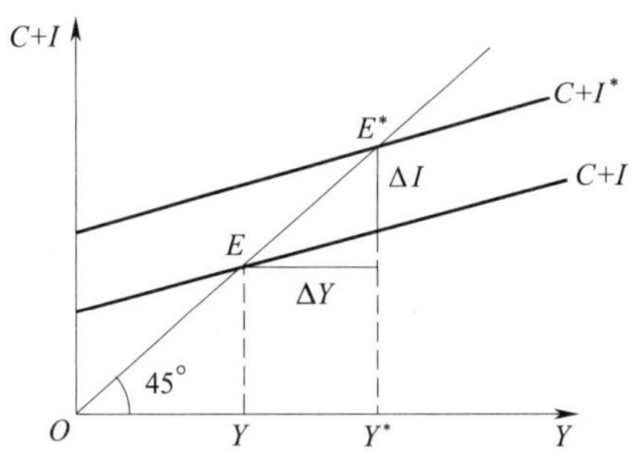

图 10-11　乘数效应

在宏观经济学中，乘数原理的扩展能使不同支出变动的最终结果（总需求）成倍增加的乘数机制发生的范围更广泛。短期内均衡的国民收入水平取决于总需求水平，但不是仅仅取决于消费、投资、政府收支和净出口的直接数量。实际上，构成总需求的各种需求增量，在一定条件下都会发挥出大于其自身直接增加总需求数量的作用。导致这种情况的原因就是乘数原理的存在。乘数会因支出类型不同而不同，但它们的作用机制是基本一致的。

二、与政府相关的乘数

由于三部门经济中总支出为：

$$Y=C+I+G=\alpha+\beta(Y-T)+I+G$$

式中，G 代表政府购买支出，T 代表定量税。在这种情况下，均衡的国民收入为：

$$Y=\frac{\alpha+I+G-\beta T}{1-\beta} \tag{10.24}$$

通过式（10.24），我们就可以简便地求出几个有关乘数。

（一）政府购买支出乘数

政府购买支出乘数，是指国民收入变动对引起这种变动的政府购买支出变动的比率。如果我们以 ΔG 表示政府购买支出变动，以 ΔY 表示国民收入变动，

以 k_G 表示政府购买支出乘数，则政府购买支出乘数就可以表示为：

$$k_G = \frac{\Delta Y}{\Delta G} = \frac{1}{1-\beta}$$

这个式子中的 β 仍然代表边际消费倾向。我们可以发现，政府购买支出乘数和投资乘数的机制是相同的。这可以作如下理解：

在式（10.24）中，如果其他条件不变，只有政府购买支出 G 发生变动，那么，政府购买支出从 G_0 变为 G_1 时的国民收入分别是：

$$Y_0 = \frac{\alpha_0 + I_0 + G_0 - \beta T_0}{1-\beta}$$

$$Y_1 = \frac{\alpha_0 + I_0 + G_1 - \beta T_0}{1-\beta}$$

$$Y_1 - Y_0 = \Delta Y = \frac{G_1 - G_0}{1-\beta} = \frac{\Delta G}{1-\beta}$$

$$\frac{\Delta Y}{\Delta G} = k_G = \frac{1}{1-\beta} \qquad (10.25)$$

由此可见，k_G 为正值时，它等于 1 减边际消费倾向的倒数。

（二）税收乘数

税收乘数指国民收入变动对引起这种变动的税收变动的比率。税收乘数有两种：一种是税率变动对国民收入的影响；另一种是税收绝对量变动对国民收入的影响，即定量税对国民收入的影响。下面首先讨论第二种税收乘数。

假设在式（10.24）中，只有税收 T 发生变动。这样，当税收分别为 T_0 和 T_1 时的国民收入分别是：

$$Y_0 = \frac{\alpha_0 + I_0 + G_0 - \beta T_0}{1-\beta}$$

$$Y_1 = \frac{\alpha_0 + I_0 + G_0 - \beta T_1}{1-\beta}$$

$$Y_1 - Y_0 = \Delta Y = \frac{-\beta T_1 + \beta T_0}{1-\beta} = \frac{-\beta \Delta T}{1-\beta}$$

$$\frac{\Delta Y}{\Delta T} = k_T = \frac{-\beta}{1-\beta} \qquad (10.26)$$

式中，k_T 为税收乘数。税收乘数为负值，表示国民收入会随着税收增加而减少，随着税收减少而增加。因为税收增加时，人们的可支配收入会减少，从而使消费相应减少，于是，税收变动和总支出变动方向就是相反的。税收乘数绝对值等于边际消费倾向与1减边际消费倾向之比，或边际消费倾向与边际储蓄倾向之比。

（三）政府转移支付乘数

政府转移支付乘数指国民收入变动对引起这种变动的政府转移支付变动的比率。政府转移支付增加会增加人们的可支配收入，因而消费会增加，最终会导致总支出的增加和国民收入的增加。因此，政府转移支付乘数为正值。如果用 T_{tr} 表示政府转移支付的数额，k_{tr} 表示政府转移支付乘数，Y_d 表示可支配收入，则政府转移支付乘数可以表示为：

$$k_{tr}=\frac{\beta}{1-\beta} \tag{10.27}$$

这是因为，有了政府转移支付之后，可支配收入就是 $Y_d=Y-T+T_{tr}$，于是：

$$Y=C+I+G=\alpha+\beta Y_d+I+G=\alpha+\beta(Y-T+T_{tr})+I+G$$

$$Y=\frac{\alpha+I+G+\beta T_{tr}-\beta T}{1-\beta}$$

在其他条件不变，只有 T_{tr} 变动时，转移支付为 T_{tr0} 和 T_{tr1} 时的国民收入分别为：

$$Y_0=\frac{\alpha_0+I_0+G_0+\beta T_{tr0}-\beta T_0}{1-\beta}$$

$$Y_1=\frac{\alpha_0+I_0+G_0+\beta T_{tr1}-\beta T_0}{1-\beta}$$

$$Y_1-Y_0=\Delta Y=\frac{\beta T_{tr1}-\beta T_{tr0}}{1-\beta}=\frac{\beta\Delta T_{tr}}{1-\beta}$$

$$\frac{\Delta Y}{\Delta T_{tr}}=k_{tr}=\frac{\beta}{1-\beta}$$

可见，政府转移支付乘数是边际消费倾向与边际储蓄倾向之比，其绝对值和税收乘数相同，但符号相反。

我们比较一下政府购买支出乘数、税收乘数和政府转移支付乘数，就可以看到，$k_G>|k_T|$，$k_G>k_{tr}$。因为政府购买支出增加1美元时，一开始就会使总支出（即总需求）增加1美元。但是，减税1美元，却只能使居民的可支配收入增加1美元，这1美元中只有一部分（在上面的例子中是80美分）用于增加

消费，另一部分（20 美分）增加了储蓄。所以，减税 1 美元只使总需求增加 80 美分，由于总产出（或者说总收入）由总支出（即总需求）决定，因而，减税 1 美元对国民收入变化的影响没有增加政府购买支出 1 美元对国民收入变化的影响大。这里的关键在于边际消费倾向的大小。关于 $k_G > k_{tr}$ 的原因，可以从同样的道理中得到理解。

由于政府购买支出乘数大于税收乘数绝对值以及政府转移支付乘数，所以，改变政府购买水平对宏观经济活动的效果要大于改变税收和转移支付的效果，改变政府购买水平是财政政策中最有效的手段。

同时，由于政府购买支出乘数大于税收乘数绝对值，所以，当政府购买支出和税收各自增加相同的数量时，也会使国民收入增加，不过，其增加的幅度要小得多。这就是所谓平衡预算乘数的作用。

（四）平衡预算乘数

平衡预算乘数指政府收入和政府购买支出同时以相等的数量增加和减少时，国民收入变动对政府收支变动的比率。通过前面的例子可以知道，当边际消费倾向为 0.8 时，政府购买支出乘数是 5，税收乘数是−4，这时如果政府购买支出增加 200 亿美元，国民收入就会增加 1 000 亿美元，而税收增加 200 亿美元时，国民收入则会减少 800 亿美元，因此，政府购买支出和税收同时增加 200 亿美元时，从政府预算账户角度来看是平衡的，但国民收入却增加了 200 亿美元，即国民收入增加了一个与政府购买支出和税收变动相等的数量。这里的关键仍然在于边际消费倾向的大小。如果用 ΔY 代表政府购买支出和税收各增加同一数量时国民收入的变动量，那么，它就可以表示为以下形式：

$$\Delta Y = k_G \Delta G + k_T \Delta T = \frac{\Delta G - \beta \Delta T}{1-\beta}$$

由于假定了 $\Delta G = \Delta T$，所以有：

$$\Delta Y = \frac{\Delta G - \beta \Delta G}{1-\beta} = \frac{(1-\beta)\Delta G}{1-\beta} = \Delta G$$

或者

$$\Delta Y = \frac{\Delta T - \beta \Delta T}{1-\beta} = \frac{(1-\beta)\Delta T}{1-\beta} = \Delta T$$

于是，

$$\frac{\Delta Y}{\Delta G} = \frac{\Delta Y}{\Delta T} = \frac{1-\beta}{1-\beta} = 1 = k_b \tag{10.28}$$

当$\beta<1$时，这里的k_b就是平衡预算乘数，其值为1（因为从宏观上来说，边际消费倾向往往都是小于1的）。

以上讨论的四种乘数，都需要假定一个外生变量的变动除去它需要对应的因变量之外，不会引起其他变量的变动。例如，讨论政府购买支出乘数时，假设G的改变不会引起利率或消费行为的变动。但实际上，政府购买支出增加时，如果通过发行或出售公债筹集经费，就会引起债券价格下降（也意味着市场利率上升）。这样就会抑制私人投资和消费（利率上升会刺激储蓄），从而使总支出水平下降，最终使政府购买支出乘数缩小。

第七节 本章评析

凯恩斯主义理论是西方宏观经济学的主要内容并在其中占据着重要的位置。凯恩斯摒弃了新古典经济学的一贯信条，提出了从宏观整体和总需求方面解决问题的理论，从而为宏观经济学基本理论奠定了基础。第二次世界大战后西方经济学家进一步发展了凯恩斯的理论。凯恩斯主义的理论和政策主张在20世纪30年代经济大萧条背景下，对于缓解当时资本主义市场经济的困境是有一定效果的。从市场经济供求均衡的角度看，凯恩斯主义的理论和政策对于一般市场经济运行也具有一定的积极意义。不过，对于其理论的具体内容还应该结合实际情况和条件进行分析。

一、对均衡国民收入决定原理的评析

从原理上说，供求共同决定均衡国民收入，在市场经济条件下是有一定道理的，是符合市场经济基本要求的。实际的均衡国民收入一定是市场实现的收入，它既取决于生产的产品和服务价值的形成，也取决于产品和服务本身在流通中的实现。这就是说，社会生产的产品和服务在实物形式（使用价值）和价值上，都达到市场供求的相等与平衡。

以萨伊为代表的古典经济学①，是以微观的个体直接进行产品交换为基础

① 现代西方经济学家所说的古典经济学，并不完全是以斯密和李嘉图为代表的古典经济学，也包括以萨伊为代表的所谓古典经济学，即马克思所批判的包含不少庸俗成分的经济学。

来看市场整体情况的。由这种市场自动调节可以达到供求均衡的原理存在很大的局限性。恰恰相反，凯恩斯主义经济学是以社会对产品和服务的充分供给为前提的。这意味着市场已经提供给消费者所需要的各种质量要求的产品与服务，但市场需求却不足。在这个前提下，社会的有效需求水平就是均衡国民收入的决定性因素。社会总需求水平有多高，均衡国民收入的水平就会达到多高。

凯恩斯主义经济学的这种观点，在经济衰退和经济萧条时期有一定道理。但同样，它也具有很大局限性和缺陷。凯恩斯认为，只要有效需求充足，经济就会摆脱萧条，国民收入水平就会提高。但事实上，有效需求并不总是与总供给完全对应，所有的有效需求并不都能得到完全满足。如果社会供给的产品与服务在种类、质量、数量以及价格等结构上与消费者的有效需求不一致，市场上就仍然会存在一些不符合消费者需要的产品和服务（局部或总体供给过剩）。这时，市场的供给和有效需求即便在价值总量上也许是均衡的，但在结构上却存在不能真正实现的一些供给和需求，相应的失业问题也无法解决。这一点，正像马克思在论述社会资本再生产时所强调的那样，至少社会的生产资料和消费品两大部类的供给和需求之间要在数量上和结构上，即在价值和使用价值上都达到均衡和匹配，才能谈到均衡国民收入水平的增长和变化。（这里，尚且不谈生产资料和消费品部门内部结构上的供求平衡。）何况生产结构与分配结构、需求结构的协调这个极其重要的问题，在西方经济学中往往被回避，或者被轻描淡写。

凯恩斯提出其理论是为了解决经济危机，拯救资本主义社会面临危险的命运，但资本主义根本经济制度不改变，有效需求不足的问题就不能根本解决，经济危机也不能彻底解决。我们的社会主义制度和资本主义制度是不同的，但在经济协调不好时，在市场经济下也会遇到类似问题。这时，也可在具备相似条件下，适当借鉴运用凯恩斯的国民收入决定原理。但必须认识到其只强调需求、不讲供给，只讲总量、不讲结构的片面性，以及只能缓和问题，不能解决根本问题的局限性和缺陷。

总之，西方经济学中两类均衡国民收入决定的原理，都是在特定条件下具有一定的合理性和实用性，但也都具有片面性，都不能从根本上解决问题。对其可以借鉴的是，市场上供给与需求不仅要在总量上相等，而且应该在数量和结构上都一致，还应该注意到，不同的市场经济条件对于决定均衡国民收入水平的各因素作用的权重比例及影响。依据总供求均衡的基本原理，并注意供求两方面的多层次结构问题，注意不同条件下的侧重点和主要因素的作用，才能真正贴近现实，寻求解决总供求失衡与均衡国民收入水平波动问题的办法。

二、对消费需求决定理论的评析

消费需求是总需求的一个重要组成部分，要了解总需求的情况必须了解其各个组成部分的情况。消费需求在凯恩斯主义为基本框架的总需求理论中不可或缺。然而，除去本章阐述的消费函数外，事实上消费需求的决定还取决于供给方面和需求方面的多种因素，而且各种不同的因素在具体的时间、地点和环境条件下，发挥的作用和影响力也各有不同。西方经济学对此只做了直观和表层的分析，回避了无法克服资本主义条件下巨大收入差距这个根本性的内在矛盾与实质对于消费的巨大影响。尽管宏观经济学对消费的这种分析在有限的层次上有一定道理，对于我们从整体上理解经济活动及其变化也有一定积极意义，但局限性仍然很大，其解释在本质上仍然拘泥于给定收入状态下的心理解释。

第一，宏观经济学理论主要是从凯恩斯主义经济学的角度对消费需求进行分析的。在凯恩斯主义的有效需求理论中，消费需求是说明有效需求是否充足的第一个考虑对象。在分析中，宏观经济学首先把消费需求作为总需求中最基本和最重要的组成部分之一来考虑。所以，这里涉及的消费需求应该是一个总量变化问题，这应该立足于社会阶级分析（阶级分析的基本含义之一就是经济地位及其状况的分析）来看支持消费需求的收入分配状况。但凯恩斯的分析在这方面是远远不够的。尽管他在其著作中也谈到了食利者阶层及收入差距对需求的影响，主张减轻贫富差距的严重程度，但回避了资本主义根本制度带来的、无法克服的阶级之间收入分配悬殊问题，因而就无法真正找到解决资本主义有效需求不足的办法。

第二，宏观经济学理论涉及的消费需求分析不应该脱离社会具体条件。过于笼统强调心理因素和过于概括的消费需求概念是不够的。由于经济中收入分配的结构差别，各收入层次在消费类别和消费量上心理因素差距很大，事实上并不存在一个统一的心理消费倾向。所以，必须从影响消费需求的具体因素和作用机制来说明整体消费需求的水平和变化，而不能仅仅考虑心理消费倾向。但是，宏观经济学研究消费需求时仅涉及既有收入和心理消费倾向（即消费者愿意消费的价值占其收入的比例），而将其他因素作为既定不变的情况处理。这显然是一种简单化的做法，因为只有在特殊情况下，这种处理才是合适的。

第三，消费需求量的宏观数据应该是所有微观消费需求量的综合性加总。但是，微观的消费需求量如何综合为宏观的消费需求量？如何保证这种宏观数据的正确性？加总过程就是一个重要问题。当然，在其他条件不变时，可以对消费需求的价值变量进行加总。但是，这个消费需求价值总量是否与在消费结构基础上形成的实际价值总量相一致，却是没有保证的。也就是说，宏观经济学的消费理论只是主观上认为，或者说假定了宏观消费价值总量与宏观消费物品（包含服务）种类结构的一致性没有问题。这就忽略了它们在这方面存在的不确定性。

第四，凯恩斯主义经济学重点强调了收入以及消费倾向在消费需求决定中的重要作用。应该说，这种分析在一定程度上是有道理和有客观依据的，但也存在片面性。其关键是没有说明资本主义经济中收入分配不平等的根本原因。另外，其片面性既表现在它仅注重收入对消费的影响和作用，却丢掉了其他因素对消费需求的影响和作用；也表现在它仅注重了现期收入的影响和作用而忽略了长期收入的影响和作用，以及长期中收入的不同分布的影响和作用。概括地说，凡是影响人们收入的所有因素，都会通过收入来影响消费需求；凡是影响产品和服务供给的诸多因素，也会通过影响供给对消费者需求的适合程度而影响消费需求。比如，贺塔克和泰勒在《1929—1970年美国消费需求的分析和预测》一书中就指出，消费支出不仅依存于收入水平和价格水平，而且依存于已有的各种耐用消费品的存量，消费者的现期消费支出只是对已有的耐用消费品存量的一种调整；在消费者力求使耐用消费品存量保持某种平衡的情况下，收入的增加不一定使消费支出增加，收入的减少也不一定使消费支出减少。① 马克思就曾经指出过，从社会来说，资本主义的消费需要分为生产性消费和生活消费；从个人消费来说，则需要分为资本家消费和工人消费。资本家消费和工人消费两者之间不仅消费占其收入的比例不同，而且消费额对应的消费品种类和数量也不同。这种分析显然更为客观准确。

第五，至于消费倾向和边际消费倾向，同样是既有一定的合理性，也有论

---

① 胡代光、厉以宁、袁东明：《凯恩斯主义的发展和演变》，清华大学出版社2004年版，第45页。

述不够充分的局限性。其客观合理性在于，消费倾向和边际消费倾向确实存在，但它又具有数量上不确定的性质。消费倾向是凯恩斯经济学的三大心理法则之一。凯恩斯说："解决我们实际问题的关键就在这个心理法则上。我认为，它对于有效需求理论的确十分重要。"① 消费倾向之所以被凯恩斯看作心理法则，是因为消费需求在一定程度上取决于消费者的主观意愿及偏好。而这对于不同的消费者来说，又是各不相同的，甚至不能完全显现出来。在很多条件相同的情况下，不同的消费者却可能表现出不同的偏好，因而产生不同的消费需求。例如，在收入和其他情况完全相同的情况下，两个消费者在同一家服装店内，对于同样款式的服装，可能仅仅由于颜色的不同而产生消费需求的差异。这种差异完全是由于这两个消费者对颜色的主观偏好造成的。因而，这种偏好实际上只是一种心理差别的反映。此外，未来各种与消费有关情况的预期因素也会影响人们的消费需求，而预期又会因人而异。所以，从心理角度看，消费倾向就具有很大的不确定性。千差万别的微观情况汇总为一个宏观数据时，也具有不确定性。可见，消费需求由于消费倾向的差别而具有不确定性。这在一定程度上表明凯恩斯关于消费倾向相对稳定观点的局限性。

第六，至于边际消费倾向，除上述问题之外，还存在着是否可以由宏观经济学中的其他相关理论的形式准确表达的问题。在宏观经济学的表述中，边际消费倾向被表述为连续消费函数曲线上的点的斜率值。问题在于，在人们的消费活动中，能够形成连续函数的消费毕竟是极为有限的，多数消费活动是非连续的和非线性的。在后者的情况下，边际消费倾向就无法准确地说明消费问题。如果再从心理角度看，该问题的适用范围就更为狭窄了。

由于储蓄在收入既定时是与消费相反的一个互补变量，在分析和理解消费需求问题之后，其局限性应该不难明白。

美国经济学家林德认为，储蓄倾向和消费倾向对于分析社会经济问题是无用的。"因为对资本主义社会的许多人而言，消费与储蓄'倾向'几乎没有什么意义。正如我们所知道的，对于大多数人来说这样的选择问题并不存在，他们在只能活下去的倾向上生活着，这样凯恩斯心理规律的基础也就开始瓦解了……错误在于，典型的微观经济活动很难代表宏观经济的基础。""正如我们

---

① ［英］约翰·梅纳德·凯恩斯：《就业、利息和货币通论》，宋韵声译，华夏出版社 2005 年版，第 23 页。

反复所说的，就具体问题而言，我们并不否认把纯收入分为消费与投资这些因素的适用性。但是，除了凯恩斯主义没有认识到这种区分的决定同资本主义生产的关系这一基本问题之外，我们还应该注意到，它固定在流通领域内，并且相应地缺乏一种引起收入决定理论的再生产理论，这是关键的错误。”①

所以，我们对于宏观经济学中所表述的消费需求和消费倾向问题应该有清醒的认识。既要看到其合理的、客观的和积极的一面，同时，一定要注意其适用条件和局限性。本书中涉及的各种消费理论和观点，各种对消费的影响因素，都在一定程度上具有合理性和积极意义，但又都有各自的局限性。

三、对投资需求决定理论的评析

投资理论是总需求理论中最重要的部分，凯恩斯宏观调节和政府干预的政策主张主要由此引出。但由于凯恩斯这套理论所面对的是资本主义经济萧条的情况，他认为投资应主要运用到扩张总需求方面，试图以此拯救经济危局。凯恩斯的这种认识，从单纯扩张总需求的角度看，似乎有合理性，但经济萧条的现实表现恰恰是投资相对过剩和消费相对不足两方面的共同反映。因此，从实际上看，凯恩斯主义扩张投资的政策主张具有某种方向性的片面性和缺陷。正如马克思所说：“在危机中……由于再生产过程的停滞，已经投入的资本实际上大量地闲置不用。工厂停工，原料堆积，制成的产品作为商品充斥市场。因此，如果把情况归因于生产资本的缺乏，那就大错特错了。正好在这个时候，生产资本是过剩了，无论就正常的、但是暂时紧缩的再生产规模来说，还是就已经萎缩的消费来说，都是如此。”② 凯恩斯当然也知道，如果在经济萧条时增加原有类型的生产投资，那么不仅不能解决问题，反而是饮鸩止渴。他主张将资金投向公共工程，而不是正常商品方面。严格说来，凯恩斯的投资分析讲的是一般社会生产领域，而其克服经济萧条与危机的投资对策却在公共工程方面，二者在逻辑上是不相一致的，没有直接的必然联系。

凯恩斯及其后继者的理论在具体分析问题时，还是具有一定的参考价值。投资理论是凯恩斯主义经济学有效需求理论中最重要的一部分内容。在资本主义市场经济条件下，投资的决定首先取决于投资者（资本家）的盈利预期。只

---

① ［美］林德：《反萨缪尔森论》上册，梁小民译，上海三联书店 1992 年版，第 289-290 页。

② 《马克思恩格斯文集》第 7 卷，人民出版社 2009 年版，第 547 页。

有能达到投资者可接受的预期盈利程度的项目，才会产生实际的投资。而这一点则取决于投资成本与投资预期收益之间的比较。凯恩斯强调指出，利率只是决定和影响投资的因素之一，并不像古典经济学所说的那样，把利率看成唯一的决定因素。这是凯恩斯理论的进步。在他的理论中，利率是涉及投资成本的决定因素。凯恩斯主义注重的是实体经济中的实物投资，而不仅仅是金融市场上的投资。它使用的也是实际利率的概念，而非名义利率的概念。实际上，凯恩斯主义经济学是在假定投资的预期收益率既定的条件下，探讨利率对投资的作用。在这种情况下，利率与投资的反向变动关系是正确的。但是，用投资的利率函数来说明利率与投资间的连续数量关系，又有些脱离实际，因为这归结到价值投资和涉及具体实际项目的实物投资间区别的问题。在实物投资中，利率与投资的连续数量关系是十分有限的，无法以连续函数的形式简单概括。

凯恩斯主义经济学比古典经济学优越的地方在于，它注意到了投资的预期盈利水平，注意到了投资的成本与收益的关系。所以，凯恩斯提出了资本边际效率的概念，并将其运用于投资分析。在投资的预期收益与现期成本间存在一个矛盾，即要将一个当前明确的价值（成本）与一个尚未实现的、未来不确定的价值（收益）进行比较。如果成本（利率）是当前的，那么也必须以一个当前的或确定的预期盈利变量与之比较。为了克服这个矛盾，凯恩斯创造了他的又一个心理法则——资本边际效率，将一项投资的预期未来收益按一个贴现率贴现为现值，再与这项投资按当前价值计算的成本相比较。当然，以对应数据来比较时，就可以将当前利率与那个贴现率相比较。二者相等时，就是该项投资可以进行的最低标准和条件。

资本边际效率之所以被看做心理法则，是因为预期的未来收益是没有客观的确定因素的，完全是投资者的主观估计。由于这种主观估计既取决于未来的客观条件，也取决于投资者的知识、经验、冒险精神和心理状态，因此，资本边际效率就具有很大的不确定性。凯恩斯看到了这一点，所以，他认为，投资的不稳定性是造成经济中有效需求不足和经济波动的最重要原因。在这一点上，凯恩斯的看法是有道理的。但是，宏观经济学依此给出资本边际效率曲线的准确描述，却是脱离实际的。事实上，在很多情况下，投资未必是连续的，并不存在决定投资的确定性依据，投资往往与不同程度的风险并存。人们对这些风险因素只能做大概的估计，而无法准确预测。人们只能在决策前尽量将各种可能的风险估计进去。

四、对乘数机制理论的评析

投资乘数是凯恩斯主义经济学最主要的机制之一。正是借助于乘数效应，凯恩斯才能说明政府支出对于解决经济萧条和危机问题的积极意义。乘数效应使得有效需求理论也获得了一定的说服力。但在现实中，乘数并不像一些人想象的那么大，而且其效应的发挥也不是无条件的，其条件也不是完全可以顺利实现的。宏观经济学对此并未给出说明和强调，美国经济学家林德也看出了其中一些问题。在他看来，乘数理论在国民收入决定理论中起了重要的作用，它的基本错误是忽略了资本折旧问题。因为乘数作用取决于边际消费倾向与边际储蓄倾向，而“在凯恩斯与萨缪尔森企图使用边际消费倾向方面的主要困难是，这种运用依赖于一个错误的假设：每次支付方面的变动量都分为储蓄与消费支出而不受任何干涉。但是，实际上，至少每一次变动都要使货币归于资本家，而它要分为不变资本的补偿、工资和剩余价值”①。

实际上乘数机制发生作用的确有不少限制条件，具体有以下五方面：

第一，乘数发挥作用要以社会上存在充裕的供给能力（各层次生产能力和资源都如此）为条件。增加投资等有效需求时，将会通过社会产品生产的一系列投入产出关系来消耗社会的剩余产品和过剩生产能力。如果社会没有各层次产品投入产出的联系和生产能力充裕这个条件，乘数就无法发挥作用。不仅如此，乘数发挥作用还要求社会生产各环节都有恒定的存货水平（或零存货水平），否则便只能消耗存货，而不能很快带动各个环节生产活动的活跃。但是，萧条的社会经济条件并不一定总是符合这个要求。

第二，乘数发挥作用还要求投资和储蓄的决定是互相独立的。在这种情况下，投资需求的增加不会引起利率的上升，从而也不会引起储蓄的增加和消费的减少。只有在这种情况下，乘数作用才会较大。否则，乘数的作用就较小。但事实上，经济萧条期间，除非政府强制要求实行低利率，否则，银行和金融机构出于自身利益的考虑，肯定会提高利率。在中央银行保持独立性的情况下，利率水平的高低则取决于中央银行的决策。如果它信奉经济自由主义，就无法保证社会的低利率。

① 外国经济学说研究会编：《国外经济学评介》第 3 辑，上海人民出版社 1986 年版，第 99 页。

第三，乘数发挥作用也要看货币供给量的增加能否适应投资需求增加的需要。如果不能，乘数作用就较小。这就是说，经济萧条期间，流动资金往往是紧缺的，银行和金融机构出于安全考虑会“惜贷”，企业苦于产品缺乏销路而不愿意借贷投资。政府的投资支出则需要足量的货币支持。所以，此时货币供给量能否增加，就会直接影响政府投资支出，从而影响其乘数作用的发挥。

第四，乘数作用发挥过程中，企业和个人增加的收入不能用于购买进口商品和服务，否则会由于对国内企业采购数量的减少而无法产生较大的乘数作用。这个条件实际上是在告诉我们，在开放经济中，如果对外采购无法避免，乘数效应就会大打折扣。这在一定程度上成为经济萧条时一些国家实行贸易保护主义政策的一种重要依据。

第五，政府不能在乘数发挥作用期间同时向社会征税或借款，否则，也会因为对经济运行中资金的抽走而产生“挤出效应”①，使乘数作用降低。

思考题：

1. 现代宏观经济学关于总需求水平决定的收入是均衡国民收入的观点，是否可以理解为是唯一正确的看法？为什么？
2. 消费倾向可以概括影响消费的全部因素吗？为什么？
3. 凯恩斯的投资理论（即本章所介绍的投资理论）与较早的投资理论（即新古典经济学的投资理论）有何不同？
4. 在三部门经济中，已知消费函数为 $C=100+0.9Y_d$，Y_d为可支配收入，投资$I=300$，政府购买支出 $G=160$，税收 $T=0.2Y$。

   （1）试求均衡的国民收入水平。

   （2）试求政府购买支出乘数。

   （3）若政府购买支出增加到 300，新的均衡国民收入是多少？
5. 按照本章的有关内容，假设某经济中的消费函数为 $C=100+0.8Y$，投资 I 为 50。

   （1）求均衡收入、消费和储蓄。

   （2）如果当时实际产出为 800，企业非自愿存货积累为多少？

① “挤出效应”将在第十五章第二节阐述。

(3) 若投资增至100，试求增加的收入。

(4) 若消费函数为 $C=100+0.9Y$，投资仍为50，收入和储蓄各为多少？收入增加多少？

(5) 消费函数变动后，乘数有何变化？

6. 平衡预算乘数为什么是1，而不是0？
7. 请分析简单的消费函数的不足之处。
8. 请简要分析本章介绍的投资决定原理的合理性与不足。
9. 请分析投资乘数发挥作用的局限性。
10. 试用马克思主义的观点分析资本主义市场经济下消费不足的根本原因。

▶ 自测习题及参考答案

第十一章　国民收入的决定：*IS*-*LM* 模型

本章重点介绍作为宏观经济学短期分析核心内容的收入-支出模型（简称 *IS*-*LM* 模型）。*IS*-*LM* 模型是分析总需求方面的模型。在一般物价水平不变假定下，该模型探讨产品市场和货币市场分别达到均衡和变动所需的条件，以及两个市场同时达到均衡和变动所需的条件，并在此基础上探讨产品市场和货币市场运行中的相关含义和问题。概括地讲，本章在说明总需求变动时，在上一章基础上着重说明的是利率的决定以及它在经济短期波动中的作用。

IS-*LM* 模型说明，在短期内，在任何一种既定不变的物价水平上，究竟是什么因素决定了总需求水平及其对均衡国民收入的影响。在以后的有关章节中，我们还会从另外的角度说明，究竟是什么因素引起了总需求曲线的移动，从而导致宏观经济的变化。

通过对 *IS*-*LM* 模型的学习，我们将会更清楚地理解凯恩斯主义的经济理论、政策主张及其效果。

第一节　产品市场的均衡：*IS* 曲线

一、*IS* 曲线的前提条件：产品市场的均衡

产品市场的均衡是指产品在市场上的供给和需求都相等时的情况。这种情况和微观经济学部分所说的市场均衡基本相似，只是这里的供给和需求是宏观经济的总量，而不是微观经济中的个量。产品市场的均衡既体现供给与需求相等的关系，也对应于一定的价格水平。所以，产品市场的均衡一定是在既定价格水平上的均衡。但是，在本章，特别是在 *IS* 曲线中，价格并不是最重要的问题，因为 *IS* 曲线探讨的所有情况都是产品市场处于均衡的情况，只是均衡水平不同而已。所以，在本章我们暂时假定价格不变。

二、*IS* 曲线的含义和推导

（一）*IS* 曲线的含义

所谓 *IS* 曲线，就是代表产品和服务市场达到均衡状态时的一条曲线，它反

映某些相关经济变量（或指标）相互作用和联动的情况。I 代表投资，S 代表储蓄。*IS* 曲线就是使投资与储蓄相等时所有代表均衡利率水平和计划投资需求水平（在短期经济中，假定总供给可以适应任何水平的总需求，它和均衡收入水平也是相等的）的组合点的集合。我们由前面关于均衡国民收入的知识知道，当实体经济方面（产品和服务市场）达到供求均衡时，投资与储蓄必然相等。现在，在 *IS-LM* 模型中，先考虑将投资与储蓄相等作为必须达到的条件，然后再考察各个相关因素怎样变化才能达到投资与储蓄的不同均衡水平。

所谓产品市场的均衡是指产品市场上总供给与总需求相等。在两部门经济、三部门经济和四部门经济中，事前要求产品市场达到均衡的条件基本都是相同的。两部门经济中总需求等于总供给是指 $C+I=C+S$。经济均衡的条件是 $I=S$。[①] 假定消费函数为 $C=\alpha+\beta Y$，则无论从总需求等于总供给分析，还是从计划投资等于储蓄分析，两部门经济中均衡收入决定的公式都是 $Y=(\alpha+I)/(1-\beta)$。在这里，计划投资 I 是作为外生变量参与均衡收入决定的。如果我们把计划投资看作利率的函数，如图 11-1 所示，便可以进一步用 *IS* 曲线来说明产品市场均衡的条件。

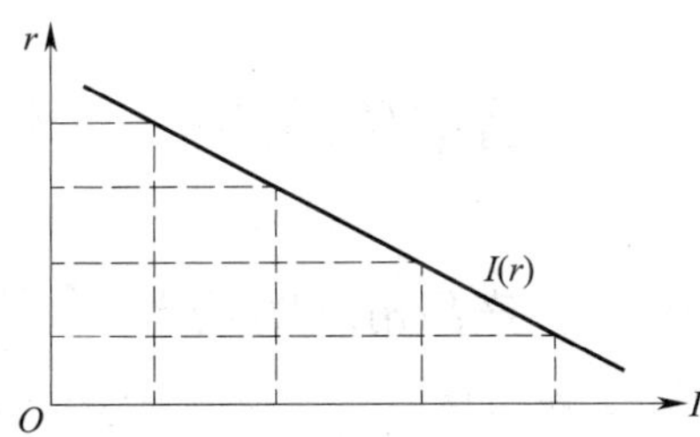

图 11-1　计划投资曲线（利率与计划投资的关系）

现在，若计划投资与利率的线性函数关系为：$I=e-dr$（e 代表恒定的外生投资，d 代表计划投资需求对于利率变动的反应程度，r 代表利率），则均衡收入的公式就变为：

$$Y=\frac{\alpha+e-dr}{1-\beta} \tag{11.1}$$

式（11.1）是从计划投资（$I=e-dr$）等于储蓄［$S=Y-C=Y-\alpha-\beta Y=-\alpha+(1-\beta)Y$］的均衡条件中得来的。要使产品市场保持均衡，即储蓄等于投资，

① 由于 *IS-LM* 模型有物价水平不变的假定，所以本章中所有的大写字母都是实际变量。这与前一章有所不同。

则均衡的国民收入与利率之间存在着反方向变化的关系。

现在举例来说明这一点，假设投资函数 $I=1\ 250-250r$，消费函数 $C=500+0.5Y$，则储蓄函数为 $S=Y-C=-500+0.5Y$。于是有：

$$Y=\frac{\alpha+e-dr}{1-\beta}=\frac{500+1\ 250-250r}{1-0.5}=3\ 500-500r$$

当 $r=1$ 时[①]，$Y=3\ 000$

当 $r=2$ 时，$Y=2\ 500$

…………

如图 11-2 所示，纵轴代表利率，横轴代表收入，则可得到一条反映利率和收入间相互关系的曲线。这条曲线上任何一点都代表一定的利率和收入的组合，在这样的组合下，计划投资和储蓄均相等，即 $I=S$，从而产品市场是均衡的，因此，这条曲线称为 *IS* 曲线。

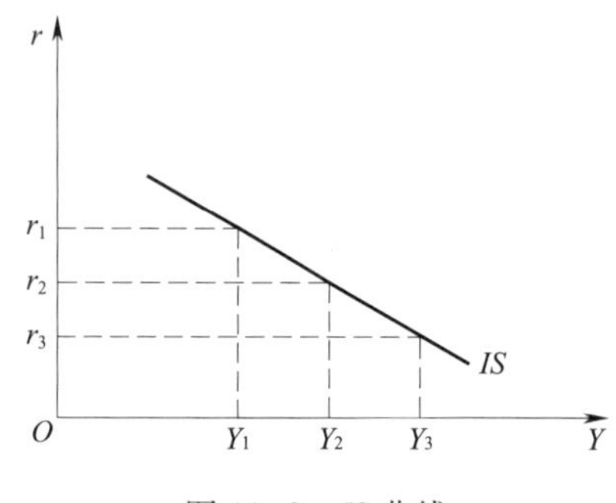

图 11-2 *IS* 曲线

从上面的例子可以看到，*IS* 曲线是从投资与利率的关系（投资函数）、储蓄与收入的关系（储蓄函数）以及储蓄与投资的关系（储蓄等于投资）中推导出来的。在上面的例子中，我们对 *IS* 曲线的推导是将利率作为自变量，借助于投资这个中间变量来求出产出（收入）。当然，我们也可以用产出（收入）作为自变量，再借助于投资求出利率，来推导 *IS* 曲线。

（二）*IS* 曲线的推导

不少西方经济学家使用投资函数曲线和凯恩斯主义交叉图来推导 *IS* 曲线。这种方法如图 11-3 所示。实际上，推导 *IS* 曲线的图形也可以通过以利率求得产出（收入）的图形方式来推导，如图 11-4 所示。

① 在本书中，为了计算的简捷和画图的方便，将利率 r 取为整数，在现实中利率 r 往往为百分数，如 3%、4%等。

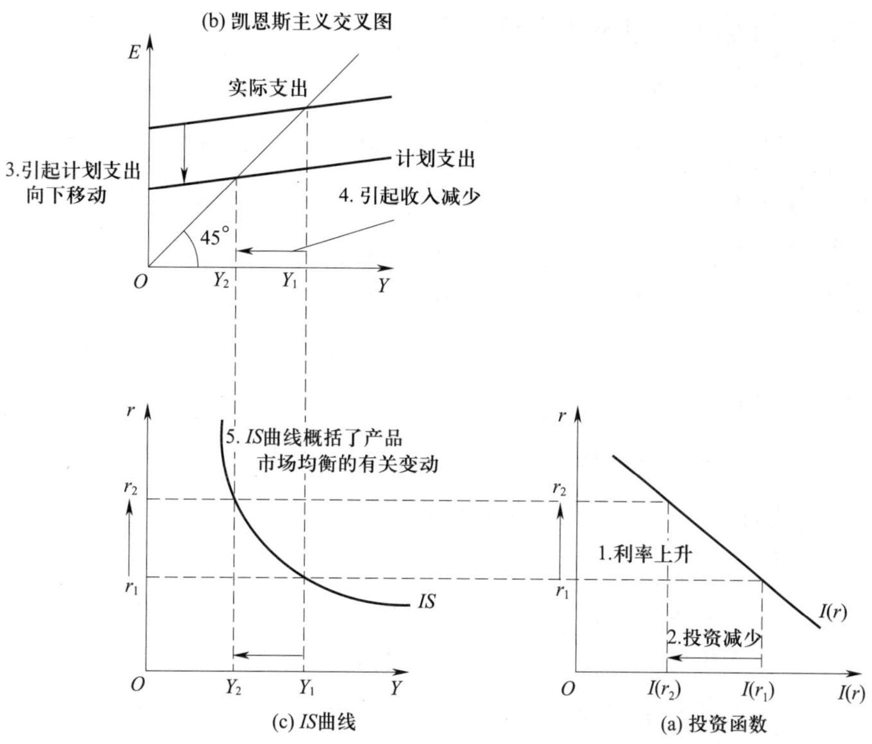

图 11-3　IS 曲线的推导：使用投资函数曲线和凯恩斯主义交叉图推导

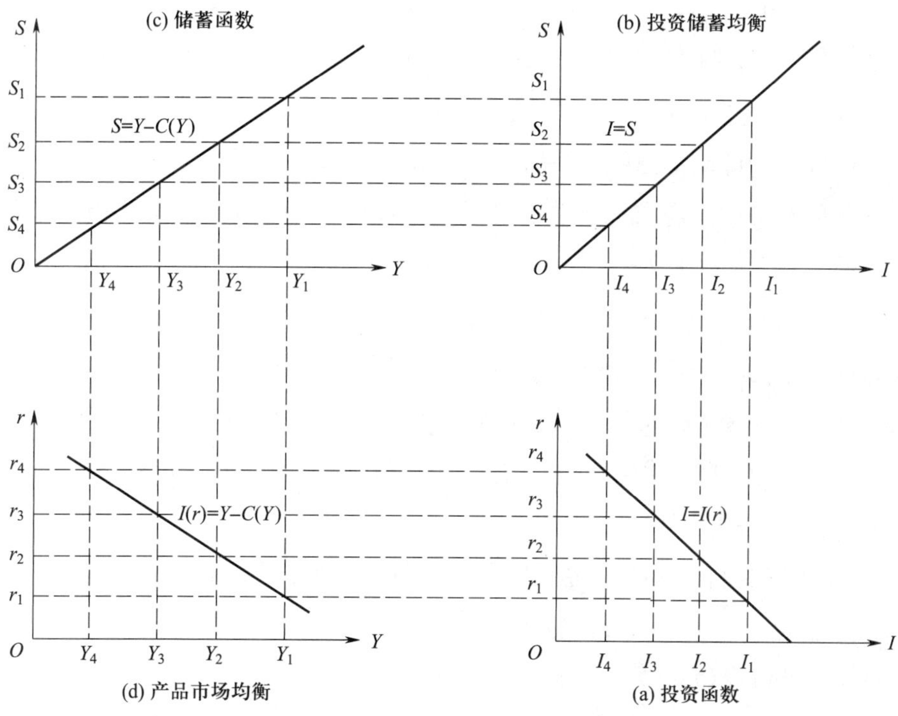

图 11-4　IS 曲线的推导：使用投资函数曲线和储蓄函数曲线图推导

三、IS 曲线的斜率及其变动

（一）IS 曲线的斜率

由上可知，如果知道了一个经济体的消费函数（从而知道储蓄函数）和投资函数，就不难求得 IS 曲线。而 IS 曲线斜率的大小，或者说倾斜的程度，则取决于投资函数的斜率，这可以从 IS 曲线的代数表达式中看出。

上面说过，在两部门的经济中，均衡收入的代数表达式为：$Y=(\alpha+e-dr)/(1-\beta)$，该表达式可以转化为：$r=(\alpha+e)/d-[(1-\beta)/d]Y$。转化后的表达式就是 IS 曲线的代数表达式。因为 IS 曲线图形上的纵轴代表利率，横轴代表收入，所以 IS 曲线的代数表达式 Y 前面的 $(1-\beta)/d$ 就是 IS 曲线斜率的绝对值，显而易见，IS 曲线的斜率既取决于 β，也取决于 d。

如果 d 的值较大，即投资对于利率变化比较敏感，那么 IS 曲线斜率的绝对值就较小，即 IS 曲线较平缓。这是因为，投资对利率较敏感时，利率的较小变动就会引起投资较大的变动，进而引起收入较大的变动。这反映在 IS 曲线上就是：利率的较小变动要求有收入的较大变动与之相配合，才能使产品市场均衡。

β 表示边际消费倾向，如果 β 值较大，IS 曲线斜率的绝对值就较小。这是因为 β 值较大，意味着支出乘数较大，从而当利率变动引起投资变动时，收入就会以较大幅度变动，因而 IS 曲线就较平缓。当边际消费倾向 β 较大时，边际储蓄倾向较小，即储蓄曲线较平缓，因而 IS 曲线也较平缓。

三部门经济中总需求等于总供给是指 $C+I+G=C+S+T$。经济均衡的条件是 $I+G=S+T$，或者 $I=S+(T-G)$。在三部门经济中，由于存在税收和政府支出，消费成为可支配收入的函数，即 $C=\alpha+\beta(1-t)Y$，于是上述 IS 曲线斜率的绝对值就相应地变为 $[1-\beta(1-t)]/d$。在这种情况下，IS 曲线的斜率除了和 d、β 有关外，还和税率 t 的大小有关：当 d 和 β 固定时，税率 t 越小，IS 曲线就越平缓；t 越大，IS 曲线就越陡峭。这是因为在边际消费倾向一定时，税率越小，乘数就越大；税率越大，乘数就越小。

影响 IS 曲线斜率大小的主要是投资对利率变动的反应程度，因为边际消费倾向比较稳定，税率也不会轻易变动。

（二）IS 曲线的变动

从 IS 曲线的推导图中可以看出，决定 IS 曲线的因素（主要是消费、储蓄和投资）发生变动，IS 曲线就会随之变动。此外，影响总需求的各种政策也会

影响到 *IS* 曲线，使之发生变动。下面我们就来考察各种因素导致 *IS* 曲线变动的情况。

1. 投资变化引起的 *IS* 曲线变动

如果投资函数或储蓄函数变动，*IS* 曲线就会移动。

先看投资需求变动的情况。如果由于种种原因（例如，投资边际效率提高，或出现了技术革新，或企业家对经济前景的预期比较乐观等），在同样利率水平上，投资需求增加了，即投资需求曲线向右移动，于是，*IS* 曲线也会向右移动，其移动量等于投资需求曲线移动的数量乘以乘数。反之，若投资需求下降，则 *IS* 曲线向左移动。

IS 曲线反向移动的情况类似。

实际上，从货币政策来说，变动利率会影响投资函数变化，所以也会影响 *IS* 曲线的变动。

2. 储蓄变化引起的 *IS* 曲线变动

再看储蓄函数变动的情况。假如人们的储蓄意愿增加了，也就是说，人们更节俭了，储蓄曲线就要向左移动。如果投资需求不变，则同样的投资水平现在所要求的均衡收入水平就要下降。同样的，其移动量等于储蓄增量乘以乘数。

3. 消费变化引起的 *IS* 曲线变动

由于消费和储蓄在可支配收入既定条件下具有此消彼长的关系，所以，当消费发生变动时，*IS* 曲线就会呈现和储蓄变动相反方向的变化。

在三部门经济中，*IS* 曲线是根据国民收入均衡的条件 $I+G=S+T$ 推导出来的。因此，不仅 I 曲线和 S 曲线的移动会使 *IS* 曲线移动，而且 I、G、S、T 中任何一条曲线的移动，或几条曲线同时移动，都会引起 *IS* 曲线移动。如果考虑到开放经济的情况，则引起 *IS* 曲线移动的因素还包括进出口的变动。总之，一切自发支出量①的变动，都会使 *IS* 曲线移动。

4. 政府支出变动引起的 *IS* 曲线变动

财政政策的各种变动都会影响总需求，因此也会影响 *IS* 曲线变动。增加政府购买性支出，等于增加投资支出，因此，会使 *IS* 曲线向右移动。*IS* 曲线移动

---

① 自发支出量是指不随内生变量变化的量，如自发消费支出不随收入变动，自发投资支出不随利率变动等。

的幅度取决于两个因素：政府支出增量和支出乘数的大小，即均衡收入增加量 $\Delta Y=k_G\Delta G$。相反，减少政府支出，则会使 IS 曲线向左移动。

5. 税收变动引起的 IS 曲线变动

政府增加一笔税收，则会使 IS 曲线向左移动。这是因为，一笔税收的增加，如果是增加了企业的负担，则会使投资需求相应减少，会使 IS 曲线向左移动。同样，一笔税收的增加，如果是增加了居民个人的负担，则会使他们的可支配收入减少，使他们消费支出相应减少，从而也会使 IS 曲线向左移动；相反，如果政府减税，则会使 IS 曲线右移，移动幅度为 $\Delta Y=-k_T\Delta T$。

关于增加或减少税收及政府支出如何使 IS 曲线移动，也可以从下面的公式中得到说明。假定 T 和 G 分别代表税收和政府支出额，则有：

$$Y=C+I+G=\alpha+\beta(Y-T)+e-dr+G$$

$$Y=\alpha+e+G-\beta T+\beta Y-dr$$

$$Y=\frac{\alpha+e+G-\beta T}{1-\beta}-\frac{dr}{1-\beta}$$

从上式可知，当政府支出 G 增加或减少 ΔG 时，国民收入增加或减少量为 $\Delta Y=[1/(1-\beta)]\Delta G$，即 IS 曲线向右移动或向左移动 $[1/(1-\beta)]\Delta G$；而当税收 T 增加或减少 ΔT 时，则国民收入减少量或增加量为 $\Delta Y=[\beta/(1-\beta)]\Delta T$，即 IS 曲线左移或右移 $[\beta/(1-\beta)]\Delta T$。

6. 政府转移支付变化引起的 IS 曲线变动

政府转移支付实际上等于增加了人们的收入，因此，在边际消费倾向为正的情况下，可以增加消费。它导致的 IS 曲线变化与消费变化所产生的效果大致相同。

7. 国外需求引起的 IS 曲线变动

国外对本国产品和服务需求的增加可以增加总需求，其减少可以减少总需求，因此，它的增加或减少同国内总需求的增加或减少对 IS 曲线的作用是一样的。

增加政府支出、增加转移支付和减税，都属于增加总需求的扩张性财政政策；而减少政府支出、减少转移支付和增税，都属于降低总需求的紧缩性财政政策。因此，政府实行扩张性财政政策时，就表现为 IS 曲线向右移动；实行紧缩性财政政策时，就表现为 IS 曲线向左移动。实际上，西方经济学家提出 IS 曲线的重要目的之一，就在于分析财政政策如何影响国民收入的变动。

第二节　货币市场的均衡：LM 曲线

一、货币需求的决定

（一）货币需求的动机

在凯恩斯奠基的货币需求理论中，特别强调人们需求货币的动机，因为这种动机决定了人们为什么需要货币。货币需求就是人们在不同条件下出于各种考虑而愿意持有一定数量货币的需要。

人们在一定时期所拥有财富的数量总是有限的，他们必须决定自己以何种形式来拥有财富。如果以货币形式拥有财富的比例越大，则以其他形式拥有财富的比例就越小。虽然以货币形式拥有财富具有极大的灵活性和便利性，但是拥有货币形式的财富不能使已有财富得到增值，而以其他资产形式（如证券、实物资本等）拥有财富，尽管在使用上不如货币方便，但是能带来一定的收益。因此，在现实经济生活中，人们既不会全部以货币形式拥有其财富，也不会全部以非货币的其他资产形式来持有其财富。由于持有货币的代价，正是与其等值的其他资产在相同时间内所带来的收益，所以，出于实际需要和利益的考虑，人们必须仔细权衡以货币形式保存财富的成本，从而在货币形式和其他资产形式之间保持适当的比例。

对想借款的人来说，利息就是为获得一定量货币所必须支付的代价。对货币持有者来说，利息则表示他持有货币的机会成本，即持有货币就无法得到的利息收入。如果市场的年利率为 10%，则持有 1 000 美元而未买债券的人 1 年就会失去 100 美元的利息收入。如果利率降为 3%，则他持有货币 1 年的机会成本就会降为 30 美元。

既然持有货币就会失去利息收入，那么人们为什么还要把不能生息的货币保留在手中呢？凯恩斯认为，人们持有货币或者说需要货币，是出于以下三类不同的动机。

1. 交易动机的货币需求

交易动机，指个人和企业需要货币是为了进行正常的交易活动。由于人们取得收入和消费支出在时间上不是同步的，因此个人和企业必须要有足够的货币资金来支付日常开支。个人和企业出于这种交易动机所需要的货币量，取决于收入水平、交易惯例和商业制度。而交易惯例和商业制度一般在短期内可假定为固定不变。于是，依据交易动机的货币需求量主要取决于收入水平，收入越高，交易数量越大。另外，交易数量越大，所交换的产品和服务的总价格也越高，从而为应付日常开支所需要的货币量也就越大。

2. 预防动机的货币需求

预防动机（谨慎动机），指人们需要货币是为了预防经济生活中预料之外的支出，如个人和企业为应付事故、失业、疾病等意外事件而需要事先持有一定数量的货币。因此，如果说货币的交易动机源于收入和支出间缺乏同步性，那么货币的预防动机则源于未来收入和支出的不确定性。西方经济学家认为，个人对货币的预防性需求的数量主要取决于他对意外事件的看法。但从全社会来看，这一货币需求量大体上也和收入成正比，是收入的增函数。

因此，如果用 L_1 表示交易动机和预防动机所产生的全部实际货币需求量，用 Y 表示实际收入，则这种货币需求量和收入的关系可以表示为：

$$L_1 = L(Y)$$

或者

$$L_1 = kY \tag{11.2}$$

式中，k 代表出于上述两种动机所需要的货币量同实际收入的比例关系，而不是前面的乘数。Y 为具有不变购买力的实际收入。例如，当实际收入 Y 为 1 000 万美元时，交易动机和预防动机所需要的货币量占实际收入的 20%，则 $L_1 = 1\,000 \times 0.2 = 200$（万美元）。

3. 投机动机的货币需求

投机动机，指人们持有货币是为了在金融市场上抓住购买有价证券的有利机会。假如人们暂时不用的财富只能采用货币形式或有价证券（如债券）形式来保存，债券能带来收益，而闲置货币则没有收益，那么人们为什么不全部购买债券而要在两者之间作选择呢？因为人们想利用利率水平或有价证券价格水平的变化获取投机收益。在实际经济生活中，债券价格高低与利率的高低呈反向变化。假定一张债券一年可获利息 10 美元，若市场利率为 10%，则这张债券的市价就为 100 美元；若市场利率为 5%，则这张债券的市价就为 200 美元。因为 200 美元在利率为 5%时，若存放到银行也可得利息 10 美元。由于债券的市场价格是经常波动的，凡是预计债券价格将来会上涨（即预期利率将下降）的人，现在就会用货币买进债券以备日后以更高价格卖出；反之，凡是预计债券价格将来会下跌（即预期利率将上升）的人，现在就会卖掉债券，换成货币，以备日后债券价格下跌时再买进。这种预计债券价格将下跌（即预期利率上升）而需要把货币保留在手中的动机，就是对货币需求的投机动机。可见，有价证券价格的未来不确定性是投机动机的必要前提。人们若认为有价证券价格已降低到正常水平以下（即利率已升到正常水平以上），预计很快会回升（即利率下降），就会抓住机会及时买进有价证券。于是，人们出于投机动机而手中持有的货币量就会减少。相反，人们若认为有价证券价格已上涨到正常水平以上（即利率已降到正常水平以下），预计就要下跌（即利率上升），就会抓住时机卖出有价证券。这样，人们出于投机动机而手中持有的货币量就会增加。

总之，对货币的投机需求取决于利率。如果用 L_2 表示货币的投机需求，用 r 表示利率，则这一货币需求量和利率的关系可表示为：

$$L_2 = L\ (r) \tag{11.3}$$

（二）“流动性陷阱”（“凯恩斯陷阱”）

以上分析说明，对利率的预期是人们调节货币和有价证券配置比例的重要依据，利率越高，货币需求量就越小。当利率极高时，这一需求量几乎等于零，因为人们认为，这时利率已不大可能再上升，或者说有价证券价格已不大可能再下降，所以，他们会将所持有的货币全部换成有价证券。反之，当利率极低时，人们会认为这时利率已不大可能再下降，或者说有价证券市场价格已不大可能再上升而只会下跌，因此，会将所持有的有价证券全部换成货币。这时，人们有了货币也绝不肯再去购买有价证券，以免证券价格下跌时遭受损失。不管有多少货币，人们都愿意将其保持在手中的情况，被称为“流动性陷阱”或“凯恩斯陷阱”。一般情况下，“流动性陷阱”往往出现在利率水平处于社会公认的最低点时。

这里，凯恩斯提出了流动偏好（有时也译作灵活偏好）的概念，指人们持有货币的偏好，实际上就是人们对货币的需求。他认为，人们之所以产生对货币的偏好和需求，是因为货币是流动性或者说灵活性最大的资产。货币随时可作交易之用，可方便地应付不时之需，随时可用于投机活动。当利率极低时，人们手中无论增加多少货币，都不会去购买有价证券，而要留在手中，因而流动性偏好趋向于无限大。这时候，即使银行增加货币供给，也不会再使利率下降。

（三）货币需求函数

对货币的总需求是人们对货币的交易需求、预防需求和投机需求的总和。货币的交易需求和预防需求取决于收入，而货币的投机需求则取决于利率，因此，对货币的总需求函数可表述为：

$$L=L_1+L_2=L(Y)+L(r)=kY-hr \tag{11.4}$$

式中，L、L_1和L_2都代表对货币的实际需求，即具有不变购买力的实际货币需求量。k和h是常数；k表示收入增加时，货币需求增加多大比例，这是货币需求关于收入变动的系数（货币需求的收入弹性）；h表示当利率提高时货币需求的增加比率，这是货币需求关于利率变动的系数（货币需求的利率弹性）。名义货币量和实际货币量是有区别的，名义货币量是不问货币购买力如何仅计算其票面值的货币量。把名义货币量折算成具有不变购买力的实际货币量，必须用价格指数加以调整。如用L_0、L和P依次代表名义货币需求量、实际货币需求量和价格指数，则有：

$$L=\frac{L_0}{P}$$

或者

$$L_0=PL$$

例如，若实际货币需求量$L=1\ 000$美元，价格水平$P=1.1$，则名义货币需求量$L_0=1.1\times1\ 000=1\ 100$（美元）。

由于$L=kY-hr$仅代表对货币的实际需求量或者说需求的实际货币量，因此，名义货币需求函数还应是实际货币需求函数乘以价格指数，即：

$$L_0=(kY-hr)P \tag{11.5}$$

式（11.5）表示名义货币需求函数，而公式（11.4）则表示实际货币需求函数。如果知道了k、h、Y、r和P之值，就不难求得货币总需求量。

货币需求曲线如图 11-5 所示。图 11-5（a）中垂线L_1表示满足交易动机和预防动机的货币需求曲线，它与利率无关，因而垂直于横轴。曲线L_2表示满足投机动机的货币需求曲线，它向右下方倾斜，表示货币的投机需求量随利率下降而增加，最后为水平状，表示“流动性陷阱”。图 11-5（b）中的L线则包括L_1和L_2在内的全部货币需求，其纵轴表示利率，横轴表示货币需求量。这条货币需求曲线表示在一定收入水平上货币需求量和利率的关系。利率上升时，货币需求量则减少；利率下降时，货币需求量则增加。

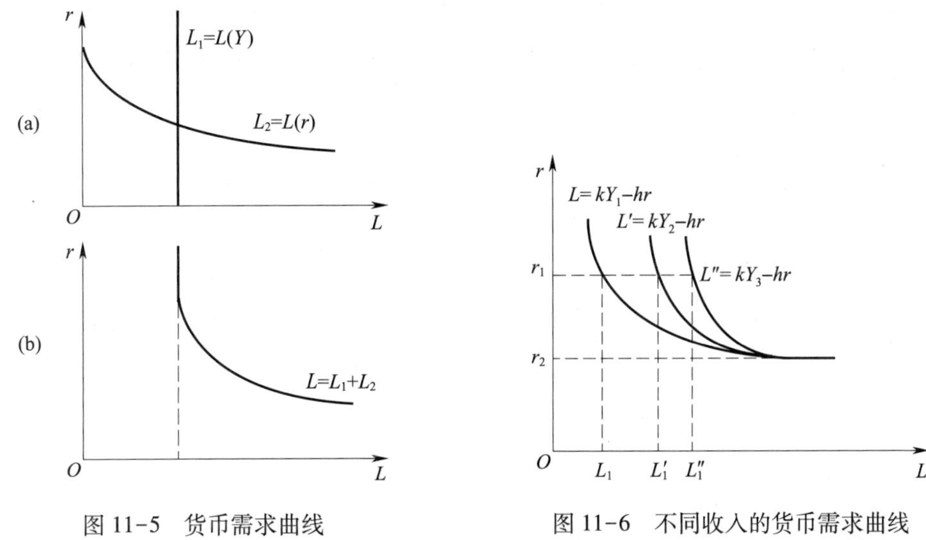

图 11-5　货币需求曲线　　图 11-6　不同收入的货币需求曲线

图 11-6 中，三条货币需求曲线分别代表收入水平为 Y_1、Y_2和 Y_3时的货币需求曲线。由图可见，货币需求量与收入的正向变动关系通过货币需求曲线向右和左的移动来表示，而货币需求量与利率的反向变动关系则通过每一条需求曲线都向右下方倾斜来表示。例如，当利率相同，即都为 r_1时，由于收入水平不同，实际货币需求量分别为 L、L'、L''，即 $Y=Y_1$时，$L=L_1$；$Y=Y_2$ 时，$L=L_1'$；$Y=Y_3$ 时，$L=L_1''$。

二、货币供给的决定

货币供给理论主要研究货币供给量的形成机制、运行机制和调控机制问题。该理论涉及货币的供给方式、影响货币量的供给的因素，以及货币管理当局对货币量的控制等内容，这将在本书后面关于具体货币政策工具的部分进行阐述。

货币最初的原始形态是具体形态的商品，后来逐渐演化为贵金属（金、银）货币，到现代演化为信用货币，将来还可能出现数字货币。信用货币本质是银行发行的债权凭证（现在都是中央银行发行），在职能上具有一切货币职能。所以，货币的供给是中央银行根据经济活动的需要发行的，与市场利率变动无关。在凯恩斯的货币理论中，货币供给就是由中央银行独立决定的，是外生变量。但是，在货币运行机制中，货币供给量也会由于货币创造乘数（后面的章节会讲到）的作用而增大。受凯恩斯经济学的影响，现代宏观经济学将货币供给和货币需求看做决定均衡利率的两个基本方面。

在前面关于产品市场的 *IS* 曲线介绍中已经说明，利率可以决定投资，并进而影响国民收入。但是，利率本身又是怎样决定的呢？这一点无法在 *IS* 曲线中得到说明。要了解利率的决定，必须另寻出路。

（一）早期的利率决定观点

早期的西方经济学认为，利率是由金融市场上的可贷资金供给和可贷资金需求共同决定的。投资是可贷资金的需求，储蓄是可贷资金的供给。投资与储蓄都只与利率相关。一方面，利率是调节投资和储蓄的因素和机制。投资是利率的减函数，即利率越低，同样情况下，人们就越愿意增加投资；相反，利率越高，人们就越会减少投资。储蓄是利率的增函数，即利率越高，人们越愿意储蓄，从而储蓄越多；利率越低，人们就越不愿储蓄，从而储蓄越少。另一方面，当可贷资金的供求相等，即投资与储蓄相等时，均衡的利率就被决定了。

（二）后来的利率决定观点

1. 早期与后来利率决定观点的区别

凯恩斯的理论否定了早期利率决定的观点，认为储蓄不仅取决于利率，更重要的是受收入水平的影响。收入是消费和储蓄的源泉，只有收入增加了，消费和储蓄才会增加；收入不增加，即使利率提高，储蓄也无从增加。如果不知道收入水平的高低，就无法建立储蓄与利率的函数关系。而如果不能确定储蓄函数，也就不能确定利率，从而也不能确定投资水平和国民收入水平。

如果利率不是由投资和储蓄的对比关系决定的，而是由别的因素决定的，则投资和收入的决定问题就有可能得以解决。后来的理论认为，利率不是由储蓄和投资决定的，而是由货币的供给量和需求量所决定的。现在的西方经济学教科书中，一般将 M_1（包括全部纸币和硬币、活期存款及相应信用）和定期存款之和，即 M_2，作为货币供给量（狭义的）来看待。而在本书的分析中，则将货币供给量限定在 M_1上。这样，更易于使分析简化而不影响揭示问题的实质。货币的实际供给量一般由国家控制，是一个外生变量，而对货币的需求则由经济社会的内在因素所决定。因此，在讨论利率如何决定的问题时，需要分析的主要方面应该是货币的需求。

2. 关于货币市场均衡和均衡利率的决定

宏观经济学认为，利率取决于货币市场的均衡，即货币市场上货币供给量和货币需求量相等。货币供给量是一个存量概念，它是一个国家在某一时点上所保持的所有硬币、纸币和银行存款数量的总和。货币供给量是由国家通过货币政策来调节的，因而是一个外生变量。货币供给曲线是一条垂直于横轴的直线，如图 11-7 中的直线 M。货币供给曲线 M 和货币需求曲线 L 相交的点 E 就决定了均衡的利率水平 r_0。这表示，当货币供给量等于货币需求量时，货币市场就达到了均衡状态。当市场利率低于均衡利率 r_0时，货币的供求处于不均衡状态，市场上对货币的实际需求大于实际的货币供给，也大于经济处于均衡状态时所应有的实际货币需求。这种较大货币需求量的情况一直要到均衡利率对应的货币供求相等时才会消失。反之，当市场利率高于均衡利率 r_0时，说明货币需求暂时小于货币供给。这种情况也一直要到均衡利率对应的货币供求相等时才消失。

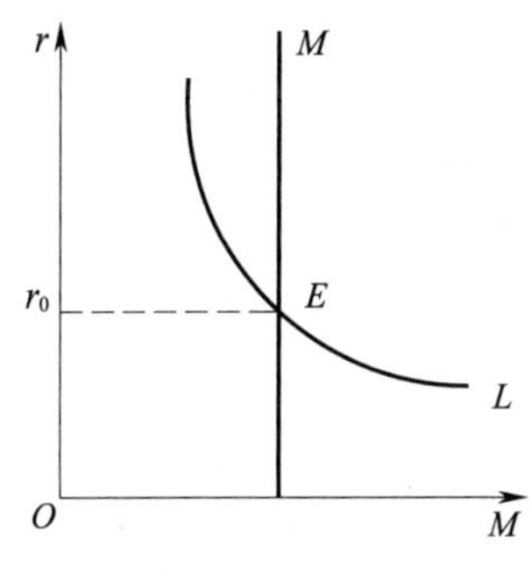

图 11-7　利率的决定

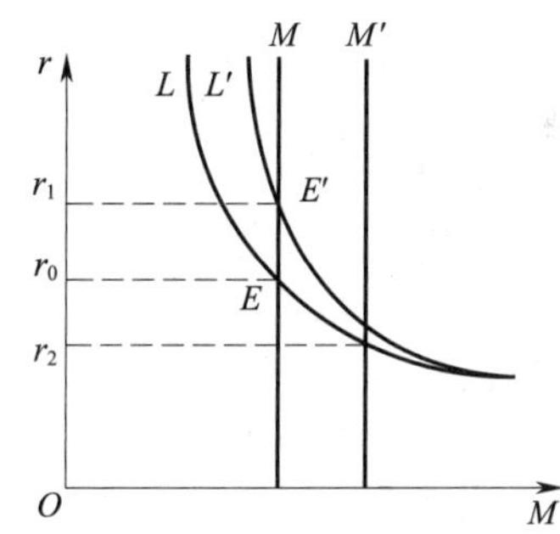

图 11-8　利率的变动

上面是在假设货币供给曲线和需求曲线都不变动条件下的情况。实际上，货币需求曲线和货币供给曲线都会变动。当人们对货币的需求出于某种原因而增加时，货币需求曲线就会移动；当政府调整货币供给时，货币供给曲线也会移动。这样，均衡利率也会发生变动，如图 11-8 所示。如果货币需求和供给同时变动，利率就会受到二者的共同影响，在移动后的需求曲线和供给曲线的交点上达到均衡。

三、LM 曲线的含义和推导

（一）LM 曲线的含义

LM 曲线是货币市场均衡利率与产出水平各组合的集合。

我们已经知道，利率是由货币市场上的供给和需求的均衡决定的。而货币的供给量由货币当局控制，即由代表政府的中央银行所控制，因而假定它是一个外生变量。在货币供给量既定的情况下，货币市场的均衡只能通过调节货币需求来实现。货币需求则取决于前面讲过的交易需求、预防需求和投机需求三个方面（如图 11-9 所示）。

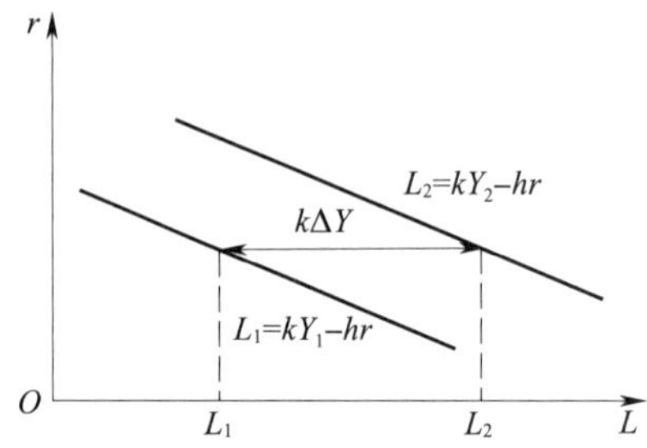

图 11-9　作为利率与实际收入的函数的实际货币需求

假定 M 代表实际货币供给量，货币市场的均衡就是 $M=L=L(Y)+L(r)=kY-hr$。从这个等式中可知，当 M 为一定量，$L(Y)$ 增加时，$L(r)$ 必须减少，否则不能保持货币市场的均衡。$L(Y)$ 是货币的交易需求（由交易动机和预防动机引起），它随收入增加而增加。$L(r)$ 是货币的投机需求，它随利率上升而减少。因此，国民收入增加使货币交易需求增加时，利率必须相应提高，从而使货币投机需求减少，才能维持货币市场原来的均衡；反之，收入减少时，利率必须相应下降，否则，货币市场就难以保持原来的均衡。

总之，当 M 给定时，$M=kY-hr$ 的公式可以表示为满足货币市场的均衡条件下的收入 Y 与利率 r 的关系，这一关系的轨迹就被称为 LM 曲线。

（二）LM 曲线的推导

由于货币市场均衡时 $M=kY-hr$，因此有：

$$Y=\frac{hr}{k}+\frac{M}{k} \tag{11.6}$$

或者

$$r=\frac{kY}{h}-\frac{M}{h} \tag{11.7}$$

式（11.6）和式（11.7）都是 LM 曲线的代数表达式。由于该曲线图形的纵坐标表示的是利率，横坐标表示的是收入，因此，上面的一般公式就代表 LM 曲线。

现在来推导 LM 曲线。在图 11-10（b）中，向右上方倾斜的曲线（在此图中 LM 曲线是直线，但这只是一个示意的曲线，并不意味着 LM 曲线一定是直线）就是 LM 曲线。该曲线上任一点都代表一定利率和收入的组合。在这样的组合下，货币需求量与货币供给量是相等的，也就是说，货币市场是均衡的。

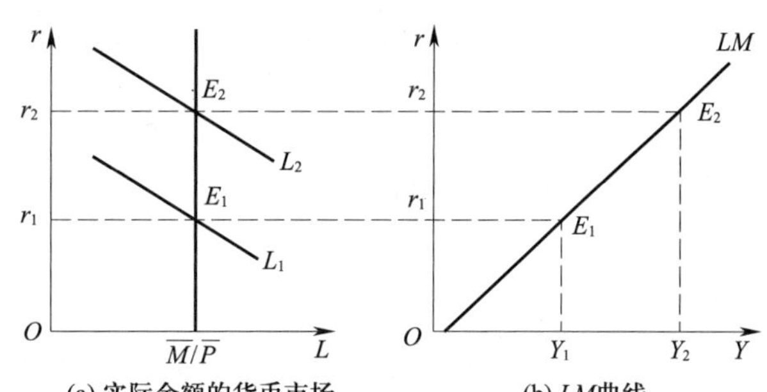

图 11-10　*LM* 曲线的推导

图 11-10（a）是货币市场，实际货币供给为垂线，L_1和L_2代表不同收入水平（Y_1和 Y_2）上的货币需求。

图 11-10 显示能使实际货币需求量正好与可得的货币供给量相适应的利率与收入水平的各个组合。从收入水平 Y_1开始，图 11-10（a）显示出与其相应的实际货币需求曲线 L_1。现有实际货币供给 $\overline{M}/\overline{P}$ 被表示为垂直线，因为它是既定的，因此不取决于利率。在利率为 r_1 时，实际货币需求等于其供给，因此，E_1点是货币市场的一个均衡点。该点作为货币市场均衡曲线，即 *LM* 曲线上的一点，显示在图 11-10（b）中。

接下来考虑收入增加到 Y_2的效应。在图 11-10（a）中，收入水平提高使得各个利率水平的实际货币需求增加，因此，实际货币需求曲线向右上方移位至 L_2。在收入水平提高的情况下，利率增加到 r_2，以保持货币市场的均衡。据此，新均衡点为 E_2。在图 11-10（b）中，我们记下 E_2点作为货币市场均衡的点。针对所有收入水平，完成同样的操作，就会产生一系列的点，连接起来就形成了 *LM* 曲线。

LM 曲线即货币市场均衡曲线，它显示能使实际货币需求等于供给的所有利率与收入水平的组合。沿着 *LM* 曲线，货币市场处于均衡状态。

LM 曲线的斜率为正。收入上升，会增加货币需求量，为维持既定 *LM* 曲线不变，即货币需求量等于固定的货币供给量，利率水平必须提高。因此维持原来的货币市场的均衡意味着，收入上升，利率水平也应该与其相适应地同时上升。

将实际货币需求量与固定的实际货币供给量相结合，使二者相等，就可直接获得 *LM* 曲线。要使货币市场处于均衡状态，需求量必须等于供给量，即：

$$\frac{\overline{M}}{\overline{P}}=kY-hr$$

求出利率，

$$r=\frac{1}{h}\left(kY-\frac{\overline{M}}{\overline{P}}\right)$$

该关系式就是 *LM* 曲线。

从上述分析可以看到，*LM* 曲线实际上是从货币的投机需求与利率的关系、货币的交易需求与收入的关系，以及货币需求与供给相等的关系中推导出来的。将一系列使货币市场均衡的利率和收入组合点连接起来的轨迹，就是图 11-10（b）描绘的 *LM* 曲线。*LM* 曲线表示，这条曲线上任何一点所代表的利率与所相应的国民收入都会使货币供给量（*M*）等于货币需求量（*L*）。

（三）从货币市场均衡角度推导 *LM* 曲线

LM 曲线也可以直接从货币市场均衡过程推导出来，如图 11-11 所示。

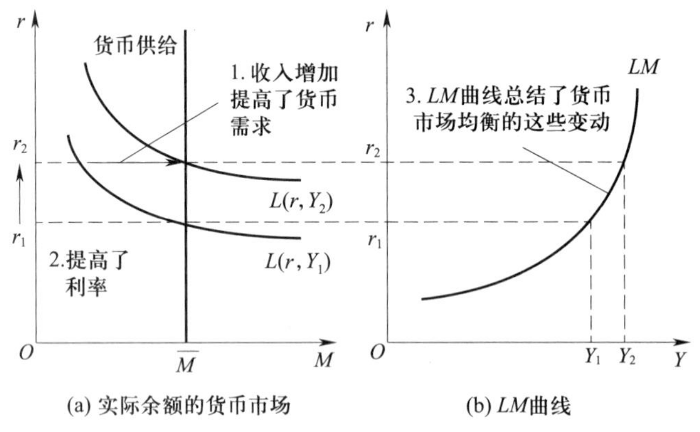

图 11-11　*LM* 曲线的推导（货币市场均衡角度）

在图 11-11（a）中，随着收入的增加，消费需求量的上升会提高对货币的需求量，在实际货币供给量不变时，要维持货币市场的均衡，就需要提高利率（从 r_1 上升到 r_2）来降低货币的投资需求（和投机需求）；而相应地，在图 11-11（b）中，以 Y_2 和 Y_1 两点间距离表示收入的增加量，并在这两点上分别作横轴的垂线；再将图 11-11（a）中，货币供给曲线与变化前后的两条货币需求曲线 L（r，Y_1）和 L（r，Y_2）的交点决定的利率 r_1 和 r_2，分别作水平线延伸至图 11-11（b）中，与从 Y_1 和 Y_2 延伸出的两条垂线分别相交于（Y_1，r_1）点和（Y_2，r_2）点。依此同样方法，可找出许多类似的利率与收入的交点。这些交点的轨迹就是一条 *LM* 曲线。

除去上面的推导方法外，*LM* 曲线也可以通过下面的方式，从利率和产出（收入）的角度推导出来，如图 11-12 所示。

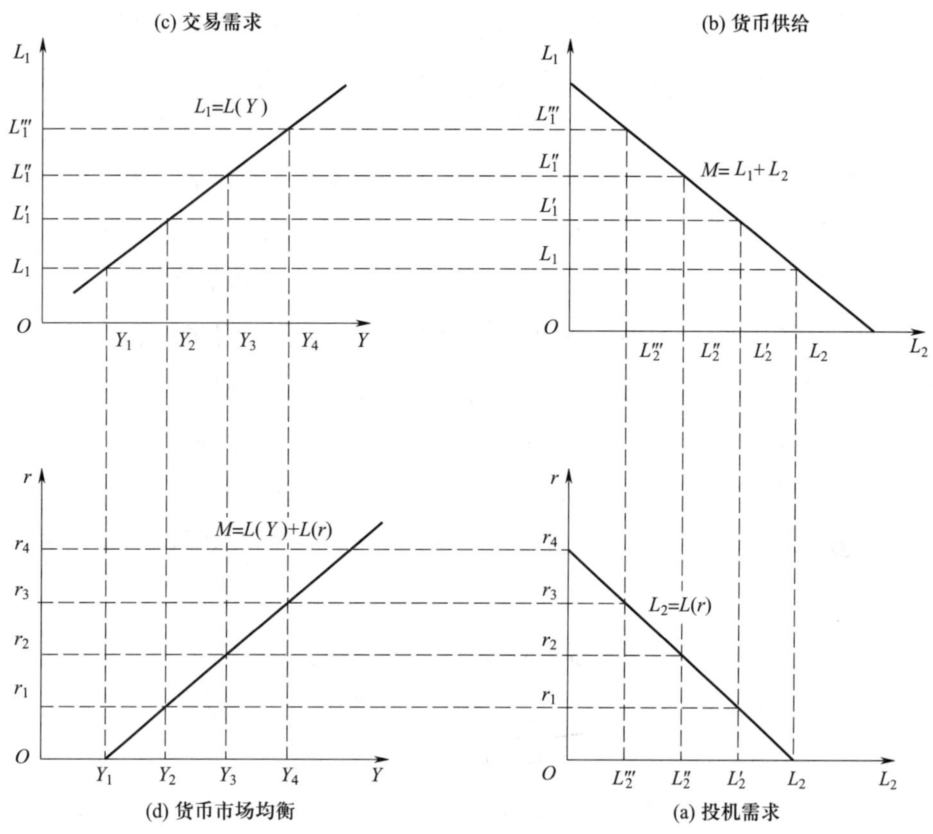

图 11-12　*LM* 曲线的推导（利率和产出（收入）的角度）

四、*LM* 曲线的斜率和变动

（一）*LM* 曲线的斜率

从 *LM* 曲线的推导图可以看到，*LM* 曲线的斜率取决于货币的投机需求曲线和交易需求曲线的斜率，实际上也就是取决于 $r=kY/h-M/h$ 式中 k 和 h 的值。这一公式就是 *LM* 曲线的代数表达式，而 k/h 是 *LM* 曲线的斜率。当 k 为定值时，h 越大，即货币需求对利率的敏感程度越高，则 k/h 就越小，因而，*LM* 曲线就越平缓；当 h 为定值时，k 越大，即货币需求对收入变动的敏感程度越高，则 k/h 就越大，于是 *LM* 曲线就越陡峭。

西方经济学家认为，货币的交易需求函数一般比较稳定，因此，*LM* 曲线的斜率主要取决于货币的投机需求函数。出于投机动机的货币需求是利率的减函数。

（二）LM 曲线上的三个区域

前面说过，当利率降得很低时，货币的投机需求将变得无限大，这就是“流动性陷阱”或“凯恩斯陷阱”。由于在这一极低的利率水平上货币的投机需求量已变得无限大，因此，货币的投机需求曲线就成为一条水平线。这会使 LM 曲线也成为水平线。

在图 11-13 中，当利率降到 r_1 时，货币投机需求曲线的这一部分就变成了一条水平线。因而，LM 曲线上也相应有一段水平状态的区域。也就是说，如果利率一旦降到这样低的水平，政府实行扩张性货币政策时，增加货币供给量，并不能进一步降低利率，从而也不能增加收入、推动经济复苏，因而，实行货币政策是无效的。相反，实行扩张性财政政策，使 IS 曲线向右移动，收入水平就会在利率不发生变化的情况下提高。因而，实行财政政策会有显著效果。凯恩斯认为，20 世纪 30 年代经济大萧条时期，西方国家的经济就属于这种情况。为此，LM 曲线呈水平形状这个区域就被称为“凯恩斯区域”或“萧条区域”。

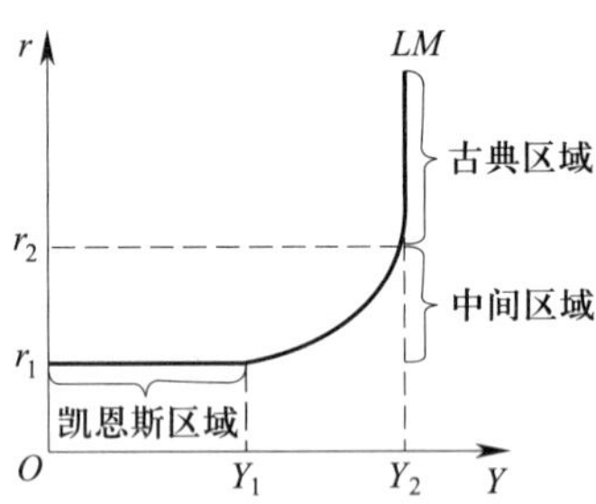

图 11-13　LM 曲线的三个区域

相反，如果利率上升到相当高的水平时，货币的投机需求量将趋近于零。这时候，人们除了因交易需求还必须持有一部分货币外，再也不会为投机而持有货币。由于货币的投机需求等于零，因此，图 11-13 中的货币投机需求曲线表现为，从利率 r_2 以上是一条与纵轴相平行的垂直线，不管利率再上升到 r_2 以上多高，货币投机需求量都是零，人们的手持货币量都只是交易需求量。这样，LM 曲线从利率为 r_2 开始，就成为一段垂直线。西方经济学家认为，这时候如果实行扩张性财政政策使 IS 曲线向右上方移动，只会提高利率而不会使收入增加。但如果实行使 LM 曲线右移的扩张性货币政策，则不但会使利率下降，还会提高收入水平。因此，这时候财政政策无效而货币政策有效。这符合古典学派以及基本上以古典学派经济理论为基础的现代货币主义者的观点。因而，

LM 曲线呈垂直状态的这一区域被称为“古典区域”。

“古典区域”和“凯恩斯区域”之间这段 *LM* 曲线是中间区域。*LM* 曲线的斜率在“古典区域”为无穷大，在“凯恩斯区域”为零，在中间区域则为正值。这从图 11-13 可以清楚地看出，从 *LM* 曲线的代数表达式 $r=kY/h-M/h$ 中也能得到说明。*LM* 曲线的斜率是 k/h，h 是货币需求的利率弹性系数。当 $h=0$ 时，k/h 为无穷大，因此，*LM* 曲线在“古典区域”是一条垂直线；当 h 为无穷大时，其斜率值 k/h 为零，因此，*LM* 曲线在“凯恩斯区域”是一条水平线；而当 h 介于零和无穷大之间的任何值时，由于 k 一般总是正值，因此 k/h 的值为正。

（三）投机需求变动引起的 *LM* 曲线变动

从 *LM* 曲线的推导图及 *LM* 曲线的三个区域图可以看出，货币投机需求、货币交易需求和货币供给量的变化，都会使 *LM* 曲线发生相应的变动。此外，货币政策的变化也会通过改变货币供给量和利率引起 *LM* 曲线的变动。

货币投机需求曲线移动，会使 *LM* 曲线发生方向相反的移动，即如果货币投机需求曲线右移（即投机需求增加），而其他情况不变，则会使 *LM* 曲线左移。原因是，同样利率水平上现在投机需求量增加了，而货币供给量不变时，如果货币的投机需求必须满足，交易需求量必须减少，才能保证货币市场的均衡。这样，从货币市场均衡的角度出发，就必然要求社会的国民收入水平下降。

（四）交易需求变动引起的 *LM* 曲线变动

从 *LM* 曲线的推导图及 *LM* 曲线的三个区域可以看出，货币交易需求变动也会使 *LM* 曲线发生相同方向的移动，即如果交易需求曲线右移（即交易需求增加），而其他情况不变时，也会使 *LM* 曲线右移。原因是，原货币供给量对应于增加的交易需求而言，完成同样交易量所需要的货币量减少了，也就是说，原来一笔货币现在能够完成更多国民收入的交易了。

应该注意，上述 *LM* 曲线移动的两种情况都是在货币的投机需求曲线和交易需求曲线斜率不变时发生的，即在 h 和 k 的值都不变时发生的。如果 h 和 k 的值发生变化，则会使 *LM* 曲线发生转动而不是移动。如果 h 由小变大，即货币需求对利率的敏感度逐渐增强，则会使 *LM* 曲线逐渐变得平缓，即发生顺时针方向转动；反之，则发生逆时针方向转动。如果 k 由小变大，即货币需求对收入的敏感度逐渐增强，则会使 *LM* 曲线逐渐变得陡直，发生逆时针方向转动；反之，则会发生顺时针方向转动。

（五）实际货币供给量的变动引起的 LM 曲线变动

由上面的分析可以看出，当名义货币供给量不变时，价格水平如果下降，就意味着实际货币供给增加，货币供给曲线 $\overline{M}/\overline{P}$ 就会右移，导致 LM 曲线向右移动。相反，如果价格水平上升，LM 曲线就向左移动。认识到这一点，对于以后认识总需求曲线的推导很有意义。

实际上，货币量的变动与货币政策有关，扩张性货币政策涉及增加名义货币供给量，紧缩性货币政策涉及减少名义货币供给量。当然，利率变动的政策也会导致实际货币供给量的变动，利率下降意味着实际货币供给量增加，利率上升意味着实际货币供给量减少。因而，货币政策也会影响 LM 曲线发生变动。

第三节 产品市场和货币市场的共同均衡：IS-LM 模型

根据均衡国民收入的含义，总收入决定于与总供给相等的总有效需求。而在封闭经济中，有效需求决定于消费支出和投资支出。由于边际消费倾向在短期内是稳定的，因而有效需求主要决定于投资支出。投资量又决定于资本边际效率和利率的比较。当资本边际效率一定时，则投资量决定于利率。利率决定于货币供给数量和流动性偏好（即货币需求）。货币需求由货币的交易需求、预防需求和投机需求构成。货币的交易需求和预防需求决定于收入水平，而货币的投机需求则决定于利率水平。可见，在商品市场上，要决定收入，在资本边际效率既定情况下，必须先决定利率，否则投资水平就无法确定。而利率是在货币市场上决定的。但在货币市场上，如果不先确定一个特定的收入水平，利率又无法确定。可收入水平又是在商品市场上决定的。因此，利率的决定又依赖于商品市场。这样，凯恩斯的理论就陷入了循环推论：利率通过投资影响收入，而收入通过货币需求又影响利率；反过来说，收入依赖于利率，而利率又依赖于收入。凯恩斯发现了这一循环推论的问题。后来其他经济学家把商品市场和货币市场结合起来，建立了一个商品市场和货币市场的一般均衡模型，即 IS-LM 模型，以解决循环推论的问题。

一、产品市场和货币市场共同均衡的含义

从前面的分析中已经知道，在 IS 曲线上，有很多利率与收入的组合可以使

产品市场均衡；在 LM 曲线上，也有很多利率和收入的组合可以使货币市场均衡。但在一定条件下，能够使商品市场与货币市场同时达到均衡的利率和收入的组合点却只有一个。该组合点就是 IS 曲线和 LM 曲线的交点，也就是 IS-LM 模型的均衡点，其数值可以通过求解 IS 曲线和 LM 曲线的联立方程来得到。尽管从图形上看，IS 曲线和 LM 曲线可以有无数个交点，但具体的和实际的 IS-LM 模型的均衡点只能是唯一的。

二、产品市场和货币市场的共同均衡与失衡

下面举例来说明 IS-LM 均衡图中不同区域的经济含义。假设投资函数 $I=1\ 250-250r$，消费函数 $C=500+0.5Y$，储蓄函数 $S=Y-C=-500+0.5Y$，则当：

$$I=S$$

得到 IS 曲线（方程）：

$$Y=3\ 500-500r$$

假设货币市场中，货币需求函数 $L=0.5Y+1\ 000-250r$，货币供给量 $M=1\ 250$ 亿美元，则当：

$$L=M$$

得到 LM 曲线（方程）：

$$Y=500+500r$$

两个市场同时均衡时，

$$Y=3\ 500-500r$$

$$Y=500+500r$$

得：

$$r=3,\quad Y=2\ 000$$

一般来说，IS 曲线（方程）为：

$$I(r)=S(Y)$$

LM 曲线（方程）为：

$$M=L(Y)+L(r)$$

由于货币供给量 M 被假定为不变，因此，在这个二元方程组中，变量只有利率 r 和收入 Y，解出这个方程组，就可得到 r 和 Y 的一般解。这个一般解可在图11-14中 IS 曲线和 LM 曲线的交点 E 上获得。

在图 11-14 中，由 E 点代表的 2 000 亿美元的收入和 3 的利率是能使商品

市场和货币市场同时实现均衡的收入和利率。这时候，投资 $I=1\ 250-250\times3=500$（亿美元），储蓄 $S=-500+0.5\times2\ 000=500$（亿美元），因而实现了产品市场均衡。而且，货币需求 $L=0.5\times2\ 000+1\ 000-250\times3=1\ 250$（亿美元），正好等于货币供给量，因而实现了货币市场均衡。在 E 点上，同时实现了两个市场的均衡，因为只要投资、储蓄、货币需求和供给的关系不变，任何失衡情况的出现都是暂时的，最终会趋向均衡。

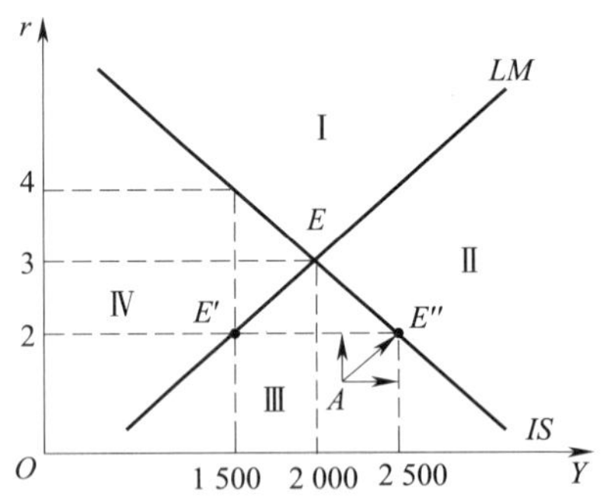

图 11-14 产品市场和货币市场的一般均衡

为了理解这一点，可考察两个失衡状况。一是在图 11-14 的 E'点上，$r=2$，$Y=1\ 500$（亿美元）。由于 E'在 LM 线上，因此货币市场是均衡的，但投资和储蓄不相等。因为 $Y=1\ 500$（亿美元）时，$S=-500+0.5\times1\ 500=250$（亿美元），在利率为 2 时，$I=1\ 250-250\times2=750$（亿美元）。这时的投资大于储蓄，即总需求大于总供给，生产和收入会增加。在收入增加时，货币的交易需求增加，在货币供给量不变的情况下，货币的投机需求量必须减少，才能保证货币市场的均衡。而货币的投机需求量只有在利率上升时才会减少。在实际经济生活中的情况是：人们为了获得更多用于交易的货币，只能出售有价证券，从而会引起证券价格下降（即利率上升）。收入提高和利率上升二者结合起来，使 E'点向 E 点靠近，这一靠近过程一直要到利率上升到 3，而收入到 2 000 亿美元时才会停止。

再考察一个 $r=2$，而 $Y=2\ 500$（亿美元）时的 E''点的情况。由于 E''在 IS 线上，因此投资和储蓄是相等的，但货币市场不均衡。因为 $r=2$ 和 $Y=2\ 500$（亿美元）时，货币需求 $L=0.5\times2\ 500+1\ 000-250\times2=1\ 750$（亿美元），它大于货币供给量 1 250 亿美元，这样，利率会上升。利率上升抑制了投资，进而使收入下降。利率上升和收入下降相结合，使 E''向 E 逐渐靠拢。这一过程同样一直要到 E 点才会停止。

由上述两种情况可以看到，E'处于在 IS 线下方，因此投资大于储蓄。进而可知，IS 曲线上方区域中利率和收入的任何组合点上，投资均小于储蓄。再看 E'' 点，E''是在 LM 线右方，因此货币需求大于供给。进而可知，LM 线左方的利率和收入的任何组合点上，货币需求均小于货币供给。因此，从图 11-14 可以看到，IS 曲线和 LM 曲线把坐标平面分成Ⅰ、Ⅱ、Ⅲ、Ⅳ四个区域。在这四个区域中都存在产品市场和货币市场的非均衡状态。例如，区域Ⅰ中任何一点，一方面由于位于 IS 曲线右上方，所以有投资小于储蓄的非均衡；另一方面又位于 LM 曲线左上方，因此又有货币需求小于货币供给的非均衡。其他三个区域中的非均衡关系也可以这样推论得知。这四个区域中的非均衡关系如表 11-1 所示。

表 11-1　产品市场和货币市场的非均衡

区域	产品市场	货币市场
Ⅰ	$I<S$，有超额产品供给	$L<M$，有超额货币供给
Ⅱ	$I<S$，有超额产品供给	$L>M$，有超额货币需求
Ⅲ	$I>S$，有超额产品需求	$L>M$，有超额货币需求
Ⅳ	$I>S$，有超额产品需求	$L<M$，有超额货币供给

这四个区域中存在的各种不同组合的 IS 和 LM 非均衡状态，会得到调整。IS 不均衡会导致收入变动：投资大于储蓄会导致收入上升，投资小于储蓄会导致收入下降。LM 不均衡会导致利率变动：货币需求大于货币供给会导致利率上升，货币需求小于货币供给会导致利率下降。这种调整最终都会趋向于均衡收入和均衡利率。

例如，在图 11-14 中，经济处于 A 点是表示收入和利率组合的不均衡状态。A 点在区域Ⅲ中，一方面有超额产品需求，从而收入会上升，收入从 A 点沿着平行于横轴的箭头方向向右移动；另一方面有超额货币需求，从而利率会上升，利率从 A 点沿平行于纵轴的箭头向上移动。这两方面调整的共同结果使收入和利率的组合沿对角线箭头向右上方移到 E''点。在 E''点，产品市场均衡了，但货币市场仍不均衡，于是，经济仍然会再调整，这种调整直到 E 点才会停下来。

三、产品市场和货币市场共同均衡的调整和变动

IS-LM 模型最重要的意义就是其均衡点的变动可以和经济政策相联系。经

济在 IS 和 LM 曲线的交点可能同时实现了产品市场和货币市场的均衡。然而，这一均衡不一定是充分就业的均衡。充分就业的均衡是指经济中只有自然失业时的均衡水平。尽管有时经济也会处于充分就业的均衡水平上，但在绝大多数情况下往往处在低于充分就业的水平。所以，宏观经济政策借助于 IS-LM 模型，就可以对经济进行调节。例如，在图 11-15 中，IS 曲线和 LM 曲线的交点 E 所决定的均衡收入和利率是 $\bar{Y}$ 和 $\bar{r}$，但充分就业时的收入则是 Y^*，均衡收入低于充分就业水平时的收入。在这种情况下，仅靠市场的自发调节，无法实现充分就业均衡。这就需要依靠政府用财政政策或货币政策进行调节。

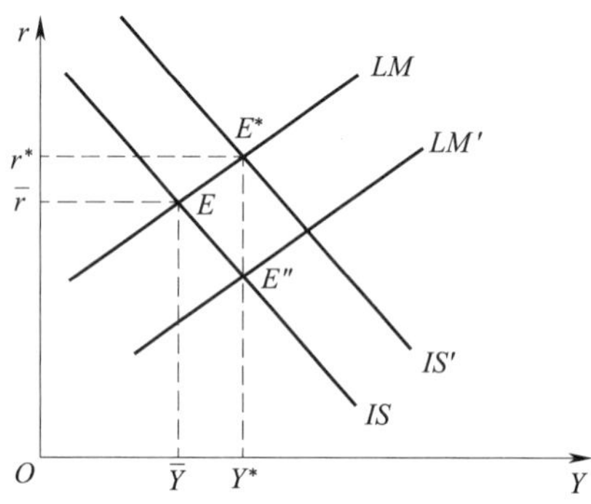

图 11-15 均衡收入和均衡利率的变动

政府可以分别或同时改变税收 T、政府购买支出 G 和货币供给量 M 这些外生变量，来分别或同时改变 IS 曲线和 LM 曲线的位置，使二者相交于 Y^* 的垂直线上，以实现充分就业。①

从图 11-15 中可以看到，IS 曲线和 LM 曲线移动时，不仅收入会变动，利率也会变动。当 LM 曲线不变而 IS 曲线向右上方移动时，不仅收入提高，利率也上升。这是因为，IS 曲线右移是由于投资、消费或政府支出的增加（上面分析的只是政府支出增加），即总支出的增加。总支出的增加使产出和收入增加。收入增加了，对货币的交易需求也会增加。由于货币供给量不变（假定 LM 不变），因此，人们只能通过出售有价证券来获取从事扩大交易所需要的货币。这就会使证券价格下降，利率上升。依据同样的道理，我们也可以说明，LM 曲线不变而 IS 曲线向左下方移动时，收入和利率都会下降。

当 IS 曲线不变而 LM 曲线向右下方移动时，收入会提高，利率会下降。这是因为，LM 曲线向右移动，或者是由于货币供给不变而货币需求下降，或者

① 财政政策变动是通过 IS 曲线的移动体现的，货币政策变动是通过 LM 曲线的移动体现的。关于财政政策和货币政策变动的实际作用和效果的分析，参见本书第十五章的内容。

是由于货币需求不变，货币供给增加。在 *IS* 曲线不变，即产品供求情况没有变化的情况下，凡 *LM* 曲线向右移动，都意味着货币市场上供过于求，这必然导致利率下降。利率下降将会刺激消费需求和投资需求，从而使收入增加。相反，当 *LM* 曲线向左上方移动时，则会使利率上升，收入下降。

如果 *IS* 曲线和 *LM* 曲线同时移动，收入和利率的变动情况，则由 *IS* 曲线和 *LM* 曲线如何同时移动而定。如果 *IS* 向右上方移动，*LM* 同时向右下方移动，则可能出现收入增加而利率不变的情况。这就是所谓扩张性的财政政策和适应性货币政策①相结合可能出现的情况。

财政政策主要以政府变动支出和税收来调节国民收入。如果政府增加支出，或降低税收，或二者双管齐下，*IS* 曲线就会向右上方移动。在图 11-15 中当 *IS* 曲线上移到 *IS'* 位置时，与 *LM* 曲线相交于 E^* 点，就会达到充分就业的收入水平。

货币政策是政府通过货币当局（中央银行）用变动货币供给量（或直接调整利率或准备金）的办法来改变利率和收入。当中央银行增加货币供给量时，*LM* 曲线就向右下方移动。在图 11-15 中，如果 *LM* 曲线移动到 *LM'* 位置时和 *IS* 曲线相交于 E'' 点，也会达到充分就业时的收入水平。

总之，政府可以通过财政政策和货币政策的运用，使 *IS* 曲线或 *LM* 曲线变动，导致均衡点变动，来达到调控宏观经济的目的。

第四节 本章评析

一、对 *IS-LM* 模型的评析

本章关注市场经济运行中的总需求变化问题，但主要集中在产品与货币两个市场的均衡问题上。就经济运行而言，*IS-LM* 模型的局限性显而易见，其深刻性亦显不足。

第二次世界大战后的半个多世纪里，*IS-LM* 模型一直是宏观经济学教科书中宏观理论和经济政策的必备工具。该模型的可取之处是它克服了长期以来将货币与实际经济分裂的“两分法”传统，从而向实际经济运行靠近了一步。不

① 有时为了预防可能出现的通货膨胀而采取的配合性货币政策，也叫适应性货币政策。

过，尽管它在一定程度上有助于对有效需求决定国民收入理论的理解，但它显然存在着不合理之处和根本性缺陷。

IS-LM 模型在设计和表述上明显具有新古典经济学强调运用数学工具的特征。这主要表现在三方面：一是在经济学理论的表述中，以新古典经济学家所熟悉的数理表述方式，将货币市场和产品市场联系在一起阐述有关经济理论和政策；二是以确定的相对静态的数量关系说明凯恩斯的思想，却丢掉了凯恩斯所强调的经济活动中的不确定性；三是以两条斜率相反的曲线在同一平面内必然相交说明流量和存量的必然均衡。

IS-LM 模型存在的主要问题和错误包括以下六个方面：

第一，将代表经济流量的 *IS* 曲线和代表经济存量的 *LM* 曲线放到一起说明货币市场和产品市场均衡的必然性，表面似乎合理，但实际上是不妥当的。因为代表流量的 *IS* 曲线是在一定时期内的，而代表存量的 *LM* 曲线只是不同时点上货币供求的均衡点的集合。因此，表示时点的量与表示时期的量无法在每个时点上都一致（相等），充其量，两条曲线只能有一个交点。而这个交点的值，却只是一个偶然的相等，并不具备经济运行中自动调节或自行调节到相等的充分条件。所以，二者的一致和均衡不具备必然性。市场经济中往往十分明显地表现出货币市场与产品市场的不一致性和巨大差异。2007—2010 年由美国次贷危机引发的全球性经济危机就是实体经济与金融体系并不完全协调一致的一个证明。

第二，该模型强调了经济的需求方面，却将供给方面完全排除在外。充其量它也只具有经济衰退和萧条背景下的短期合理性。这也不能不说是一种较大的局限性。

第三，该模型强调了利率对于总需求的重要作用，却忽略了价格对于总需求和总供给的重要作用。

第四，该模型基本上仍然是以静态分析来说明经济运行情况，没有涉及动态的问题。*IS* 曲线涉及利率决定投资，再决定收入，而利率却需要由 *LM* 曲线决定；*LM* 曲线涉及收入决定需要的投资，而收入却需要由 *IS* 曲线决定。这只有在动态分析中才能做到，而 *IS-LM* 模型只是静态和比较静态分析。

第五，该模型也不能全面、准确地反映消费需求的重要作用、资本边际效率对投资不确定性的影响等。

第六，该模型在说明经济均衡问题上，仅仅注重于总需求价值与总供给价值的相等，而丢掉了供求在实物种类与数量上的相等。这就严重脱离了现实。马克思在《资本论》第二卷中研究社会资本的流通和再生产问题时，解释了为了使社会经济保持均衡，即便是在社会简单再生产条件下，也必须保持价值补偿和实物补偿相一致的问题。相形之下，*IS-LM* 模型的错误和缺陷就十分明显了。

作为 *IS-LM* 模型的首创者，希克斯本人在其晚年也曾经指出过 *IS-LM* 模型的错误和局限性。对于 *IS-LM* 模型中均衡的偶然性，晚年的希克斯在《*IS-LM*——一种解释》（1979）一文中做出了说明。他说 *IS* 曲线所表达的是流量关系，它必须涉及时期（如我们所看到的），就像我们所讨论的年度。但 *LM* 曲线所表达的是，或者应该是存量关系，即平衡表的关系（像凯恩斯所正确坚持的）。因此，它必然涉及时点，而不是时期。这两者怎么能互相均衡呢?①

强调经济动态过程的希克斯认为，在 *IS-LM* 模型中，凯恩斯的理论体系“被假定是处在均衡之中，其合意的需求与合意的供给在所有的市场上（劳动市场除外）都在时价下相等。正是由于假定这个体系在短期内处在均衡之中（有关均衡赖以达到的过程的情况被忽略了），所以，一种在形式上十分类似新古典静态分析的方法便能够适用于这个体系。我在 *IS-LM* 图式中总结的正是凯恩斯的这一模型”。“但是，这个图式是不充分的，它再次回到静态学的老路上去了”。② 希克斯解释他当年为何设计了这个有缺陷的 *IS-LM* 模型时说，一方面，在当时尚无更好的动态均衡理论，另一方面是上了凯恩斯的当。“《通论》是他③向专业经济学家推销他的政策的一个途径。《通论》是精心炮制的，是按照专业经济学家的思维习惯最精心地炮制的。……它提供了这样一个模式，按照这个模式，专业经济学家能够方便地玩弄他们的惯用伎俩。他们不正是这样做了吗? 通过 *IS-LM*，我自己也掉进了这个陷阱。”④

多年来，宏观经济学一直将 *IS-LM* 模型作为解释凯恩斯主义经济学和经济思想的基本分析工具，也在一些情况下作为解释政策作用的工具。尽管这在一定程度上具有一些合理性，但不能无视其错误和局限性，它也不能全面准确地

---

① J. Hicks: *Money*, *Interest and Wages* (*Collected Essays on Economic Theory* Vol. 2), Basil Blackwell, 1982, p. 16.

② ［英］希克斯:《经济学展望》，余皖奇译，商务印书馆 1986 年版，第 3-4 页。

③ 此处“他”是指凯恩斯，编者注。

④ ［英］希克斯:《经济学展望》，余皖奇译，商务印书馆 1986 年版，第 151 页。

反映经济现实。所以，在进行学习和借鉴时，一定要注意上述问题，避免对其盲目偏信或者简单抛弃。

二、对货币需求理论的评析

古典经济学的货币需求理论主要涉及利率和投资。这种理论强调利率与投资的相互影响关系，以及投资对于货币需求的重要作用。这种观点有其合理性，但是局限性也十分明显。因为它仅仅强调可贷资金市场上的投资资金需求，而不是整个货币市场上的货币需求。影响投资的因素很多，但古典经济学的货币需求理论仅局限于利率这一个因素，抛开了其他因素。此外，按照古典经济学的货币需求理论，货币需求总是借助于利率调整的机制而达到恰好等于货币供给的状态，即货币供求总是能够通过利率自动调整到均衡状态。但事实上，货币市场并非总是维持在均衡水平。所以，古典经济学的利率理论和货币需求理论的说服力是极其有限的。

凯恩斯并没有将投资的货币需求作为影响货币需求的唯一最重要因素，因为他至少知道资本边际效率也是决定投资货币需求的重要因素。从这一点来说，凯恩斯的理论比古典经济学的货币需求理论具有更多的现实合理性。

相比之下，凯恩斯的货币需求理论相对更全面一些。凯恩斯将产生货币需求的原因归结为三种动机（交易动机、预防动机和投机动机），较为全面地说明了经济中主要的货币需求。不过，凯恩斯强调这些动机的主观心理因素，而不是客观因素。强调这些货币需求的不确定因素，是其货币需求理论合理的一面。但忽略货币需求的客观因素和其他因素，无疑是片面的。

投机性货币需求被凯恩斯看做是影响货币需求变动的主要方面。“对货币的投机需求，是凯恩斯理论体系的基础之一。”① 凯恩斯主要用它补充古典经济学货币需求理论的不足，说明资本主义经济的不确定性。就这一点来说，凯恩斯还是比古典经济学家更贴近资本主义经济现实的。但凯恩斯并未以此来探讨投资对实体经济波动的影响，反而将投资通过利率与证券市场联系起来，将实体经济撇在了一边。弗里德曼指出，凯恩斯的分析“集中在以货币为一方和以

① ［匈］安道尔·马加什：《现代非马克思主义经济学史》下册，张晓光等译，商务印书馆 1992 年版，第 434 页。

债券或其他利息固定的债券为另一方之间的关系上”①。希克斯则一方面指出凯恩斯所谈的利率“是政府长期债券的利率”②，这与凯恩斯的短期分析不一致；另一方面，希克斯指出凯恩斯的资产并未涉及实业方面的资产，其“唯一选择就是在持有货币与持有债券之间的选择”③。所以，凯恩斯在这里的分析显然与西方经济学教科书将凯恩斯的分析重点用于产品市场分析的做法是不一致的。细究起来，凯恩斯的真正目的是，通过投机性货币需求对利率的弹性来说明在经济大萧条背景下货币政策的局限性，但他却偏离了对实际投资的货币需求的说明。

对于利息和利率，凯恩斯给出的只是一种心理的解释，而未能说明其存在的真正原因。对此，匈牙利经济学家马加什说：“我们不能接受凯恩斯对利息的解释，即利息完全是一种金融的、心理的因素，是放弃流动性的价格，它使货币的投机需求与可用于投机目的的货币量相均衡。”“贮藏钱，或坚持以货币形式持有财富，不能被视为资本主义经济的典型状况。”④ 马加什还说：“除了反对凯恩斯关于利息是放弃流动性的价格这个观点外，我们也不能接受他的另一个命题，即如果产量扩张需要大量货币，经营资本家只要向货币所有者支付高利息诱使他们放弃流动性，就能得到这笔货币。企业家主要从银行筹集必要的货币量。银行需要利息不是作为放弃流动性的报酬。”⑤

就连凯恩斯经济学的坚定支持者萨缪尔森也说：“如果认为不确定性和流动性差异是利率存在的必要条件……这可能是一个错误。”⑥

另外，汉森也指出凯恩斯利息理论中的循环论证问题，即他一方面想用投机性货币量和流动偏好函数决定利率，但投机性货币量却依赖于国民收入水平；另一方面，国民收入水平又依赖于投资水平，而投资水平又依存于利率。这就形成了矛盾。凯恩斯却没有意识到这个矛盾：在决定利率时，假定国民收

① ［美］M. 弗里德曼：《战后货币理论和政策的发展趋势》，载《最优货币数量及其他论文》英文版，芝加哥大学出版社 1969 年版，第 70 页。

② ［英］希克斯：《凯恩斯经济学的危机》，扬志信译，商务印书馆 1979 年版，第 26 页。

③ ［英］希克斯：《凯恩斯经济学的危机》，扬志信译，商务印书馆 1979 年版，第 28 页。

④ ［匈］安道尔·马加什：《现代非马克思主义经济学史》下册，张晓光等译，商务印书馆 1992 年版，第 445 页。

⑤ ［匈］安道尔·马加什：《现代非马克思主义经济学史》下册，张晓光等译，商务印书馆 1992 年版，第 447 页。

⑥ P. Samuelson：*The Fundamental of Economic Analysis*，Havard University Press，1947，p. 122.

入水平是既定的；在决定国民收入均衡水平时，又假定利率不变。这一循环论证导致希克斯和汉森以 IS-LM 模型来同时决定二者，但 IS-LM 模型的均衡却陷入了极大的偶然性之中。①

在凯恩斯分析的那些影响货币需求的因素之外，还有一些影响因素被忽略了。现代货币主义的观点则将某些被凯恩斯忽略的因素容纳进来，进一步扩展了货币需求理论。所以，现代货币主义的货币需求理论应该说是现代西方经济学中相对比较全面的。但是，其不足之处是未能指出决定货币需求的主要因素和次要因素。而在开放经济中，在特定情况下（如美元作为脱离黄金基础的世界货币），上述货币需求理论则更不适合。

思考题：

1. IS 曲线向右下方倾斜的依据是什么？
2. 本章介绍的货币需求理论（即凯恩斯的货币需求理论）与传统的货币需求理论（即新古典经济学的货币需求理论）有什么不同？
3. 凯恩斯提出的“流动性陷阱”（“凯恩斯陷阱”）概念意义何在？
4. 请说明 LM 曲线为什么会向右上方倾斜。
5. IS-LM 模型是否表明它已经克服了产品市场和货币市场中一些经济变量间的循环决定问题？
6. 已知消费函数为 $C=130+0.6Y$，投资函数为 $I=750-2\ 000r$，设政府购买支出为 $G=750$。试计算：

   （1）若投资函数变为 $I=750-3\ 000r$，推导投资函数变化前和变化后的 IS 曲线并比较斜率。

   （2）增加政府购买支出时，比较投资函数在变化前后哪种情况的收入变化大。

   （3）增加货币供给时，比较投资函数在变化前后哪种情况对收入的影响大。
7. 假定经济满足 $Y=C+I+G$，且 $C=800+0.63Y$，$I=7\ 500-20\ 000r$，货币需

① ［匈］安道尔·马加什：《现代非马克思主义经济学史》下册，张晓光等译，商务印书馆 1992 年版，第 445 页。

求$L=0.1625Y-10\,000r$，名义货币供给量为6 000，价格水平为1。问：当政府购买支出从7 500增加到8 500时，政府购买支出的增加挤占了多少私人投资？

8. 为什么价格水平的上升会提高利率？

9. 依靠*IS-LM*模型就可以说明全部宏观经济政策吗？

10. 如何理解*IS-LM*模型的错误和局限性？

▶ 自测习题及参考答案

第十二章　国民收入的决定：*AD-AS* 模型

本章主要介绍宏观经济学中反映总需求的又一个基本的理论模型——总需求-总供给模型（简称 *AD-AS* 模型）。提出 *AD-AS* 模型是要弥补仅仅分析总需求的 *IS-LM* 模型的片面性和局限性。*IS-LM* 模型是假定一般价格水平不变的，但事实上，在分析宏观经济的一般情况时，这种假定就脱离实际了。所以，20 世纪 70 年代之后，大部分宏观经济学家都采纳了引入价格水平的 *AD-AS* 模型来克服 *IS-LM* 模型的缺陷。*AD-AS* 模型的具体内容涉及总需求曲线（函数）和总供给曲线（函数）的基本含义及表示、它们涉及的基本经济效应（收入效应）、这两条曲线的推导、政策变动对其影响和不同情况下对总供求产生作用的理论分析。

第一节　*AD* 曲线及其变动

一、*AD* 曲线的含义和相关效应

（一）*AD* 曲线的含义

和总需求曲线相对应的总需求函数，表明了对总产量的需求和一般价格水平之间的对应关系。它表示在产品市场和货币市场同时达到均衡时的某个特定价格水平与产出水平的组合。在以价格水平为纵坐标、产出水平为横坐标的坐标系中，总需求函数的几何图形就是总需求曲线或 *AD* 曲线。总需求曲线描述了与每一价格水平相对应的均衡的总支出，因此，总需求曲线可以从简单的收入-支出模型中推导出来。

（二）价格变动的效应

为了进一步理解总需求曲线的含义，有必要知道其相关效应。这里，先来看一下价格水平的变化如何导致总支出水平的变化，以便说明总需求曲线的相关效应。在这里我们要清楚，产出与价格之间的总需求关系的关键在于，总需求取决于实际货币供给，而中央银行和银行体系提供的是名义货币供给。不同的价格水平则将名义货币供给转化为不同的实际货币供给。下面以价格水平上升为例对此加以说明。

首先，在货币总供给量不变的情况下，价格水平上升，人们需要更多的货币来购买和以前同样多的产品和服务，这将导致利率上升，进而导致投资和总支出水平下降。假定价格水平为 1.0 时，社会需要 1 000 亿元的货币从事交易；那么当价格水平上升为 1.2 时，为了维持同样规模的交易量，则社会需要 1 200 亿元的货币从事交易。从通常意义上看，价格水平越高，产品和服务就越昂贵，交易所需的货币就越多。可见，货币的名义需求是价格水平的增函数。如果货币供给没有变化，价格上升使货币需求增加时，利率就会上升；利率上升，又会使投资水平下降，因而总支出水平下降。在凯恩斯经济理论看来，由总需求水平所决定的收入水平也会在价格水平上升时发生下降。在宏观经济学中，一般将价格水平变动引起利率同方向变动，进而使投资和产出水平反方向变动的情况，叫做利率效应。

其次，价格水平变动，会使人们所持有货币的实际购买力及其他以货币计价的资产的实际价值提高或降低，人们会变得相对富有或贫穷，于是人们的消费水平就相应增加或减少，这种效应称为实际余额效应（或财富效应）。

最后，价格水平上升，会使人们的名义收入增加，名义收入增加意味着人们进入更高的纳税档次，会使人们的税负增加，从而使可支配收入相对下降，进而导致人们的消费水平下降。

二、*AD* 曲线的推导

我们可以使用 *IS-LM* 模型的方法来推导总需求曲线。

总需求函数一般同产品市场与货币市场有关系，也就是说，总需求函数也可以从产品市场与货币市场的同时均衡中得到。

我们以两部门经济为例加以说明。

IS 曲线的方程为：

$$S(Y)=I(r)$$

LM 曲线的方程为：

$$\frac{M_0}{P}=L(Y)+L(r)$$

在上面两个方程中，如果把 Y 和 r 当做未知数，而把其他变量，特别是 P 当做参数来对这两个方程联立求解，则所求得的 Y 的解析式一般包含 P 这一变量。该解析式表示了不同价格 P 与不同的总需求量 Y 之间的函数关系，即总需求函数。

下面给出一个具体例子：

假设 IS 方程和 LM 方程分别为：

$$0.5Y+100r=3\,000$$

$$0.5Y-200r=\frac{1\,200}{P}$$

将上述两方程联立，求出 Y 的解析式，得：

$$Y=4\,000+\frac{800}{P}$$

该表达式就是总需求函数。

在这种情况下，总需求曲线反映的是产品市场和货币市场同时处于均衡时，价格水平和总产出水平的关系。因此，总需求曲线还可以从 IS-LM 模型中求取。事实上，由于 IS-LM 模型恰好讨论的是产品市场和货币市场相互作用达到均衡时所产生的总需求，所以完全可以由 IS-LM 模型来推导出总需求曲线。

在 IS-LM 模型中，一般价格水平被假定为一个常数。在价格水平固定不变且货币供给量为已知时，IS 曲线和 LM 曲线的交点决定均衡的收入（产量）水平。现在利用图 12-1 说明怎样根据 IS-LM 模型推导出总需求曲线。

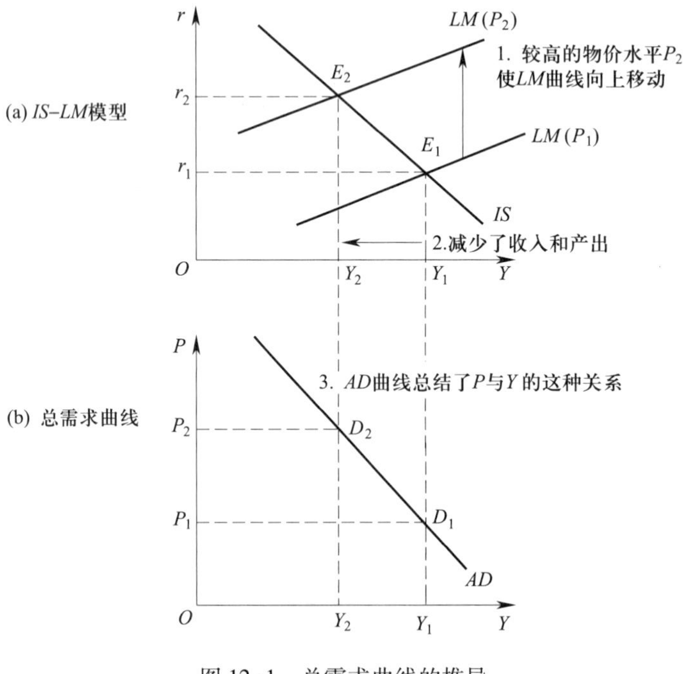

图 12-1 总需求曲线的推导

图 12-1 分为（a）、（b）两个部分，其中，图 12-1（a）为 *IS-LM* 模型，图 12-1（b）表示价格水平和需求总量之间的关系，即总需求曲线。当价格 P 的数值为 P_1时，*LM* 曲线 *LM*（P_1）与 *IS* 曲线相交于 E_1，E_1点对应的收入和利率为 Y_1和 r_1。将 P_1和 Y_1标在图 12-1（b）中便得到总需求曲线上的一点 D_1。现在，假设 P 由 P_1上升到 P_2。由于 P 的上升，*LM* 曲线移动到 *LM*（P_2）的位置，在图 12-1（a）中它与 *IS* 曲线的交点为 E_2，E_2点对应的收入和利率为 Y_2和 r_2。相应的，可在图 12-1（b）中找到 D_2点。按照同样的程序，随着 P 的变化，*LM* 曲线和 *IS* 曲线可以有许多交点，每一个交点都标志着一个特定的 Y 和 r。于是就有许多 P 与 Y 的组合，从而构成了图 12-1（b）中的一系列点。把这些点连在一起所得到的向右下方倾斜的曲线便是总需求曲线 *AD*。

应指出的是，价格水平的变化，对 *IS* 曲线的位置没有影响。这是因为，决定 *IS* 曲线的变量被假定为实际变量，而不是随着货币价格变化而变动的名义变量。

从以上对总需求曲线的推导中可以看到，总需求曲线反映社会的需求总量和价格水平之间反向运动的关系。总需求曲线是向右下方倾斜的。这表示，价格水平越高，需求总量就越小；价格水平越低，需求总量就越大。

当价格水平变动时，考察产品市场和货币市场如何做出反应将有助于我们更好地理解总产量和价格水平之间的反向关系。价格水平的提高使货币需求提高（即居民由于价格上涨而需要比原来持有更多的货币数额），但由于货币供给量保持不变，于是货币市场就出现了非均衡，结果是利率提高。伴随着较高的利率，投资支出下降，从而导致总产量下降。相反，较低的价格水平使货币需求下降，进而导致利率下降，较低的利率刺激了投资，从而导致总产量的提高。

三、*AD* 曲线的变动和影响因素

根据前面对于 *IS* 曲线和 *LM* 曲线的讨论可知，影响 *IS* 曲线和 *LM* 曲线的因素发生变动，相应的曲线就会发生移动，而模型的均衡点也会发生相应变化。根据前面对总需求曲线的推导又可知，*IS-LM* 模型中的任何变化均会反映到总需求曲线上。任何支出和货币、物价的变动都会影响实际总需求。最有意义的，当然还是财政政策和货币政策的变化通过 *IS-LM* 模型对总需求曲线所产生的影响。

（一）财政政策变动对 AD 曲线的影响

宏观经济政策影响总需求的一般性结论为，扩张性财政政策会使总需求曲线在价格水平不变的情况下向右移动，扩张性货币政策也会使总需求曲线在价格水平不变的情况下向右移动；紧缩性的财政政策和货币政策则与之相反。

下面先以扩张性财政政策为例，说明财政政策变动对 AD 曲线的影响。

在图 12-2（a）中，IS 曲线和 LM 曲线对应的均衡点为 E，也对应于图 12-2（b）中 AD 曲线上的均衡点 E。现在增加政府支出，其结果是 IS 曲线向右移动到 IS′。在原来的价格水平下，新的均衡点为 E′，此时，利率提高，收入增加。在图 12-2（b）中，也画出对应的 E′点，E′点是新的总需求曲线 AD′上的一点，AD′曲线反映了增加政府支出对经济的影响。可见，在一个既定的价格水平下，政府支出的增加也就意味着总需求的增加。

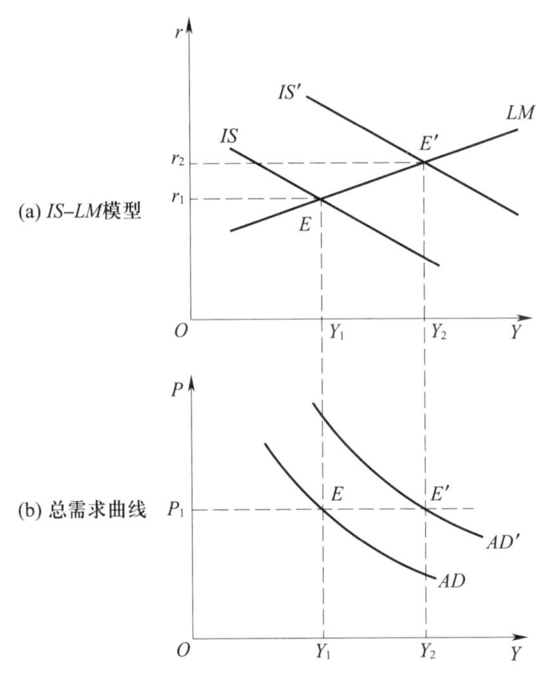

图 12-2 扩张性财政政策使总需求曲线移动

（二）货币政策变动对总需求曲线的影响

我们再以扩张性货币政策为例，说明货币政策对总需求曲线的影响（如图 12-3所示）。

图 12-3 表明，假定价格对 IS 曲线没有影响，货币供给的增加会使 LM 曲线在物价水平不变的情况下向右移动，从而在 IS-LM 模型中使产出和收入增

加。于是，在总需求曲线图形上表现为在价格水平不变的情况下总收入和总产出也会增加，总需求曲线向右移动。

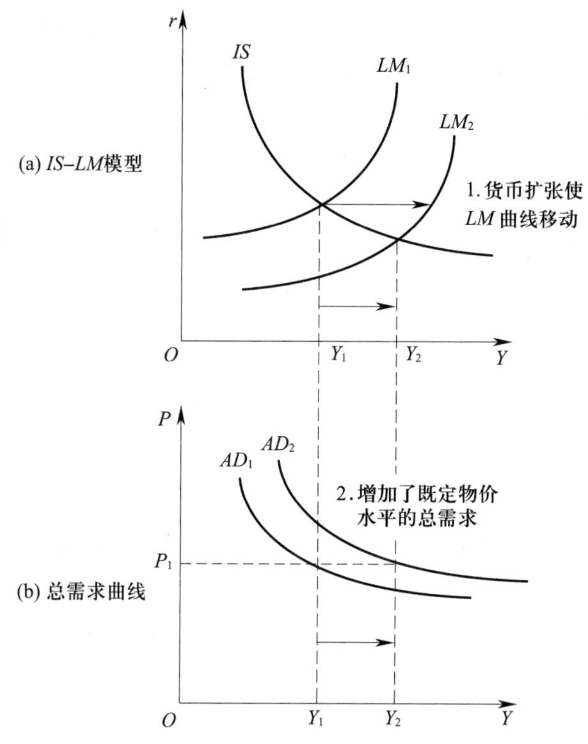

图 12–3 扩张性货币政策使总需求曲线移动

实际上，总需求方面任意一因素的变动都会引起总需求曲线的移动，比如消费、投资、政府支出、出口、进口、税收额、税率、名义货币供给量、实际货币需求等因素的自发变动。在其他因素不变时，消费、投资、政府支出、出口、名义货币供给量的自发增加，会使总需求曲线向右上方移动；反之，总需求曲线则向左下方移动。税收额、税率、进口、实际货币需求等因素的自发增加，会使总需求曲线向左下方移动；反之，总需求曲线则向右上方移动。

我们可以将上述结论概括为：在物价水平固定不变时，其他因素导致的 *IS–LM* 模型中收入的变动，引起总需求曲线的移动。

总需求曲线较为直观地从理论上说明了财政政策和货币政策的经济效应，这些都是旨在影响总需求的所谓需求管理政策的依据。

当然，总需求曲线只是给出了价格水平和以总收入水平来表达的总需求水平之间的关系，它并不能决定价格水平和均衡的总需求水平。为了说明整个经济价格水平和总产出水平是如何决定的，宏观经济学还需要另一个分析工具，即总供给曲线。

第二节 *AS* 曲线及其变动

一、*AS* 曲线的含义

总供给是经济社会的总产出（或收入总量），它描述了经济社会的资源用于生产时可能达到的产量。一般而言，总供给主要是由总量的劳动、生产性资本存量和技术水平决定的。与微观经济学的分析相类似，在宏观经济学中，描述总产出与劳动、资本和技术之间关系的一个适合的工具，也是生产函数，更确切地说，是总量生产函数，即总劳动就业量与产出间的关系。

总供给曲线（函数）是指总产量与一般价格水平之间的关系。在以价格水平为纵坐标、总产量为横坐标的坐标系中，总供给函数的几何图形就是总供给曲线或 *AS* 曲线。

按照价格在不同时期变动的情况，宏观经济学将总产出与价格水平之间的关系分为两种情况，即长期总供给曲线和短期总供给曲线。在宏观经济学中，对于长期和短期有两种含义：一是将经济增长的时间看作长期，而将经济波动的时间看作短期；或者说，经济增长涉及长期，经济波动涉及短期。二是在经济波动的条件下区分长期和短期，这主要涉及总供给曲线的长期和短期。一般说来，短期的总供给曲线的斜率为正值，而长期的总供给曲线则是趋近于垂直的。当短期处于充分就业条件下时，总供给曲线也是垂直的（这时的产出水平就是潜在产出水平，或者说是充分就业的产出水平有时称为潜在 GDP）。但在经济增长的长期里，垂直的短期总供给曲线会随着劳动效率提高、技术进步等因素推动的经济增长而向右倾斜移动。而在短期内，随着价格水平依时间进程逐步上升，总供给曲线就会由相对平坦向垂直方向调整。

二、*AS* 曲线的推导

第二次世界大战后，宏观经济学主要强调对总需求进行调控以解决经济波动问题，而对于总供给方面并未加以考虑。到 20 世纪 70 年代后，不少西方经济学家感到必须引入总供给以弥补 *IS-LM* 模型的片面性。多数人便把古典经济学中关于劳动市场和生产函数的理论与价格变动对劳动市场的影响结合起来，去推导总供给曲线。本书上册的第三章介绍了生产函数，第六章介绍了劳动市场。

（一）短期总供给曲线的推导

经济学家们以古典经济学的劳动市场及生产函数模型为基础来讨论经济的波动和滞胀问题。他们在劳动市场和生产函数模型基础上，加上价格的变化推导出供给曲线。该曲线也可以以总量表示为总供给曲线。

1. 短期总供给曲线的一般形式

特殊的（凯恩斯主义模型）总供给曲线是一种短期总供给曲线，是依据货币工资下降具有“刚性”的假设条件得出来的。这一假设条件的基本含义是：人们会抵制货币工资的下降，但欢迎货币工资的上升。因此，货币工资只能上升，不能下降。不仅如此，由于人们具有“货币幻觉”，即只看到货币的票面数值而不注意货币的实际购买力，他们会抵抗价格水平不变情况下的货币工资下降，但却不抵抗货币工资不变情况下价格水平的提高。由于“货币幻觉”的存在，所以，他们会对这两种情况下实际工资下降的后果采取迥然不同的态度。

总之，在工资的下降具有“刚性”的假设条件下，经济学家可以按照劳动市场的理论得出凯恩斯主义的短期总供给曲线。西方经济学教科书往往用图形转换的办法来推导这种总供给曲线。下面简单介绍一下这种推导的过程。

图 12-4（a）和古典模型的劳动供给和需求曲线图是完全一样的，[①] 劳动供给曲线 N_s和劳动需求曲线 N_d相交于均衡点 E，充分就业的实际工资水平和就业量分别为 W/P_0和 N_0。当 W 不变时，任何大于 P_0的价格水平，都会使图 12-4（a）的实际工资下降到小于 W/P_0的水平，如 W/P_1；而任何小于 P_0的价格水平，都会使实际工资上升到大于 W/P_0的水平，如 W/P_2。

图 12-4（b）是生产函数的图形，表示就业量和国民收入之间的关系。这里的生产函数也是总量意义上的生产函数，由于本章分析的是短期情况，因而这里的总量生产函数也是短期的。图 12-4（b）表明，就业量为 N_0时，相应的国民收入为 Y_0。

图 12-4（c）的斜线是一条 45°线，可以把 Y_0的数值从纵轴转换到横轴。

---

① 在宏观经济学对劳动市场的分析中，一般认为劳动需求是实际工资的减函数，劳动供给是实际工资的增函数，与之相应的劳动需求曲线与劳动供给曲线的交点决定均衡的实际工资水平和劳动就业量。由于读者对象和篇幅的关系，本章对此仅作简化处理。

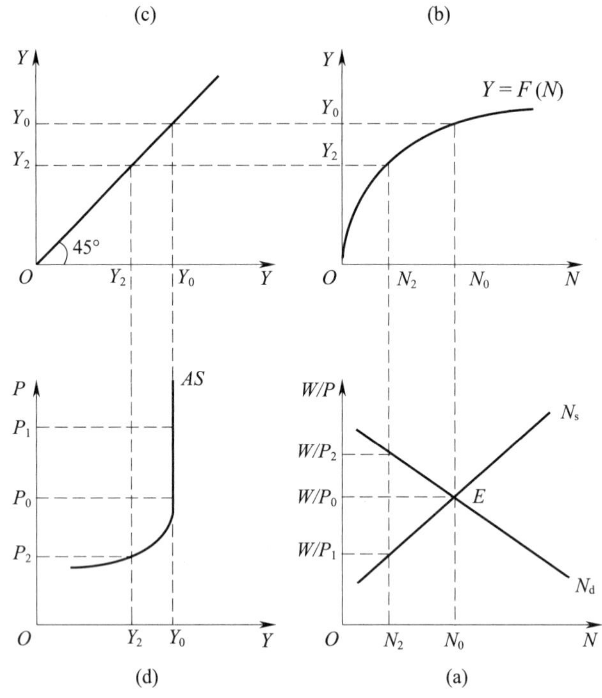

图 12-4 用图形转换的办法推导凯恩斯主义的总供给曲线

图 12-4（d）表示价格 P 与产出 Y 之间的对应关系。当价格为 P_0时，相应的国民收入为 Y_0，由此在图上可得出 P_0与 Y_0的交点。

假如在图 12-4（a）中价格上升到 P_1，而货币工资水平 W 不变，实际工资水平 W/P_1 低于 W/P_0，这时劳动的需求大于劳动的供给，企业之间会争相雇用劳动者，从而会提高货币工资水平 W。按照假设条件，货币工资的上升不会受到阻挠，货币工资很快会上升到使实际工资水平 W/P_1 等于原有的实际工资 W/P_0 的水平。图 12-4（a）中，相当于 W/P_0 水平的实际工资，就业量为 N_0，通过图 12-4（b）和图 12-4（c）转换，与 N_0对应的国民收入为 Y_0，因此，在图 12-4（d）中得到了 P_0和 Y_0的交点。上述这种转换不但适用于 P_1，而且也适用于任何大于 P_0的价格水平。可以证明，在价格水平高于 P_0的情况下，价格水平 P 和国民收入 Y 的交点都在一条垂线上。这样，便可以得到图 12-4（d）中的垂直线段。

现在，假设价格水平下降到小于 P_0的数值，比如说 P_2。在货币工资不变的情况下，实际工资 W/P_2 会处于图 12-4（a）所示的较高的位置，从而使劳动供给大于劳动需求。此时如果货币工资 W 下降使 W/P_2 等于 W/P_0，就业量仍可维持在 N_0，但根据假设条件，货币工资 W 的下降具有刚性，因此在短期内不会下降。但在 W/P_2 的条件下，企业为了取得最大利润只能雇用 N_2 数量的劳动者。就业量 N_2 通过图 12-4（b）和图 12-4（c）的转换，成为图 12-4（d）中的 Y_2。这样，得到图 12-4（d）中 Y_2 和 P_2 的交点。由于 Y_2 和 P_2 交点代表的数值分别小于 Y_0 和 P_0 交点所代表的数值，所以，这一点处于图 12-4（d）垂直线底端的左下方。上述这种情况不但适用于 P_2，而且也适用于任何小于 P_0 的价格水平。因此，我们得到图 12-4（d）中向左下方倾斜的线段。

把水平线段、倾斜线段和垂直线段连接在一起便是短期过渡到相对长期的总供给曲线，水平段是凯恩斯的总供给曲线，这是一种极端情况。垂直段是处于充分就业条件下相对长期的总供给曲线，正斜率的倾斜线段是一般情况下的短期总供给曲线。

2. 凯恩斯主义总供给曲线的特殊形式

为了分析的方便，西方经济学家往往对凯恩斯主义的总供给曲线做进一步简化，把该曲线向左下方倾斜的部分近似地看做一条水平线，如图 12-5 所示。

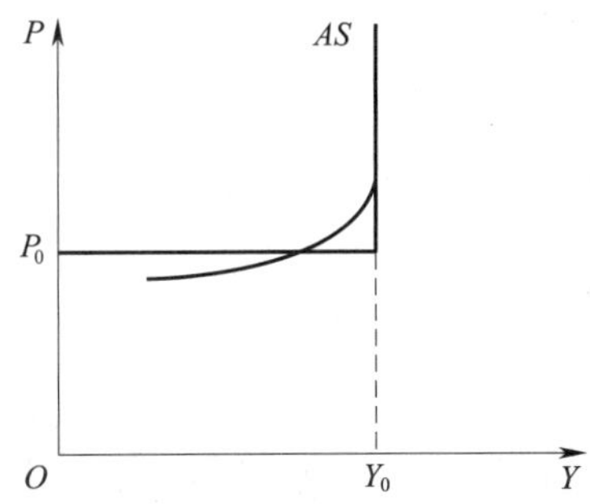

图 12-5 简化的凯恩斯主义总供给曲线

西方经济学家把图 12-5 中由垂直和水平线段组成的曲线称为反 L 形的总供给曲线。它的意义是：在到达充分就业的国民收入 Y_0 以前，经济社会大致能以不变的价格水平（尽管实际上价格水平并非不变）提供任何数量的国民收入，而在到达 Y_0 之后，不论价格水平被提高到何种程度，该社会的国民收入也不会增长，而有可能出现通货膨胀的现象。

该曲线也被称为凯恩斯萧条模型的总供给曲线。因为在经济严重的萧条状态时，存在着大量闲置不用的劳动力和资本设备，所以当整个社会的产出量或国民收入增长时，价格水平和货币工资会大致保持不变。也就是说，一直到充分就业时为止，总供给曲线是一条水平线。

（二）长期总供给曲线的推导

新古典经济学家认为，在长期中，人们会得到关于市场价格变化的充分信息，价格和货币工资都具有充分的伸缩性。因此，按照前文的说明，经济的就业水平就会处在充分就业状态。在不同的价格水平下，当劳动市场存在超额劳动供给时，货币工资就会下降；反之，当劳动市场存在超额劳动需求时，货币工资就会提高，最后会使实际工资调整到使劳动市场达到均衡的水平。换句话说，在长期中，经济的就业水平并不随着价格水平的变动而变动，而是始终处在充分就业状态。

充分就业时的产量又称潜在产量，即指在现有资本和技术水平条件下，经济社会的潜在就业量所能生产的产量。而潜在就业量是指充分就业量，是指一个社会在自然失业率条件下所达到的就业量。经济学家把经济中达到潜在就业量时社会存在的失业率称为自然失业率。① 一般地，当实际就业量低于潜在就业量时，失业率高于自然失业率；反之，当实际就业量高于潜在就业量时，失业率低于自然失业率。

上述这种情况和古典经济学的主张是一致的，于是，长期总供给曲线就被看作与古典总供给曲线相同。根据前面的说明，由于生产函数的相对稳定，在长期中，经济的产量水平也将位于潜在产量水平或充分就业水平，不受价格变动的影响。因此，在长期中，总供给曲线就是一条位于经济潜在产量水平上的垂直线。具体推导如图 12-6 所示。

如果价格水平上升，大于 P_0，比如说 P_1。在货币工资 W 作同样幅度变动的情况下，实际工资 W/P_1 仍然会处于图 12-6（a）中 W/P_0 的位置。劳动就业量仍然是 N_f，通过图 12-6（b）和图 12-6（c）的转换，成为图 12-6（d）中的 Y_f。如此变动价格可以得到相同的结果，最终在图 12-6（d）中得到一系列产出相同但价格不同的点，代表不同价格水平下充分就业时的（或者潜在的）产出水平。无数多个这样的点将会形成一条位于充分就业产出水平上的垂直线。这就是长期的（或古典的）总供给曲线。

三、*AS* 曲线的变动和影响因素

总供给曲线是由生产函数（技术水平、劳动生产率）和劳动市场的就业量共同决定的。当这些因素发生变动时，总供给曲线就会发生变动。也就是说，不管是什么原因引起的供给冲击或干扰，总供给曲线都会发生相应的变动。

---

① 有关失业的具体解释请参看第九章的有关内容。

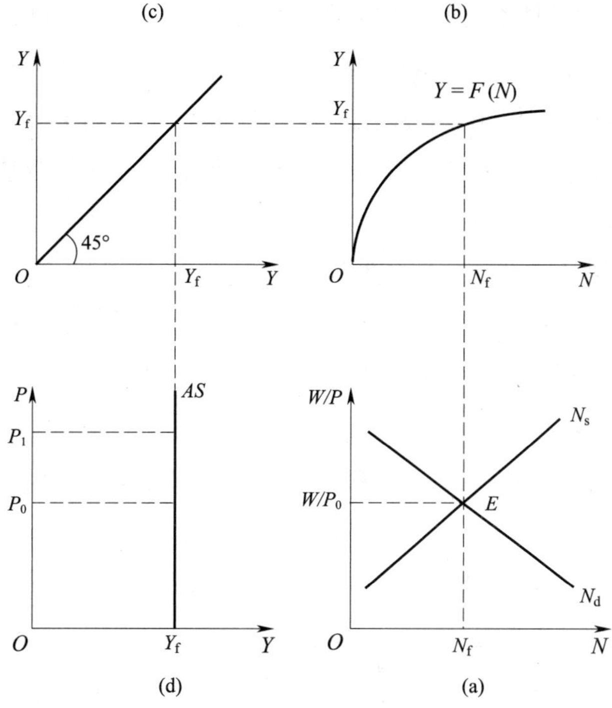

图 12-6 用图形转换的办法推导长期（古典）总供给曲线

（一）技术进步导致的总供给曲线变动

假定其他情况不变，经济中出现技术进步，总供给曲线就会向右方移动，如图 12-7 所示。

（二）劳动需求变动导致的总供给曲线变动

如果其他条件都相同，只有技术进步因素使平均劳动生产率和边际劳动生产率同时得到提高，对劳动需求增加，这时的劳动需求曲线与生产函数曲线都会发生向右上方的移动，从而使总供给曲线向右移动更大的距离。图 12-8 与图 12-7 的情况基本相同。

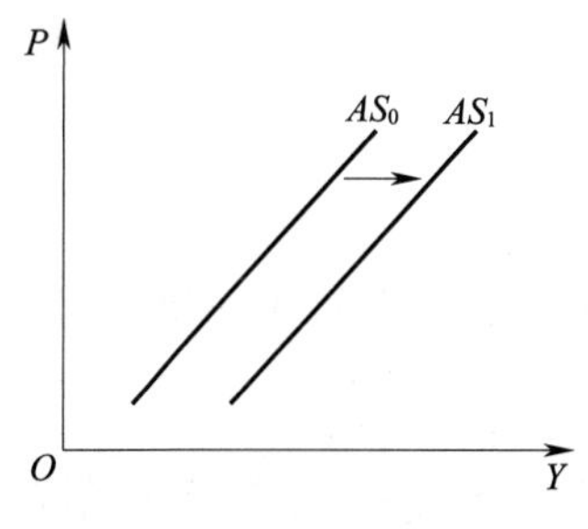

图 12-7 技术进步导致的总供给曲线的变动

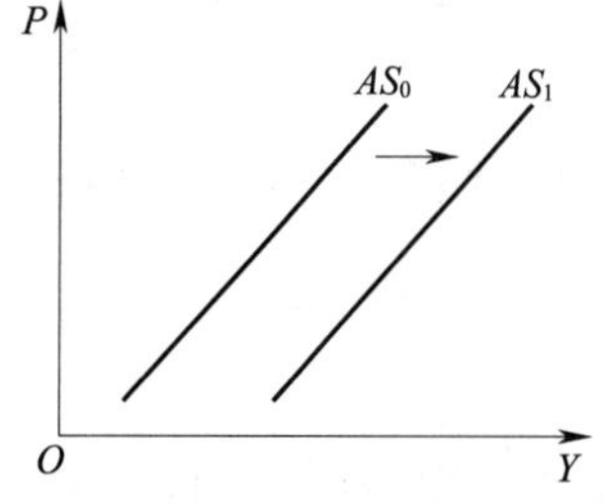

图 12-8 劳动需求增加导致的总供给曲线的变动

另外，在其他条件不变时，如果资本的存量增加，就可能使劳动的边际生产率增加，同时，对劳动的需求也会增大。这也就是生产函数和总供给函数中都包含资本因素的原因。由此可以说，在其他条件不变的情况下，资本存量的增加，会通过提高边际劳动生产率，增加对劳动的需求，使劳动需求曲线向右上方移动，最终使总供给曲线向右上方移动。

（三）劳动供给变动导致的总供给曲线变动

劳动的供给取决于劳动者的劳动意愿和偏好，也取决于人口和劳动力的多少。劳动者的劳动意愿和偏好越强烈，劳动力数量越多，劳动供给就越多；反之，劳动供给就越少。劳动供给的变化显然会影响总供给函数和总供给曲线。

假定人们在收入增加之后，更加注重休闲，则劳动供给就会减少，劳动供给曲线就会向左上方移动，由此产生的一个影响便是产出的减少和总供给曲线向左上方移动。反之，劳动供给增加，则使总供给曲线向右移动。这两种情况如图 12–9、图 12–10 所示。

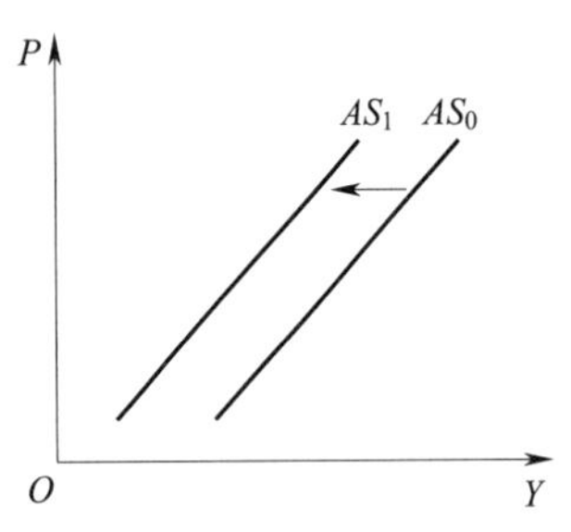

图 12–9 劳动供给减少导致的总供给曲线的变动

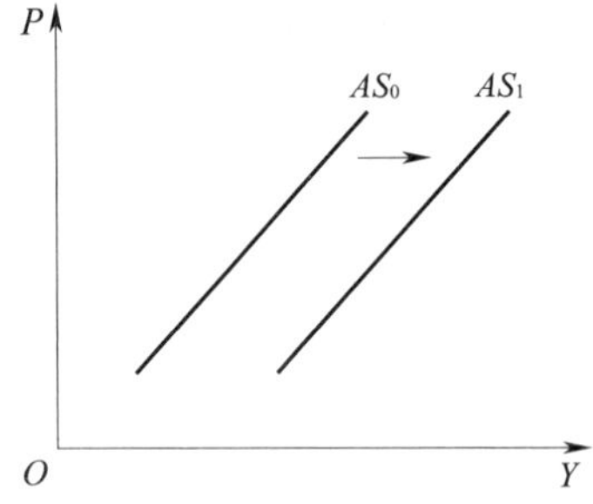

图 12–10 劳动供给增加导致的总供给曲线的变动

依据上面的情况可以得知，如果政府在影响资本投入、劳动投入、劳动生产率提高和支持技术进步方面实行适当的激励政策，即实行扩张性供给政策，总供给水平就会提高；反之，总供给水平就会降低。

四、特殊的 *AS* 曲线及其变动

特殊的总供给曲线有两种情况：极端的短期总供给曲线和极端的长期总供给曲线。

极端的短期总供给曲线的形状是水平的直线。它表示在经济萧条情况下，价格处于最低水平，既不会继续下降，也不会上升。这种情况下，只有经济状况的较大好转才可能使总供给曲线发生改变。极端的短期总供给曲线如图

12-11所示。

极端的长期总供给曲线是一条垂直的直线。由于长期内经济基本上会处于充分就业状态，所以，总产量处于最大水平。只要生产率没有提高，总产量就不会提高。除非社会的生产能力遭受冲击或破坏，总产量才会减少。这样极端的长期总供给曲线就一直处于垂直状态，如图 12-12 所示。

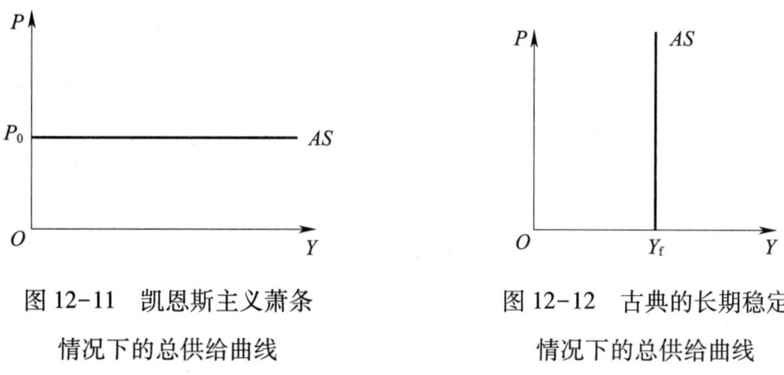

图 12-11　凯恩斯主义萧条情况下的总供给曲线

图 12-12　古典的长期稳定情况下的总供给曲线

五、AS 曲线不同特征的经济含义

由于总供给的大小既取决于供给方面，也取决于价格状况，所以，对总供给曲线的了解，也应该从这两个方面入手。如果将前面所说的总供给曲线的情况加以总结，可以用图 12-13 来表示。

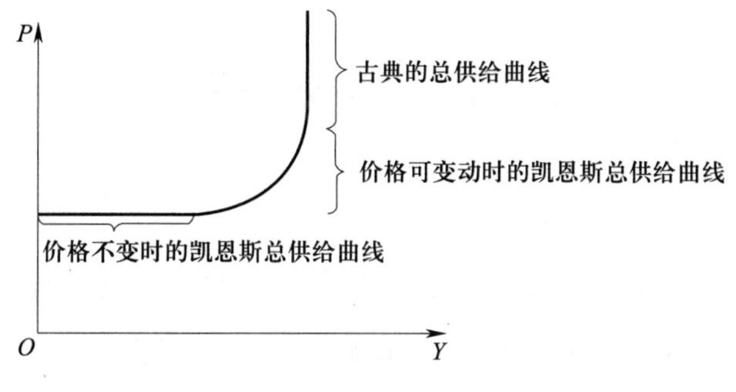

图 12-13　各种总供给曲线的综合

通过图 12-13 可以看出，总供给曲线的特征取决于考虑问题的角度和条件。

当价格由于各种原因不能发生变动，即价格出现刚性时，经济中如果只能发生产出量的变化，这时，就会出现极端的短期总供给曲线，即一条处于水平状态的总供给曲线，这也就是存在数量调节而不存在价格调节时的总供给曲线。这种情况意味着，经济对于总供给不存在任何限制，总供给量可以任意变动，即生产函数中劳动就业量可以增加。这时，实际总供给量就完全取决于总需求量的大小。

当价格可以发生变动时，即价格处于黏性或者弹性时，经济中总供给的变化又分为两种情况：第一种情况是，价格处于黏性或者弹性，总供给发生变化时，总供给曲线是一条斜率为正值、向右上方倾斜的曲线。这时，经济中既存在着数量调节，也存在着价格调节。这意味着经济基本上处于正常状态，一方面，当价格上升时，总供给量会相应增加；另一方面，当总需求增大时，价格也会上升。这是因为，在短期内，总供给量的增加也许没有总需求量的增加速度快，或者总供给量的增加幅度没有总需求量的增加幅度大。这种情况就是一般短期的总供给曲线的含义。第二种情况是，价格处于弹性，但总供给量无法增加时，总供给曲线是一条垂直线。这意味着，经济已经处于充分就业状态，技术水平也无法改变，所以，总供给量不变。经济中只有价格调节，不存在数量调节，这也就是古典的总供给曲线的含义。

根据上述总供给曲线的特征和经济含义，我们可以很方便地在经济分析中依据总供给曲线的形状或斜率，来判定经济运行的情况、可能发生的变化以及可能采取的宏观经济政策的有效性程度。同样，我们也可依据经济运行情况大致给出总供给曲线，以利于迅速做出大致的判断。

第三节 *AD-AS* 模型

一、*AD-AS* 模型的含义

在推导并了解了总需求函数（曲线）和总供给函数（曲线）之后，我们就可以将二者结合起来决定宏观经济中的总产量（总收入）水平和总价格水平。具体说来，我们可以通过求解总供给函数和总需求函数的联立方程，得到在具体条件下的总体市场均衡价格水平和总产量水平。*AD-AS* 模型表明的是总供求和总价格水平（一般价格水平）之间的关系，如图 12-14 所示。

二、*AD-AS* 模型的基本类型

AD-AS 模型基本可以分为三类：一般情况、极端的短期情况和极端的长期情况。

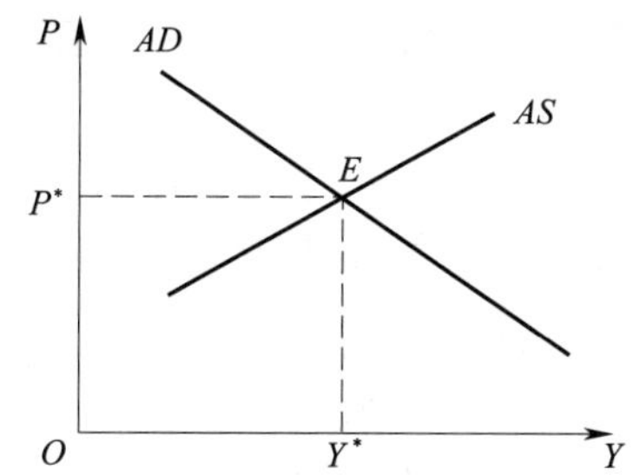

图 12-14 AD-AS 模型中总产量（总收入）水平和总价格水平的决定

（一）一般情况的 AD-AS 模型

这就是上面说过的类型。其主要特征是供给曲线向右上方倾斜，其斜率为正值。这种类型适应于一般的经济情况。它表明，无论是供给方面的力量还是需求方面的力量，都会通过供给曲线或需求曲线的移动来改变总产量水平和一般价格水平。

（二）极端的短期 AD-AS 模型

该类模型也叫做萧条模型。其主要特征是供给曲线呈水平形状，其斜率为0。这种类型适用于探讨经济萧条和衰退的情况。这种情况下，经济的供给量是充分的，但价格水平基本不会发生变化。经济中的总产量水平主要由总需求方面的力量来决定。也就是说，总需求曲线的变动是影响总产量变动的基本原因。极端的短期 AD-AS 模型如图 12-15 所示。

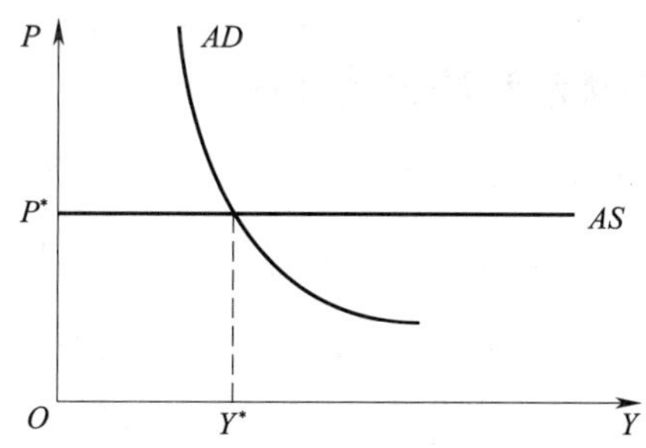

图 12-15 极端的短期 AD-AS 模型

（三）极端的长期 AD-AS 模型

极端的长期 AD-AS 模型，即充分就业时的 AD-AS 模型。其主要特征是总供给曲线呈垂直形状，其斜率值为∞。这种类型的 AD-AS 模型代表经济达到充分就业时的情况，也适合于长期调整之后所达到的理想经济状态。这时，经济已经达到了充分就业，供给量方面无法再增大了。总需求水平的变动将只会影响到物价水平，而不会影响到总产量水平。这种情况下，总需求水平的变动是造成价格水平变动的主要因素。该模型如图 12-16 所示。

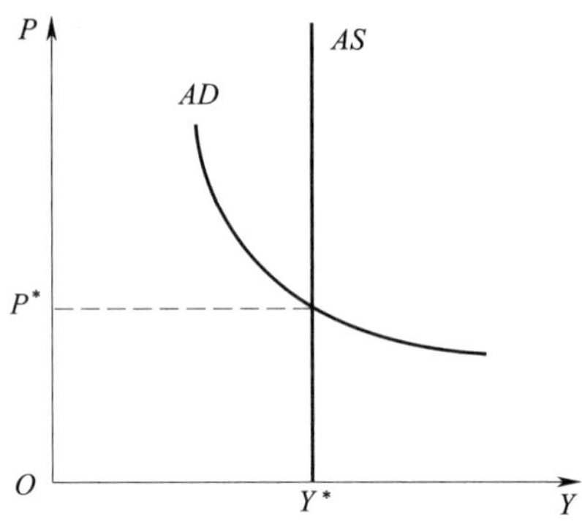

图 12-16 古典情况的 AD-AS 模型

第四节 AD-AS 模型对外来冲击的反应

通过 AD-AS 模型，我们知道总需求曲线和总供给曲线不仅可以从供、求这两个方面来说明总产量（总收入）和一般价格水平的决定，而且可以更充分地说明宏观经济政策的有关问题。下面我们先分别说明总需求方面和总供给方面对 AD-AS 模型的扰动和冲击的效应，然后再进一步讨论在不同假定条件下财政政策和货币政策对宏观经济的调整。

一、对总需求方面扰动和冲击的反应

（一）短期极端 AD-AS 模型对财政政策扰动和需求冲击的反应

首先，前面已说过，经济萧条情况和衰退情况下的 AD-AS 模型在理论上可以被看作是极端情况。但是，在现实中，它仍然有其合理性的含义。这一方面是它可以解释经济的萧条和衰退情况，另一方面是它也可以解释价格刚性（或黏性）的情况。

在现实经济中，有时候，当需求量发生变动时，企业并不会迅速地调整价格，而是先适当调整产量而暂时将其价格保持在之前所决定的既有水平上。因为企业会观察一段时间，以便最终决定是否要在下一个时期调整价格。这种情况表明，在短期内，或者说，至少在当前一个有限的时期内，价格是不变的、刚性的，会保持在前定价格（即此前所决定的价格）水平上。尽管在更长时期内，价格还是会发生变化的。但是，如果价格变化缓慢，我们就说价格是黏

性的。

在上述极端情况下，外来对总需求的扰动和冲击可以引起总需求曲线的移动，从而引起总产量（总收入）增加或者减少，但是，价格却不会变动。如果这些扰动或冲击因素是来自政府的政策方面，其影响和作用与对总需求的外在扰动和冲击也是一样的，只不过一个是政府的主动作用，一个是客观的影响。

在图 12-17 中，我们将极端的短期总供给曲线与总需求曲线结合起来，讨论政策效应。

假定经济起始的均衡点位于 *E* 点，在该点，*AS* 和 *AD* 相交。如果政府采取一次性财政扩张政策（如扩大政府支出或补贴），如同我们已经知道的，这样的政策将使 *AD* 曲线向右移动至 *AD'*。这时，经济的新均衡点在 *E'* 点，总产量（总收入）增加。由于企业在价格水平 P_0 愿意供给任意数量的产品，因而不存在对价格水平的影响。根据图 12-17，政府财政扩张政策的效果只是提高产量和就业，而不会影响价格水平。这就类似凯恩斯所讨论的经济萧条的情况。

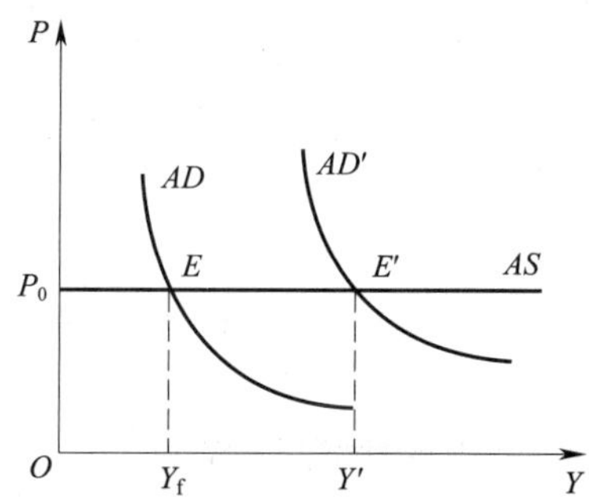

图 12-17 财政扩张：凯恩斯的极端情况

我们同样也可以说明，在这种相同的短期极端情况下，名义货币量供给的增加会导致经济中均衡产量的增加，而且也不存在对价格的影响。

如果我们把经济中达到充分就业时的均衡总产量（总收入）水平，叫做潜在的产出（收入）水平，那么，前定价格水平和总需求曲线的相互结合所决定的总需求水平，就有可能小于或者大于潜在的产出（收入）水平。

当发现总需求水平高于或者低于潜在的产出水平（总供给水平）时，企业就存在着一种促使价格向均衡水平运动的激励。这种激励过程是，当总需求水平低于潜在的产出水平（总供给水平）时，企业会降低价格，最终提高总需求水平；当总需求水平高于潜在的产出水平（总供给水平）时，企业会提高价格，最终降低总需求水平。因为在总需求水平决定实际均衡产出水平的情况下，降低价格将会增加总需求量，从而增加均衡产量；提高价格将会减少总需求量，从而减少均衡产量。所以，这种激励会产生一种潜在的压力，使经济重新回到均衡状态。

当这种调整过程实际发生时，下一时期的价格水平将发生变化。在总需求水平相应发生变化的情况下，均衡产出水平将会发生调整。如果一次调整不能达到均衡水平，就需要继续调整下去，直至均衡产出水平为止。价格和产量调整的互动过程就是总需求调整的动态过程。该过程也可以用图 12-18 表示。

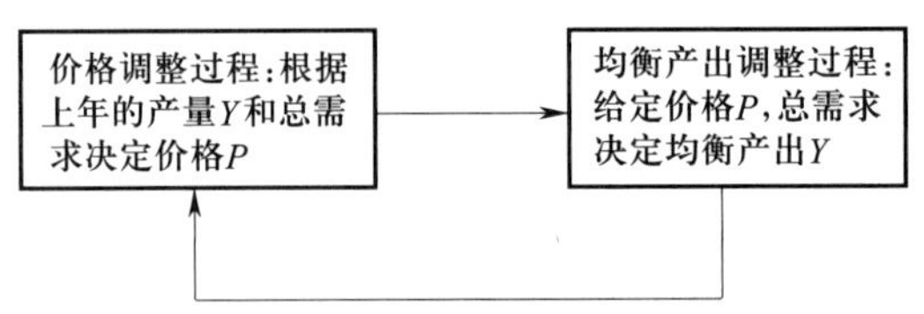

图 12-18 动态分析和前定变量

左边表示价格调整过程，现期价格水平是由前一期产出水平决定的；右边表示均衡产出调整过程，给定价格水平，总需求水平决定均衡产出水平。

（二）长期极端 AD-AS 模型对财政政策扰动和需求冲击的反应

在长期极端情形下，总供给曲线在充分就业的产量水平上是垂直的。不论价格水平如何，全体企业的总供给量总是 Y_f。在这样的供给假定之下，可以得出与上述短期极端情况的模型完全不同的结果。

图 12-19 表明了在长期极端模型的供给假定（充分就业假定）下，一次性财政扩张政策的效果。

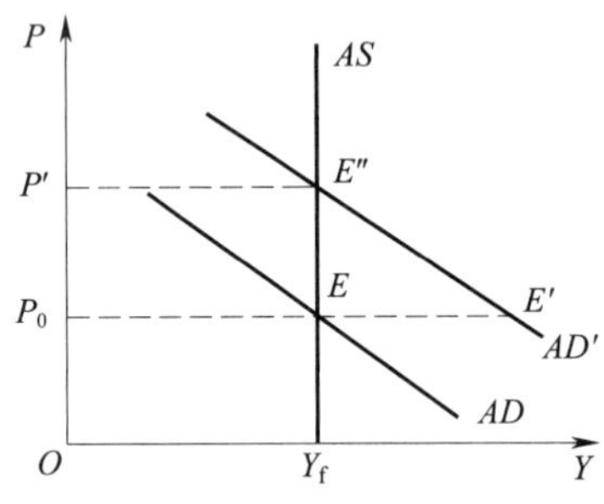

图 12-19 财政扩张：古典的极端情况

在图 12-19 中，总供给曲线为 AS，总需求曲线为 AD，初始价格水平为 P_0，经济的初始均衡点在 AS 与 AD 的交点 E。政府的财政扩张将使总需求曲线从 AD 移动到 AD'。在原有价格水平 P_0上，产品需求量增加了，需求量达到了 E'点。但企业在经济已经达到充分就业且技术水平暂时没有变化的短期情况下，不可能获得更多的劳动力来生产更多的产量，也就是说，产品供给对新增的需求量无法做出相应的反应。由于企业试图雇用更多的劳动者，就会抬高工资和生产成本，因而必须为它们的产品索取更高的价格。于是，需求的增加只会导致更高的价格，而不能提高产量。这就是在价格 P' 处的情形。在 E'' 点，总需求在更高的价格水平上与总供给相等，达到了新的均衡点 E''，而产量不变，仍为 Y_f。

（三）短期极端 AD-AS 模型对货币政策扰动和需求冲击的反应

总供给曲线是水平的情况被称为短期极端的情况（萧条）。在这种情况下，供给比较充分，价格水平几乎已经降低到社会可接受的最低点，当扩张性货币政策增加货币供给或降低利率时，由于投资在经济萧条时盈利下降甚至亏损，因此企业不愿增加投资，导致对利率反应不灵敏，所以，货币政策效果很小，甚至毫无作用。在采取扩张性货币政策的情况下，短期极端的总需求-总供给模型不仅包含了水平的总供给曲线，而且包含了近乎垂直的总需求曲线。因此，货币政策对于短期极端的 AD-AS 模型不起作用，也就是说，短期极端总需求-总供给模型对货币政策的扰动和冲击不作反应。

在现实中，短期极端情况下的 AD-AS 模型有其合理性。一方面，它可以在一定程度上解释经济萧条的情况；另一方面，它也可以解释价格刚性（或黏性）的情况。

在短期极端模型的理论分析中，外来的因素对总需求的扰动和冲击可以引起总需求曲线的移动，从而引起总产量（总收入）的增加或者减少，但是，价格却不会变动。如果这些扰动或冲击因素来自政府的财政政策，则会影响到总需求，其影响和作用与对总需求的外在扰动和冲击也是一样的，只不过一个是政府的主动作用，一个是客观影响。如果这些扰动或冲击因素来自政府的货币政策，则不会影响到总需求，因为极端情况下的“流动性陷阱”会使增加的货币量完全被吸收到流通范围之外，不可能影响需求。另外，萧条时期的价格水平也不会上升，一是由于“流动性陷阱”，二是由于价格黏性。

在图 12-20 中，我们将短期极端的总供给曲线与总需求曲线结合起来，讨论货币政策的效应。

假定经济起始的均衡点位于 E 点，在该点，AS 和 AD 相交。假定政府实施货币扩张的政策，它将无法使 AD 曲线向右移动。当然，总产量（总收入）也不会增加。其原因是，垂直的总需求曲线意味着总需求对货币政策导致的利率变化没有反应（投资的利率弹性为零，而短期内消费对于利率也不敏感）。所以，在图12-20中，AD 曲线始终不会因利率的变化而移动。

（四）长期极端 AD-AS 模型对货币政策扰动和需求冲击的反应

在长期极端情形下，总供给曲线在充分就业的产量水平上是垂直的。不论价格水平如何，所有企业的总供给量不变。在这样的供给假定条件之下，可以得出与上述短期极端情况的模型完全不同的结果。

图 12-21 表明了在长期极端供给假定（充分就业假定）条件下，一次性扩张货币政策的效果。

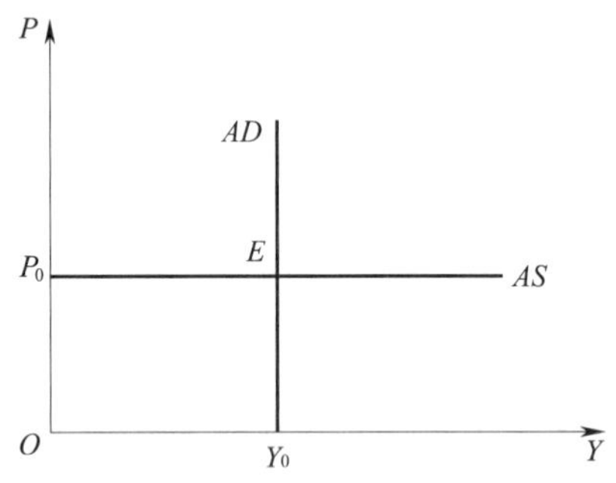

图 12-20　货币扩张：短期极端情况

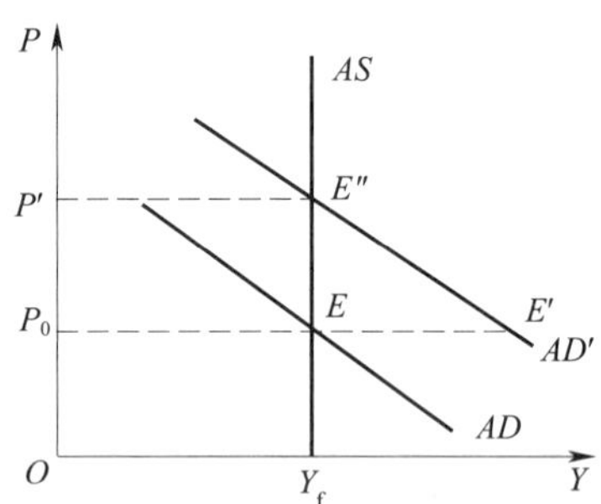

图 12-21　货币扩张：古典的极端情况

在图 12-21 中，总供给曲线为 AS，总需求曲线为 AD，经济初始均衡为 AS 与 AD 的交点 E，此时初始价格水平是 P_0。政府的货币扩张增加了流通中的货币量，使总需求曲线从 AD 移动到 AD'。如果原有价格水平 P_0 不变，产品需求量将会上升，达到了 E' 点。但企业在经济已经达到充分就业且技术水平暂时没有变化的短期情况下，不可能获得更多的劳动力来生产更多的产量，也就是说，产品供给无法满足新增的需求数量。但企业试图雇用更多的工人而抬高了的工资和生产成本需要得到补偿，就必须为其产品索取更高的价格。最终，经济中因增加货币供给而导致对产品需求量的增加只会导致更高的价格，而不能提高产量。

流通中货币量的增加导致价格的上涨，降低了实际货币存量（货币购买力），并导致了利率的上涨和支出的减少。经济沿 AS 曲线随 AD 曲线不断向上移动，直至价格的上升和实际货币存量的下降足以将利率提高到和将支出降低到与充分就业相一致的水平。这就是在价格 P' 处的情形。在 E'' 点，总需求量在更高的价格水平上与总供给量相等，达到了新的均衡点。只有在这点上，当总需求量再次与充分就业时的总供给量相等时，产品市场才会出清，价格上升的压力才会消失。

经济从 E 点移动到 E'' 点的调整过程中，没有产量的变化而只有价格水平的变化。应该注意到，价格上升与名义货币量的增加恰好是同一比例的。从图12-21中可以看到，作为对名义货币供给量增加的反应，*AD* 曲线会向上移动与名义货币增加比例相同的距离。因此，在 E''点，实际货币存量 *M* 恢复到其初始水平，名义货币量和价格水平均变动了同一比例，使得经济的均衡产量维持不变。这样，可以得出长期极端模型的一个重要结论：在长期极端的供给条件下，名义货币量的增加将促使价格水平上升同一比例，而利率和实际产出维持不变。在宏观经济学中，货币存量的变动仅仅导致价格水平的变化而实际变量（产量、就业）未发生变化的这种情况，被称为货币中性。

二、对总供给方面扰动和冲击的反应

AD-AS 模型不仅能清楚地说明总需求曲线对外来冲击发生时移动的效应，而且还能说明总供给曲线对外来冲击发生时移动的效应。在这方面，前面阐述的 *IS-LM* 模型是无法与 *AD-AS* 模型相比的。

（一）*AD-AS* 模型对生产能力变动的反应

图 12-22 说明了由任何外在原因引起的总供给的扰动和冲击导致总供给曲线移动的效应。这里考虑的是由于经济中企业的设备投资增加或生产效率提高而造成生产能力增大的情形。这时，总供给曲线将向右移动，从 AS_0 移动到 AS_1。一方面，如果经济最初运行在总供给曲线的陡峭部分，而且总需求曲线是弹性比较小的，如图 12-22 中的 AD_0，那么总供给的增加就意味着，新的均衡价格水平将明显低于初始价格水平。另一方面，如果经济最初运行在总供给曲线的平坦部分，如图 12-22 中的 AD_1，则总供给曲线移动的效果不大。这是因为总供给曲线的平坦部分，表示经济中存在着过剩的生产能力。新追加的生产能力对于生产的均衡数量和均衡价格水平的影响都很小。

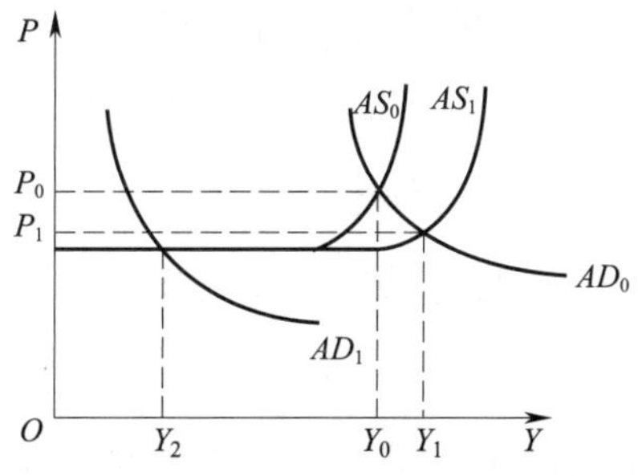

图 12-22　生产能力增加的效应

（二）AD-AS 模型对一般价格冲击的反应

图 12-23 描述了从国外购买的投入品（如铁矿石）价格上涨对总供给产生冲击的效应。这时总供给曲线会向上移动。从微观角度来解释就是，为了使企业愿意生产与以前相同的产量，它们必须能接受更高的产品价格。从图 12-23 中可以看出，即便这时经济中存在过剩的生产能力，即 AD 曲线与 AS_1 曲线的相交点处于 AS_1 曲线的水平部分，价格水平仍由 P_0 上升到 P_1。

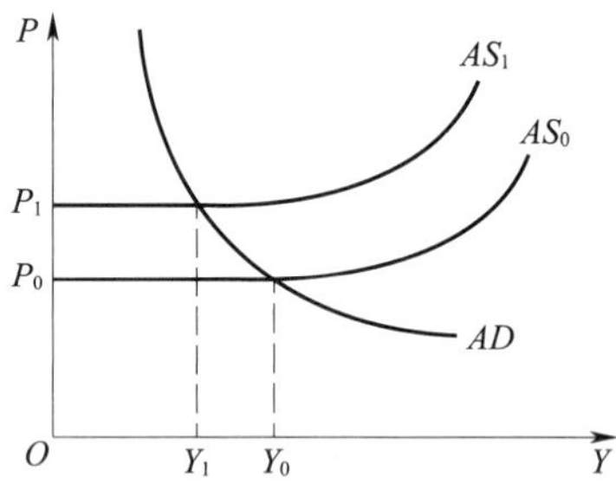

图 12-23 进口投入品价格上涨的效应

（三）AD-AS 模型对资源供给变动的反应

20 世纪 70 年代初期，美国经济受到的石油供给冲击被认为是资源供给变动对总供求产生冲击的一个实例。那次冲击主要是由于中东国家组成的石油输出国组织（简称 OPEC）在 1973 年决定运用它们的市场力量，对输出到包括美国在内的某些西方国家的石油数量加以限制所造成的。最初的原因是出自政治上的考虑，因为许多 OPEC 成员国看到，在以色列和控制 OPEC 的阿拉伯国家之间持续不断的争端中，美国始终支持以色列。然而，不久它们就认识到自己具有一种真正的控制市场的力量（至少在短期内是这样），它们对石油供应的限制很快造成了国际市场石油价格的迅速上升。

就整个美国经济而言，石油价格的提高使许多高度依赖石油的企业的生产成本提高。石油资源供给的变动引起了石油价格的变动。

如图 12-23 所示，OPEC 提高了石油价格，使得美国经济中的总供给曲线向上移动，从而导致了一个更高的均衡价格水平 P_1 与更低的产量水平 Y_1。

（四）短期极端 AD-AS 模型对供给冲击的反应

经济萧条情况下的总供给曲线的形状是水平的直线。它表示在经济萧条情况下，价格处于最低水平，既不会继续下降，也不会上升。这种情况，只有经济状况的较大好转才可能使存货下降，总供给曲线发生改变。一般说来，外来供给冲击经济，无论大小都无法改变短期极端模型中的总供给曲线。此外，经济萧条情况下的总供给曲线是短期的，一般也很少遇到供给冲击，因而不会发生变化。所以，短期极端模型对供给冲击不作反应。

（五）长期极端 *AD–AS* 模型对供给冲击的反应

经济长期稳定情况下的总供给曲线是一条垂直的直线，与长期极端的总供求模型中情况相同。新古典经济学认为，由于长期内经济基本上会处于充分就业状态，所以，总产量处于最大水平。只要生产率和技术水平没有提高，总产出水平就不会提高。这样古典的长期稳定情况下的总供给曲线就一直处于垂直状态。不过，当大的技术进步或如石油危机、大的自然灾害那样的供给冲击出现时，垂直的总供给曲线还是会发生移动的，如图 12–24 所示。

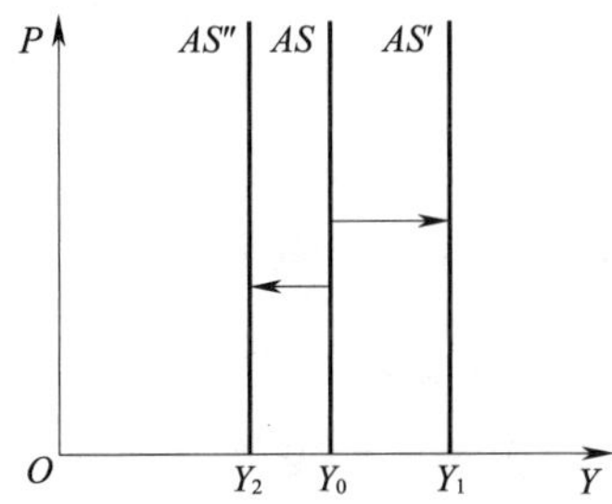

图 12–24　古典极端模型对供给冲击的反应

第五节　本章评析

一、对 *AD–AS* 模型的评析

AD–AS 模型是宏观经济学中的基本模型。该模型是在微观供求模型基础上建立的。西方经济学家普遍使用 *AD–AS* 模型来分析一般价格水平与总收入（或总产出）的关系。区别在于经济学家之间对于 *AD–AS* 模型所强调的重点有所不同。有的经济学家重点强调总需求的决定性作用，比如，凯恩斯主义经济学、赞成凯恩斯主义经济学的观点以及强调短期内一般价格水平和总产出问题的理论，都强调总需求方面的重要性。前文对此已经有所介绍。有的经济学家则重点强调总供给方面的决定性作用，比如，新古典经济学的理论，基本上都强调长期内的一般价格水平和总产出的关系，强调总供给方面的决定性作用。当然，也有些观点介于二者之间，对总供给和总需求给予同样的重视，只是具体到不同问题时会对某方面有所侧重。

AD-AS 模型被认为是既重视供给分析也重视需求分析的模型，不仅可以用来说明收入的决定，也可以用来说明价格水平的决定；既可以用来分析经济萧条和通货膨胀，也可以用来分析经济滞胀；既可以用来分析短期非充分就业状态，也可以用来分析长期充分就业状态。萨缪尔森说：“我们引入了总供给和总需求分析（AS-AD），作为理解价格和国民产值的总体变动的核心方法。宏观经济学中的所有重大问题现在都用这些新的工具加以分析。”①

AD-AS 模型将复杂的情况加以简化，将多种经济总量关系简化为总供给和总需求两者的关系，在一定程度上对于理解宏观经济概况提供了简明的方法。AD-AS 模型实际上是一种理论的抽象，是为了简洁地理解宏观经济总体状况而建立的。AD-AS 模型源于微观的供求模型。微观的供求模型本身也是对经济现实情况的某种抽象。它既考察供给和需求两种力量对商品等交易对象的均衡数量和价格的作用与影响，也考察市场价格水平及其变动对于商品等交易对象的供给和需求所产生的影响。由于微观供求模型往往直接对某一具体商品或同种商品的情况进行分析，因而微观供求模型的方法对于分析具体商品涉及的相关规律是有意义的，可以帮助我们抓住交换层次的主要经济关系进行分析。但这种模型显然也有局限性，即复杂的社会总资本再生产和流通问题，被简化为流通领域的供给和需求的简单问题，以及总供求均衡点位置是否偏离潜在产量位置和偏离程度的问题。此外，它只看到经济总量的关系，而没有注意到经济总量内的结构问题，更没有注意到流通领域之外的问题。

宏观经济中的 AD-AS 模型在考察均衡的价格水平和总产量（总收入）与整体供求之间的相互关系方面，具有一定的积极意义，对于我们理解宏观经济总量的概况有一定作用，可以借鉴使用，因为毕竟复杂的整体经济情况难以直接把握。为了较好地了解宏观经济在某方面的关系，需要借助必要的理论抽象，借助它把握最需要了解的因素。但这仅限于既定层次上对某些因素的作用或关系的了解，不能轻易扩大到别的方面。对经济中的结构性问题（如结构失调及调整），它无能为力。

事实上，一旦微观供求模型的分析方法被挪用于宏观经济问题，被舍弃的因素和限制条件就太多了。首先，经济中实际上并不存在一个宏观的总供给曲

---

① ［美］保罗·A. 萨缪尔森、威廉·D. 诺德豪斯：《经济学》（第 12 版），高鸿业译，中国发展出版社 1992 年版，第 2 页。

线（函数）。因为从技术上讲，宏观的总供给曲线（函数）只能加总和计算一定时期内所提供的产品和服务的价值（或价格），而不能加总或计算产品或服务的数量。宏观的总供给曲线（函数）所对应的产品或服务只能是单一的产品或服务，而不能是多样化的，否则，就无法统一计算或表现其单一的总体数量。这样，该模型就不能解释和说明结构性经济问题。其次，经济中也并不存在一个总需求曲线（函数），其道理和总供给曲线一样，多样化的产品和服务无法在数量上加总为单一的变量。而 *AD-AS* 模型恰恰是以产品与服务的单一的价格和数量交互作为自变量和因变量进行分析的。最后，分析宏观经济活动不仅要了解一般物价水平和总价值的变化，如通货膨胀、GDP 价值的变化等，而且要了解实际经济活动的变化，特别是经济结构的变化。例如，一国在某一时期 GDP 增长很快。这当然是好事，表明该国的经济发展较快。但如果该国在经济结构上产生了很大的不平衡，单从 GDP 上是看不出来的，*AD-AS* 模型也无法有效说明这一问题。

所以，对于 *AD-AS* 模型，我们必须清楚它的真正含义、运用条件及范围，认清它假设条件的合理性和局限性，以防坠入运用误区，造成理解错误。

二、*AD-AS* 模型、*IS-LM* 模型和凯恩斯主义国民收入决定模型的比较和评析

首先，在西方经济学家看来，在最终反映均衡国民收入水平方面，*AD-AS* 模型、*IS-LM* 模型和国民收入决定模型殊途同归，都可以用来说明经济中均衡国民收入的决定。这是三个模型的共同点，也是它们最重要的功能和意义所在。但三种模型又各具特点。

AD-AS 模型同时强调了总供给和总需求两方面力量对均衡国民收入决定的作用，而且还反映了经济中总体供求对整体价格水平的影响，以及价格水平对总供求（或二者之一）的影响。这是后两个模型无法直接表现的。

其次，在短期内，*IS-LM* 模型反映了总需求理论的核心问题，但只是强调了总需求对于均衡国民收入的决定性作用，而无法说明总供给的作用，也无法直接说明总需求对整体价格水平的作用。尽管该模型也能够在一定条件下间接反映价格对总需求造成的影响，但只能说明价格决定的部分因素。此外，*IS-LM* 模型本身也不具有广泛的合理性。至少，*IS* 曲线和 *LM* 曲线相反的斜率却并不意味着总是可以在任何位置上形成均衡点。*IS* 曲线反映的是经济中的流量，

而 *LM* 曲线反映的是经济中的存量。流量是一定时期内的变化量，而存量只是一定时点上的量。在同一幅平面图形中，这两条曲线充其量只可以有一个均衡点。所以，如果按照 *IS-LM* 模型的分析方法，两条曲线都是可以任意移动的，也就是说，在理论上，两条曲线在调整中可能有无数多的均衡点。实际上这是做不到的。*IS* 和 *LM* 曲线共同均衡点的确定具有极大的局限性，因为作为表示流量的 *IS* 曲线与表示存量的 *LM* 曲线事实上只有一个均衡点。以二者的均衡来说明灵活有效的经济调节机制，显然是不妥的。

此外，*IS* 曲线说明的是利率和投资量的一一对应关系。但这种对应关系是有严格条件的，至少要在给定利率和没有其他盈利障碍时，这种对应关系才能存在。简单承认 *IS* 曲线而不注意它省略的其他条件，就意味着得出以下不合理的结论：即使企业生产出社会完全不需要的产品，也能在适当的利率下获利；或者是在经济萧条时，只要利率合适，企业就会投资。

LM 曲线强调了货币需求和货币供给均衡时所决定的市场利率水平。这是有一定道理的。但也需要注意，短期和长期的情况是不一样的。比如，短期内，在货币需求曲线不变时，增加货币供给就会导致利率下跌。这只是短期的一个现象。短期的另一个现象就是，在实际货币需求不变时，增加货币供给就会抬高物价水平，而物价水平上升又会增加对货币的名义需求。这种情况容易被忽略。随着时间的延长，高企的物价水平对名义货币需求的增加，则会产生对利率上升的压力。最终，利率会上升，物价会保持在某种高水平上。

所以，*IS-LM* 模型的有效性仅限于：短期市场上的利率变化会在投资盈利机会和条件既定的情况下，导致一定的暂时性投资变化。随着时间的流逝，利率表现出不稳定性，外在的投资盈利条件也会发生变化，于是，投资也呈现不稳定性。不过，投资并不完全取决于利率，这恰好是 *IS-LM* 模型代表新古典经济学观点而不是凯恩斯观点的一个反映。因此，只有将 *IS-LM* 模型看作短期内有严格条件限制的均衡国民收入决定的分析工具，才有意义。

再次，国民收入决定模型主要是以总需求理论为基础的。它直接反映了凯恩斯主义有效需求的经济思想。在凯恩斯主义理论看来，短期内总供给水平是既定的，而总需求水平的关键在于如何增加。由于凯恩斯主义理论考虑的是短期经济萧条情况下的国民收入决定问题，它强调总需求对于均衡国民收入水平决定的重要作用。如果既定的社会生产能力在一定时期内对社会最大的消费需求是过剩的，这种观点当然是有一定道理的。不过，实际情况并非如此，社会不可能永远处于总需求不足和总供给相对过剩的情况。

在封闭经济的国民收入决定模型中，消费需求、投资需求构成了总需求的基本内容。不管这些需求成分的哪一部分变动，都会影响总需求的变化。在原有的这些需求因素无法发生变化的情况下，增加政府国内公共开支就会增加总需求。所以，在短期内，国民收入决定模型是具有一定合理性的。其问题在于对总需求各个部分的具体分析方面。此外，另一个重要的方面是，它没有考虑经济的开放性，在经济全球化的情况下这与现实脱节。

通过上面的分析和评论可知，*AD*–*AS* 模型、*IS*–*LM* 模型和国民收入决定模型在粗线条刻画宏观经济时，都具有一定合理性。借鉴运用 *AD*–*AS* 模型可以在一定程度上了解宏观总需求、总供给及价格变动的情况；借鉴运用 *IS*–*LM* 模型可以粗略理解总需求方面储蓄、投资、货币供求及利率情况；借鉴运用国民收入模型可以了解如何从需求方面去调节国民收入。而这三者都与经济政策的制定与选择有一定关联。但是，它们又具有一定的缺陷和局限性。比如，这些模型关注的只是总需求和总供给在价值方面的均衡，而丢掉了对于产品和服务实体方面结构性均衡的分析。但这恰恰是非常重要的问题。从我国社会主义市场经济的实践来看，经济失衡的问题就并不仅仅是西方经济学所讲的那些问题。正是价值和产品两大方面结构性匹配与均衡的问题，以及市场范围的大小问题，造成了整体经济和部门之间的产能过剩与供给不足共存、某些需求不足与某些需求过旺共存的现象。习近平指出："供给和需求是市场经济内在关系的两个基本方面，是既对立又统一的辩证关系，二者你离不开我、我离不开你，相互依存、互为条件。没有需求，供给就无从实现，新的需求可以催生新的供给；没有供给，需求就无法满足，新的供给可以创造新的需求。"① 供给侧结构性改革的理论和实践表明，我们不是单纯照搬西方经济学，也不是简单借鉴西方经济学理论，而是在坚持马克思主义政治经济学的基础上，尊重自己的实践经验，同时科学地借鉴西方经济学中的合理成分，并有所发展。

由此可见，在借鉴和运用西方经济学的有关理论时，前提是一切从实际出

---

① 《十八大以来重要文献选编》（下），中央文献出版社 2018 年版，第 173 页。

发，一定要明确西方经济学有关理论的背景、适用条件及范围，明白其缺陷和局限性，防止误用带来不良后果。

思考题：

1. 什么是总需求曲线的利率效应？
2. 什么是总需求曲线的实际余额效应（财富效应）？
3. 在 AD-AS 模型中以价格变动代表供给冲击具有合理性吗？
4. 价格水平变动都会从哪些方面影响总需求量？
5. 在实际经济活动中，引起总需求曲线和总供给曲线移动的因素主要是什么？
6. 某经济中，消费函数为 $C=600+0.8Y$，投资函数为 $I=400-50r$，政府购买为 200；货币需求函数为 $L=250+0.5Y-125r$，名义货币供给量为 1 250，价格水平为 1。

   （1）试求 IS 方程和 LM 方程。

   （2）试求均衡收入和均衡利率。

   （3）假设充分就业收入为 5 000，若政府欲采用扩张性货币政策实现充分就业，需要增加多少货币供给？

   （4）当价格水平可以变动时，推导出总需求函数。

   （5）假定总供给函数为 $Y=2\ 375+125P$，根据（4）求出的总需求函数，求均衡价格水平和均衡收入。
7. 假定某经济存在以下关系：消费 $C=800+0.8Y_d$，税收 $T=0.25Y$，投资 $I=200-50r$，政府购买 $G=200$，货币需求 $M_d/P=0.4Y-100r$，货币供给 $M_s=900$（名义货币量），总供给函数为 $Y=2\ 350+400P$。

   （1）试求总需求函数。

   （2）总供给与总需求均衡时，收入水平为 Y、价格水平为 P，假定经济充分就业的收入水平为 2 850，试问该经济是否实现了充分就业？此时政府应采取什么样的政策，以实现充分就业的目标？
8. 请说明简单凯恩斯模型、IS-LM 模型、AD-AS 模型之间的内在联系。
9. 请解释总供给曲线三个区域的含义，并用 AD-AS 模型解释西方国家 20 世纪 70 年代的滞胀和美国 20 世纪 90 年代的新经济。

10. 请结合我国的经济实践以 *AD–AS* 模型谈谈重点以财政政策促进经济恢复或增长的局限性和副作用。

▶ 自测习题及参考答案

第十三章　失业、通货膨胀和经济周期

在短期的经济波动中，失业与通货膨胀是各国政府最关心的问题，它们都是伴随着收入的变动而出现的，与总供给和总需求有关。在经济扩张和繁荣时，失业减少，价格上涨；在经济收缩和萧条时，失业增加，价格一般会下降。本书第九章第四节陈述了四个宏观经济问题，在宏观经济的短期运行过程中，失业问题和通货膨胀问题都是一国政府非常关注的宏观经济问题。本章在前面的理论模型基础上，深入讨论失业和通货膨胀的原因与后果，以及两者之间的关系，并介绍关于经济波动的理论，即经济周期理论。

第一节　失　　业

一、失业的宏观经济学解释

从第九章对劳动力构成与失业分类的分析可以知道，失业是指处于法定劳动年龄阶段、具有劳动能力且有工作意愿的劳动者找不到工作岗位的经济现象。

西方发达国家用不同的指标来反映劳动力市场以及失业等状况。这是因为，失业率受到定义差别及统计误差等因素的影响，它不能全面、准确地反映劳动力市场的真实情形。如美国，一般是用失业率、劳动参与率、就业-人口比率等指标来反映劳动力市场状况的。

失业是由什么原因引起的呢？西方经济学家对此提出了各种各样的理论解释。

（一）古典经济学对失业原因的解释

古典经济学的失业理论是以萨伊定律为核心的。按照这一定律，一种商品的生产、销售必然为其他商品的生产、销售创造条件，因而商品的供给与需求总是趋于均衡，不会出现生产过剩。而且每一个商品生产者都是理性的，都会尽力扩大生产、销售，这样社会的生产、销售就能达到最高水平，从而实现充分就业。20 世纪 30 年代以前的古典和新古典经济学家都信奉这样的解释。他们认为，经济社会中不存在失业，充分就业是一个始终存在的倾向。如果社会存在失业现象，那么也只是摩擦性失业和自愿性失业，只是生产过程中局部的、暂时的失调。

（二）凯恩斯对失业原因的解释

20 世纪 30 年代经济大萧条期间有大量的工人失去工作。凯恩斯目睹大量失业人口的存在，承认资本主义社会存在失业的必然性。他除了接受传统经济学关于摩擦失业和自愿失业的理论外，还提出非自愿失业理论。所谓非自愿失业，是指劳动者愿意接受现有的工资水平但找不到工作岗位的现象。凯恩斯用总量分析方法，即有效需求理论，来论述非自愿失业问题。所谓有效需求就是商品总供给和总需求达到均衡状态的社会总需求；有效需求不足就是指社会总需求小于既定的总供给的状态。有效需求是由消费需求与投资需求构成的，它是决定社会总就业量的关键性因素。当有效需求不足时充分就业就无法实现。凯恩斯用三大基本心理规律来解释为什么会出现有效需求不足的问题，即边际消费倾向递减、资本边际效率递减和流动性偏好这三个基本心理规律，使经济消费需求和投资需求不足，从而导致非自愿失业。

从图 13-1 可以看到，有效需求不足导致实际总需求小于充分就业的总需求时，会出现一个缺口，即实际总需求和充分就业的总需求之间的差额。图 13-1 中，横轴 Y 表示国民收入，纵轴 AD 表示总需求。在充分就业时，总需求 AD_f 与 45°线的交点 E_f 决定了充分就业时的国民收入水平 Y_f。此时，经济中不存在非自愿失业。但实际总需求为 AD_0，由它所决定的国民收入水平为 Y_0。由于 $AD_0<AD_f$ 导致了 $Y_0<Y_f$，这就必然引起失业。因此，实际总需求 AD_0 与充分就业总需求 AD_f 之间的差额（图 13-1 中的 E_fK）就是有效需求不足的差额。

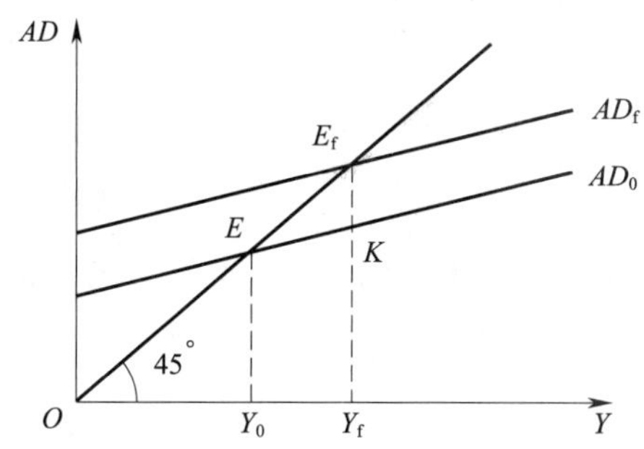

图 13-1 有效需求不足与失业

（三）新凯恩斯主义经济学对失业原因的解释

20 世纪 80 年代以来，新凯恩斯主义经济学以不完全竞争和不完全信息为前提，通过论证工资和价格黏性进而解释非自愿失业存在的原因。从美国 20 世纪 80 年代后期的失业率与实际工资率的统计数据看，经济中存在失业率波动较大、实际工资率变化较小的现象。实际上，工资和价格刚性是传统凯恩斯主义理论及政策分析的隐含条件，不过他们没有对导致工资和价格刚性的原因做出解释。新凯恩斯主义者继承了原凯恩斯主义关于货币工资刚性的假设，认为工资在短期内具有黏性，即工资滞后反映劳动力市场的供求状况及其变化。因此，工资率并不会随劳动需求的变动做出充分调整。对存在工资黏性的原因主要有以下解释。

一是劳动工资合同论。在一些行业中，由于工会的力量，往往可能签订较有利于雇员的工资合同。这些合同通常附加工资随生活费上涨而增加，而当经济衰退时工资率并不随之削减的条款。尽管许多合同的签订在时间上是彼此错开的，即每个月、每周都会有新的合同产生，但相对固定的合同期的确减缓了工资率调整的进程。虽然“工资合同说”不能完全解释工资刚性，但在一些行业中，它仍被看做是导致工资率相对稳定的重要因素。

二是隐含合同论。这种理论认为，除正式合同外，雇主与雇员之间可能达成工资率相对固定、不随经济波动调整的默契。这种默契被称为隐含合同，它有别于正式合同。该理论认为，雇员一般是回避风险的，即愿意为一个可支付稳定工资的企业工作。隐含合同意味着工资率将不随劳动力市场供求的波动而变化。在经济不景气时，企业可能支付给雇员高于市场一般水平的工资。作为回报，在经济高涨时，雇员也只能留在该企业，接受低于其他企业的工资率。

三是局内人-局外人理论。所谓局内人是指那些在特定企业工作的人，而局外人是那些想到该企业工作的人。这种理论认为，每个企业都需要一支受过培训的劳动者队伍，对新雇员（局外人）的培训通常是由在职雇员（局内人）来完成的。在职雇员担心培训了新雇员之后，会影响他们与企业讨价还价的地位或者分量，因而不愿意与企业合作培训新雇员。再者，如果企业支付给新雇员的工资低，经培训掌握了技能的雇员就可能被出高薪的企业挖走。因此，企业只能通过向新、老雇员支付相同的报酬来解决这一矛盾。由此，局内人-局外人理论解释了为什么在较高失业率情形下企业不降低新雇员薪酬的现象。

四是效率工资理论。效率工资理论认为，在一定限度内，企业通过支付给雇员比劳动力市场出清时更高的工资率，可以促使劳动生产率提高，获得更多的利润。首先，较高的工资率可以保障劳动者队伍的质量。在经济衰退时期，企业对劳动者的需求降低，若削减工资水平，通常最有可能离职的往往是最好的雇员。较高的工资率是维持高质量劳动者队伍稳定的重要条件。其次，工资率会影响劳动者的努力程度。雇主通常并不可能完全监督雇员行为，工资就构成了雇员偷懒被发现而被解雇的机会成本。工资率越高，机会成本越高。因此，较高的工资有利于减少偷懒的倾向。最后，工资影响劳动流动率。雇员离职的比率，称为劳动流动率。降低工资率会使雇员辞职的比率增加，特别是熟练雇员辞职率的上升。企业发现，尽管在经济衰退期削减工资可以减少直接劳动成本，但这些节省并不足以抵消培训费用或雇用熟练员工增加的成本。

企业间的效率工资可能是不一样的。一般地说，效率工资取决于两个因素：其他企业支付的工资与失业率水平。如果其他企业支付的工资较低，那么该企业也不需要支付过高的工资。因为对雇员来说，被开除的成本增加了，这将使雇员在不太高的工资下努力工作。同样，如果社会失业率增加，企业也不会以过高的工资诱使人们工作。换个角度说，效率工资理论表明，社会上没有哪个企业愿意率先降低工资，这样做只会降低雇员的劳动积极性，而且最好的雇员可能会被其他企业吸引走。因此，效率工资的调整过程是缓慢的。

（四）现代货币主义对失业原因的解释

现代货币主义的失业理论可以简单归结为自然失业率假说。所谓自然失业率是指在没有货币因素干扰的情况下，劳动力市场和商品市场的自发供求力量发挥作用时应有的、处于均衡状态下的失业率。即弗里德曼所说的，自然失业率是指在任何时候，都存在着与实际工资率结构相适应的某种均衡失业水平。①并且它在现代社会中是始终存在的，但并不是一个固定不变的量。

弗里德曼还以自然失业率假说为基础，否认菲利普斯曲线即失业与通货膨胀交替的关系。他认为，如果政府用增加货币量来刺激就业，雇员没有预见到实际收入下降时，就愿意增加劳动供给。但从长期看，货币量增加引起价格上涨，使雇员实际工资没有变动甚至下降，雇员不愿意提供更多的劳动，失业不仅没有减少而且物价会持续上涨。

二、失业的影响和奥肯定律

（一）失业的影响

失业是市场经济中的一种经济现象。失业会给个人、家庭和社会带来多方

---

① ［美］弗里德曼：《货币政策的作用》，张祥年译，载《现代国外经济学论文选》第1集，商务印书馆1979年版。

面的不利影响。

失业给个人和家庭带来物质和精神的负面影响。一是失业影响家庭收入。一旦失去工作，劳动者的收入下降甚至失去劳动收入来源，其家庭收入急剧下降甚至中断，从而使得整个家庭的生活质量下降。二是失业影响个人的身心健康。失去工作会使失业者的自尊心和自信心受到伤害，心理往往出现不平衡甚至自暴自弃的现象。研究人员在对失业者的健康状况进行调查时发现，因企业倒闭而失业的人出现高血压、心脏病等健康问题的概率增加 83%，被解雇或裁员的失业者出现健康问题的概率增加 43%。失业压力超出其心理承受能力后则可能导致失业者自杀。三是失业影响家庭声望。失业造成的心理压力跟年龄、失业持续时间有关。对年轻人而言，因其精力旺盛，持续的失业更容易使他们对社会失去信心，疏远社会，甚至转向诸如犯罪和吸毒之类的反社会行为。对于中年人来说，失去工作使其家庭负担更加沉重，从而使家庭不和等问题更为突出。①

失业影响社会稳定。当一个社会的失业问题严重时，失业者可能会采取一些过激行为来表达自己要求就业的愿望，这样将给社会生产、生活秩序与社会稳定带来隐忧，甚至可能引发大规模的社会动荡。

失业影响经济发展。首先，失业增加经济的运行成本。从国家的角度来看，为了使失业者能够生存下去，国家要为失业者提供失业救济金和最低生活保障金，这些转移支付无疑增加了政府的财政负担。当失业增加时，政府的税收亦会减少，将导致财政赤字增加。从社会的角度来看，被抛离到社会中去的大量失业者会发泄心中的不满，扰乱社会秩序，产生社会问题，增加社会负担。其次，失业带来了产出损失。这一点可以用机会成本加以衡量。当失业率上升时，经济中本来由失业者生产出来的产品和服务的价值难以实现。从产出核算的角度看，失业者的收入总损失等于生产的损失，因此，损失的产量是计量周期性失业损失的主要尺度，因为它表明经济处于非充分就业状态。最后，失业率不断上升也会影响整个社会的信心，对投资和消费带来不利影响，人们会因为未来失业状况的不确定性开始缩减预算，从而加重整个社会经济的不景气。

（二）奥肯定律

失业实际上是社会经济资源的浪费，因为它导致劳动力资源与机器设备的闲

---

① ［美］约瑟夫·E. 斯蒂格利茨、卡尔·E. 沃尔什：《经济学》（第 4 版），黄险峰、张帆译，中国人民大学出版社 2013 年版，第 499 页。

置。经验数据表明，在经济周期之中，失业与产出之间存在着反向变动的关系。这种变动关系最早是美国经济学家奥肯提出的，故称奥肯法则或奥肯定律。

奥肯定律可用下面的公式表示：

$$\frac{Y-Y_f}{Y_f}=-\alpha\ (u-u^*) \tag{13.1}$$

式中，Y代表实际产出，Y_f代表潜在产出，u代表失业率，u^*代表自然失业率，α代表大于零的参数。

奥肯定律也可以表示为另外一种形式：

$$\frac{\Delta Y}{Y}=3\%-2\Delta u \tag{13.2}$$

式中，$\Delta Y/Y$代表产出增长率，Δu代表失业率相对于前一年的变化。式（13.2）说明了失业率增加时（$\Delta u>0$），实际产出Y的年增长速度低于3%。由于3%为美国充分就业产出的平均增长率，因此这个式子也表明，失业率每高于自然失业率1个百分点，经济增长率会比充分就业的增长率低2个百分点。式（13.2）假设自然失业率不变，分析其与经济增长的关系，被称为奥肯定律的增长率形式。

奥肯定律的一个重要的结论是：在GDP没有达到充分就业水平时，实际GDP必须保持与潜在GDP同样快的增长速度，以防止失业率上升。也就是说，实际GDP必须不断增长才能保持失业率停留在原来水平上。如果政府想让失业率下降，那么该经济社会实际GDP的增长速度必须快于潜在GDP的增长速度。

表13-1显示1930—2003年美国各个时期的高失业率都导致实际产出下降，这就是失业的经济损失。最大的经济损失发生在经济大萧条时期。20世纪70年代和80年代，美国的产出损失超过了1万亿美元。

表13-1 美国高失业率时期的经济代价

经济损失 \ 时期	产出损失		
	平均失业率（%）	GDP损失（10亿美元，2003年价格）	占该时期GDP的比例（%）
经济大萧条时期（1930—1939年）	18.2	2 560	27.6

续表

时期 \ 经济损失	产出损失		
	平均失业率（%）	GDP 损失（10 亿美元，2003 年价格）	占该时期 GDP 的比例（%）
石油危机时期（1975—1984 年）	7.7	1 570	3.0
新经济后的萧条时期（2001—2003 年）	5.5	220	0.2

资料来源：［美］保罗·萨缪尔森、威廉·诺德豪斯：《宏观经济学》（第 18 版），萧琛主译，人民邮电出版社 2008 年版，第 271 页。

奥肯定律所描述的经济增长与失业率之间的具体数量关系只是对美国经济现象的总结，并没有经过严格的检验。这些数量关系不一定准确，它会因时间、对象、条件的不同而有所差异。但是，它所描述的这一数量关系在宏观经济研究中有一定的现实意义。

第二节 通货膨胀

一、通货膨胀的类型和原因

第九章指出，通货膨胀是指一个经济体在一定时期内价格水平普遍、持续地上升。具体地说，一是物价上涨不是指一种或几种物品的物价上涨，而是物价总水平的上涨；二是物价上涨应持续一定时期而不是短暂的物价上升；三是物价上涨达到一定的幅度，如果物价水平上升幅度较小，即便有物价上升，那么也不称其为通货膨胀。

（一）通货膨胀的类型

根据不同的标准，通货膨胀有不同的分类。

1. 按照通货膨胀的程度分类

按照通货膨胀的严重程度，可以将其分为三种类型。

（1）爬行的通货膨胀，又称温和的通货膨胀，其特点是通货膨胀率低而且比较稳定。

（2）加速的通货膨胀，又称奔驰的通货膨胀，其特点是通货膨胀率较高（一般在两位数以上），而且持续加剧。

（3）超速的通货膨胀，又称恶性通货膨胀，其特点是货币贬值可达到天文数字，物价上涨犹如脱缰的野马，完全失去了控制，每月通货膨胀率达到50%以上。历史上有两次超速的通货膨胀最典型。一次出现在第一次世界大战后的德国。1923年，德国的纸币流通量达到496×10^{18}马克的天文数字。① 价格指数由1922年1月的100上升到1923年11月的10^{13}。② 另外一次是1949年5月，国民党政府金圆券的发行量折合法币高达$2\ 038\ 374\times10^{6}$亿元，上海的物价总指数由1937年6月的100，上升为$36\ 366\times10^{11}$。20世纪后半叶，恶性通货膨胀也不乏其例。例如，巴西1988—1994年每年的通货膨胀率分别为1 300%、2 900%、440%、1 000%、1 260%和1 740%。③

2. 按照通货膨胀发生的原因分类

按照通货膨胀发生的原因，也可以将其划分为三种类型。

（1）需求拉上型通货膨胀，即社会总需求超过总供给所引起的一般物价水平的持续显著的上涨。这种理论产生于20世纪50年代以前，认为通货膨胀是由于总需求过度增长所引起，包括产品与服务在内的总需求超过了按现行价格可得到的总供给，从而引起物价上涨。

（2）成本推动型通货膨胀，即通货膨胀源于总供给的变化。具体是指由于产品成本上升，即原材料价格上涨、工资成本上升和企业要保持一定利润水平，从而使物价水平普遍上涨的一种经济现象。

（3）结构型通货膨胀，即物价的上涨是由于某些部门的产品需求过多引起的。虽然经济社会的总需求并不特别大，但最初由于某些经济部门的需求过多使物价水平和工资水平上升，这样就给其他部门形成压力，结果使得其他部门的物价水平和工资水平趋于上升，于是出现全面的通货膨胀。

（二）通货膨胀的原因

在西方经济学中，对通货膨胀原因的解释多种多样。有的侧重于总需求的

① 王荫乔：《简明金融词典》，天津人民出版社1984年版，第64页。

② ［美］保罗·A. 萨缪尔森、威廉·D. 诺德豪斯：《经济学》（第12版），高鸿业等译，中国发展出版社1992年版，第374页。

③ ［美］威廉·A. 迈克易切恩：《宏观经济学》，王真等译，经济科学出版社2004年版，第173页。

角度，有的侧重于总供给的角度，也有的是从货币的供给角度进行解释。

1. 需求拉上型通货膨胀

需求拉上型通货膨胀是从总需求的角度解释通货膨胀，认为通货膨胀是总需求超过总供给所引起的一般价格水平的持续显著的上涨，是“过多的货币追求过少的商品”的现象。凯恩斯学派的理论对“需求拉上”有比较详细的解释。

图 13-2 用来说明需求拉上型的通货膨胀。图 13-2 中，横轴 Y 表示总产量（国民收入），纵轴 P 代表一般物价水平。AD 为总需求曲线，AS 为总供给曲线。总需求是全社会对产品和服务的需求总量，总需求曲线表示全社会的需求总量与一般价格水平之间的关系。总供给是全社会的供给总量。总供给曲线 AS 在产量从 O 到 Y_1 区间，为水平状，价格水平始终保持稳定。总需求曲线 AD_1 与总供给曲线 AS 的交点 E_1 决定的价格水平为 P_1，总产量水平为 Y_1。当总产量水平达到 Y_1 以后，由于劳动、原料、生产设备等的不足会使生产成本提高，从而引起价格水平的上涨。图 13-2 中，总需求曲线 AD 继续提高时，总供给曲线 AS 便开始逐渐向右上方倾斜，价格水平逐渐上涨。总需求曲线 AD_2 与总供给曲线 AS 的交点决定的价格水平为 P_2，总产量水平为 Y_2。总需求曲线 AD_3 与总供给曲线 AS 的交点决定的价格水平为 P_3，总产量水平为 Y_f。当达到充分就业的总产量 Y_f 时，整个社会的经济资源全部得到充分利用。此时，如果总需求继续增加，总供给将不再增加，AS 曲线成垂直状。这时，总需求的增加只会引起价格的上涨。如图 13-2 中的总需求曲线从 AD_3 提高到 AD_4 时，它与总供给曲线的交点所决定的总产量水平并没有增加，但价格水平却从 P_3 上升到 P_4。

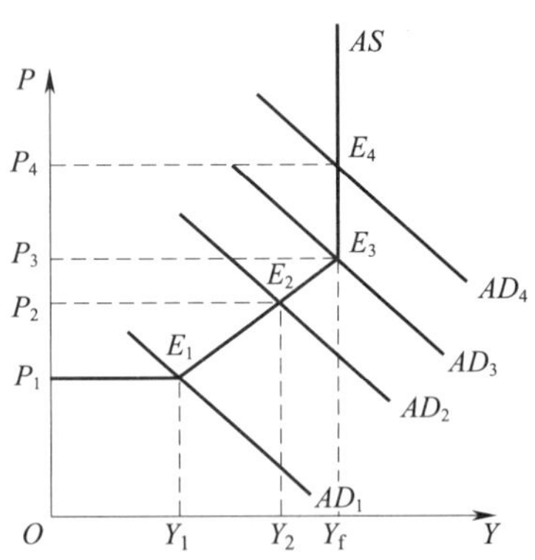

图 13-2 需求拉上型通货膨胀

不同的西方经济学派对需求拉上有不同的解释。凯恩斯学派认为，当经济达到充分就业后，由于总产出已经达到最大化，这时货币供给量增加或货币流通速度加快会形成过度需求，从而使一般物价水平与货币数量同比例上升，产生真正的通货膨胀。货币主义学派强调货币供给对通货膨胀的决定作用，认为通货膨胀无论何时何地都只是一种货币现象，是货币过多才导致总需求大于总供给，从而引发一般物价水平的上涨。

2. 成本推动型通货膨胀

成本推动型通货膨胀是从供给方面来解释通货膨胀成因的，认为在没有超额需求的情况下，供给方面成本的提高也会引起一般价格水平持续和显著的上涨。比如，1973—1974 年，石油输出国组织将石油价格提高了 4 倍，到 1979 年，石油价格又被再一次提高。石油提价意味着产品和服务的成本急剧升高，结果导致了成本推动型通货膨胀。生产成本的增加可能来自不同的方面，劳动、原材料、设备等成本的提升都有可能。具体而言，成本推动型通货膨胀主要分为三种类型。

（1）工资推动型通货膨胀。它以不完全竞争的劳动力市场为假设前提，认为过高的工资将导致一般价格水平上涨。在不完全竞争的劳动力市场上，由于强大的工会组织，工资不再是由劳动力市场供求状况决定，而是工会和雇主集体议价的结果。如美国的汽车、钢铁、电信等行业的工会非常强大，在工会化的行业里，工资水平一般都会高于没有工会化的市场工资水平。当工资的增长率超过了生产的增长率，引起了价格上涨时，工会就会要求提高工资，再度引起物价上涨，如此循环往复，造成了工资-物价的螺旋上升，从而形成工资推动型通货膨胀。

（2）利润推动型通货膨胀。现实的市场结构往往是不完全竞争的。特别是一些自然垄断的行业，譬如钢铁、石油化工等，这些寡头企业往往拥有控制市场价格的能力，它们为追逐更多的利润，以超过生产成本上升的幅度来提高产品价格，致使价格上涨的速度超过成本增长的速度，进而导致总体物价水平的上升。

（3）进口型通货膨胀，又称输入型通货膨胀，是指在开放型的经济条件下，因进口商品的价格上升、费用增加从而使价格上涨所引起的通货膨胀。它通常表现的主要特征是，在国内总需求或货币供给无明显扩张的情况下，由于进口原材料价格大幅上涨，生产和流通领域产生连锁反应，从而推动了物价上涨。比如，由石油等需要进口的原材料价格上涨导致国内的价格上涨，就属于进口型通货膨胀。它对国内经济影响的严重程度一般取决于以下因素：① 国际市场价格与国内市场价格之间的差距；② 开放经济部门在总体经济中所占的比重；③ 国内政策调整和选择的灵敏程度。

图 13-3 用来说明成本推动型通货膨胀情形。在图 13-3 中，总需求是既定的，不发生变动，变动只出现在总供给方面。当总供给曲线为 AS_1时，与总需求曲线 AD 的交点 E_1决定的价格水平为 P_1，产出水平为 Y_1。当总供给曲线由于成本提高而移动到 AS_2时，与总需求曲线 AD 的交点 E_2决定的价格水平为 P_2，产出水平为 Y_2。这时，总产量下降，而价格水平上升了。当总供给曲线由于成本进一步提高而移动到 AS_3时，与总需求曲线 AD 的交点 E_3决定的价格水平为 P_3，产出水平为 Y_3。这时总产量进一步下降，而价格水平进一步上升。

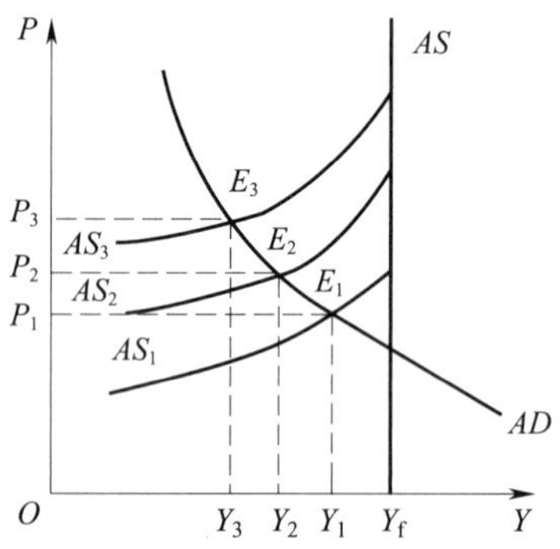

图 13-3 成本推动型通货膨胀

成本上涨属于供给方面的冲击，此时不仅价格上涨，而且产量和就业还在减少。这种情况被称为滞胀，也是本书第九章第四节陈述的第三个宏观经济问题。本章第三节还将对其进行分析。

3. 结构型通货膨胀

结构型通货膨胀是指，在总需求和总供给处于平衡状态时，由于经济结构性因素的变动所引起的物价普遍持续的上涨。这种理论最早出现在 20 世纪 60 年代初，到了 70 年代，结构型通货膨胀理论进一步得到发展。经济结构因素的变动具体表现为两个方面。

一方面是需求结构的变动。第二次世界大战之后世界经济发展迅速，各产业部门的需求状况在不断变化，这样就出现一些部门的需求扩大，而另一些部门的需求减少的情况。尤其是 20 世纪中后期这种现象比较突出。

另一方面是各部门劳动生产率增长速度的差异。一般来说，工业部门生产率的增长快于服务业部门，但两大部门的货币工资增长速度却相同。这是因为劳动生产率提高慢的部门在工资和物价问题上都要求“公平”，这种部门间生产率增长速度的差异和货币工资的一致增长就造成服务部门成本持续上升的压力，从而成为一般物价水平上涨的动因。

4. 货币主义学派对通货膨胀成因的解释

与凯恩斯主义理论不同，货币主义学派强调货币是影响总需求的主要因素。按照货币主义学派的观点，货币流通量与进入流通的产品和服务价格总额之间存在着密切关系。可以用数量方程式来表示交易量与货币供给量之间的关系：

$$MV=PT \tag{13.3}$$

式中，M 代表货币供给量；V 代表货币流通速度，它被定义为名义收入与货币供给量之比，即一定时期（如一年）平均 1 单位货币用于购买最终产品与服务的次数；P 代表平均价格水平；T 代表一定时期内产品和服务的交易总量。该方程式是一个恒等式。这个方程式的意义在于揭示了四个变量之间的相互关系，即式中一个变量变动，那么其他一个或者几个变量也相应变动。例如，如果货币流通速度保持不变，增加货币供给量，那么必然要求价格上升或者交易数量上升。

货币供给与通货膨胀存在内在的关系。因对交易总量的衡量有一定的困难，一般用经济中的总产出 Y 来替换 T，则交易方程式为：

$$MV=PY \tag{13.4}$$

式中，Y 代表实际收入水平，其他变量的含义不变。等式左边的 MV 反映的是经济中的总支出，而右边的 PY 是按照当前物价水平计算的产出水平。由于经济中对产品与服务支出的货币额即为产品和服务的总销售价值，因而方程的两边相等。对式（13.4）取自然对数，则有：

$$\ln P+\ln Y=\ln M+\ln V$$

对于上式关于时间 t 求微分，并重新整理得：

$$\frac{1}{P}\cdot\frac{\mathrm{d}P}{\mathrm{d}t}=\frac{1}{M}\cdot\frac{\mathrm{d}M}{\mathrm{d}t}+\frac{1}{V}\cdot\frac{\mathrm{d}V}{\mathrm{d}t}-\frac{1}{Y}\cdot\frac{\mathrm{d}Y}{\mathrm{d}t} \tag{13.5}$$

式（13.5）中，令 $\mathrm{d}V/\mathrm{d}t=0$，因为货币流通速度的变化率是由社会的制度和技术因素决定的，可假设为常数。这样，通货膨胀率就等于货币增长率减去实际收入的增长率。由于产出的变化率取决于生产函数的技术结构和投入要素的数量，在长期内也是常数，因此，可以得出如下结论：通货膨胀的产生主要是因为货币供给增加，如果中央银行保持货币供给稳定，那么物价水平也将稳定。这就是货币数量论的核心观点。依据货币数量论，弗里德曼认为，在当今世界上，通货膨胀是印钞机带来的现象，是由于货币量比产量增加得更快造成的，货币量的作用为主，产量的作用为辅。许多现象可以使通货膨胀率发生暂时的波动，但只有当它们影响到货币增长率时，才产生持久的影响。

二、通货膨胀的影响

（一）通货膨胀的惯性

通货膨胀发展过程通常是螺旋式的上升运动，也就是价格水平不是一次性改变，而是持续上升过程。而且，在大多数情况下，通货膨胀还存在惯性。即，一旦发生通货膨胀，这一通货膨胀会有不断持续下去的趋势。

造成通货膨胀持续发展的原因来自预期，或者来自需求拉上和成本推动的共同作用。如果经济社会的大多数人预期下一个时期的通货膨胀率与上一期一样，这种对通货膨胀现象的预期就会变成经济运行的现实。因为，雇员将与雇主谈判要求增加工资，使工资率与物价水平同比例地上升，这样他们的实际工资就不会下降；银行在贷款时也希望确保一定的实际收益率，在确定贷款利率时，它们要考虑避免可能出现年末收回货币值低于年初贷出的货币值这一情况。这意味着，在以货币计量的一些名义变量（如工资、租金等）的提高和价格上涨之间存在着互为因果的关系。以工资为例，工资水平提高引起价格上涨，价格上涨又引起工资水平提高。于是，工资水平提高和价格上涨形成了螺旋式的上升运动。

从另一角度看，当雇员的工资增加后，其消费需求也相应增加，于是成本推动型通货膨胀也会启动需求拉上型通货膨胀。现实中的通货膨胀不容易分清楚是由于需求拉上的还是成本推动的。成本推动型通货膨胀在得到总需求扩张的支持后，必然演化成螺旋式混合型通货膨胀，即由需求拉上和成本推动共同作用而引起的通货膨胀。

（二）通货膨胀的后果

世界各国经济发展的事实表明，通货膨胀所带来的效应总是弊大于利，甚至通货膨胀被认为是一种社会灾难。凯恩斯曾指出通货膨胀的危害，认为再也没有什么比通过摧毁一国的货币来摧毁一个社会的基础更容易的事情了。通货膨胀出现或恶化不仅会导致市场价格的严重扭曲，而且也会导致一国货币的严重贬值，并由此破坏整个市场的运作法则，每一个经济活动的参与者和经济单位都难以置身事外。

1. 通货膨胀的社会成本

西方经济学家认为，通货膨胀会给社会增加各种成本，具体有以下几类。

（1）持有货币的“鞋底成本”。这是指通货膨胀提高了消费者和企业持有货币的成本。一般而言，通货膨胀率越高，人们越不愿意持有货币，因为持有货币会使他们遭受购买能力的较大损失。这样，人们会采取一定的行动来“节省”其货币的持有量，相应地必须更频繁地光顾银行。假设一个家庭一个月的支出需要3 000元，他们将不会像通货膨胀之前一样一次性地取足一个月要花费的现金，而是把他们的钱存在生息账户中每次取出一小部分，如只够维持一周生活的现金量。因频繁出入银行增加了他们鞋子的磨损，西方经济学者诙谐地称为“鞋底成本”，即用它来表示因减少货币持有量所带来的不便。那些试图持有更少现金的消费者和企业会给银行带来额外的业务量，为了应付由此而来的交易活动的增加，银行不得不雇用更多的职员并扩张业务。例如，在德国的超级通货膨胀时期，银行雇员从 1913 年的 100 000 人增加到 1923 年的 375 000 人。① 通货膨胀增加了银行的管理费用和运营成本，并造成了现实交易的低效率。

（2）“菜单成本”。“菜单成本”又称为调整价格的成本。通常，很多企业并不频繁调整产品的价格。企业宣布的产品价格几周、几个月甚至几年内可以保持不变。但在通货膨胀期间，企业可能不得不经常更换产品的报价。改变报价是需要花费成本的，包括研究和确定新价格的成本、重新编印价目表的成本、通知销售点更换价格标签的成本等。这种成本犹如餐馆印刷新的菜单的成本一样，故称为“菜单成本”。通货膨胀率越高，调整价格目录就越是频繁，特别是超速通货膨胀期间，企业更经常地变动价格，其成本开支更大。例如，20 世纪 20 年代德国在恶性通货膨胀期间，一家餐馆服务员每隔 30 秒钟就报出一次新的价格。②

（3）通货膨胀导致的税收扭曲。因许多税收条款在制定时并没有考虑通货膨胀的影响，通货膨胀的发生将改变人们的税收负担。譬如，现在购买的一些股票在一年后以相同的价格出售，如果没有通货膨胀的影响，投资并没有获得实际收入，所以政府不征税是合理的。但是，假如通货膨胀率是 12%，一年后出售的名义价值增加 12%，税收制定者并未考虑通货膨胀的影响，只是按照实

---

① ［美］保罗・克鲁格曼、罗宾・韦尔斯：《宏观经济学》，赵英军译，中国人民大学出版社 2009 年版，第 499 页。

② ［美］N. 格里高利・曼昆：《宏观经济学》（第 5 版），张帆、梁晓钟译，中国人民大学出版社 2005 年版，第 97 页。

际交易金额来征税，这样，政府将对这部分名义资本收益征税。可见，虽股票的实际价值是相同的，但税后个人的实际收入却是减少的。

此外，通货膨胀造成了价格体系中的“噪声”。价格是市场向供给者与需求者传递的信息。如果某种产品或服务价格上涨了，就是告诉需求者，他们应该减少在这种产品或服务上的支出；同时供给者也得到一个信号，他们应该向市场增加供给量。但是，在存在通货膨胀的情况下，价格将不仅仅受产品供给、需求的影响，还会受到整体价格水平变化的干扰。从这个意义上说，通货膨胀在价格体系中制造了“噪声”，掩盖了价格所传递的信息的真实性，从而降低了整个市场体系的效率。正是这种效率的降低造成了真实经济成本。

2. 通货膨胀的经济影响

（1）对收入与分配的影响。当发生未预期通货膨胀时，有固定货币收入的人以及债权人将遭受损失。相反，非固定收入者及债务人则是受益者。也就是说，在现实生活中，通货膨胀对不同的收入阶层、不同资产的持有者的影响是不同的。

首先，通货膨胀不利于靠固定收入维持生活的阶层。通货膨胀率越高，人们在给定的名义收入或者货币收入下所能购买的商品数量就越少。固定收入阶层的货币收入是固定的，随着物价水平的上涨其购买力不断地降低，他们的生活水平也必然不断地降低。固定收入阶层主要包括工薪阶层、公共雇员、领取救济金和退休金的人群以及靠福利和其他转移支付维持生活的人群。因此，如果通货膨胀率上升，在名义收入不变时，固定收入阶层的实际收入（购买力）就将下降，生活水平也就下跌，他们成为通货膨胀的受害者。

其次，通货膨胀对债权人和债务人的影响。债务契约是根据签约时的通货膨胀率或预期通货膨胀率规定名义利率，如果在偿还期未到时通货膨胀率上升了，那么债权人的利息收入将受到损害，而债务人因所付的实际利率降低而获得相应好处。例如，银行的储蓄者是债权人，随着价格水平的上涨，他们存款的实际价值或者购买力就会下降。如果通货膨胀率很高，实际利率甚至可能是负值。因此，通货膨胀使银行的储蓄者蒙受损失。

最后，通货膨胀对财富分配的影响。这里主要是指通货膨胀对财产净值的影响。财产净值取决于所有者财产的货币价值以及所欠债务的多少。一般而言，财产的货币价值会由于通货膨胀而变动，有的财产会升值，有的会贬值；债务则会由于通货膨胀率的上升而相对减少。

（2）通货膨胀的产出效应。通货膨胀对产出的影响取决于通货膨胀的类型。

第一，平衡的和预期到的通货膨胀。平衡的通货膨胀是指每种商品的价格均按同一比例上升，包括各种生产要素的价格，如劳动的价格（工资）、土地的价格（租金）和资本的价格（利息率）等。预期到的通货膨胀是指在较平稳的经济运行过程中，物价水平年复一年地按照某一比例或幅度上升，因而一国的居民根据这一上升比例可以预测到未来一年的物价水平，并根据可预测到的价格水平调整自己的消费与储蓄行为。

在这样的情形下，人们在签订工资合同或者贷款契约时，会把预期到的通货膨胀率考虑在内，工资、利率和租金都将按照与各产品价格上升幅度相同的比例增长，实际工资和实际利率都不会发生变化，因而产量与就业也不会受到影响。

第二，平衡的和未预期到的通货膨胀。在现实经济社会中，未预期到的通货膨胀是经常性的。特别是在开放经济中，由于影响价格水平变动的因素多种多样，并且变化莫测，因此很难准确预测到通货膨胀如何变化。例如，俄罗斯在1992年放开物价水平后的5年内，价格水平居然上升1 000倍。出人意料的通货膨胀出现后，公众预期的调整需要一个过程，这样就形成一个“时滞”。在这期间，名义工资未发生变化，企业利润率相应提高，容易刺激私人投资的积极性，从而增加产出。

第三，非平衡的和预期到的通货膨胀。非平衡的通货膨胀是指在经济中各种商品的价格按不同比例上涨的通货膨胀。因为不同产品和服务的价格受不同因素的影响，所以这种类型的通货膨胀也是比较常见的。比如，甲产品价格上升的幅度可能会高于乙产品价格上升的幅度，消费品价格上涨的幅度可能会高于投资品价格上涨的幅度。当然，也可能会出现某些产品价格上升，而另外一些产品价格下降的情形。

第四，非平衡的和未预期到的通货膨胀。从短期看，当需求不足而且社会存在闲置生产能力时，通货膨胀可以刺激企业的投资性支出，扩大总需求，从而能够刺激经济增长。从长期看，通货膨胀会增加生产性投资风险，提高生产经营成本，使生产性投资下降，从而不利于经济增长。

总之，通货膨胀的经济效应必须视具体情况进行分析，如表13-2所示。如果通货膨胀是可以预期的，则政府、企业和居民可以（根据对通货膨胀的预期）

在价格、收入等方面进行相应的调整，从而大大减弱它的影响；相反，如果是未预期到的且非平衡的通货膨胀，不仅影响收入分配，而且影响产出和就业。

表 13-2　通货膨胀的经济效应

通货膨胀类型	平衡的通货膨胀	非平衡的通货膨胀
预期到的通货膨胀	一般不影响分配、产出和就业	不影响分配，但影响就业和产出
未预期到的通货膨胀	影响分配，但对就业和产出影响小	影响分配、产出和就业

（3）恶性通货膨胀的影响。恶性通货膨胀会导致经济崩溃。首先，恶性通货膨胀使产品价格迅速上升，居民和企业都不想把钱存在银行里。因此，当通货膨胀率很高时，人们一拿到钱就想着怎么把它花掉，易造成物价再度升高，使手中的货币所能购买的实物更少，从而加剧通货膨胀。其次，员工会要求企业增加工资，以应付物价的日益上升。人们在进行工资谈判时，不但会要求增加工资以抵销过去价格水平的上升，而且会要求补偿下次工资谈判前可以预期到的高通货膨胀率所带来的收入损失。这时企业的成本就会增加，从而使产品价格进一步上升。同时企业在高通货膨胀率时会增加存货，以便以后价格更高的时候出售。这样市面上的产品将变得紧俏，导致产品价格继续上升。

第三节　菲利普斯曲线

一、失业、通货膨胀与菲利普斯曲线

从总供给与总需求模型和奥肯定律可以知道，失业与通货膨胀之间是存在关系的。根据总生产函数，总供给来自劳动和资本的投入；按照奥肯定律，失业率与总产出之间存在着负相关的经验关系。这表明，失业率与通货膨胀率之间有着负向关系。对这个关系，宏观经济学提出了菲利普斯曲线的概念进行分析。

菲利普斯曲线是表示通货膨胀率与失业率之间存在负相关关系的曲线。但是长期而言，两者之间没有关系，即无论通货膨胀率如何变化，对失业率均没有影响，失业率持续处于自然失业率水平。

事实上，菲利普斯曲线最早的版本并不是关于通货膨胀率与失业率之间关系的曲线。1958 年，伦敦经济学院教授菲利普斯根据英国 1861—1957 年的数

据绘制了失业率和货币工资增长率之间关系的曲线，这就是最早的菲利普斯曲线。该曲线显示了失业率和货币工资增长率之间负相关的关系。曲线一经提出，就引起经济学界的关注。后来美国的经济学家受到启发，沿用同样的思路对美国通货膨胀率和失业率之间的关系进行了研究，绘制出来的曲线同样显示了两个变量之间的负相关关系，这就是现在的菲利普斯曲线。两个版本的曲线事实上也有内在的关联，因为货币工资上涨快时，通货膨胀率就会很高。

图 13-4 描述了通货膨胀率和失业率之间存在交替关系时的菲利普斯曲线。在 E 点，通货膨胀率与失业率分别为 π_1 和 u_1。当经济变化到 F 点时，通货膨胀率升至 π_2，而失业率降至 u_2。

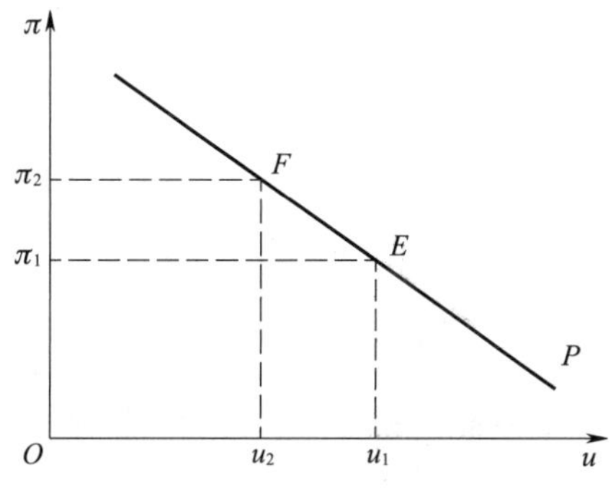

图 13-4　菲利普斯曲线

菲利普斯曲线所描述的通货膨胀率与失业率之间的交替关系在美国 20 世纪 60—70 年代非常典型地存在。从图 13-5 中可以看到美国 1970—2017 年通货膨胀率与失业率之间的关系，并可以发现这样两个特点：第一，在短期内，通货膨胀率与失业率是存在交替关系的。例如，1976—1979 年，通货膨胀率上升了，而失业率下降了。第二，从一个短期到另外一个短期，通货膨胀率与失业率之间的交替关系是在移动的。例如，1980—1983 年的菲利普斯曲线与 1976—1979 年相比，就向右上方移动了。

认识到通货膨胀率与失业率之间存在的交替关系后，美国联邦储备委员会（简称美联储）有意识地利用这条曲线进行总需求管理，在通货膨胀率与失业率之间进行取舍和取得平衡。当通货膨胀率过高时，美联储会采取紧缩货币政策压制通货膨胀，但是承担失业率提高的后果。反过来，当失业率过高时，美联储会扩张货币，采取通货膨胀政策，降低失业率。只是这种需求管理政策在后来运用起来越来越吃力，需要不断推高通货膨胀率才能降低失业率。其原因是，通货膨胀率刚有下降，失业率即迅速攀升；而要降低失业率，通货膨胀率

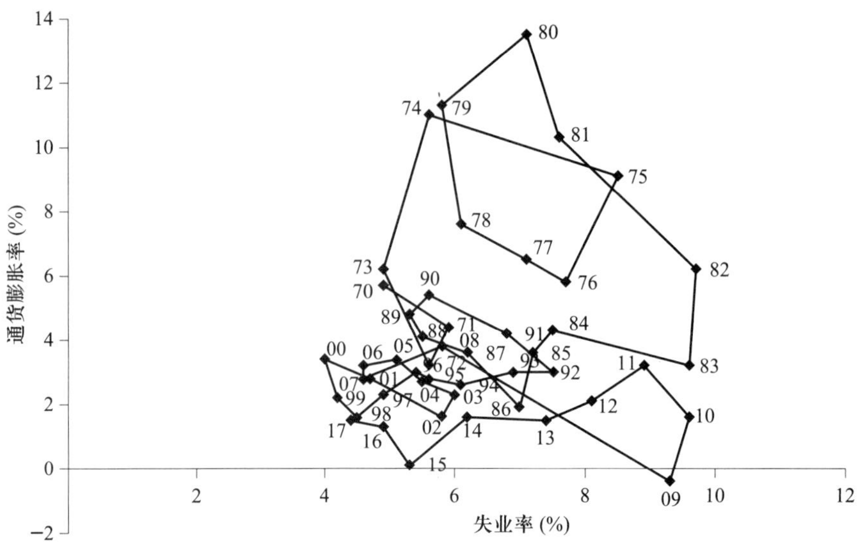

图 13-5 美国 1970—2017 年的真实菲利普斯曲线

资料来源：美国劳工统计局。

注：图中 70—99 代表 1970—1999 年；00—17 代表 2000—2017 年。

就不得不加码上涨。这个事实表明，菲利普斯曲线在长期是不存在的。下面将说明，通货膨胀率与失业率之间的交替关系在长期消失的原因与人们对通货膨胀的预期有关。

二、从短期总供给曲线到菲利普斯曲线

（一）菲利普斯曲线的推导

通货膨胀是物价的动态变化，同时失业与生产情况紧密相关。这表明，菲利普斯曲线事实就是另外一个版本的总供给曲线。下面我们证明这个关系。

根据第十二章的理论，总供给曲线可以写成：

$$Y=Y^{*}+\alpha\left(P-P^{E}\right)+v \tag{13.6}$$

式中，Y 代表总产量，Y^{*} 代表充分就业的总产量，P 代表物价水平，P^{E} 代表预期价格，v 代表供给冲击。为了找到通货膨胀率，将式（13.6）改写成：

$$P=P^{E}+\frac{1}{\alpha}\left(Y-Y^{*}\right)-\frac{v}{\alpha} \tag{13.7}$$

从式（13.7）中减去上一期的物价水平，设其为 P_{-1}，可以得到：

$$P-P_{-1}=P^{E}-P_{-1}+\frac{1}{\alpha}\left(Y-Y^{*}\right)-\frac{v}{\alpha} \tag{13.8}$$

总供给曲线式（13.6）中的变量常用的是对数值，因此 $P-P_{-1}$ 可以用来表

示通货膨胀率，$P^{E}-P_{-1}$则是预期的通货膨胀率。同时，为简便起见，令$\mu=-\frac{v}{\alpha}$，由此可以得到：

$$\pi=\pi^{E}+\frac{1}{\alpha}(Y-Y^{*})+\mu \tag{13.9}$$

式中，π代表通货膨胀率，π^{E}代表预期通货膨胀率。根据奥肯定律，式（13.9）右边的第二项与失业率相关，设这个关系为：

$$\frac{1}{\alpha}(Y-Y^{*})=-\beta(u-u^{*}) \tag{13.10}$$

式中，u代表失业率，u^{*}代表自然失业率。将式（13.10）代入式（13.9），就得到了最终版本的菲利普斯曲线：

$$\pi=\pi^{E}-\beta(u-u^{*})+\mu \tag{13.11}$$

式中，$\beta>0$，$\mu<0$。式（13.11）表明了通货膨胀率与失业率之间的负相关关系。

从式（13.11）还可以看出，决定菲利普斯曲线位置的是两个因素：人们对通货膨胀的预期和供给冲击。

（二）预期因素在菲利普斯曲线中的作用

无论是在总供给曲线中，还是在它的另外一种形式——菲利普斯曲线中，预期都起着重要作用。

短期内，如果人们的预期错误，从式（13.6）中可以看到，总供给曲线是倾斜的；从式（13.11）中可以看到，菲利普斯曲线也是倾斜的。

一般而言，从长期来看人们的预期是正确的，此时$P=P^{E}$，于是式（13.6）就变成长期总供给曲线。这是一条垂直的线，表明无论价格如何变化，都对总产量没有影响。按照同样的道理，从式（13.11）可以看出，预期正确时有$\pi=\pi^{E}$，此时有$u=u^{*}$。这种前提下的式（13.11）表明通货膨胀率与失业率之间没有交替关系，无论通货膨胀率如何变化，只要它能被预期到，就不会对失业率产生影响，失业率会保持在自然失业率水平上。如果按此条件继续绘制菲利普斯曲线，它就是一条垂直的线。

三、适应性预期与菲利普斯曲线

（一）适应性预期

关于预期，西方经济学先后提出了两种理论：适应性预期与理性预期。

适应性预期是指预期某个经济变量在未来的数值时，人们会根据过去实际发生的数值和过去对该经济变量的预期进行，修正过去预期的错误。人们会取两个数值的加权平均值来预期未来的数值，权重的设定就体现了对过去预期错误的修正程度。

人们在设定权重时的一个极端情形是，对过去的预期失误不加修正，全部的权重放在过去的实际值上。即，预期未来通货膨胀率等于过去发生的通货膨胀率，也就是上一期的通货膨胀率。

在这种极端的适应性预期条件下，如果通货膨胀率提高一次就不再变动，那么人们对通货膨胀率的预期就会出现短期出错而长期调整到正确的特点，从而将菲利普斯曲线区分为短期倾斜和长期垂直两种形状。也就是说，通货膨胀率与失业率之间的交替关系在短期内存在，但是在长期会消失。

（二）短期倾斜的菲利普斯曲线

如果通货膨胀率上升，在适应性预期条件下，短期内失业率会下降，从而菲利普斯曲线呈现出倾斜状态。下面利用图 13-6 来说明。

假设最初人们的预期通货膨胀率与实际通货膨胀率相等，此时失业率为自然失业率，这表现为图 13-6 中的 E 点。在这一点，$u=u^*$，$\pi=\pi^E=\pi_0$。当通货膨胀率提高至 π_1 时，人们对通货膨胀率的预期一开始没有随之调整，即 $\pi^E=\pi_0$。结果，实际工资事实上下降了，但是工人预期到的实际工资并无下降，这就增加了就业，降低了失业率，使得失业率从自然失业率降低至 u_1 的水平，也就是实现了超充分就业。在图 13-6 中，新的经济状况处于 F 点。把 E 点和 F 点连接起来，就会看到一条体现了通货膨胀率与失业率之间交替关系的菲利普斯曲线 PC（$\pi^E=\pi_0$）。但是这条负斜率倾斜的菲利普斯曲线只存在于短期。

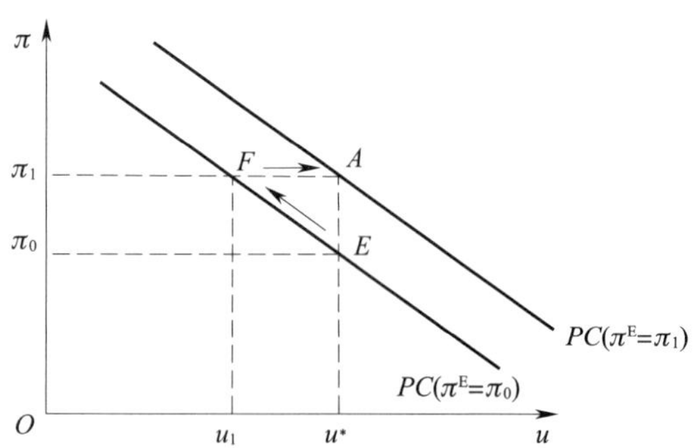

图 13-6 加入了预期因素的菲利普斯曲线

（三）长期垂直的菲利普斯曲线

从长期来看，工人们慢慢认识到物价普遍上涨了，因此就会调整自己的通货膨胀预期，并对自己获取的实际工资重新评估。于是他们会认识到实际工资下降了，就会要么要求提高货币工资，要么减少劳动供给。这就导致失业率上升，向着自然失业率调整，一直持续到与自然失业率相等为止。

在图 13-6 中，工人们调整预期后，预期通货膨胀率从 π_0 上调到 π_1，即 $\pi^E=\pi_1$，这促使失业率从 u_1 上升到 u^*。这个新的均衡状况表现为图 13-6 中的 A 点。事实上，从 A 点开始，如果再发生通货膨胀率的提高，上述过程会重复。这也就是说，基于 A 点，会有一条新的菲利普斯曲线 PC（$\pi^E=\pi_1$）。

上述分析表明，通货膨胀率与失业率之间的交替关系只在短期存在，长期不存在。如果将两个短期过程合并起来看，比较第二个短期（图 13-6 中从 F 点到 A 点）结束时的通货膨胀率和失业率与第一个短期（图 13-6 中从 E 点到 F 点）开始时这两个变量的数值，忽略掉中间过程，就会发现，通货膨胀率从 π_0 上升到 π_1，但是失业率仍然处于自然失业率水平 u^*，经济直接从 E 点到了 A 点。如果将 E 点和 A 点连接起来，会得到一条垂直的直线，这条直线表明通货膨胀率的变化对失业率没有影响，两者之间没有交替关系。因此可以说，菲利普斯曲线只在短期内存在，是负斜率倾斜的。其实也可以说，菲利普斯曲线有长期和短期之分，连接 EA 形成的垂直线就是长期的菲利普斯曲线。

（四）不让通货膨胀加速的失业率

在极端适应性预期条件下，$\pi^E=\pi_{-1}$，π_{-1} 是上一期的通货膨胀率。式（13.11）就变成：

$$\pi=\pi_{-1}-\beta(u-u^*)+\mu \tag{13.12}$$

式（13.12）表明，如果存在 $\pi^E=\pi_{-1}$ 这种极端的适应性预期，要想让失业率低于自然失业率，需要 $\pi>\pi_{-1}$，即通货膨胀率需要逐年加速才能使失业率维持在低于自然失业率的水平。因此，如果政府希望维持 $u<u^*$，那么式（13.12）所代表的菲利普斯曲线每一期都会往上移动，这就是通货膨胀率的加速过程。从图 13-5 中是不难看出这个过程的，例如从 1976—1979 年的曲线到 1980—1983 年的曲线就是一个上跃的过程。

相应地，如果失业率等于自然失业率，即 $u=u^*$，那么在没有外部供给冲击，即 $\mu=0$ 时，会有 $\pi=\pi_{-1}$，即各年通货膨胀率保持不变。这也就是说，如果满足于失业率等于自然失业率，那么就无须让通货膨胀率年年加速。于是就有经济学家将自然失业率称为不让通货膨胀加速的失业率。

四、理性预期与菲利普斯曲线

（一）理性预期

适应性预期在20世纪60年代的西方经济学里广为流行，当时的货币主义就以此为基础分析通货膨胀与失业的关系，而且经常用到它的极端形式——简单地认为正在发生的通货膨胀会持续到未来。这种预期在通货膨胀持续发生但通货膨胀率相对稳定的年代不失为一个简单而有效的方法。但是在通货膨胀率变化剧烈的年代，这种适应性预期就落伍了，人们需要改进预期的方式。在卢卡斯的大力推动下，宏观经济学从20世纪80年代开始广泛地利用理性预期进行理论分析。

理性预期是指，人们在预测经济变量未来的走势时，会利用所有可得的信息和知识做最好的处理，来求得该经济变量的期望值。以通货膨胀预期为例，预期者会建立理论模型分析影响未来通货膨胀走势的各种决定因素，如货币政策、财政政策等，通过求解模型将通货膨胀率表达成各种外生变量的函数，然后将这些经济变量的数据代入函数中以求得通货膨胀率的未来期望值。这就意味着，预期者先要从理论上确定有哪些因素影响通货膨胀以及它们是如何影响的，然后在这个基础上对这些影响因素求期望值，并按照它们影响通货膨胀的机制求得通货膨胀率的期望值。从这个意义上说，理性预期又被称为与模型一致的预期。而从结果来说，利用理性预期机制，人们对经济变量的预期“平均”而言是正确的，出错则是随机的。

理性预期理论刚提出来的时候引发很多争议。对它的最主要批评是，理性预期如此复杂，只有专家才能完成这样的预期任务，普通人怎么可能做得到呢？但回应批评的观点则认为，在资讯发达的信息社会，专业机构所做的预期可以很快地扩散到社会经济体系的各个角落。在主流的西方经济学理论中，在涉及预期问题时，都运用了理性预期的机制，理性预期事实上已经获得广泛认可。

（二）理性预期下的菲利普斯曲线

在理性预期成立的情况下，人们对通货膨胀的预期不会出现系统性错误，因此通货膨胀率与失业率之间即使在短期也没有交替关系，相应地，菲利普斯曲线无论是在长期还是短期都是垂直的。从式（13.11）中可以看出，如果没有供给冲击，即$\mu=0$，那么当通货膨胀预期符合现实（即$\pi^{E}=\pi$）时，失业率就维持在自然失业率水平上不变，并不会因为通货膨胀率的变化而改变。

显而易见，理性预期理论在菲利普斯曲线中的应用有着很强的政策结论：货币政策总体上是无效的。这等同于说，货币中性在短期内也是成立的。在理性预期作用下，中央银行出台的货币政策会被经济活动中的决策者预期到，后者会据此采取应对措施。例如，在货币供给增长的同时就提高物价和货币工资水平，使得中央银行希望通过提高通货膨胀率来降低失业率的企图落空，经济会持续处于自然失业率水平。

五、从菲利普斯曲线的角度理解通货膨胀的原因

利用式（13.11）给出的现代版本的菲利普斯曲线，可以重新解释通货膨胀的原因。从式（13.11）中可以看到，等式右边的三项都能影响到左边的通货膨胀率。

第一项是预期通货膨胀率。人们预期通货膨胀率越高，实际的通货膨胀率也越高。当工会方面预期到未来有更高的通货膨胀率时，会与企业谈判，要求提高货币工资增长率；当企业方面预期到未来通货膨胀率提高时，为了避免自己的损失，会预先根据预期的通货膨胀率来提高自己所生产产品的售价，或者当企业接受工会的谈判提高货币工资增长率时，就更要提高自己所生产产品的售价。当经济中的各个部门各个决策者都这样做时，通货膨胀就真的发生了，哪怕除此之外物价本来没有加快上涨的动力。

第一项也可以解释惯性通货膨胀的发生机制。如果一个经济体的物价长期持续稳定上涨，那么不管下一个时期是否还有其他通货膨胀的动力，人们都倾向于认为，正在发生的通货膨胀会持续下去，这种预期就是前面提到的一种特殊形式的适应性预期，在式（13.11）中这意味着$\pi^{E}=\pi_{-1}$，它表明，只要上一期有通货膨胀，本期还会出现同样的通货膨胀。适应性预期意味着人们每一期都调整自己的预期，让其和现实保持一致，只是滞后了。通货膨胀预期的向上调整会导致菲利普斯曲线的上移。

第二项是失业率的变化。从式（13.11）中可以看到，如果失业率下降，通货膨胀率会提高。但是，并不是失业率的下降带来通货膨胀率的提高。失业率下降，大部分情况下源自总需求的扩张，而总需求的扩张则带来通货膨胀率的变化。因此，是来自总需求这个“第三者”的外在冲击，既降低了失业率，

又提高了通货膨胀率。

第三项是供给冲击。如果发生能源价格上涨、农业歉收等对总供给的负面冲击，μ 就是一个正数，其值越大，π 就越高。这就是前面提到的成本推动型通货膨胀。同惯性通货膨胀一样，这种供给冲击表现为菲利普斯曲线的上移。

六、通货紧缩和滞胀

（一）通货紧缩

1. 通货紧缩的定义

在西方经济学理论中，对通货膨胀问题的研究比较深入，而对通货紧缩问题的研究相对缺乏。

就其本质而言，通货紧缩是与通货膨胀相对立的一种货币现象，是一种价格下降和货币升值的过程。也就是说，它是在货币供应量不能满足流通中货币的实际需要量或在其他决定货币供需因素的影响下，导致一般价格水平持续、普遍、显著下跌。具体的，可以从不同的角度来定义和解释通货紧缩。

（1）社会价格总水平即商品和服务价格总水平普遍、持续下降。如美国 20 世纪 30 年代的大萧条时期物价水平持续下降，如表 13-3 所示。

表 13-3　大萧条时期的消费价格指数与通货紧缩率

年份	消费价格指数	通货紧缩率（%）
1929	17.1	—
1930	16.7	-2.3
1931	15.2	-9.0
1932	13.7	-9.9
1933	13.0	-5.1

资料来源：［美］R. 格伦·哈伯德等：《经济学（宏观）》，王永钦等译，机械工业出版社 2007 年版，第 417 页。

（2）流通中的货币大大少于商品流通的需要，特别是货币流通速度下降。如 1929—1933 年美国的 M_1 和 M_2 流通速度变动量分别为 -5.8% 和 -8.7%，1930—1931 年分别为 -5.8% 和 -1.1%，1931—1932 年分别为 -18.1% 和 -16.0%。[①] 由于人们对经济前景预期普遍不好，总需求小于总供给，造成价格

① ［美］米什金：《货币金融学》（第 4 版），李扬等译，经济科学出版社 1998 年版，第 476 页。

水平普遍下降，经济持续萎缩，资产严重缩水。

（3）与通货膨胀的经济过程相对应，通货紧缩往往是在通货膨胀得到抑制之后发生的。例如，美国 1837—1849 年的通货紧缩起因于 1834—1836 年的经济繁荣。

总之，通货紧缩的明显经济特征有：一是物价连续下跌。也就是说，通货紧缩往往伴随着产量下降、市场萎缩、企业利润率降低、生产投资减少、失业增加、大多数产品和服务价格持续下跌、收入下降、经济增长乏力等现象。二是货币供给量持续下降。

2. 通货紧缩的影响

通货紧缩会影响投资者的信心和居民的消费心理，对经济社会的长远发展产生不利的影响。费雪认为，通货紧缩对借款人和贷款人的影响使经济衰退更加恶化，总需求降低，所造成的恶性循环会导致通货紧缩进一步升级。如日本 20 世纪 90 年代经历了持续的通货紧缩，给经济增长带来严重的负面影响。

首先，对 GDP 的增长产生影响。通货紧缩期间，消费者预期价格将持续下跌，从而延迟消费，减少当前需求；投资期资本实际成本上升，回收期价格下跌，令回报率下跌，从而遏制投资。这些都将导致生产的明显下降，使 GDP 的增长放慢甚至停滞不前。据美国国民经济研究局和商务部提供的数据，美国 1920—1921 年的通货紧缩使 GDP 下降了 6.7%；1929—1933 年的经济危机使整个资本主义世界的工业生产水平后退到 1908—1909 年，其中使美国后退到 1905—1906 年。

其次，对就业产生影响。由于企业开工不足，生产下降，失业率明显上升。历史上美国几次影响较大的通货紧缩期间失业人数或失业率都非常高。如 1929—1933 年的通货紧缩期间相继出现批发价格急剧下降，失业率迅速上升。1930 年 10 月，美国大约有 460 万失业者，到 1931 年 10 月上升到 780 万人，到 1933 年年初超过 1 300 万人，几乎占到城市劳动人口的 25%。①

最后，对进出口贸易产生影响。通货紧缩期间因为需求不振，进出口额大幅度缩减。如美国 1882—1885 年通货紧缩期间，进出口贸易分别下降了 22% 和 13.4%。而 1929—1933 年的通货紧缩影响更为严重。1928 年美国的净出口处于

① ［美］A. 加里·希林：《通货紧缩》，刘锡良等译，西南财经大学出版社 2000 年版，第 110 页。

自 1921 年以来的最高水平，进出口商品总值为 40 亿美元，但到 1936 年美国的对外贸易量不及 1928—1929 年的一半，净出口仅有 3 300 万美元。①

总之，与通货膨胀相比，通货紧缩是一个更让各国经济政策制定者头痛的问题。通货紧缩常常伴随着资产价格的大幅度下跌，特别是股票和房地产价格的大幅度下跌。这类资产价格的下跌会对经济造成整体性的负面影响。因为，当人们看到自己的财富蒸发的时候，就可能削减现期的消费，这样社会总需求将降低，经济增长将减缓。同时，由于资产常常是贷款的抵押，资产价格的大幅度下跌可能使不少金融机构的负债超过资产，造成金融机构破产，即通货紧缩可能破坏国家的金融系统。相对通货膨胀而言，通货紧缩更加难以治理。治理通货紧缩的主要措施是调整、优化产业结构，综合运用投资、消费、出口等拉动经济增长。

（二）滞胀

滞胀是指经济生活中出现了生产停滞、失业增加和物价水平居高不下同时并存的现象。它是 20 世纪 70 年代欧美发达国家普遍面临的一种新的经济现象。滞胀的主要特征是 GDP 增长缓慢甚至出现负增长，同时物价上升加快，通货膨胀率一般超过 5%甚至更高。如美国 1968—1982 年的平均通货膨胀率为 7. 3%，但失业人数和失业率有增无减，1968 年失业率为 3. 6%，受石油危机的影响，1974 年的失业率上升至 5. 6%。② 1975 年美国失业率为 8. 5%，而通货膨胀率高达 9. 5%，通货膨胀和失业同时加剧使得美联储陷入困境。③

滞胀的原因在供给方面，主要有三类：一是实际因素的变动；二是预期因素的变动，即把对通货膨胀的预期纳入经济决策过程；三是社会福利政策的变化。其中实际因素的变动包括劳动力的数量和组成的变化、劳动者转换工作的频率变化及科技进步等，造成自然失业率上升；也包括石油价格和初级产品价格上升带来的供给冲击，例如 20 世纪 70 年代，西方国家经历了两次重大的石油价格冲击，导致生产成本提高。这些都会表现在菲利普斯曲线的移动和总供给曲线的移动上。

① ［美］杰里米·阿塔克、彼得·帕塞尔：《新美国经济史》（第 2 版），罗涛等译，中国社会科学出版社 2000 年版，第 586 页。

② ［美］迈克尔·K. 伊万斯：《管理者宏观经济学》，陈彦斌、郭杰等译，中国人民大学出版社 2010 年版，第 246 页。

③ ［美］罗伯特·巴罗：《宏观经济学》，原毅军、任曙明等译，机械工业出版社 2007 年版，第 416 页。

图 13-7 用菲利普斯曲线移动分析了滞胀。如图 13-7 所示，横轴为失业率，纵轴为通货膨胀率。PC_1为初始的菲利普斯曲线，PC_2为移动后的菲利普斯曲线。在初始菲利普斯曲线 PC_1上，失业率从 u_1降低到 u_2，则通货膨胀率从 π_1上升到 π_2，失业率与通货膨胀率呈现出此消彼长的关系。但是由于实际因素的变化或者人们预期的变化，菲利普斯曲线由 PC_1移动到 PC_2，此时，在通货膨胀率不变的情况下，失业率增加到 u_3。经济从 A 点移动到 B 点，从而出现了高失业率与高通货膨胀率并存的情况。

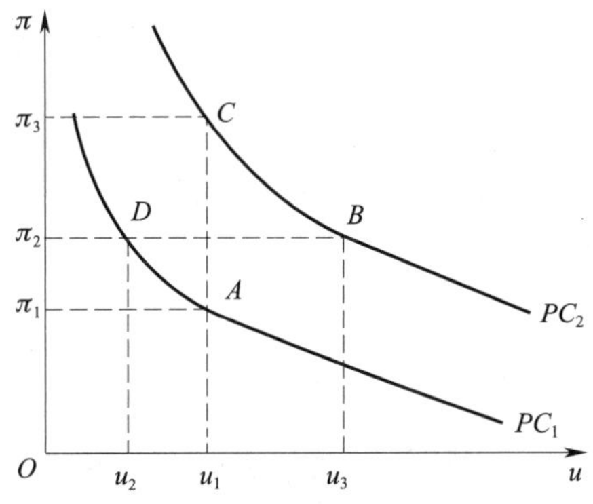

图 13-7 菲利普斯曲线的移动

图 13-8 用总供给总需求模型分析了滞胀。如图 13-8 所示，横轴 Y 为产出水平，纵轴 P 为价格水平。AD 为总需求曲线，SAS_1为移动前的短期总供给曲线，SAS_2为移动后的短期总供给曲线。在初始状态，总需求曲线与总供给曲线相交于 E_1点，决定了均衡的价格水平 P_1和均衡的产出水平 Y_1。如果出现某种不利的供给冲击，或者人们预期价格水平上升，就会使得总供给曲线向上移动。SAS_1曲线向上移动到 SAS_2，经济均衡点从 E_1点移动到 E_2点，从而价格水平上升到 P_2，产出水平下降到 Y_2。由此可见，这种供给冲击的直接效应就是提高

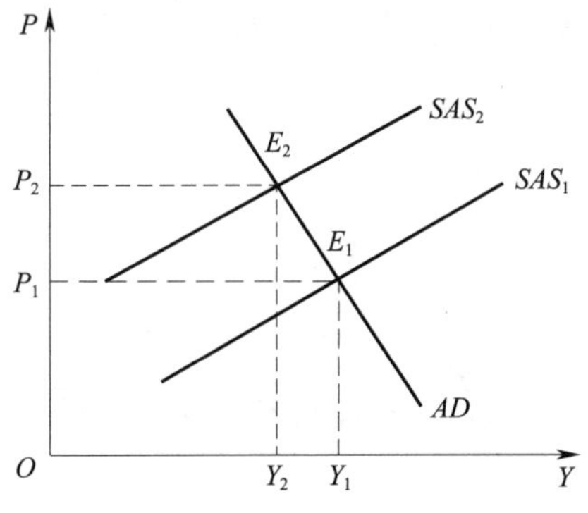

图 13-8 总供给曲线的移动

价格水平和降低产量。

上面提到的第三个原因主要是供给学派提出来的。他们认为，美国经济滞胀是凯恩斯主义扩张性财政政策和货币政策的结果。因扩张性财政政策提高了社会福利，如失业救济金，从而降低了工人失业成本进而导致他们宁愿失业，这样增加了失业人数，但扩张性财政政策不一定带来实际产量的增长；同时，扩张性货币政策却导致了较高的通货膨胀率。需要指出的是，这个原因仍然表现为菲利普斯曲线或者总供给曲线向上移动。

滞胀使政府的经济稳定政策陷入进退两难的窘境。如果采取紧缩性的货币政策或紧缩性的财政政策，以抑制通货膨胀，经济萎缩就会加深；反之，如果采取放松银根的货币政策或赤字支出的财政政策来应对经济衰退，通货膨胀又会加剧。

第四节 经济周期

一、经济周期的定义、阶段和类型

（一）经济周期的定义

经济周期一般是指经济活动沿着经济发展的总体趋势所经历的有规律的扩张和收缩。美国经济学家伯恩斯和米契尔在 1946 年出版的《衡量经济周期》一书中给出的定义具有经典性。他们认为，经济周期“是在主要按商业企业来组织活动的国家的总体经济活动中所看到的一种波动：一个周期由几乎同时在许多经济活动中所发生的扩张，随之而来的同样普遍的衰退、收缩和下一个周期的扩张阶段相连接的复苏所组成；这种变化反复出现，但并不是定时的；经济周期的持续时间在一年以上到十年或十二年；它们不再分为具有接近自己的振幅的类似特征的更短周期”①。

这一定义揭示了经济周期的主要特征。

（1）经济周期是市场经济中经济运行所不可避免的波动。这种经济周期的主体是按商业企业来组织经济活动的国家，即由市场机制来配置资源的国家，

---

① Arthur F. Burns，Wesley C. Mitchell：*Measuring Business Cycles*，NBER Book Series Studies in Business Cycles，New York，1946.

它们不可避免要发生经济周期。例如，美国在1973—1975年和1981—1982年经历了严重的经济衰退，从1982年到20世纪末出现了一个“长期繁荣”，2007年由次贷危机引发全球金融危机后又陷入了经济衰退。

（2）经济周期发生时的经济波动是总体经济活动的波动，而不是一国某一个或几个部门、某一个或几个地区所产生的局部波动。正是由于这种波动，才引起宏观经济变量诸如价格水平、失业率、利率、进出口额等方面的波动。

（3）一个经济周期可以分为繁荣、衰退、萧条、复苏四个阶段。其中繁荣、萧条是经济周期的两个主要阶段，衰退和复苏是两个过渡阶段。

（4）一个经济周期时间长短存在较大的差别。有的经济周期可能有一年多，有的经济周期可能持续几年甚至十几年，它们并不完全一致。

（二）经济周期的阶段

尽管各国的经济周期所经历的时间、波动的幅度千差万别，但经济周期大致可分为两个阶段：一是扩张阶段，包括复苏、繁荣，它是总体经济活动的上升时期；二是收缩阶段，包括衰退、萧条，它是总体经济活动的下降时期。图13-9是经济周期波动的典型示意图。由于经济在总体上保持着或多或少的增长，所以经济增长的长期趋势线是正斜率的。

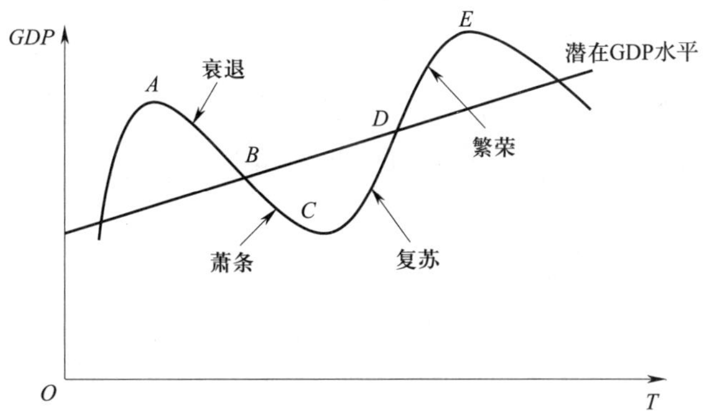

图13-9 经济周期的示意图

繁荣阶段是国民收入与经济活动高于正常水平的一个阶段。其特征是生产迅速增加、投资增加、信用扩张、物价水平上升、就业增加，公众对未来持乐观态度。繁荣的最高点称为顶峰，这时就业与产出水平达到最高，但股票与商品的价格开始下跌，存货增加，公众的情绪由乐观转为悲观。这是繁荣的极盛时期，也是经济由繁荣转向衰退的开始。

萧条阶段是国民收入与经济活动低于正常水平的一个阶段。其特征是投资减少、产品滞销、价格下跌、企业利润下降、信用紧缩、生产减少、失业增加，公众对未来持悲观态度。萧条的最低点称为谷底，这时就业与产出水平跌至最低，但股票与商品的价格开始回升，存货减少，公众的情绪由悲观转为乐观。这是萧条的最严重时期，也是由萧条转向复苏的开始。

衰退阶段是从繁荣到萧条的过渡时期，这时经济开始从顶峰下降，但仍高于正常水平。

复苏阶段是从萧条到繁荣的过渡时期，这时经济开始从谷底回升，但仍未达到正常水平。

（三）经济周期的类型

不同的经济学家提出了不同的经济周期理论。美国经济学家熊彼特根据经济周期持续时间的长短，在总结其他经济学家观点的基础上，将经济周期分为长周期、中周期和短周期。

（1）康德拉季耶夫周期（长周期）。苏联经济学家康德拉季耶夫在1925年发表的《经济生活中的长期波动》一文中指出，资本主义的经济发展过程可能存在3个长波：一是从1789年到1849年，上升部分为25年，下降部分35年，共60年；二是从1849年到1896年，上升为24年，下降为23年，共47年；三是从1896年起，上升24年，1920年以后是下降趋势。全过程为140年，包括了两个半长周期，显示出经济发展中平均为50~60年一个周期的长期波动。

（2）朱格拉周期（中周期）。法国医生、经济学家朱格拉在1862年《论法国、英国和美国的商业危机以及发生周期》一书中指出，市场经济存在着9~10年的周期波动。

（3）基钦周期（短周期）。美国经济学家基钦在1923年发表的《经济因素中的周期与倾向》一文中，根据美国、英国1890—1922年的利率、物价、生产和就业等统计资料进行分析，认为企业生产过多时就会形成存货，从而减少生产，存货周期为2~4年。

熊彼特把短周期作为分析资本主义经济循环的一种方法，并用存货投资的周期变动和创新的起伏变化，特别是能很快生产出来的设备的变化来说明基钦周期。他认为3个基钦周期构成1个朱格拉周期，18个基钦周期构成1个康德拉季耶夫周期。

二、较早时期的经济周期理论

西方经济学家提出过各种各样的经济周期理论，试图来解释为什么会发生经济周期。

（一）消费不足论

这种理论是从人们消费不足来解释经济衰退和经济周期波动的。早期的一种解释是，因生产有无限扩张的趋向，大规模机器生产使许多小生产者破产，贫困化的人数日益增多，导致有支付能力的消费需求却越来越小，所以出现经济衰退。后来也有学者解释为过度储蓄引起的社会对消费品的需求赶不上生产的增长，而储蓄过度的根源则在于资本主义社会国民收入的分配不合理。

（二）投资过度论

这种理论的基本观点是，资本品生产在经济周期繁荣阶段的扩大与萧条阶段的收缩都大于消费品生产的扩大与收缩。这样，资本品生产的扩大使经济进入繁荣阶段，而资本品生产的过度扩张将导致资本品生产与消费品生产的比例严重失调，从而又使经济进入萧条阶段。这种投资的变动就引起了经济的周期性波动。

（三）货币信用过度论

这种理论认为经济波动是银行货币和信用波动的结果，经济周期是一种纯粹的货币现象。也就是说，由于货币流通速度和货币供给量直接决定名义国民收入，它们的变动必然引起名义收入量的变动。银行货币和信用的扩张将导致利率下降，从而引起投资水平的增加，生产扩大使得就业增加和收入提高，这样经济就走向繁荣；反之，银行货币和信用的紧缩导致利率上升，使得投资水平下降，从而引起生产收缩、收入减少和失业增加，经济走向萧条。因此，货币是引起整个国民经济波动的直接原因。

（四）创新经济周期论

这种理论是熊彼特提出来的。他认为创新是经济增长的动力，也是经济周期的根源。在创新出现之前，经济处于静态均衡状态，企业没有超额利润可挣。企业家为了获取超额利润而努力创新，创新会增加对银行信用和生产资料的需求，从而带动经济扩张，出现经济繁荣；创新成功之后，会引起模仿，从而带来进一步的经济扩张。然后，当创新扩散到所有的企业后，超额利润消失，银行信用收缩，经济从繁荣转入衰退。

（五）太阳黑子论

这种理论由杰文斯于 1875 年提出。他认为太阳黑子的周期性活动造成周期性恶劣天气从而影响农业的收成，进而又会影响整个经济。

（六）政治经济周期论

这是将政治因素作为影响经济周期性波动的一种重要因素的理论。其基本模型可分为机会主义模型和党派模型两大类。前者为诺德豪斯所建立，他强调政治家为了达到选举目的而操纵经济政策的倾向，政府为保持经济的稳定，交替使用扩张性的政策和紧缩性的政策；后者为希布斯所建立，他强调政治家的意识形态至上的倾向。此外，因受理性预期革命的影响，有的经济学家在政治周期理论中还加入预期假设，使政治周期理论进入新的发展阶段。

（七）乘数-加速数理论

这种理论是美国经济学家汉森和萨缪尔森在 20 世纪 30 年代提出来的，又称汉森-萨缪尔森模型。该理论用乘数和加速数的交互作用来解释经济的周期性波动。在第十章已经介绍了乘数原理，而加速数原理是乘数原理的反面，是指总产出或者总收入的增加对投资的影响。

一方面，当总需求因为外在的冲击发生而增加时，会通过乘数效应带来总产出的加倍增加；另一方面，总产出的增加又会通过加速数效应要求企业进行新的投资。需要注意的是，总产出的增加不是直接导致投资的增加，而是带来所需资本存量的增加，这个增加体现在投资数量上面；只是相对于上一个时期而言，投资会有所变化。

这样一来，一旦外生因素对总需求带来冲击，就会引发经济周期性波动。当总需求增加，总产出按照乘数效应增加，然后企业按照加速数效应进行投资，以形成匹配的资本。如果投资相对于上一个时期也增加了，那么总产出再按照乘数效应增加。这就是经济扩张的过程。但是，经济扩张会自动走向尽头，因为投资增加会越来越少。一旦投资减少，总产出又会按照乘数效应加倍减少，从而引起经济收缩。（要注意的是，投资增加幅度减少时，资本存量仍然是增加的，只是增加幅度减少了。）

与其他理论不同，乘数-加速数理论同时考虑了外生冲击和内在结构对经济周期形成的影响；其他理论则要么侧重外生因素，要么侧重内生因素。此外，乘数-加速数理论是以很完整的数学模型呈现出来的。

三、现代经济周期理论

（一）现代西方经济学关于经济周期的基本观点

当前西方经济学关于经济周期的主流理论有共同的内核：一是都建立在微

观基础上，从个体的最优化行为出发解释宏观层面的经济周期性波动；二是坚持理性预期的假设，认为个体在进行有关未来的决策时，会以理性预期的方式预测未来的经济变量。事实上，这也是当代西方经济学主流理论所共同信奉的两个核心原理。

在坚持微观基础和理性预期这两个原则的基础上，当代西方经济学主流理论形成了关于经济周期理论的两大流派，即新凯恩斯主义宏观经济学和新古典主义宏观经济学。他们之间的区别在于是否相信工资与物价刚性的存在和是否坚持认为市场存在着各种不完全性。新凯恩斯主义宏观经济学认为市场是不完善的，存在着包括垄断因素在内的各种不完全性，工资与物价存在着刚性，这些问题带来经济周期性波动。与他们不同，新古典主义宏观经济学认为市场是完善的，工资与物价是可以灵活调整的，经济周期性波动的主要原因在于信息不完全和意料之外的外在冲击。

事实上，第十二章就是在总供给总需求分析的框架下介绍上述两大主流学派的核心经济周期理论的。新凯恩斯主义的理论着眼于短期，重点关注向右上方倾斜的总供给曲线，分析总需求的变化是如何在总需求曲线和短期总供给曲线的相互作用下带来经济波动的。经济波动表现为产量的变化与失业率的变化，因此本章第一节所介绍的新凯恩斯主义分析失业原因的各种理论，其实也是分析经济波动的理论。

新古典主义的理论着眼于长期，他们的总供给曲线是垂直的，但是在信息不完全时，总供给曲线也可能是倾斜的乃至是水平的。这样，在信息不完全时，总需求和总供给的相互作用就会带来经济波动。具体而言，在发生外在冲击时，比如货币的扩张带来总需求增加，总需求曲线向右移动。由于信息不完全，人们预期不到货币的扩张和由此引起的价格上涨，因此，当货币工资上涨时，虽然真实的实际工资因为价格上涨更快而下降了，但是工人会误以为它增加了，当部分企业产品价格上涨时，企业会误以为自己的价格相对于一般价格上涨了。于是，工人会增加劳动供给，企业会增加雇用工人和增加生产，经济就处于扩张之中。这表现为总供给曲线向右上方倾斜，形成附加预期的总供给曲线，当总需求曲线向右扩张时，带来价格上涨和产量增加。但是，一旦人们认识到一般价格的上涨，就会重新调整对价格的预期，让它与现实保持一致，这时产量与就业就会回调，经济处于收缩之中，这表现为倾斜的总供给曲线（附加预期的总供给曲线）向上移动，或者是向左移动，从长期来看，就形成了垂直的总供给曲线，经济回到充分就业状态。

综上所述，不管是新凯恩斯主义宏观经济学的经济周期理论，还是新古典主义宏观经济学的经济周期理论，关键之处都在附加预期的总供给曲线上。这个总供给曲线是美国经济学家卢卡斯提出来的，又称卢卡斯供给曲线。

（二）实际经济周期理论

上面介绍的是新凯恩斯主义和新古典主义宏观经济学关于经济周期的基本理论，这些理论是属于比较静态性质的，并没有描述经济活动的动态变化过程，也就是没有描述外在冲击对经济活动的影响随着时间推移而发生变化的轨迹。实际经济周期理论弥补了这个不足。实际经济周期理论是基德兰德和普雷斯科特于1982年提出来的，属于新古典主义宏观经济学。实际经济周期理论着力解决了两个问题：一是经济波动的根源；二是经济波动的传导机制。

1. 经济波动的根源

实际经济周期理论认为，经济波动的根源是实际因素而不是货币因素。这些实际因素包括资源环境的一些不利变化（如农业歉收），战争、政治大动荡或者人口增减对经济现存运行秩序和结构的破坏，能源价格的显著变化和政府调控，技术革新、新产品开发等所造成的供给冲击。实际周期理论指出，这些因素中最值得研究的是技术冲击。因此，实际经济周期理论中有代表性的论文都把技术冲击作为经济波动的根源。

2. 经济波动的传导机制

实际经济周期理论认为，在出现初始冲击后，存在三种传导机制将其影响传递到经济活动中去并加以放大，随着时间的推移而带来经济的持续波动。这三种传导机制分别是资本积累、替代效应、不同类型的调整成本。

（1）资本积累是假定技术冲击影响新资本品形成。一旦技术变化带来产量变动，必然引起下个时期的资本变化，从而再度带来产量变化。

（2）替代效应包括期内消费和闲暇的相互替代，以及跨期的劳动替代。假如经济受到负面冲击，导致生产率下降，工资率会随劳动边际产出的减少而减少，这样就降低了消费者闲暇的机会成本，使其增加闲暇，而减少劳动供给。同时劳动者也会考虑目前减少劳动供给，到未来生产率提高从而工资率提高时再增加劳动供给，即用未来的劳动供给增加来替代今天的劳动供给减少。这样，期内和跨期的替代效应就放大了初始冲击对产出的负面影响。

（3）调整成本有资本重置的调整成本和劳动调整成本。如果出现资本或劳动的调整，市场经济就会对价格的调整做出本能的反应。调整结果可能出现一个比初始冲击幅度更大的产出下降或者上升。

3. 实际经济周期理论的性质

实际经济周期理论在分析经济周期的根源和传导机制这两个核心问题时，所建立的模型具有如下特点：

（1）通过对个体行为的微观分析来解释宏观的经济波动，而且假定人们的选择是理性的，说明个体基于最优化决策原则针对外在冲击在消费、投资和劳动供给上所做的反应怎样引起总体经济活动的波动。

（2）采用一般均衡的分析方法。实际经济周期理论利用瓦尔拉斯一般均衡分析的方法，分析各个市场和各个决策者的相互影响。

（3）考虑各种经济变量的动态变化过程，并且将这个动态变化过程处理成随机性的。实际经济周期理论分析企业、消费者和劳动者等个体在进行跨期最优化决策时，他们的选择所带来的产量波动在时间路径上的特点，即它要研究当前的产量波动是否是过去产量波动的持续，以及其对未来的产量波动会产生什么样的影响。

（4）个体基于理性预期做出自主经济决策。影响宏观经济运行的每一个个体都是以前瞻的方式进行跨期优化决策，因此在决策时必须对未来的经济变量进行预期，而且这种预期是理性预期。

（5）经济波动被处理成因为意外的冲击所导致的对趋势路径的偏离，但是经济活动虽然偏离了趋势路径，却仍然是最优化的均衡，并不意味着无效率。也就是说，偏离了趋势路径的经济活动是出现外在冲击这种新条件下的最好结果。

（6）实际经济周期理论打破了宏观经济分析中长期和短期的二分法，将短期波动与长期增长纳入同一个分析框架之中。

（三）从实际经济周期理论到动态随机一般均衡理论

在实际经济周期理论的基础上，新凯恩斯主义宏观经济学保留了其核心分析思路和建立模型的方法，并做出了修改和补充，将其发展成动态随机一般均衡理论。

一般而言，一个标准的动态随机一般均衡模型包括三个方程：动态的总需求方程（实际上是 *IS* 方程），动态的总供给方程（可以用菲利普斯曲线方程代表），以及货币当局的货币政策规则方程（起到 *LM* 曲线的作用，也是动态的）。

利用这个模型，动态随机一般均衡理论分两步研究经济波动问题：

首先，通过对各个决策者（家庭、企业和政府）在约束条件下的跨期最优化选择行为进行分析，计算出平衡的经济增长路径，这是宏观经济在没有意料之外的外在冲击时会依次展开的趋势增长路径。这就是所谓的长期均衡，也就是稳态，可以据此预测宏观经济未来的走势。这个分析其实是总需求-总供给分析的动态化并加入微观基础，即从家庭和企业的跨期最优决策中推导出动态的总需求和总供给方程，再引入理性预期来求解均衡的总产出和就业的时间路径，即趋势增长路径或平衡增长路径。

然后，分析随机冲击导致经济对趋势增长路径的偏离及其时间轨迹。在每一个时间点上，都有可能出现意料之外的冲击，如自然灾害、发明创新和货币方面的变化等，这些都会引起人们做出反应，重新做出最优化决策。显然，新的最优化决策不同于过去的计划，结果宏观经济会偏离平衡的经济增长路径，并持续一段时间；一直到外在冲击充分影响到整个经济，宏观经济才会回到预定的平衡增长路径。

动态随机一般均衡理论是在实际经济周期理论的基础上发展起来的，在保留后者核心分析框架的基础上，它主要做了两个方面的修改和补充：

第一，动态随机一般均衡理论认为外在的冲击既有实际因素，又有货币因素。实际经济周期理论仍然坚持货币中性的观点，而动态随机一般均衡理论认为货币是非中性的。

第二，动态随机一般均衡理论认为经济存在着各种不完善性，尤其是存在着工资和价格的刚性，这些特点影响着经济波动的动态过程。一方面，劳动市场和商品市场存在着不完全竞争，企业有能力控制价格，有能力确定价格调整速度。这表明，价格刚性是内生性的，是基于企业的最优化行为产生的，而不是由外生的制度因素强加给企业的。正是因为工资和价格不能及时做出充分灵活的调整，所以在面临外在冲击时，即使面临的是货币冲击，经济也不能在短期内通过价格和工资调整来应对，而不得不通过产量与就业调整来应对，从而导致经济波动。另一方面，在金融市场上存在着流动性约束、对套利和资本流动性的人为限制等，这些特点也为经济在面临外在冲击时出现波动种下了根基。因此，在动态随机一般均衡理论看来，经济波动在福利经济学意义上意味着资源配置缺乏效率，而不是像实际经济周期理论所认为的，即使经济偏离了趋势路径，也仍然是有效率的。

事实上，动态随机一般均衡理论不仅仅是单纯地分析经济波动，它力图构建一个用来分析所有经济问题的一般理论。它一方面要考虑所有重要经济变量随着时间的变化而变化的轨迹，另一方面要考虑所有经济变量——宏观的和微观的——的相互影响，考虑各个市场的相互影响。将两方面结合起来，它要在一般均衡的框架中分析各种主要经济变量如何随着时间的推移而相互影响并发生改变，然后在这个背景下考虑其中某一个方面的问题，如财政问题、贸易问题、经济增长问题等。

第五节 本章评析

一、对失业理论的评析

失业是市场经济国家普遍存在的经济现象之一。在宏观经济学中，失业问题是一个重要的研究领域。

西方失业理论基本上都从资本主义制度因素以外去解释失业现象和寻找失业的原因。如新古典宏观经济学的失业理论就把经济波动归因于各个经济行为者对价格运动产生的错觉，提出所谓“自愿失业”说。新凯恩斯主义经济学以不完全竞争和不完全信息为前提，倡导市场始终难以出清导致非自愿失业。这些解释都没有触及资本主义制度缺陷。

马克思从资本主义制度的本质特征和资本主义生产的目的中揭示失业的根源、失业的表现形式。从失业的根源看，在资本主义社会中，失业既是资本主义生产方式发展，也是资本主义生产关系发挥作用的结果。资本家为了追求最大利润，通过剩余价值特别是相对剩余价值的生产，迫使资本主义社会产生大量的产业后备军。“过剩的工人人口是积累或资本主义基础上的财富发展的必然产物，但是这种过剩人口反过来又成为资本主义积累的杠杆，甚至成为资本主义生产方式存在的一个条件。”① 也就是说，“为不断变化的资本增殖需要创造出随时可供剥削的人身材料”②。由于资本有机构成的提高，排挤出大量的失业工人。从失业的形式看，失业表现为相对过剩人口，它常有流动的、潜在的和停滞的三种形式。总之，马克思认为，资本主义生产方式是人类经济制度发

---

① 《马克思恩格斯选集》第 2 卷，人民出版社 2012 年版，第 285 页。

② 《马克思恩格斯选集》第 2 卷，人民出版社 2012 年版，第 286 页。

展过程中的一个阶段。在资本积累过程中，社会分工、产业结构的调整以及资本结构的变化等都是造成工人失业的直接原因。

但是，西方失业理论的一些研究方法，如总量分析法、结构性分析法以及一些政策主张，对研究我国的失业问题具有一定的借鉴意义。

西方经济学提出了可以操作的失业率定义、失业统计方法，以及对失业的地区结构、种族结构、年龄结构、性别结构和教育结构等的结构性分析，这对完善我国的失业统计工作、准确分析我国失业的类型和原因，使失业率指标真正发挥宏观经济的风向标作用，有借鉴意义。

此外，对于失业的一些治理对策，其中包括扩大公共部门投资，通过促进经济增长方式转变创造新的就业岗位，通过增加人力投资加强对劳动力的培训和再培训，对解决我国失业问题有借鉴价值。

二、对通货膨胀理论的评析

通货膨胀不仅是西方发达国家普遍、经常出现的经济现象，也是困扰世界各国宏观经济运行的主要问题之一。西方经济学家关于通货膨胀的成因、形成机制和治理措施等的研究对我国有借鉴意义。

西方经济学的通货膨胀理论在解释通货膨胀的成因时，有不同的视角和方法。这种方法上的差别使得西方通货膨胀理论研究流派纷呈，理论众多。如有的经济学家从现象与原因结合的角度来解释通货膨胀，认为是“太多的货币追逐太少的货物”才造成通货膨胀；弗里德曼认为，通货膨胀在任何时候任何地方都是一种货币现象，而且它因为货币数量的增长快于产量的增长才会产生；也有学者从经济结构发生变化的角度来解释通货膨胀。

西方通货膨胀理论仍然局限于现象的描述，未能透过现象去揭示内在的本质。而马克思在科学的劳动价值论的基础上提出了价格表现理论和通货膨胀理论。他认为，通货膨胀表现为一种价格总水平持续上升的现象，必须从价格总水平变动的内在原因去揭示：一是从生产商品的劳动生产率水平的变化去揭示；二是从货币供给量变动来揭示，因为价格是商品的货币表现，货币的供应量对商品的价格总水平产生影响。

马克思并不否认市场的供求对商品价格变动的影响。在他看来，供求关系一方面说明市场价格同市场价值的偏离，另一方面说明抵消这种偏离的趋势，也就是抵消供求关系影响的趋势。但是，价格总水平的变动不仅仅是货币问题，更有其极其深刻的经济制度背景，而且在实际经济生活当中，通货膨胀所表现出来的价格运动的多重性、复杂性和特殊性，是多种因素作用与制约的结果。

三、对菲利普斯曲线理论的评析

菲利普斯曲线事实上就是总供给曲线的另外一个版本，在一定程度上揭示了通货膨胀率与失业率之间确实存在负相关关系，其政策意义是，政府如何在通货膨胀率与失业率之间进行相机抉择式的取舍，利用菲利普斯曲线来做出正确的选择：当失业率高时，就提高通货膨胀率降低它；而当通货膨胀率高时就紧缩银根，忍受失业率上升带来的经济损害；或者是在两者之间选择一个平衡。

但是，菲利普斯曲线在美国宏观经济调控中的应用并不十分成功。美国经济学家自身也认识到了这一问题。例如，弗里德曼在其1976年的诺贝尔经济学奖获奖讲演中总结了菲利普斯曲线发展的三个阶段：第一个阶段是负斜率的；第二个阶段是垂直的，或者说短期倾斜但长期垂直；第三个阶段则是政府不断加速通货膨胀，即不断利用短期菲利普斯曲线，通过提高通货膨胀率降低失业率，但是每一次都推高短期菲利普斯曲线。

远比弗里德曼的分析更为严重的论点是，如果加入理性预期因素，即使是在短期，菲利普斯曲线也是垂直的，政府根本就没有操作的空间。

实际上，美国经济管理者在20世纪60年代早期利用菲利普斯曲线调控经济尝到了甜头，但难以为继，到70年代遭遇惨重的失败。20世纪70年代美国经济出现了多次滞胀，其原因就在于经济政策制定者在面临外在冲击时错误地利用了菲利普斯曲线。由于石油危机、布雷顿森林体系瓦解带来的金融混乱等，美国经济出现衰退和失业率上升，同时出现通货膨胀。这表现为菲利普斯曲线向上方移动。这就给政府带来两难选择：要降低通货膨胀率则要忍受大规模的失业，要降低失业率又不得不提高本来已经很高的通货膨胀率。结果在美联储提高通货膨胀率以希望降低失业率的过程中，人们的预期开始“进化”，采取适应性预期，促使菲利普斯曲线不断上移，使得政府的政策空间越来越被挤压，而滞胀问题也就越来越严重。到最后人们采取理性预期，菲利普斯曲线一直是垂直的，通货膨胀率与失业率即使在短期也没有负相关关系，政策可以施展手脚的空间就荡然无存了。

四、对经济周期理论的评析

西方经济周期理论尽管流派林立，观点各异，但仍有其共同的特征。

一是从研究方法上忽视根本制度分析。它们一般把资本主义理解为一种自然永恒的制度，回避危机同资本主义所有制的内在联系，对危机的成因忽视从资本主义根本制度进行分析研究。

二是从市场经济一般关系出发或者从分配、交换和消费出发，认为经济周期是市场经济的必然产物和基本特征之一。

三是重视经验分析和统计资料的分析，从经济周期运行的过程分析，认为经济周期是总体经济的波动。其核心是实际国民生产总值的波动，并由此引起就业、物价水平、利率和对外贸易等的波动。

四是比较重视反危机政策和措施的研究。他们研究经济周期的目的是探索其运动规律以提出有效的治理措施。争论的焦点是理论和政策主张对经济周期治理的实际有效性。

马克思的经济周期理论无论是在方法论上还是在解释经济周期的内在根源上，与西方经济学经济周期理论相比较，都更为深刻和科学。

马克思科学地论述了资本主义经济周期的特点。“大工业本身刚刚脱离幼年时期；大工业只是从1825年的危机才开始它的现代生活的周期循环……”① 随着资本主义经济的发展，这种周期循环成为资本主义社会普遍的经济现象。马克思从唯物史观出发，把经济周期归因于资本主义的根本经济制度，认为经济周期或者经济危机是资本主义生产方式的必然现象，其根源是生产力的社会化和生产资料资本主义私人占有制之间的矛盾。马克思将资本主义经济运行看做是资本再生产过程，一般将经济周期分为四个阶段：危机、萧条、复苏和高涨。“资本主义社会充满矛盾的运动的，是现代工业所经历的周期循环的各个变动，而这种变动的顶点就是普遍危机。”②

不过，西方经济周期理论也有一些可供借鉴之处。例如，经济周期的定义、阶段特征、形成因素、理论假说、经济预测分析方法和技术手段等，为我们深入认识经济周期提供了丰富的理论资料。

思考题：

1. 西方经济学是如何解释失业的？失业的影响表现在哪些方面？

---

① 《马克思恩格斯选集》第2卷，人民出版社2012年版，第88页。

② 《马克思恩格斯选集》第2卷，人民出版社2012年版，第94页。

2. 什么是自然失业率？它的决定因素是什么？自然失业率是否就是充分就业的失业率？
3. 西方经济学是怎么分析经济周期原因的？
4. 通货膨胀有哪几种类型？西方经济学是如何解释通货膨胀成因的？
5. 通货膨胀最根本的原因是货币因素，这个说法对不对？请利用 *AD*–*AS* 模型和 *IS*–*LM* 模型进行分析。
6. 什么是菲利普斯曲线？不同形状的菲利普斯曲线反映资本主义经济发生了哪些变化？
7. 菲利普斯曲线与总供给曲线是什么关系？
8. 可否利用菲利普斯曲线分别解释失业率的决定和通货膨胀率的决定？
9. 西方国家在利用菲利普斯曲线进行政策操作时，有没有像 *AD*–*AS* 模型分政策效果那样考虑到总需求方面的影响？
10. 怎么理解奥肯定律所解释的失业与产出之间的关系？

▶ 自测习题及参考答案

第十四章　开放条件下的宏观经济

前面各章论述的主要是封闭经济下的宏观经济理论。如果把世界经济看成一个整体，一个国家或地区都与其他国家或地区有一定程度的商品贸易、资本往来关系。特别是随着经济全球化的不断加深，各国间的对外贸易、资本流动、技术转移、服务提供等活动更为频繁，相互间的经贸联系、依存性更加紧密，因此，有必要分析开放条件下的宏观经济问题。本章运用蒙代尔-弗莱明模型分析财政政策和货币政策在开放条件下的效应。

第一节　国际收支与汇率

一、国际收支

（一）国际收支的含义

国际收支是指一个经济体的居民与非居民之间因各种经济往来而发生的收入和支付的系统记录。国际收支的概念内涵十分丰富，应从以下方面加以把握。

首先，国际收支是一个流量概念。也就是说，国际收支是对一个经济体在一定时期内（一年、一季度或一个月）参与国际经济交易活动的价值量总计。

其次，国际收支反映的是以货币数量记录的全部国际经济交易。其中包括：商品和服务的买卖、物物交换、金融资产之间的交换、无偿的单向商品和服务的转移、无偿的单向金融资产的转移。

最后，国际收支记录的是居民与非居民之间发生的经济交易。判断一项交易是否属于国际收支的范围，是依据交易双方是否有一方是他国的居民，而不是交易双方的国籍。居民是一个经济概念，包括自然人和法人。它以居住地为标准，包括个人、政府、非营利团体和企业四类。按照国际货币基金组织（IMF）的国际收支定义，自然人居民是指那些在本国居住时间一年以上的个人。因此，他国的公民如果在本国长期从事生产和消费，也可能属于本国居民。法人居民是指在本国从事经济活动的各级政府机构、企业和非营利团体，但国际性机构，如联合国、IMF 等组织是任何国家的非居民。

（二）国际收支所反映的国际经济联系

国际收支概念是对各国之间各种经济联系的反映，其中对宏观经济学而言最核心的内容是两项：商品和服务的贸易，资本的流动。

1. 商品和服务贸易

国家或地区之间存在着广泛的商品和服务贸易，包括出口和进口两个方面，统称为国际贸易。对一个国家或地区而言，出口是把商品和服务输出到其他国家或地区，同时得到等值的外汇收入。进口是一个国家或地区从其他国家或地区输入商品和服务，同时支付等值的外汇。两者的差值为净出口。

进口和出口是流量概念，是按照一个时段来统计的。如果以一年为时段统计进口和出口，一个经济体进口支付了 500 亿美元，出口获得了 800 亿美元，于是，该经济体在一年结束时会有 300 亿美元留下来，形成外汇储备。显然，外汇储备是一个存量概念，是在某一个时点统计的。这样，从价值角度可以将净出口理解为一个国家或地区在一段时期通过商品和服务的进出口而净流入的外汇收入；它是外汇储备的来源。

2. 资本流动

商品和服务在各国或地区间的流转必然伴随着资本的流动，是以资本流动来支持的，这如同货币的流转方便了商品的交易一样。资本在国家或地区之间的流动包括资本流入和资本流出两个部分。

资本流入是指境外资本流入境内，是境外对境内资产的购买或组建，也表现为外汇的流入。资本流入有两种途径。第一种途径是通过购买境内资产流入，这是一种间接投资行为。第二种途径是通过投资办厂流入，这是一种直接投资，即外商直接投资。不管是哪种途径，流入境内的外汇资金是要从国外或者境外购买商品和服务的，因此，资本的流入就是商品和服务的进口。

资本流出恰好相反，是境内资本的流出，是对海外资产的购买或在海外投资形成资产，也表现为外汇的流出。同样地，资本流出也有两种途径：购买境外资产和直接在境外投资办厂。资本流出是资金的流出，这些资金是要购买境内商品和服务的，因此资本流出意味着商品和服务的出口。

资本流入和资本流出的差额是资本净流入或资本净流出，前者为资本流入减去资本流出，后者正好相反，是资本流出减去资本流入。

资本流动也体现了外汇的流转，因此这个差额是有特殊意义的，是一种外汇结余。如果资本净流入大于零，就会增加境内的外汇储备。反之，如果资本净流入小于零，会减少外汇储备。

二、汇率与汇率制度

（一）汇率

国际交易通常要求一种货币被换成另一种货币，这样就涉及两种货币相互兑换的比率，即汇率或者称汇价。按照是否经过价格水平的调整，汇率可分为名义汇率和实际汇率。

1. 名义汇率

名义汇率是两个国家（或地区）货币的相对价格，即一种货币能兑换另一种货币的数量，用 e 表示。名义汇率有两种不同的标价方法。一种是直接标价法，是用本国货币形式表示的国外货币的价格，即购买 1 单位或 100 单位的外币应该付出多少本国货币，故又称为应付标价法。这样，当本币升值时，购买单位外币所必须支付的本币就减少，即本币升值，汇率下降，也就是说，汇率升降与本国货币对外价值的高低成反比。另一种为间接标价法，即用国外货币表示本国货币的价格。它以购买一定单位（如 1 单位）的本国货币为标准来计算应收多少单位外币，故又称为应收标价法。由于这种标价法将本国货币设定为一定的数额，当本币币值上升时，单位本币所能兑换的外币就增加，也就是说，外币价值的高低和汇率的升降成反比。为了方便起见，本章采用间接标价法。

在浮动汇率制下，名义汇率受到外汇市场上外汇供求关系的影响。同时，当经济、政治或者其他因素引起外汇供求变动时，名义汇率也会发生波动。

2. 实际汇率

实际汇率就是用两国（或地区）价格水平对名义汇率加以调整后的汇率，用 ε 表示。与名义汇率相比，它更能说明一国（或地区）货币的真实购买力。简单地说，如果本国商品的价格用本币表示为 P，某一国外商品的价格用该外币表示为 P_f，国内居民持有本国货币要购买国外商品，在国外生产商只接受该外币来交换其商品的条件下，本国居民应该先用本币以名义汇率 e 购买该外币，然后用该外币以 P_f的价格买到国外商品，这样，1 单位国外商品用本币单位数量来表示就等于 P_f/e。譬如，美国出版的一本《宏观经济学》教材销售价格为 50 美元，在美元与人民币的汇率为 1 美元等于 6.5 元人民币，即 $1/e=6.5$ 时，必须用人民币 325 元，即 $P_f/e=6.5\times50$，才能买到这本书。

由此可见，用两国（或地区）的价格水平对名义汇率进行调整得出的实际汇率，实际上表明在国际贸易中按什么比率用一国的商品去交换另一国的商品，所以，实际汇率有时也被称为贸易条件。如果国内商品用本币计价为 P，国外商品用本币计价为 P_f/e，那么可以将实际汇率表示为：

$$实际汇率=\frac{名义汇率\times本国商品价格}{国外商品价格}$$

即实际汇率的表达式为：

$$\varepsilon=\frac{eP}{P_f} \tag{14.1}$$

由式（14.1）可知，当国内商品比国外商品价格便宜时，就是 $eP<P_f$，国内居民更愿意购买国内商品，从而使得国内商品价格 P 上升；相反，如果 $eP>P_f$，国外商品比国内商品价格便宜时，国内居民更愿意购买国外商品，使得国内商品价格 P 下降。在没有运输成本和贸易壁垒的条件下，可以得到 $eP=P_f$。这一关系被称为购买力平价。由此可见，如果这一关系成立，则实际汇率等于 1。

（二）汇率制度

汇率制度指一国（或地区）货币当局对本国汇率变动的基本方式所作的一系列制度安排或规定。例如，规定本国货币对外价值、汇率的波动幅度、本国货币与其他货币的汇率关系、影响和干预汇率变动的方式等。按照汇率波动幅度的大小，汇率制度可以分为固定汇率制和浮动汇率制。

1. 固定汇率制

固定汇率制是在金本位制度和布雷顿森林体系下通行的汇率制度。顾名思义，这种制度规定本国货币与其他国家货币之间维持一个固定比率，汇率波动被限制在一定范围内，由官方干预来保证汇率的稳定。例如，1879 年美国采纳了金本位制，规定 1 美元等于 0.048 38 盎司黄金，当时 1 英镑的含金量是 0.234 9 盎司。这样，英镑与美元之间的汇率就是 1 英镑=0.234 9÷ 0.048 38≈4.855 31 美元。

在布雷顿森林体系下，固定汇率制可以归纳为：一是实行“双挂钩”，即美元与黄金挂钩，其他各国货币与美元挂钩；二是在“双挂钩”的基础上，各国货币对美元的汇率一般只能在汇率平价 1%的范围内波动，国际货币基金组织各会员国的货币必须与美元保持固定比价。具体而言，确定 1 美元的含金量为 0.888 671 克纯金，各会员国货币对美元的汇率按各国货币的含金量与美元确定固定比价，或直接规定与美元的固定比价，但不得轻易改变，汇率波动幅度应维持在固定比价的上下 1%以内。各国政府有义务在外汇市场上进行干预活动，以保证汇率水平的基本稳定。由于这种汇率制度实行“双挂钩”，波幅很小，且可适当调整，因此该制度也被称为以美元为中心的固定汇率制或可调整的钉住汇率制度。

2. 浮动汇率制

浮动汇率制是指一国不规定本币与外币的黄金平价和汇率上下波动的界限，货币当局也不承担维持汇率波动幅度的义务，汇率随外汇市场供求关系变化而上下自由浮动的一种汇率制度。

在布雷顿森林体系下，必须维持美元兑换黄金的稳定关系。20 世纪 70 年代初，随着美元危机进一步激化，美元兑换黄金的稳定关系难以为继。1971 年 8 月 15 日，美国宣布停止履行为外国政府或中央银行用美元兑换黄金的义务。之后，西方国家曾努力要恢复固定汇率，但 1973 年年初又爆发了一次新的美元危机，这样，西方各国就普遍开始实行浮动汇率制。1976 年 1 月，国际货币基金组织正式承认浮动汇率制度。1978 年 4 月，国际货币基金组织理事会通过“关于第二次修改协定条例”，正式废止以美元为中心的国际货币体系。至此，浮动汇率制度在世界范围取得了合法的地位，它也使世界各国在汇率制度的选择上具有了较强的自由度。现在，各国实行的浮动汇率制度多种多样，有单独浮动、钉住浮动、弹性浮动、联合浮动等形式。

三、国际收支的平衡

按照宏观经济学的定义，当一国在一定时期内实现了国际收支平衡时称为对外均衡。它是该国的国际收支差额为零的状态，也就是净出口和资本净流出的差额为零的状态。因此，我们必须了解净出口和资本净流出等问题。

（一）实际汇率与净出口

实际汇率的变化会影响一国的净出口。净出口就是出口与进口的差额，即：

$$NX=X-M \tag{14.2}$$

式中，X 代表商品和服务的出口；M 代表商品和服务的进口；NX 代表进出口差额，即净出口。

一般来说，影响进出口的主要因素是一国的国民收入、进出口的商品相对价格、关税等因素。由于实际汇率是本国商品和服务相当于国外商品和服务的价格，它的变化直接影响出口和进口。对于进口来说，如果本币升值（即 e 上升），国外的商品和服务就变得相对便宜，故进口正向地取决于本币变动或汇率变动；对于出口来说，如果本币升值，本国出口商品会变得相对昂贵，从而抑制了出口，故出口反向地取决于本币币值变动或汇率变动。由于净出口是出口与进口的差额，从总体上看，净出口反向地取决于本币币值变动。由此可见，价格水平和汇率是影响进出口的两个重要因素。

一国的国民收入水平是影响进出口的因素之一。当收入提高时，消费者用于购买本国和国外的商品与服务的支出都会增加。但从出口的角度看，一般假定出口不直接受一国实际收入的影响。因此，净出口反向地取决于一国的实际收入。如果用间接标价法，就可以得出净出口函数表达式，即：

$$NX\left(Y,\ \frac{eP}{P_{\mathrm{f}}}\right)=X\left(\frac{eP}{P_{\mathrm{f}}}\right)-M\left(Y,\ \frac{eP}{P_{\mathrm{f}}}\right)=q-\gamma Y-n\frac{eP}{P_{\mathrm{f}}} \tag{14.3}$$

式中，q 为常数；γ 为边际进口倾向，代表净出口变动与引起这种变动的收入变动的比率；n 为系数，代表净出口对实际汇率变动的反应系数。可见，净出口曲线向右下方倾斜，如图 14-1 所示。

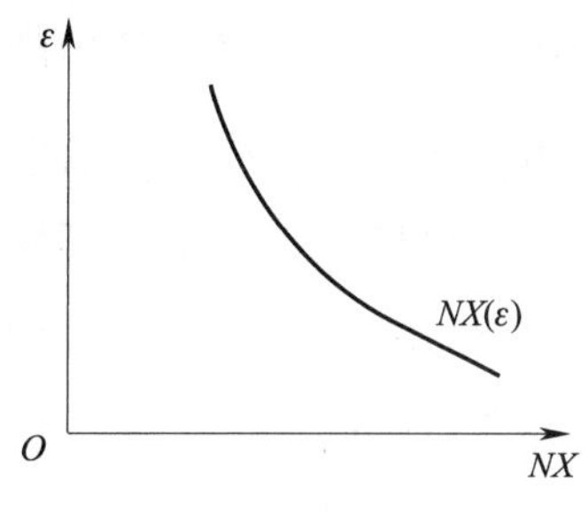

图 14-1 净出口曲线

本国汇率下降（或本币贬值，即 e 下降）将增加净出口这只是一般理论上的分析。在实际经济中，汇率下降能在多大程度上增加出口、减少进口，取决于该国出口商品在世界市场上的需求弹性和该国国内市场对进口商品的需求弹性。只有出口商品的需求弹性大，本币贬值才会引起商品出口的增加；如果国内市场对进口商品的需求弹性很小，本币贬值所引起的进口商品减少幅度也会很小。因此，本币贬值对净出口影响的程度，还要看出口商品和进口商品的需求弹性。如果两者之和的绝对值大于 1，则本币贬值可以改善一国的贸易收支状况，这一结论被称为马歇尔-勒纳条件。但是一国是否可以采用货币贬值政策改善国际收支状况，视具体情况而定。即便认为本币贬值可以促进贸易收支状况的改善，也会有时间上的滞后。

西方经济学者认为，本币贬值对贸易收支状况产生影响的时间可划分为三个阶段：货币合同阶段、传导阶段、数量调整阶段。也就是说，本币贬值对国际收支状况的影响存在时滞。它的基本变化过程是，当一国货币贬值后，最初会使贸易收支状况进一步恶化而不是改善，只有经过一段时间以后贸易收支状况的恶化才会得到控制并趋于好转，最终使贸易收支状况得到改善。本币贬值对贸易收支改善的时滞效应被称为J曲线效应，如图14-2所示。

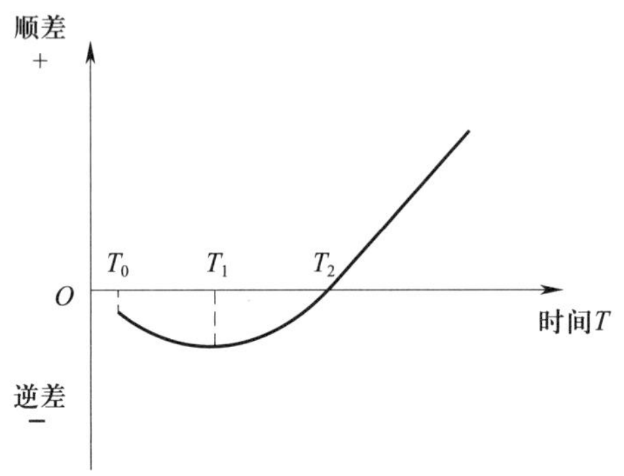

图14-2 J曲线效应

在货币合同阶段，进出口商品的价格和数量不会因本币贬值而发生改变，以货币表示的贸易差额就取决于进出口合同所使用的计价货币。如果进口合同以外币计价，出口合同以本币计价，那么本币贬值会恶化贸易收支状况。在传导阶段，由于存在种种原因，进出口商品的价格开始发生变化，但数量仍没有大的变化，国际收支状况会继续恶化。在数量调整阶段，价格和数量同时变化，且数量变化远大于价格变化，国际收支状况开始改善，最终形成顺差。

（二）资本净流出函数

本国流向国外的资本量减去国外流向本国的资本量所得的差额称为资本项目差额或资本净流出，用F表示，即：

$$F = \text{流向国外的本国资本量} - \text{流向本国的国外资本量}$$

有哪些因素会影响资本的流动呢？我们知道，资本账户主要记录国际投资和借贷。从经济学的角度分析，国际投资和借贷的目的都是为了盈利。因此，国际资本的流动规律是，资本由低利率的国家向高利率的国家流动。这就是说，虽然影响资本流动的因素很多，但利率水平是最主要的因素之一。本国的利率越高于国外的利率，国外的投资和借贷就会越多地流入本国，本国的资本越少地流向国外，这样，资本净流出就越少。相反，如果本国的利率越低于国外的利率，本国的资本就越多地流向国外，资本净流出就越多。可见，资本净流出是世界利率① r_w与本国利率r之差的函数，资本净流出函数可表示为：

① 这里的世界利率是指世界金融市场存在的利率。

$$F = \sigma \left(r_w - r \right) \tag{14.4}$$

式中，$\sigma > 0$，为常数，它反映的是国家（或地区）间资本流动的难易程度。从式（14.4）中可以看到，如果世界利率既定，则国内利率越高，流出的资本就越少，流入的资本就越多，即资本净流出就越少；反之，资本净流出越多。故资本净流出 F 为国内利率 r 的减函数，如图 14-3 所示。

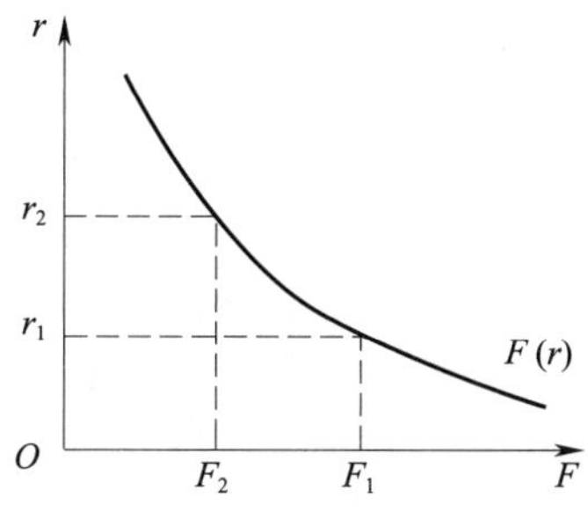

图 14-3　资本净流出函数

当国内利率为 r_1 时，资本净流出额为 F_1；当国内利率上升为 r_2 时，资本净流出额减少为 F_2。

（三）国际收支的平衡：*BP* 曲线的推导

1. 国际收支平衡

通常把净出口与资本净流出的差额称为国际收支差额，用 *BP* 表示。国际收支差额是实际汇率、本国收入与利率的函数，可表示为：

$$BP = NX\left(Y, \frac{eP}{P_f} \right) - F(r) \tag{14.5}$$

当一国的国际收支平衡时，国际收支差额等于零，即 $BP = 0$，此时达到外部均衡状态。如果 $BP > 0$，则是国际收支出现顺差或国际收支盈余；如果 $BP < 0$，则是国际收支出现逆差或国际收支赤字。因国际收支平衡时 $BP = 0$，即 $NX - F = 0$，就有 $NX = F$，将式（14.3）净出口函数和式（14.4）资本净流出函数代入 $NX = F$ 中，可得国际收支均衡函数：

$$q - \gamma Y - n \frac{eP}{P_f} = \sigma \left(r_w - r \right) \tag{14.6}$$

简化可得：

$$r = \frac{\gamma}{\sigma} Y + \left(r_w + \frac{n}{\sigma} \cdot \frac{eP}{P_f} - \frac{q}{\sigma} \right) \tag{14.7}$$

从式（14.7）可以看到，国际收支均衡函数表示在国际收支平衡时利率 r 和收入 Y 的相互关系。在其他变量固定的前提下，以利率为纵坐标，国民收入为横坐标，可以画出一条反映国际收支平衡条件下国民收入与利率相互关系的曲线，称为国际收支均衡曲线或 *BP* 曲线，如图 14-4（d）所示。

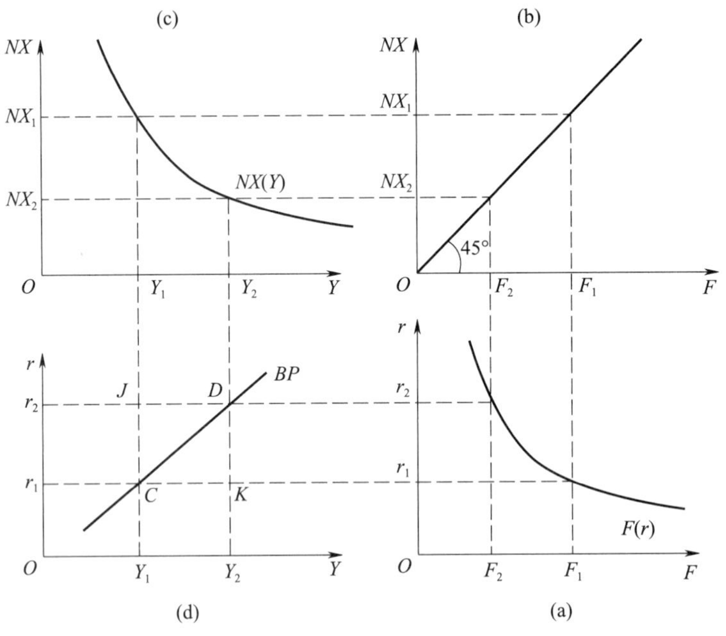

图 14-4　*BP* 曲线的推导

2. *BP* 曲线的推导

在图 14-4 中，图（a）表示资本净流出曲线，图（b）表示国际收支平衡条件，图（c）表示净出口函数曲线，图（d）为 *BP* 曲线。从图 14-4 中可以看出，*BP* 曲线向右上方倾斜，较低的利率对应较低的收入，较高的利率对应较高的收入。其基本原因在于：收入水平上升，则进口增加，导致净出口减少，为了实现国际收支平衡，就必须提高利率，减少资本外流。因此，在 *BP* 曲线上，收入与利率是同方向变动的。

从 *BP* 曲线可以看到，*BP* 曲线上的各点都满足净出口等于资本净流出的国际收支平衡条件，即 $BP=0$，它代表对外实现了均衡。也就是说，*BP* 曲线上的点（如 *C*、*D*）表示在给定汇率下使国际收支平衡的利率和收入组合，即 $NX=F$。位于 *BP* 曲线左上方各点（如 *J*）所描述的是净出口大于资本净流出，即 $NX>F$，存在国际收支顺差（盈余）的不平衡状态；位于 *BP* 曲线右下方各点（如 *K*）所描述的都是净出口小于资本净流出，即 $NX<F$，为国际收支逆差（赤字）的不平衡状态。

3. *BP* 曲线的斜率

从 *BP* 曲线的推导可知，资本净流出曲线的斜率和净出口曲线的斜率将会

影响 BP 曲线的斜率。国际资本流动对利率变动的反应越敏感，小幅度的利率变动所引起的国际资本流动量越大，资本的净流出变动越大，资本净流出曲线越平坦，其斜率越小。从 BP 曲线看，其越平坦意味着斜率越小，当资本净流出曲线为水平线时，BP 曲线也是水平线。

国际资本流动对利率变动的反应敏感程度，实际上反映了国家间资本流动的难易程度。从式（14.7）可知，σ 反映的是国家间资本流动的难易程度，若 σ 越大则资本流动性越大。根据 BP 曲线斜率 γ/σ 来分析，σ 越大，BP 曲线越平坦；σ 越小，资本流动越困难，BP 曲线越陡峭。在资本完全流动，即资本流动没有任何限制的假设下，BP 曲线就成为一条水平线，如图 14-5 所示。在图 14-5 中，在资本完全流动的假设下，国内利率等于世界利率。当国内利率高于世界利率时，资本会无限制地流入本国，出现国际收支盈余，即 $BP>0$；相反，当国内利率低于世界利率时，资本会无限制地外流，出现国际收支赤字，即 $BP<0$。而 BP 曲线上的任何一点均表示国际收支达到均衡的状态。

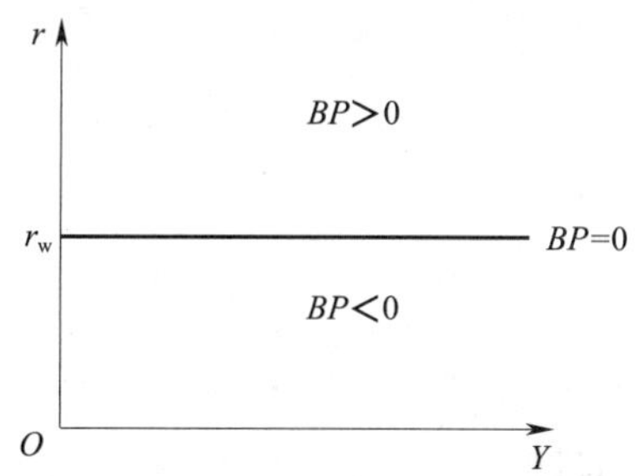

图 14-5　资本完全流动时的 BP 曲线

相反，国际资本流动对利率变动的反应越不敏感，大幅度的利率变动所引起的国际资本流动量越小，资本净流出越少，资本净流出曲线越陡峭，其斜率越大。相应地，BP 曲线越陡峭，斜率也越大。在资本完全不流动时，即当 $\sigma=0$ 时，BP 曲线成为一条垂直线，如图 14-6 所示。

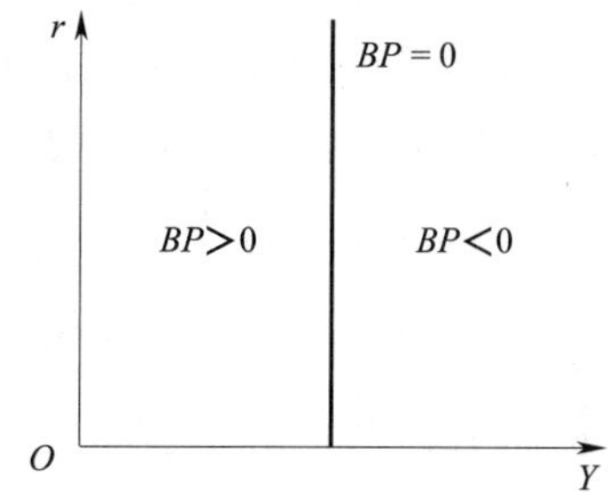

图 14-6　资本完全不流动时的 BP 曲线

如果国际资本流动对利率变动的反应具有一定的敏感性，也就是说，一定幅度的利率变动会引起一定量的国际资本流动，这样就有一定幅度的资本净流出，此时，*BP* 曲线是一条具有正斜率的曲线，如图 14-7 所示。

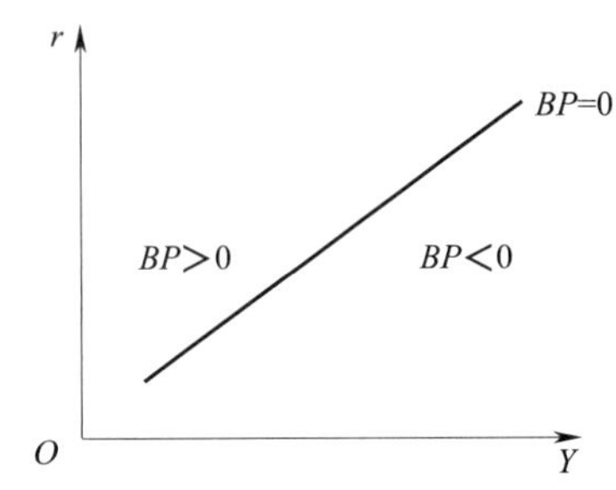

图 14-7 资本不完全流动时的 *BP* 曲线

总之，根据资本流动性的不同假设，*BP* 曲线会呈现出三种形状：

一是资本完全流动时（$\sigma\to\infty$），*BP* 曲线斜率 $\gamma/\sigma\to0$，*BP* 曲线为水平线；当某小国利率水平完全与世界利率水平一致时，该国国际收支处于平衡状态，资本流动弥补任何形式的经常账户不平衡，汇率的变化对 *BP* 曲线无影响。

二是资本完全不流动时（$\sigma=0$），*BP* 曲线斜率 $\gamma/\sigma\to\infty$，*BP* 曲线为垂直线。

三是资本不完全流动时（$\sigma>0$），*BP* 曲线斜率 $\gamma/\sigma>0$。

当 *BP* 曲线是一条斜率为正的曲线时，对于任何既定汇率水平，收入增加引起的经常账户逆差需要通过提高利率吸引资金流入来弥补。

4. *BP* 曲线的移动

BP 曲线是根据净出口函数、资本净流出函数以及净出口与资本净流出相等的原则推导出来的。因此，所有影响净出口、资本净流出变动的因素都会使 *BP* 曲线移动。这些因素主要包括国际收支状况、汇率变化和价格水平变动等。例如，价格总水平的变动，它对 *BP* 曲线的影响机制是：价格总水平的变动先影响实际汇率，然后通过实际汇率的变动进而影响 *BP* 曲线。假定在总产量不变的条件下，一国的货币供给量增加一倍，则该国的价格总水平也将提高一倍。价格总水平的提高意味着该国货币的购买力下降，如果这时其他国家的价格总水平不变，即其他国家货币的购买力不变，价格总水平上升则使该国的实际汇率上升（即 ε 上升），从而引起 *BP* 曲线向左移动；相反，一国的价格总水平下降，实际汇率将下降，从而引起 *BP* 曲线向右移动。

有了描述国际收支平衡的 *BP* 曲线，再结合国内市场均衡分析的 *IS-LM* 模型，就可以分析包括国内均衡和国外均衡的开放条件下国内外均衡问题。我们把引入国际收支平衡的 *BP* 曲线所建立的分析国内外均衡的模型称为 *IS-LM-BP* 模型。后面的几节将通过蒙代尔-弗莱明模型来分析开放条件下的宏观经济均衡及其调整问题。

第二节　蒙代尔-弗莱明模型

蒙代尔-弗莱明模型是在凯恩斯主义框架下对宏观经济均衡体系分析的延伸。20 世纪 60 年代，蒙代尔与弗莱明扩展了米德[①]开放条件下不同政策效应的分析，通过引入货币均衡、利率和国际资本流动，将 *IS-LM* 模型扩展为开放经济理论模型。蒙代尔-弗莱明模型可以解释短期开放经济的变动和汇率制度的关系以及宏观经济政策效果。

一、价格不变的蒙代尔-弗莱明模型

（一）假设前提

蒙代尔-弗莱明模型主要的前提假设有：第一，假设价格在短期内是不变的，经济中的产出完全由需求决定；第二，假设实际货币需求与收入正相关，与实际利率负相关，即人们持有的货币不仅有交易动机，而且还有预防性和投机性的动机；第三，假设商品和资本可以在国际上完全自由流动，资本的自由流动将消除任何国内市场和世界市场的利率差别，因此，国内市场的利率和世界市场的利率是一致的。

（二）开放条件下的 *IS* 曲线

由国内市场的利率和世界市场的利率一致这一假设，得：

$$r = r_w \tag{14.8}$$

式（14.8）表明，利率是外生的、固定的，国内市场的实际利率等于世界市场上的实际利率。这实际上是假设分析一个小国经济。因为，在一个小国的

---

① 米德在 1951 年出版的《国际收支》一书中，综合了凯恩斯的分析和古典学派对相对价格的考虑，把对外均衡置于一般均衡的框架内加以处理，把凯恩斯的宏观经济分析扩展到了国际经济领域。

开放经济中，国内利率在短时间内的上升将会导致国外资本的流入，使国内利率回调到世界利率的水平；相反，如果国内利率下降，资本就流向国外赚取更高的收益，使国内利率回升到世界利率的水平。因此，国内实际利率是由世界市场上的均衡利率给定的一个常数。

在长期中，假设价格是自由变动的，因此净出口是实际汇率 ε 的函数。在短期中，价格被假设是固定的，名义汇率与实际汇率成正比，净出口可以表示为名义汇率 e 的函数。这样，从短期看，开放条件下（即四部门经济）的国民收入为：

$$Y=C(Y-T)+I(r_w)+G+NX(e) \tag{14.9}$$

式（14.9）表明，总收入 Y 是消费 C、投资 I、政府购买 G 和净出口 NX 之和。也就是这四项构成总需求，总产出等于总需求说明商品市场均衡。

图 14-8（a）是按照第十一章中的利率-收入关系绘制的 *IS* 曲线。可以看到，开放条件下的 *IS* 曲线是一条向右下方倾斜的曲线。

图 14-8（b）是按照汇率-收入关系绘制的 *IS* 曲线，用 IS^* 表示。根据式（14.9）可知，它是向右下方倾斜的。

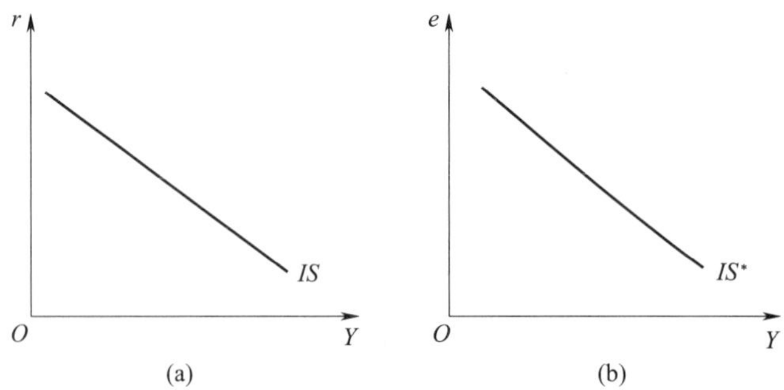

图 14-8 开放经济下的 *IS* 和 IS^* 曲线

（三）开放条件下的 *LM* 曲线

由国内利率等于世界利率的假设，可以将货币市场均衡写成：

$$M=L(r_w,\ Y) \tag{14.10}$$

式中，实际货币需求与利率 r 负相关（利率等于世界利率 r_w），与收入 Y 正相关，如图 14-9（a）所示。

如果在汇率-收入关系中分析货币市场均衡，可以用图 14-9（b）中的 LM^* 曲线来代表。由于货币市场达到均衡的收入水平与名义汇率无关，因此 LM^* 曲线是垂直的，如图 14-9（b）所示。

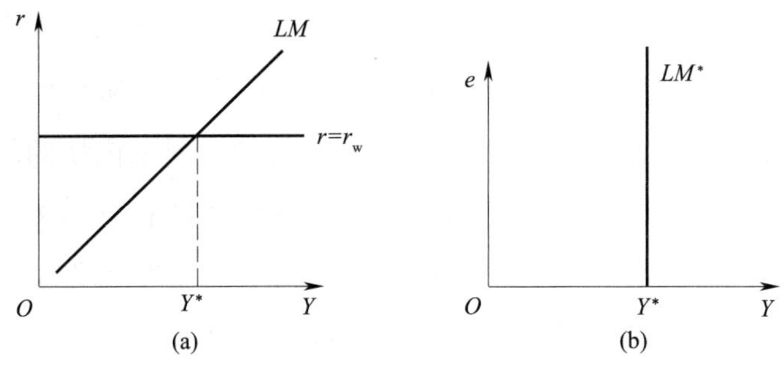

图 14-9　开放经济下的 LM^* 曲线

（四）开放条件下的 *IS-LM* 模型

将上述开放条件下的 *IS* 和 *LM* 方程联立起来，可以解得两个市场均衡时的名义汇率和收入水平，即：

$$IS^*: Y=C(Y-T)+I(r_w)+G+NX(e)$$

$$LM^*: M=L(r_w, Y)$$

上述第一个方程表示商品市场均衡，第二个方程表示货币市场均衡。方程式中的 T、G、M、r_w 都是外生给定的，收入 Y 和名义汇率 e 是内生的变量。因此，通过 IS^* 曲线和 LM^* 曲线相交就可得到两个市场均衡的名义汇率与收入水平，如图 14-10 所示。

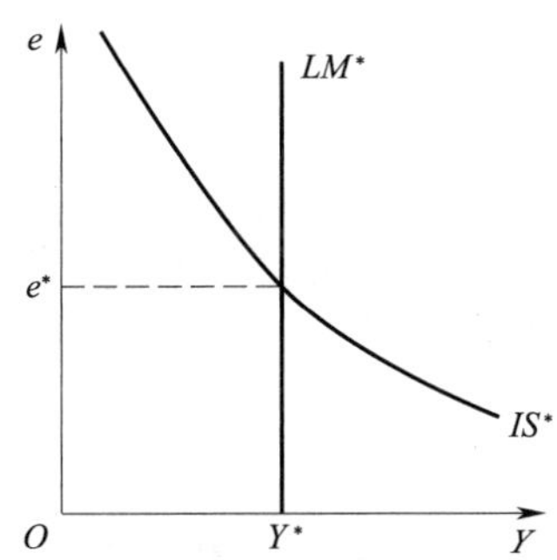

图 14-10　固定价格水平的蒙代尔-弗莱明模型

二、价格变动的蒙代尔-弗莱明模型

在长期中，物价水平会变动。因此，如果发生价格变动，那么蒙代尔-弗莱明模型会出现什么变化？

由于实际汇率 $\varepsilon=eP/P_f$，在价格变动下，实际汇率 ε 与名义汇率 e 的固定比例就不成立了。这样，商品市场均衡的方程中的净出口就不再是名义汇率 e 的函数，而应当是实际汇率 ε 的函数。蒙代尔-弗莱明模型就写为：

$$IS^*: Y=C(Y-T)+I(r_w)+G+NX(\varepsilon)$$

$$LM^*:\ M=L(r_w,\ Y)$$

上述第一个方程描述了商品市场均衡，即 IS^* 曲线，第二个方程描述了货币市场均衡，即 LM^* 曲线。由于物价水平发生变动，两个市场的均衡也会发生相应的变化。一是当物价水平下降时，实际货币余额将增加，这样将使得 LM^* 向右移动。二是从 IS^* 看，因它不受价格下跌的影响而发生移动，所以当价格下降后，将导致产量的增加和实际汇率的下降，均衡收入就增加。具体变动如图 14-11（a）所示。

将上述价格和产出的关系用坐标图表示出来，可以通过总需求曲线反映出产出水平和物价水平之间的负相关关系，如图 14-11（b）所示。

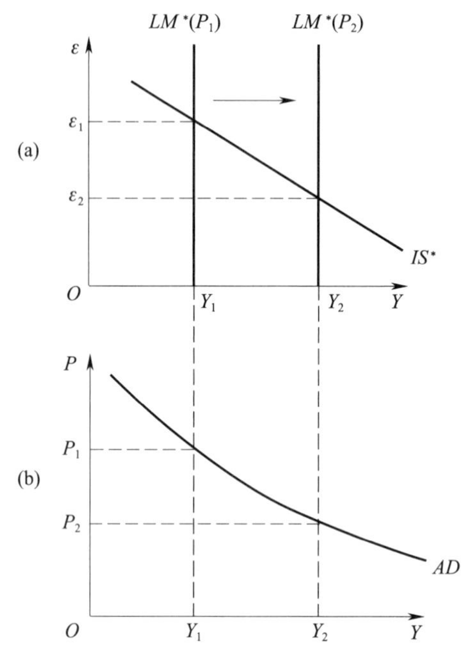

图 14-11 价格变动的蒙代尔-弗莱明模型

图 14-11 表明，当价格从 P_1 下降到 P_2 时，产出就从 Y_1 增加到 Y_2。同时表明，从蒙代尔-弗莱明模型得出的开放条件下的总需求曲线与封闭经济下的总需求曲线是一样的，都是一条向右下方倾斜的曲线。它们都说明，总需求曲线是随物价水平变动而产生的一组均衡。因此，如果是需求扩张性的政策，即财政支出增加或者货币供给增加，它将使总需求曲线向右移动；相反，如果是需求紧缩性的政策，如财政支出减少或者货币供给减少，它将使总需求曲线向左移动。

利用蒙代尔-弗莱明模型，结合长期均衡分析方法，就能够分析小国开放条件下的短期与长期均衡关系以及政策效应。

第三节　固定汇率制下的政策效果

固定汇率制与浮动汇率制的重要区别在于，中央银行是否有义务将汇率固定在一定的比率。在固定汇率制下，中央银行必须对外汇市场进行干预以维持汇率的固定水平。因此，中央银行的货币供给必须完全服从于稳定汇率的目标。在浮动汇率制下，名义汇率按照市场的供求状况自由波动。因此，不同汇率制度下的财政政策、货币政策和贸易政策将产生不同的经济效果。

一、固定汇率制下的财政政策

如果政府采取了扩张性财政政策，如增加政府支出或者减少税收，那么将扩大总需求，结果使 IS^* 曲线向右移动，如图 14-12 所示，即由 IS^*_1移至 IS^*_2。IS^* 曲线向右移动使得名义汇率面临上升的压力。此时，中央银行为了维持汇率不变，只得干预外汇市场，增加本币供给，使得 LM^* 曲线右移，直到均衡汇率降低到固定汇率水平 e^*，即由 LM^*_1移至 LM^*_2。这种扩张性财政政策的结果，使得小国经济的汇率固定在所承诺的水平上，但产出水平提高，从 Y_1 增加到 Y_2 的水平。

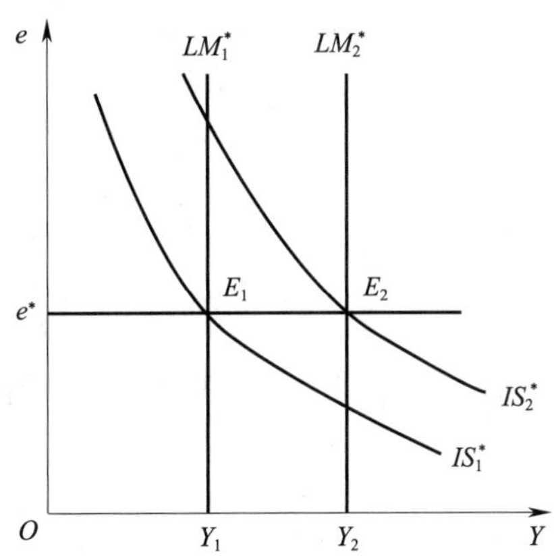

图 14-12　固定汇率制下的财政政策效果

相反，如果政府采取了紧缩性财政政策，如减少政府支出或者增加税收，那么将减少总需求，结果使 IS^* 曲线向左移动。IS^* 曲线向左移动使得名义汇率面临下降的压力。此时，中央银行为了维持汇率不变，只能通过抛售外币减少本币供给，使得 LM^* 曲线左移，直到均衡汇率上升到固定汇率水平 e^*。这种紧缩性财政政策的结果，使得小国经济的汇率固定在所承诺的水平上，但产出水平下降。

可见，在固定汇率制和完全资本流动的假设下，如果在实施扩张性财政政策的同时增加货币供给，那么就会增强扩张性财政政策的效果，财政政策作用产生的增量等同于经济增量。

二、固定汇率制下的货币政策

假设中央银行试图实施扩张性的货币政策，如通过购买公众的债券以增加货币供给，这样，使得 LM^* 曲线从 LM_1^* 向右移动到 LM_2^*，如图 14-13 所示。这一扩张性的货币政策在短期内似乎使得产出 Y 有所增加，但实际上，在资本完全流动下，这一扩张性的货币政策使得利率有微小的变化就会引起资本流出，从而形成名义汇率下降的压力。为了维持汇率的稳定，央行不得不缩减货币供给，使得 LM^* 曲线又回到原来 LM_1^* 曲线的位置。因此，在固定汇率制下货币政策往往是无效的。

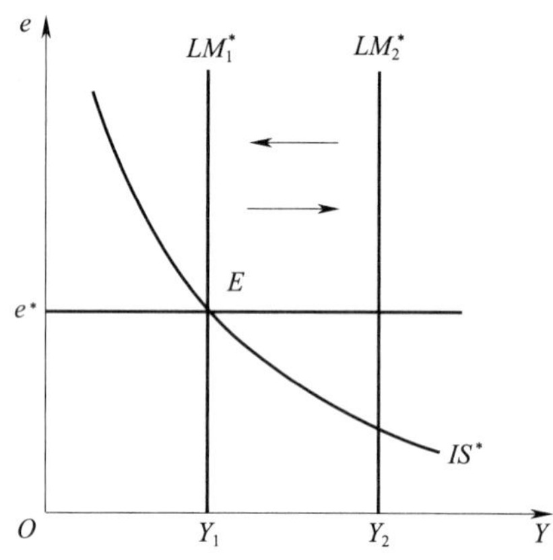

图 14-13　固定汇率制下的货币政策效果

总之，在资本完全流动的情况下，无论是扩张性货币政策还是紧缩性货币政策都是无效的。

三、固定汇率制下的贸易政策

政府可以通过关税和非关税措施影响进出口贸易。就非关税措施而言，它主要有数量限制、进口许可（进口许可制度、进口许可程序）、差价税、进口配额和技术性壁垒等，这些也统称为非关税贸易壁垒。

假如政府通过关税或者非关税贸易壁垒来减少进口，其影响的参数是净出

口 NX，即减少进口而增加净出口，这样，净出口曲线 $NX(e)$ 就会向右移动，从而 IS^* 曲线向右移动，如图 14-14 所示。IS^* 曲线的右移使名义汇率面临上升的压力，为了保持固定汇率 e^*，中央银行必须增加货币供给，结果使 LM^* 曲线也向右移，直到均衡汇率稳定在固定水平上，即由 LM_1^* 移动到 LM_2^* 的位置，总产出从 Y_1 增加到 Y_2 的水平。

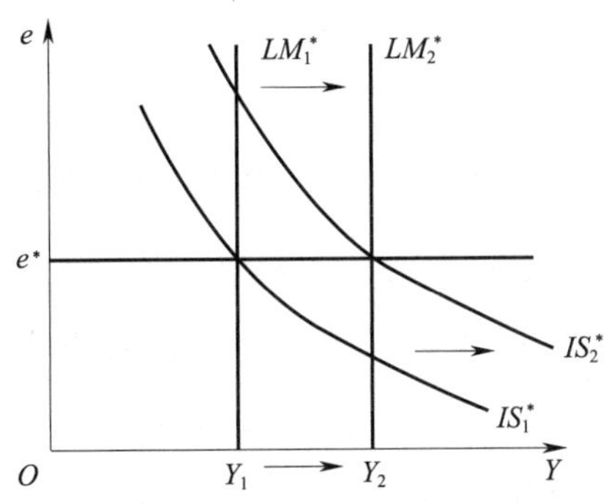

图 14-14　固定汇率制下的贸易政策效果

可见，固定汇率制下贸易政策的经济机制，同固定汇率制下财政政策的经济机制是一样的。不同的仅仅是引起 IS^* 曲线移动的原因，贸易政策源于净出口 NX 的变化，财政政策则源于其他因素的变化。

第四节　浮动汇率制下的政策效果

与固定汇率制不同，在浮动汇率制下，汇率随外汇市场供求的变化自由浮动，一国货币当局没有维持汇率波动幅度的义务。因此，货币当局不会对外汇市场进行任何的干预。在这种情况下，开放条件下的小国财政政策、货币政策和贸易政策效果会有不同。

一、浮动汇率制下的财政政策

在资本完全流动的条件下，假如其他条件不变，政府采取扩张性财政政策。扩张性财政政策使得 IS^* 曲线右移，与 LM^* 曲线交于 B 点。结果使汇率上升，但产出没有变化，如图 14-15 所示。

在封闭经济中，实行扩张性财政政策将使产出增加，为什么小国开放条件下实行扩张性财政政策却没有产生这样的效果呢？因为在此条件下扩张性财政

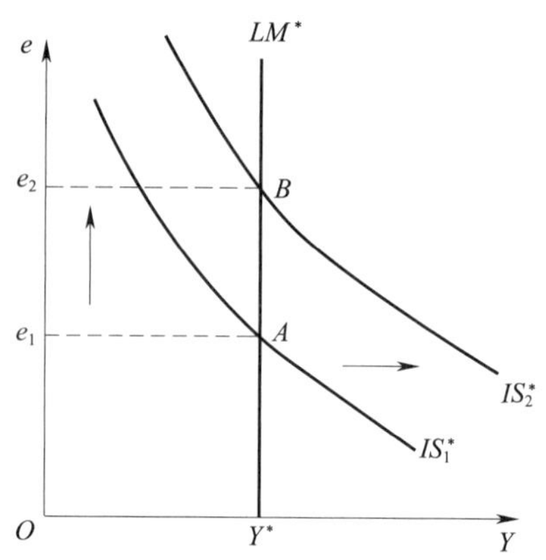

图 14-15　浮动汇率下的财政政策效果

政策会使汇率上升，汇率上升使国内商品相对于国外商品变得更加昂贵，净出口减少，扩张性财政政策的需求效果被本币的升值完全抵消了。

通过货币市场的均衡方程式可以进一步理解小国开放条件下财政政策的无效性问题。如前所述，货币市场的均衡方程式为：

$$M=L(r,\ Y) \tag{14.11}$$

在式（14.11）中，短期内价格没有变动，这样无论是封闭经济还是开放经济，实际货币供给量 M 是固定的，而货币的需求量是由 r 和 Y 决定的，它必须等于这个固定的货币供给量。这样就可以看到，在封闭经济中实施扩张性财政政策后将引起均衡利率的上升，使货币需求量减少，因此产出 Y 必须上升以增加货币的需求量，从而维持货币市场的均衡。但在开放条件下，利率 r 等于世界利率 r_w，是一个固定的常数。因此，扩张性财政政策不会引起均衡利率的上升，产出 Y 也保持不变，这样就维持了货币市场的均衡。

因此，小国在开放条件下实行增加购买支出或者减少税收的扩张性财政政策，结果是汇率上升和（或）净出口减少，从而抵消了扩张性财政政策的效果。相反，如果实行紧缩性财政政策，则会导致汇率下降和（或）净出口增加，从而抵消紧缩性财政政策的影响。

二、浮动汇率制下的货币政策

在资本完全流动的条件下，当政府采取扩张性货币政策时，LM^* 曲线右移，如图 14-16 所示，LM_1^* 曲线右移到 LM_2^* 的位置，形成新的均衡点 B。此时，名义汇率由 e_1 下降到 e_2，产出由 Y_1 增加到 Y_2。

在封闭经济下，扩张性货币政策通过降低实际利率，刺激私人投资来增加

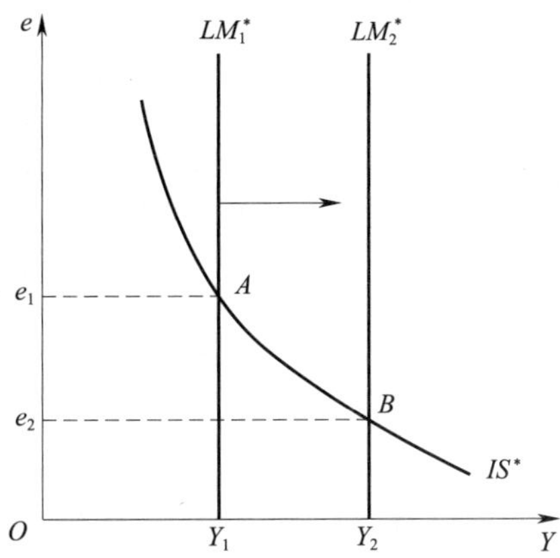

图 14-16　浮动汇率制下的货币政策效果

就业和产出。但在小国开放经济中，利率是由世界资本市场的均衡利率决定的，即 $r=r_w$。其扩张性政策效果是这样形成的，即当货币供给增加后，形成了本国利率下降的压力。但在一个资本完全流动的经济中，本国利率的下降直接导致本国资本的流出，形成了对国内利率下降的阻力。不过，资本的流出增加了外汇市场上的本国货币，使名义汇率下降，本国货币贬值，出口相对便宜，而进口商品相对昂贵，从而增加了净出口，进而提高了总需求。所以，在开放条件下，小国的货币政策通过汇率的变化来影响产出。

三、浮动汇率制下的贸易政策

如果政府采取贸易政策，通过关税或者非关税贸易壁垒的措施来限制进口，影响的参数是净出口 *NX*，即政府通过刺激出口、减少进口的方式增加净出口，使得 *NX* 曲线向右移动。净出口曲线的右移同时使得 IS^* 曲线向右移动。但由于 LM^* 曲线是垂直的，其结果是汇率上升。汇率上升反过来限制了净出口增加，因此最终使得产出不变，如图 14-17 所示。

总之，与贸易政策有关的净出口 *NX* 仅影响 IS^* 曲线，与 LM^* 曲线无关。因此，浮动汇率制下的贸易政策效果与浮动汇率制下的财政政策效果相同。不同的仅仅是引起 IS^* 曲线移动的原因，贸易政策下的 IS^* 曲线移动源于净出口 *NX* 的变化，财政政策则源于其他因素的变化。

四、国际金融三元悖论：不可能的三位一体

上述蒙代尔-弗莱明模型中小国开放条件下的政策效果可以总结为如表 14-1 所示。

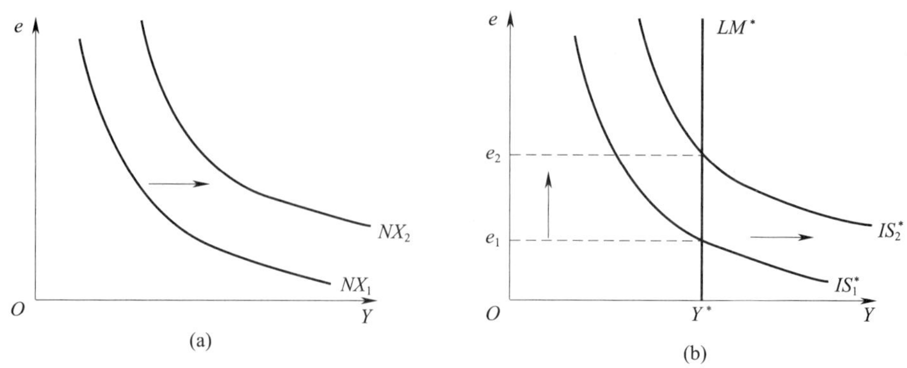

图 14-17 浮动汇率制下的贸易政策效果

表 14-1 蒙代尔-弗莱明模型中小国开放条件下的政策效果

政策	收入 Y		汇率 e		净出口 NX	
	固定汇率	浮动汇率	固定汇率	浮动汇率	固定汇率	浮动汇率
扩张性货币政策	0	↑↑*	0	↓	0	↑
扩张性财政政策	↑↑*	0	0	↑	↓**	↓
贸易保护政策	↑↑*	0	0	↑	?***	0

注：*：双上升箭头代表影响收入的作用得到强化。

**：前面定义的净出口是收入的减函数和汇率的减函数，因此，如果收入增加而汇率不变，那么扩张性财政政策会带来净出口减少；如果不考虑收入对净出口的影响，那么扩张性财政政策在固定汇率制度下对净出口没有影响。

***：贸易保护政策一方面增加净出口，另一方面通过增加收入而减少净出口，因此对净出口的总影响不确定，这依赖于边际进口倾向等关键经济参数的大小。当边际进口倾向非常小时，净出口最终还是增加的。在边际进口倾向为零这个极端情形下，净出口不再是收入的函数，而仅仅是汇率的函数，那么净出口是绝对增加的。

表 14-1 所总结的蒙代尔-弗莱明模型的基本结论给出一个重要推论——不可能的三位一体。不可能的三位一体是指一个经济体不可能同时实现资本完全流动、固定汇率和独立的货币政策，即这三个政策目标不可能三合一地同时出现，每次只能出现两个。不可能的三位一体又称国际金融三元悖论。

表 14-1 中的结论显示，货币政策在固定汇率制度下不独立，在浮动汇率制度下是独立的。任何单方面的货币供给改变都和固定汇率相冲突，都会导致汇率的改变。相应地，在固定汇率制度下，货币政策就受到汇率固定优先政策的掣肘。要维持汇率固定，要么不采取货币政策，要么采取货币政策后紧接着就要对货币政策进行反向操作。而在浮动汇率制度下，货币政策在实施时无需考虑其对汇率的影响，更具灵活性。

但是，上述结论是以资本完全流动为前提的。如果资本在国家间的流动受到极大限制，那么固定汇率制度下也可以采取独立的货币政策。这是因为，如前所述，影响汇率的因素除了本国的货币政策以外，国际上的资本流动也是重要因素。而且，货币政策如果影响汇率，那正是通过引起资本国际流动实现的。因此，通过限制资本在本国和其他国家之间的流动，就可以阻断货币政策对汇率的影响，轻易地维持汇率固定。毕竟货币政策是通过改变利率来影响国际资本流动的，而现在国际资本流动受到限制，因此无论本国利率与世界利率有多大差距，资本有多大的动力对利率趋高避低，也无法从本国流出或从国外流入。因此，资本完全流动、固定汇率和独立货币政策不可能在一个经济体里以三位一体的形式出现。

可以用图 14-18 来说明不可能的三位一体这个原理。在图中，一个经济体只能是三角中的一个边，从而只能同时握住两个角：要么它占有 AB 一边，C 就遥不可及了；要么它占有 AC 一边，但 B 就不可能实现了；要么它占有 BC 一边，但是 A 就得抛弃了。

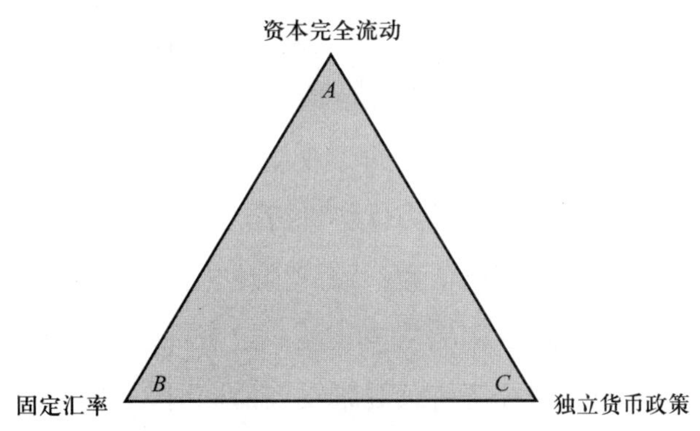

图 14-18 不可能的三位一体

需要说明的是，上述理论还有另外一个前提，即开放条件下的小型经济体。如果是超大型经济体，它能够影响到全球经济运行，那么不可能的三位一体原理就会失效。道理很简单，这个超大型经济体有足够的力量影响全球资本市场，所以是它影响世界利率，而不是相反。因此，它的货币政策虽然带来利率变化，但是世界利率也跟着变化，因此资本净流入不受影响。

第五节 本章评析

我国经济已经成功实现了从封闭、半封闭到全方位开放的伟大历史转折，中国在世界经济中的地位发生了历史性变化，已经是全球经济的重要参与者。开放条件下的宏观经济理论，或者称国际宏观经济学，是西方封闭宏观经济理论延伸到国际经济范围的产物，也是宏观经济学理论体系的重要组成部分。西方开放条件下的宏观经济理论的一些合理要素对于制定中国对外经济政策有一定的借鉴意义。

一、开放条件下的宏观经济理论与经济全球化

20 世纪 90 年代中期以来的经济全球化是人类经济和科技发展的必然趋势，它以多边贸易关系为核心内容，日益将全球所有国家都卷入贸易体系之网。开放条件下的宏观经济理论的提出，是以各国和各地区之间经济的互相开放，即商品和服务的自由贸易和资本的自由流动为前提的。而与经济全球化有关的经济理论，一是蒙代尔-弗莱明模型，它从宏观经济学的角度分析了开放条件下财政政策和货币政策的影响；二是比较成本理论，它从微观层面分析了经济开放的依据，指出了自由贸易带来的好处。这种自由贸易和资本自由流动相互促进的经济全球化，使得生产资源在全球范围内得以进行有效的配置，让所有的参与国家和地区从中获益。尤其发达的工业化国家处于价值链的高端，利用自己的资本优势与发展中国家的劳动力优势进行交换而获得巨大好处。

开放条件下的宏观经济理论认为，经济全球化是一个共赢的过程，参与国际经济贸易的各个国家和地区都能从中获益。这个观点有可取之处。作为负责任的大国，中国在实现自身经济持续健康发展的同时，推动经济全球化朝着更加开放、包容、普惠、平衡、共赢的方向发展。这正是我国推行“一带一路”建设的依据。可以说，“一带一路”建设和亚洲基础设施投资银行的运作是我国作为一个负责任大国的重大举措，既能促进区域经济和世界经济繁荣，同时我国也能从中受益。

二、蒙代尔-弗莱明模型与中国经济开放政策

蒙代尔-弗莱明模型是宏观经济中进行国内外市场均衡和政策搭配效果分析的主要工具之一，也是开放条件下宏观经济理论的核心内容，对经济政策的制定和实施产生了较重要的影响。

但是，蒙代尔-弗莱明模型作为宏观经济分析的标准框架，实际上是凯恩斯理论在开放经济领域的延伸。因此，一方面，它具有典型的凯恩斯理论特

征，存在着凯恩斯主义“范式”的理论局限，即工资与价格存在刚性并且产出由总需求决定；另一方面，它又部分地复活了休谟的思想，即它重新引入了经济的自我调节功能，并且再次将国际资本流动放到分析框架的中心位置。在蒙代尔-弗莱明模型的极端情形——资本完全自由流动的开放条件下的小型经济当中，货币政策和财政政策分别在固定汇率制和浮动汇率制下完全失效。上述分析的一个直接政策含义就是后来由克鲁格曼提出来的国际金融三元悖论。在20世纪60年代初，蒙代尔针对内外均衡之间可能的冲突，提出了“有效市场分类”原则，即将货币政策与外部均衡联系，财政政策与内部均衡联系，从而确保每一目标和对其具有最大影响力的政策工具相配合，这些都是对凯恩斯主义宏观经济理论与政策的重要发展。

同时，尽管蒙代尔-弗莱明模型由于其简单和直观而受到了经济学界广泛的青睐，尤其是在国际经济政策分析领域占据着重要的地位，但是，蒙代尔-弗莱明模型因严格的条件限制使得该模型不可避免地存在局限性。一是模型完全从流量的角度来考虑，忽视了国内外利差变动的存量效果，特别是经常账户的不均衡通过资本流动而抵消，并没有考虑国外净资产的存量均衡，对分析处理资产市场的均衡问题明显不足；二是模型假定在短期内价格具有完全黏性，使得模型只适用于短期分析，自动调节机制（如价格水平变动）对国际收支和内部均衡的影响缺乏解释力；三是模型假设资本完全流动是不符合现实经济的，并且模型忽视了交易成本、预期等因素对汇率决定和国际收支的重要影响。

总体上说，蒙代尔-弗莱明模型过于简单，因此对现实世界的解释力大打折扣。很难指望利用蒙代尔-弗莱明模型来理解纷繁复杂的世界经济。此外，尽管我国经济已经是全球第二大经济体，但是我国仍处于并将长期处于社会主义初级阶段的基本国情没有变，仍属于发展中国家的定位没有变。因此，就蒙代尔-弗莱明模型说明的经济政策的选择和运用来看，它所要求的条件和我国的实际情况还存在一定差距，我们应该根据中国的国情来借鉴蒙代尔-弗莱明模型。毋庸置疑，西方开放条件下的宏观经济理论和政策不能作为我国参与国际经济活动的指导思想。西方经济学在分析国内经济问题时，崇尚自由竞争，反对垄断，但在现实的国际贸易中，西方发达国家往往撕下西方经济学所标榜的亦即市场经济所通行的公平交换原则、契约精神、自由竞争理念和国际分工规则，实施双重价值标准，经常用国家行政权力干预市场竞争，并且将意识形态掺杂到国际经济交往中，对中国进行打压。例如，打击“威胁”其垄断地位的特定企业，对中国一直实施高科技出口限制政策，限制具有军工应用前景和涉及国家安全的高新技术对中国的出口，限制它们的科研机构和企业在一些敏感科技领域与中国的合作。这也说明，中国必须有自己完整的先进的高端工业制造业体系，参与国际分工时应该努力站在价值链的上游，努力掌握核心的生产环节，否则就会受制于人，丧失经济上的独立自主。这正是实施《中国制造2025》计划的重大意义之所在。

思考题：

1. 什么是名义汇率与实际汇率？两者之间的关系如何表示？
2. 利用蒙代尔-弗莱明模型说明，扩张性的财政政策与货币政策对一国经济的影响。
3. 利用蒙代尔-弗莱明模型说明，政府的关税或者非关税壁垒对国民收入的影响。
4. 蒙代尔-弗莱明模型是需求理论，还是也包含了供给理论？
5. 封闭经济下的 *IS-LM* 模型与开放经济下的 *IS-LM* 模型有什么联系与区别？
6. 什么是不可能的三位一体（国际金融三元悖论）？它的理论依据是什么？
7. 在固定汇率、独立货币政策和资本完全流动三个目标上，有没有哪个国家或地区全部实现了？请列举出10个左右的重要国家或地区进行讨论。
8. 国际经济联系包括哪些方面？理论上是如何分析国家或地区之间的经济联系的？
9. 什么是国际收支平衡曲线即 *BP* 曲线？
10. 如何运用马克思的国际价值理论认识经济全球化的新特征？

▶ 自测习题及参考答案

第十五章　宏观经济政策

第九至十四章重点阐述宏观经济理论，本章重点介绍西方宏观经济政策。宏观经济理论与宏观经济政策是一个不可分割、相互依赖的有机整体。宏观经济理论是宏观经济政策的基础、前提和依据，经济政策则是对经济理论的应用。一般来说，宏观经济政策是指国家或政府为了增进整个社会经济福利、改进国民经济的运行状况、达到一定的政策目标而有意识和有计划地运用的政策工具。宏观经济政策可分为需求管理政策和供给管理政策。其中，需求管理政策包括财政政策和货币政策，供给管理政策包括人力政策、收入政策和指数化政策等。

第一节　宏观经济政策目标

一、宏观经济政策目标体系

从第二次世界大战后西方国家的实践来看，国家宏观调控的政策目标一般包括充分就业、稳定物价、经济增长和国际收支平衡四项。

（一）充分就业

充分就业是宏观经济政策的首要目标。所谓充分就业，在西方经济学中有两种含义：一是广义上的，指一切生产要素（包含劳动）都有机会以自己愿意的报酬参加生产的状态，也就是劳动力和生产设备都达到充分利用的状态；二是狭义上的，指总失业率等于自然失业率的状态。

20 世纪 30 年代西方国家的经济大衰退期间，整个资本主义世界总失业人数由 1 000 万增加到 3 000 万，加上半失业人数共达 4 000 万~5 000 万。凯恩斯在 1936 年出版的《就业、利息和货币通论》一书中批判了古典学派的就业理论，并提出了有关充分就业的观点，认为失业除摩擦性失业、自愿失业外，还存在非自愿失业。凯恩斯给它的定义是：如果工资品的价格相对于货币工资稍有上升，现行货币工资水平下愿意工作的劳动总供给量和在此工资水平下的劳动总需求量都将大于现有就业量，那么劳动者就处于非自愿失业状态。[①] 可见，

① ［美］凯恩斯：《就业、利息和货币通论》，徐毓枬译，商务印书馆 1983 年版，第 17 页。

凯恩斯的充分就业实际上就是现实生活中不存在非自愿失业的状态。

以弗里德曼为代表的现代货币主义学派不仅解释了失业的原因，还提出了自然失业率的概念来解释什么是充分就业。他们认为，失业率等于自然失业率时就实现了充分就业。这表明，任何一个国家均不可能做到100%的就业，充分就业仅仅意味着失业率保持在一个尽可能低的水平上。

在本书的第十三章分析了失业的影响，指出高失业率不仅给失业者个人造成经济损失而且损害其身心健康，同时造成社会经济资源的浪费和产出量的下降，甚至会引发社会的动荡。所以，第二次世界大战以后，各国政府越来越重视就业问题，把实现充分就业作为政府宏观经济政策的首要目标。例如，英国政府的主要政策目标一直是“维持高度的和稳定的就业水平”。美国国会在1946年1月通过的第二次世界大战后第一部《就业法》，提出通过相应的财政与货币政策，防止经济衰退，刺激经济复兴，以实现最大限度的就业，由此正式确立了政府就业政策体系。

（二）稳定物价

相对稳定的物价水平是宏观经济政策的第二个目标。稳定物价是指通过宏观经济政策使某一时期内的一般物价水平保持相对的稳定。物价水平不是指个别商品的价格，而是指物价总水平；稳定物价不是维持物价固定不变，而是把物价的上涨控制在一定幅度之内。

如果物价不能保持相对的稳定而是持续上升，则可能发生通货膨胀。实践证明，通货膨胀对一国经济和社会都会造成危害。因此，保持相对稳定的物价水平就成为宏观经济政策的目标。

西方经济学家认为通货膨胀难以完全消除。因此，多数国家把轻微通货膨胀的存在看做基本正常的经济现象。在经济实践中，政府到底应该将一般物价水平控制在什么范围才算稳定，还要依据各国的具体情况和居民的承受能力而定。大多数国家的目标都是把物价波动控制在较小的幅度内。

（三）经济增长

宏观经济政策的第三个目标是使经济持续均衡增长。经济增长是指在一个较长时间跨度内一国人均产出（或人均收入）水平的持续增加。

经济增长一直是经济学家研究的核心主题之一，但成为各国政府宏观经济政策的目标则是在第二次世界大战以后。政府期望通过经济增长来达到经济和政治目的，如提高就业率和居民的生活水平、国际声望和军事力量等。20世纪

40年代后期，美国把保持经济增长作为宏观经济政策的目标之一，试图用“补偿性”政策来最大限度地缓和经济周期波动和保持经济增长。但在艾森豪威尔执政的8年中，美国经济增长速度缓慢，萨缪尔森将这个时期称为“艾森豪威尔停滞”。到了20世纪60年代，美国为了保持其世界霸主地位，强调以实现充分就业的经济增长为其政府的目标，开始实行扩张性财政、货币政策来刺激经济加速增长。同时，因政府把充分就业作为宏观经济政策的第一目标，客观上也需要有一定的经济增长率才能实现充分就业这一目标。不仅如此，西方发达国家除了用政府干预手段来维持经济增长外，很重要的一招是通过发明和采用新机器来提高劳动生产率，从而增加经济的供给能力。

（四）国际收支平衡

国际收支平衡目标就是采取各种措施纠正国际收支差额，使其趋于平衡。因为一国国际收支出现失衡，无论是顺差或逆差，都会对本国经济造成不利影响。长时期的巨额逆差会使本国外汇储备急剧下降，并承受沉重的债务和利息负担；而长时期的巨额顺差，又会造成本国资源的浪费，使一部分外汇闲置，特别是如果因大量购进外汇而增发本国货币，则可能引起或加剧国内的通货膨胀。

随着国际经济交往的密切，如何平衡国际收支也成为一国宏观经济政策的重要目标之一。西方经济学家认为，一国的国际收支状况不仅反映了这个国家的对外经济交往情况，还反映了该国经济的稳定程度。当一国国际收支处于失衡状态时，就必然会对国内经济形成冲击，从而影响该国国内就业水平、价格水平及经济增长等。

从各国国际收支平衡目标的建立来看，一般都与该国国际收支出现问题有关。美国一开始并未将国际收支平衡列入政策目标，直到20世纪60年代初，国际收支出现长期逆差，才引起联邦政府的重视。1969—1971年，美国国际收支逆差累计达到400亿美元，致使黄金储备大量流失，这时国际收支平衡才被列为政策目标。

二、宏观经济政策目标的抉择

（一）宏观经济政策目标的一致性和冲突

从根本上说，宏观经济政策的四个目标具有一致性和互补性，但也存在着矛盾和冲突。了解这种关系对宏观经济政策的决策十分必要。

从宏观经济政策目标的一致性和互补性看，对某一目标的追求或某一目标的实现，同时也能够促进或影响其他目标的实现，这就是宏观经济政策目标的一致性。譬如，如果因顺差过大、外汇收入增加导致国际收支失衡，为收购这些外汇，就必然要增加国内货币供应量，从而导致物价上升；而如果逆差过大，则可能形成国内货币紧缩的形势，影响经济增长并导致失业增加。从互补关系看，主要表现在：一国经济能长期持续均衡增长，失业率就低；反之，失业率就高。即使是短期的经济波动也是这样，当一国经济处于复苏和繁荣的景气上升时期，随着经济增长率的提高和经济总量的增加，就业机会随之增加；相反，当一国经济处在衰退和萧条的景气下降时期，随着经济规模的收缩，就业机会就会减少，失业率就会上升。

从宏观经济政策目标的矛盾和冲突来看，任何一种政策手段都有其副作用，对其他目标的实现产生不利的影响。西方经济学者也明确指出，要同时实现以上所有目标会造成困难。米德认为，以财政政策和货币政策实现内部均衡，以汇率政策实现外部均衡的政策组合，可能会因固定汇率制度下汇率工具无效而无法使用。要运用财政政策和货币政策来达到内、外部同时均衡，在政策取向上常常存在冲突。当国际收支逆差与国内经济疲软并存，或是国际收支顺差与国内通货膨胀并存时，财政、货币政策都会左右为难，这就是经济学上著名的“米德冲突”①。从稳定物价与充分就业这两个目标来看，二者之间也经常发生冲突。若要降低失业率，增加就业人数，就必须增加货币工资，这样会使货币工资上涨率超过劳动生产率的增长，容易形成成本推进型通货膨胀。

（二）宏观经济政策目标抉择的不同主张

宏观调控的经济政策目标之间存在一定的矛盾和冲突，因此，有必要在各种不同的主要经济政策目标之间进行抉择。可以说，宏观经济调控目标的选择是宏观经济政策的核心，是各国宏观经济政策制定者必然会面临的问题。

对于如何选择目标，西方不同的经济学流派有不同的主张。凯恩斯主义宏观经济政策的目标抉择主要是短期稳定。短期稳定政策的目的是在短期内不改变一个国家的潜在生产能力，而尽可能使得总需求与潜在总供给之间同步增长。他们认为短期稳定是强有力的长期经济发展的基本条件。由于有效需求不足是市场经济的必然现象，政府可以通过扩张总需求的政策来缩小供求缺口，

① ［英］米德：《国际经济政策理论》第 1 卷，李翀译，北京经济学院出版社 1990 年版，第 806 页。

缓和经济的周期性波动，提高总体经济效率。总之，他们主张通过相机抉择的总需求管理政策来实现低通货膨胀率，减少经济受到冲击之后产量、就业的大幅下降。

20 世纪 70 年代初期，西方发达国家陷入滞胀的困境。现代货币主义学派对凯恩斯主义的短期稳定目标政策提出质疑，认为他们在实现短期稳定与“短期成效”的过程中，实际上把菲利普斯曲线的位置不断地推向远离原点的方向，因而只能在更高的失业率和更高的通货膨胀率之间去寻找新的平衡。也就是说，虽然在短期内扩张政策能够影响产量和就业，但从长期看，菲利普斯曲线是一条与自然失业率一致的垂直线，任何总需求扩张，都只能加速通货膨胀。相机抉择的总需求管理政策会使经济陷入更大的不稳定之中，宏观经济政策目标应该选择长期的目标，也就是保持长期价格稳定。

客观地看，政府的宏观经济政策目标选择必须考虑经济运行周期的特征和社会所面临的主要问题。当经济运行处于过热状态并导致严重的通货膨胀时，政府的经济政策目标应当是稳定物价；当经济运行处于衰退阶段，经济增长出现停滞并导致失业率上升时，政府的经济政策目标则应该是促进经济增长或增加就业。

此外，宏观经济政策目标的确定是一个公共选择过程，或许还是一个政治过程。经济政策问题涉及一些“超经济”因素，尤其是目标的选择问题，在某种程度上政策工具的选择问题也是如此。西方一些国家实行的是任期制，政治家不得不顾及他的选票。为了得到最多的选票，他们往往难以选择长远的宏观经济政策目标，而更多的是选择多数选民的目标和短期的政策目标。

第二节 财政政策

财政政策是国家干预经济的主要政策之一。西方学者一般把财政政策定义为：为了促进就业水平的提高、减轻经济波动、防止通货膨胀、实现稳定增长，而对政府收支、税收和借债水平所进行的选择，或对政府收入和支出水平所做出的决策。

一、财政政策工具

财政政策工具是政府为了实现既定的政策目标所选择的操作手段。西方国家的政府为了实现既定的经济政策目标，主要是通过政府预算变动等财政政策工具来调整政府支出和收入。其中，政府支出包括政府购买，以及转移支付、净利息支付等，政府收入包括征税、发行公债等。

（一）政府支出

政府支出是指一国在一定时期内各级政府的支出总和。政府支出由两部分组成：一是政府购买，二是转移支付、净利息支付。

政府购买是指政府直接在市场上购买产品、服务及资本品而形成的开支。例如，在美国联邦政府的购买支出中，一般包括政府的基本建设支出、国防支出、行政管理费支出、政府消费支出等。政府对资本品的支出也称为政府投资，它占政府支出的比例较小。政府消费支出是一种实质性支出，它具有真实的产品和服务交易，因而能够直接形成社会总需求和购买力，占政府支出比例较大，成为国民收入的组成部分。因为这部分的政府支出变化能引起社会总需求的变化，又是决定国民收入大小的主要因素之一，所以政府改变这部分的支出水平是实施财政政策的有力手段之一。

转移支付是政府无偿地支付给个人或下级政府的资金。它是一种收入再分配的形式。转移支付包括社会保障补贴、养老金、失业保险、福利支付、医疗保险以及政府对国有企业提供的补贴等。转移支付是一种货币性支出，是一种不以取得本年度生产出来的产品和服务为报酬的支出，因而它不是国民收入的组成部分，它的作用只是将国民收入在不同的社会成员之间进行转移和重新分配，全社会的总收入没有任何变化。

净利息支付是指政府支付给政府债券持有者的利息减去政府所得利息之差。其中比较重要的一项是政府债务的利息支付，这一支付在某些国家政府的财政支出中所占的比例有逐年增加的趋势。

此外，政府支出方式还包括政府补贴，即政府为了调整各种商品价格或生产所支付的开支，如为了维持农产品价格而给予农民的价格补贴、对公共交通系统的票价补贴等。

如图 15-1 所示，1940—2017 年期间，政府购买是美国联邦、州和地方政府支出中比例最大的一部分，其次是转移支付。而且在战争期间，政府购买支出急剧上升。

不同国家政府支出占 GDP 的比重不同，而且每年都会有一定的变化，如表 15-1所示。例如，2015 年瑞典、丹麦和法国的政府支出占 GDP 的比重分别为

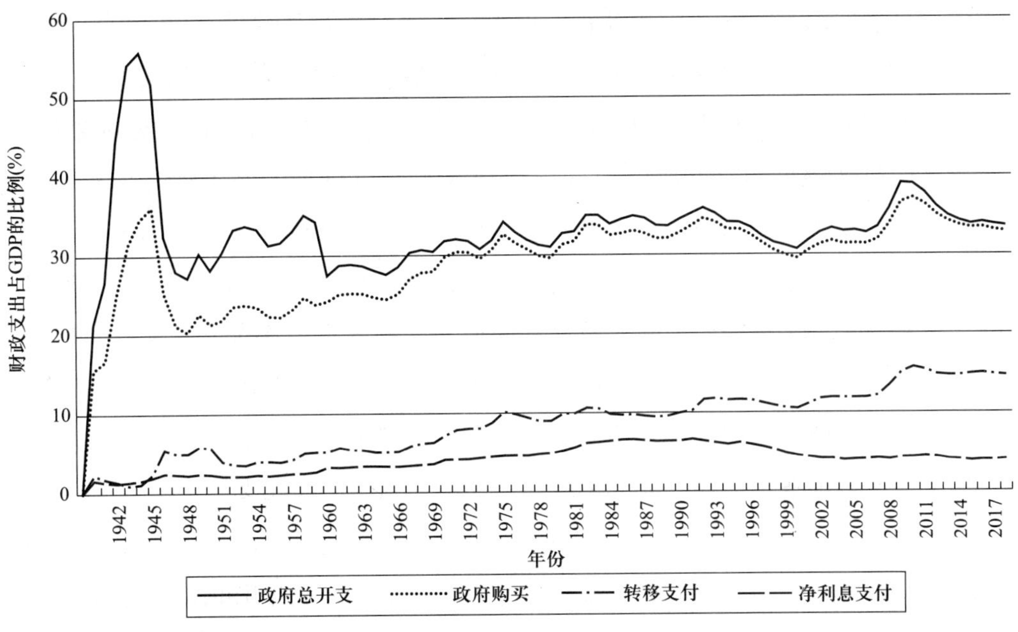

图 15-1 美国联邦、州和地方政府支出（1940—2017 年）

资料来源：美国经济分析局网站。

49.6%、54.5%和 56.8%。2015 年美国政府支出占 GDP 比重为 37.9%，但这并不意味着政府生产了 37.9%的 GDP。实际上，政府所创造的 GDP 只包括政府生产的产品和服务，诸如教育、警察、消防和国防等，而政府购买中的许多产品和服务是由私营公司生产的，政府提供国防所使用的大多数国防器械，如美国的 F35 隐形战斗机，都是私营企业生产的。这样，政府部门所创造的占 GDP 的比重就远远小于政府支出占 GDP 的比重了。

表 15-1 18 个 OECD 国家的政府支出占 GDP 的比重（2015 年）

国别	比重（%）	国别	比重（%）
美国	37.9	比利时	53.7
日本	39.4	丹麦	54.5
德国	43.7	芬兰	57
法国	56.8	希腊	53.5
意大利	50.3	冰岛	42.5
英国	42.2	爱尔兰	28.9
加拿大	40.25	荷兰	44.6
澳大利亚	36.1	西班牙	43.7
奥地利	51.1	瑞典	49.6

资料来源：经济合作与发展组织网站。

（二）政府收入

通常，政府通过征税、对公共物品或服务的使用者进行收费以及在金融市场借债（发行公债）等方式来获得政府收入。

税收是政府按照法律事先规定的标准，凭借手中的政治权力强制地、无偿地从个人和企业中取得财政收入的一种手段。税收是政府收入最主要的来源，美国政府收入中大约有90%来自税收。税收主要可分为四种类型：个人所得税、社会保险税、产品和进口税以及公司税。个人所得税主要包括个人收入所得税和财产税。社会保险税又称社会保障税，它是以纳税人的工资、薪金所得作为课税对象的一种税收，是实施社会保障制度的财政来源。产品和进口税主要是销售税。公司税主要指公司利润税。

公债是指政府运用国家信用筹集财政资金时形成的对公众的债务。公债包括中央政府的债务和地方政府的债务两种。公债具有以下特点：一是公债的债务人是国家，而债权人是公众，双方并不处于对等的地位；二是公债属于一种国家信用，其基础是以国家的税收支付能力为保证的；三是公债的清偿不能由债权人要求法律强制执行；四是公债发行的信用是国家的政治主权和国民经济资源，所以公债发行不需要提供担保。

公债的发行既可以筹集财政资金、弥补财政赤字，又可以通过其在资金市场的流通来调节货币的供求从而影响社会的总需求。因此，公债是实现宏观经济政策目标的工具之一。图15-2反映了1945—2017年美国政府债务的变化。1945年为政府债务最高值的年份，1974年政府债务有所减少，约占GDP的24%，之后升降又反复出现。

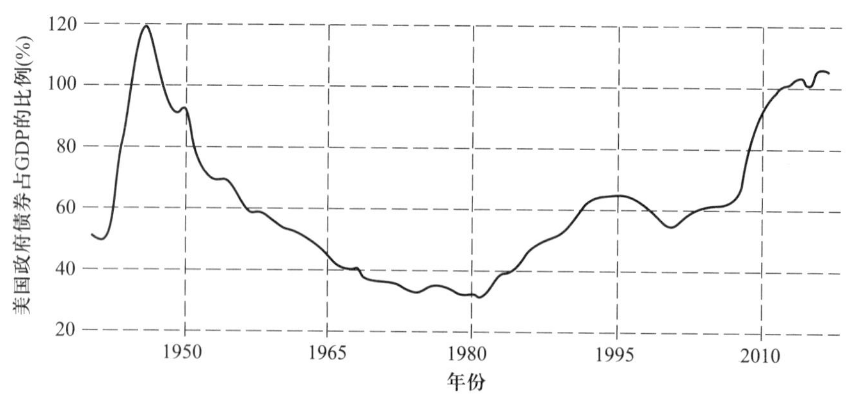

图15-2 美国政府债务变化（1945—2017年）

资料来源：全球经济指标数据网。

二、自动稳定器和相机抉择的财政政策

从西方财政制度与财政政策对经济波动的调节看，一般可以分为自动稳定

的财政政策和相机抉择的财政政策，而长期的扩张性财政政策往往导致财政赤字及公债额上升。

（一）自动稳定器

自动稳定器是经济系统本身存在的一种减少对国民收入冲击和干扰的机制。当经济处于萧条、衰退时期，即GDP下降时，这种机制使政府支出自动增加或税收自动减少；同理，在经济繁荣时期，即GDP上升时，它会使得政府支出自动减少或税收自动增加。这种调节是自发的，而无须政府采取任何行动。自动稳定器主要有以下三种。

一是失业保障机制。如果国民经济出现衰退，失业人数增加，就会有一大批居民具备申请失业救济金的资格，政府对失业者支付的津贴或救济金就会相应增加。这就是财政政策的自动扩张作用。这样就可以抑制人均收入特别是可支配收入的下降，进而抑制消费需求的下降。同样，如果经济出现繁荣，失业者可以重新获得工作机会，失业救济金和其他福利费支出也会自动减少，从而抑制可支配收入和消费的增长，使总需求不致过旺。

二是农产品价格维持制度。美国对农业有各种支持政策，如生产、收入、价格和农产品贸易等。在美国支持农业的财政政策中，收入补贴和价格补贴始终是财政支出的主要部分。其中，一系列的农产品价格维持措施起到自动稳定器的作用。

三是所得税税收体系。所得税税收体系对经济活动水平的变化反应相当敏感。当经济进入衰退期时，人们的收入减少，其支付的所得税随之减少，这种“自动减税”有助于减缓可支配收入的下降。相反，如果经济进入繁荣时期，人们的收入增加，政府会获得更多的所得税收入，这有助于抑制总需求的增加。凯恩斯主义者认为这种自动性财政政策是第二次世界大战以后经济稳定性增强的主要原因。

（二）相机抉择的财政政策

西方经济学家认为，自动稳定器尽管可以起到政府稳定经济和缓和周期波动的第一道防线的作用，但它也有负面作用和缺陷。当整体经济走出衰退时，它会延缓这一过程，而不是发挥助推作用。随着收入上升，它会提高政府税收并减少政府支出，其后果是降低了自主政策的扩张效应。同理，它也会减缓经济收缩过程。而且，中央政府与地方政府的利益不协调，也会削弱自动稳定器的作用。例如，美国各州宪法规定维持平衡预算，在经济出现萧条时，各个州政府将面临税收收入的减少，为了维持预算平衡，州政府必须削减支出或者提高税率。相反，在经济扩张期间，随着各州的收入上升，政府纷纷增加支出或者降低税率。因此，州政府的行动成为顺周期性财政政策。即政府的支出和税收的改变加剧了整体经济的周期性波动，而不是减缓这种波动。

更为重要的是，西方经济学者认为，自动稳定器对于平衡供求、稳定物价、保持国民经济平稳运行的作用是有限的。在经济出现严重的衰退或者恶性通货膨胀时，仅靠自动稳定器来自动调节经济实现持续均衡增长有困难，甚至自动稳定器还会抵消政府干预政策的效应。因此，有的西方经济学家认为，必须通过政府主动采取一些财政措施，即审时度势变动支出水平或税收来调整总需求水平以实现物价稳定和充分就业的目标。这就是相机抉择（斟酌使用）的财政政策，或者称权衡性的财政政策。

所谓相机抉择的财政政策，就是指政府根据宏观经济指标分析宏观经济形势后，斟酌使用的经济政策。这些政策组合包括改变政府购买水平、改变转移支付方案和改变税率等。改变政府购买水平是使用最多、效果最明显的方法。当经济衰退、失业增加、总需求不足时，政府主动扩大对产品和服务的购买；而在需求过旺、价格普遍上涨时，政府就削减支出，减少购买。改变转移支付方案和改变税率就是在经济不景气的时候增加转移支付，降低税率；在经济过热的时候则减少转移支付，提高税率。这两种方法对经济影响也很大，但缺点是不灵活。这些政府干预经济的政策可以简单归结为“逆经济风向”行事。这种交替使用的扩张性和紧缩性财政政策也被称为补偿性财政政策，或称“稳定性”财政政策、“周期性平衡”的财政政策。它实际上就是政府以繁荣年份的财政盈余补偿萧条年份的财政赤字，将年度财政收支平衡变为整个经济周期的财政平衡。

补偿性财政政策是美国20世纪40年代中期到60年代初期经济政策的基调。第二次世界大战以后，美国经济基本上呈现出周期性的波动。在这一新的经济形势下，美国的凯恩斯主义者汉森提出了“补偿性的财政政策”，即在经济繁荣时期减少政府支出，增加税收，使财政有盈余，以抑制需求；而在经济萧条时期，增加政府支出，减少税收，使财政有赤字，以刺激需求。这样，通过紧缩与扩张两相配合，财政盈余和财政赤字彼此补偿，希望在整个经济周期中做到收支平衡，而不追求每一财政年度的预算平衡。但是，20世纪60年代后期，美国经济深深地陷入了滞胀危机，由此引起了人们对补偿性财政政策的种种质疑。

（三）功能财政和充分就业预算盈余

功能财政是指国家关于财政活动不能仅以预算平衡为目的，而应以充分发挥财政的经济职能、保持整个经济稳定发展为目的的理论。

功能财政的理论是凯恩斯主义者的财政思想。他们认为，不能机械地运用财政预算收支平衡的观点来对待赤字和预算盈余，而应从反经济周期的需要来利用预算赤字和预算盈余。当国民收入低于充分就业的收入水平时，政府有义务实行扩张性财政政策，增加支出或减少税收，以实现充分就业。如果期初存在财政盈余，那么政府有责任减少盈余甚至不惜出现更大赤字，坚定地实行扩张政策；反之，则采取减少支出、增加税收的措施。总之，功能财政理论认为，政府为了实现充分就业和消除通货膨胀，需要赤字就赤字，需要盈余就盈余，不要为实现财政收支平衡而妨碍政府财政政策的正确制定和实行。可见功能财政是相机抉择财政政策的指导思想，而相机抉择财政政策是功能财政思想的实现和贯彻。

按照功能财政的思想，实施扩张性财政政策，即增加政府支出或降低税率使国民收入增加的同时，也会减少政府的预算盈余或增加预算赤字。同样，实施紧缩性财政政策，减少政府支出或提高税率从而降低国民收入时，也会增加政府的预算盈余或减少预算赤字。通常将盈余减少或预算赤字增加看成是扩张性财政政策的结果，将盈余增加或预算赤字减少看成是紧缩性财政政策的结果。但事实并非如此，预算盈余或赤字不仅取决于政府的政策选择，还取决于其他任何能使产出水平发生变化的因素。比如，私人投资需求的增加导致产出水平提高，政府将获得大量的税收收入，使得预算盈余增加或预算赤字减少，而政府并没有做任何能够使预算盈余发生变化的事情。因此不能简单地把预算盈余或赤字的变动作为衡量财政政策方向变化的指标。

衡量财政政策方向一个方便的测度指标是充分就业预算盈余或赤字。充分就业预算盈余衡量的是在充分就业的收入水平或潜在产出时的预算盈余。充分就业预算盈余把产出水平固定在充分就业时的水平上，消除了经济周期波动对预算状况的影响，为判断财政政策方向提供了一个较为准确的依据。如果充分就业预算盈余增加或赤字减少了，那么财政政策就是紧缩的；反之，则是扩张的。

（四）赤字和公债

第二次世界大战以后，西方国家普遍对经济进行干预。为了实现充分就业的经济目标，它们大多实施扩张性的财政政策，结果政府支出大于其收入，以至造成高额的财政赤字。政府为了弥补财政赤字，通常做法是借债或者出售政府的资产。政府借债可分为两种：一是向中央银行借债，二是发行债券向公众借债。这两种方法对宏观经济的影响效应是不同的。如果政府与中央银行之间商定贷款协议，那么一般会设定很低的利率。这种弥补赤字方式的最大问题是可能导致严重的通货膨胀，从而对经济运行造成损害，所以，发达国家较少使用这种方式。通过发行债券弥补财政赤字是20世纪50年代以后各国常用的方法。当政府支出大于其得到的税收时，通过发行债券来为预算赤字筹资，就形成政府债务。

经济学家对于债务融资的效应存在激烈的争论，至今也没有一致的看法。一是传统的政府债务观点。这种观点认为，在短期内政府通过借债为减税筹资，直接影响是刺激消费支出。当短期价格有黏性时，这种需求增加会导致更高的产量和更低的失业。但是，投资支出的增加也会使利率上升，较高的利率抑制了进一步的投资。在长期中，通过借债为减税筹资会引起国民储蓄减少，从而会减少产量。二是李嘉图等价原理。根据李嘉图的观点，政府通过借债筹资和征税筹资是相同的，政府债务只是延期的税收，从而政府债务并不能产生短期刺激总需求的效应。因为消费者是向前看的，他们的支出不仅基于其现期收入，而且还基于其预期的未来收入。因此，政府通过借债为减税筹资，消费者现期收入虽然增加，但消费者考虑到未来政府需要增税来偿还债务，估计未来收入会减少，于是会把目前收入增加的部分储蓄起来，以备将来缴税，这样，消费者目前的消费支出并未增加。从这个意义上说，政府债务相当于未来税收，而且，由于消费者的理性预期，未来税收等价于现在税收。因此，用借债筹资等价于税收筹资。

三、财政政策效应

在第十一章第三节有关 *IS-LM* 模型的均衡点的调整与变动中指出，当均衡收入低于充分就业水平时，就必须依靠财政政策或货币政策进行调节。那么，变动财政政策后对均衡收入的影响程度如何，则涉及财政政策效应问题。

财政政策效应就是政府变动收支后对社会经济活动如就业、产出等产生的有效作用以及相应的反应。从 *IS-LM* 模型看，财政政策效应是指 *IS* 曲线移动对国民收入变动的影响。如图 15-3 所示，当 *IS* 曲线和 *LM* 曲线相交于 E_0点，决定的均衡利率和均衡国民收入分别为 r_0和 Y_0。假如利率水平保持不变，政府支出的增加提高了总需求水平。为满足增加了的产品需求，产出必须上升，*IS*

曲线向右移动到 IS_1 的位置，在原利率水平上，均衡收入水平由 Y_0 增加到 Y_2。产品市场实现了新的均衡，其均衡点为 E_2。但是由于收入水平的提高使得货币需求增加，在原来的利率水平 r_0 上，存在着货币的过度需求。在保持实际货币供给量不变的情况下，利率必须上升，即利率水平从 r_0 上升到 r_1 的水平。随着利率的上升，企业的计划投资支出下降，总需求相应降低。这个过程持续到两个市场都处于均衡状态为止，即达到 E_1 点，两个市场同时实现了新的均衡，此时，均衡收入增加，利率水平上升。从这个调整过程看，财政政策效应的大小取决于 *IS* 曲线和 *LM* 曲线的斜率。

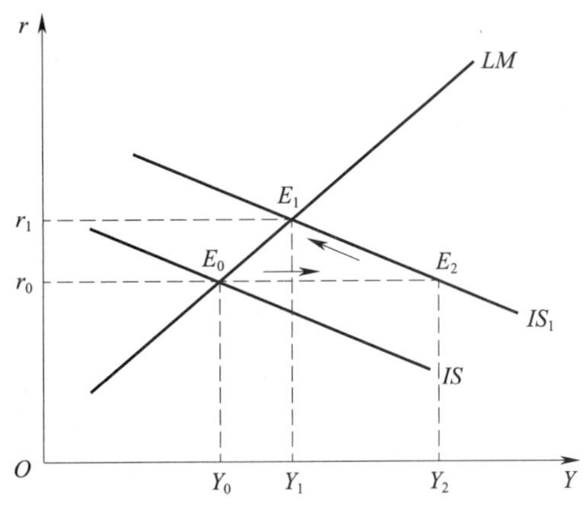

图 15-3 财政政策的效应

一是取决于 *IS* 曲线的斜率。一般说来，在 *LM* 曲线不变时，*IS* 曲线斜率的绝对值越小，*IS* 曲线越平坦，*IS* 曲线移动对国民收入变动的影响越小，财政政策效应越小；反之，*IS* 曲线斜率的绝对值越大，*IS* 曲线越陡峭，*IS* 曲线移动对国民收入变动的影响越大，故财政政策效应越大。如图 15-4 所示，图 15-4(a) 和 (b) 是两个不同的 *IS-LM* 模型。其中，*LM* 曲线是相同的，只是 *IS* 曲线的斜率不同。图 15-4(a) 中 *IS* 曲线的倾斜程度小于图 15-4(b) 中的 *IS* 曲线。

假定初始均衡位置所对应的均衡利率水平和国民收入水平都相同。在这种情况下，当政府采用同样的扩张性财政政策，如增加政府支出，尽管 *IS* 曲线都会向右移动至 IS_1，但因 *IS* 曲线的斜率不同，*IS* 曲线移动引起的国民收入的变动也不同。在图 15-4(a) 中，扩张性财政政策引起的均衡收入增加较少，而在图 15-4(b) 中，扩张性财政政策引起的均衡收入增加较大。因为 *IS* 曲线的倾斜程度反映着投资需求的利率弹性，*IS* 曲线平坦，投资需求的利率弹性大，即投资需求对利率变动的敏感程度强，较小的利率变动就会引起较大的投资变动；反之，*IS* 曲线陡峭，投资需求的利率弹性就小，即投资需求对利率变动的

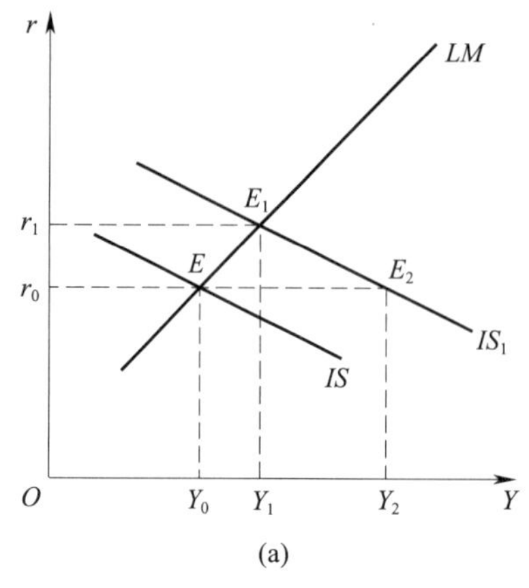

(a)

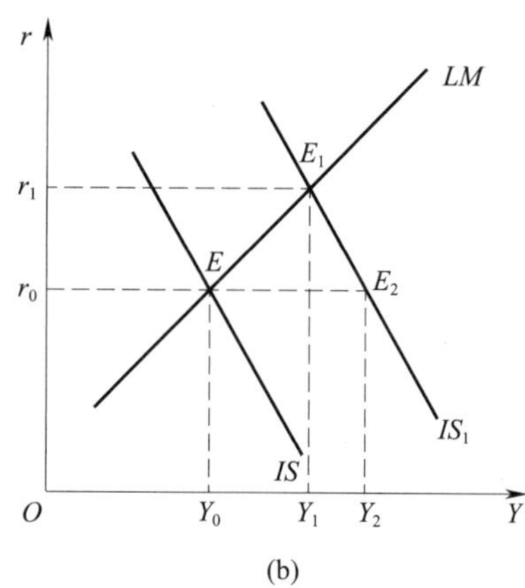

(b)

图 15-4 *IS* 曲线斜率与财政政策效应

敏感程度弱，较大的利率变动仅仅引起投资的较小变动。因此，当政府采用增加支出的扩张性财政政策使 *IS* 曲线向右移动从而使利率上升时，前者对投资的抑制作用大，国民收入增加少，因而财政政策效应较小；而后者对投资的抑制作用小，国民收入增加多，因而财政政策效应较大。

二是取决于 *LM* 曲线的斜率。如图 15-5 所示，在图 15-5(a) 和图 15-5(b) 中，*IS* 曲线的斜率是相同的，只是 *LM* 曲线的斜率不同。对于相同的财政扩张政策，这两种情况下的均衡国民收入的变动量不同。一般说来，对于正常 *IS* 曲线的既定变动，*LM* 曲线越平缓，扩张性财政政策引起的均衡国民收入增加越多，财政政策效应越大；*LM* 曲线越陡峭，扩张性财政政策引起的均衡国民收入增加越少，财政政策效应越小。

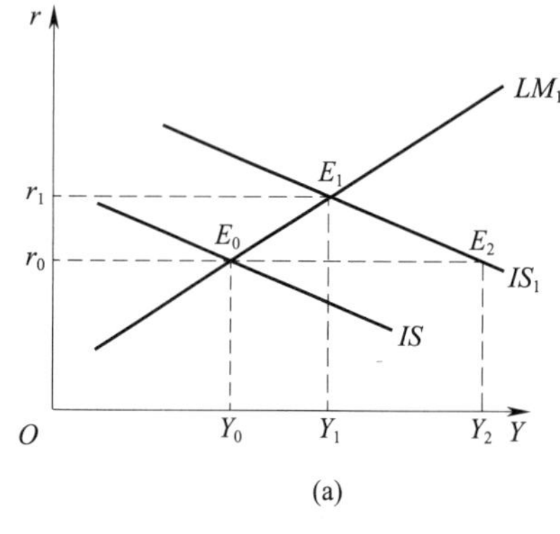

(a)

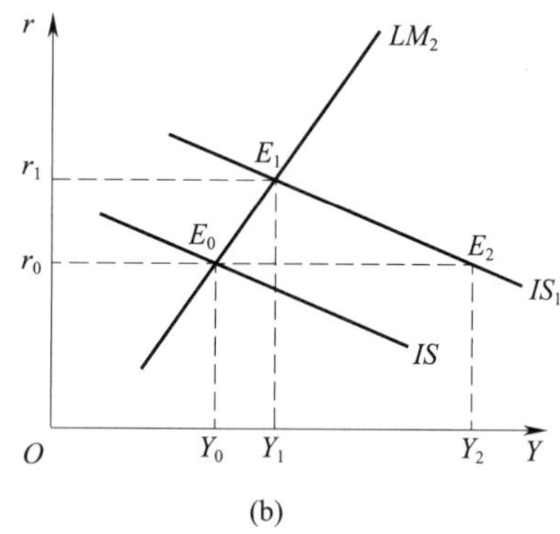

(b)

图 15-5 *LM* 曲线的斜率与财政政策效应

LM 曲线的斜率不同可能有两种基本的原因。一是货币需求的收入弹性不同。在这种情况下，*LM* 曲线越平缓，货币需求的收入弹性就越小。当政府采取扩张性财政政策时，随着收入水平的提高，交易性和预防性货币需求增加得

比较少。在货币供给为既定的前提下，这意味着不需要为了大量减少投机性货币需求而大幅度提高利率。而利率上升幅度小，又意味着投资减少得不多。结果，均衡国民收入增加得比较多，也就是财政政策效应比较大。反之，*LM* 曲线越陡峭，货币需求的收入弹性就越大。当政府实施扩张性财政政策时，随着收入水平的提高，交易性和预防性货币需求增加得比较多。在货币供给量既定的前提下，为了大量减少投机性货币需求必须大幅度提高利率，而利率上升幅度越大，又意味着投资减少得越多。结果，均衡收入增加得少，财政政策效应比较小。二是货币需求的利率弹性不同。在这种情况下，*LM* 曲线越陡峭，货币需求的利率弹性越小。当政府实施扩张性财政政策时，随着国民收入的增加，交易性和预防性货币需求增加。在货币供给量既定的前提下，投机性货币需求应该相应地减少。但由于货币需求的利率弹性比较小，为减少投机性货币需求，利率上升的幅度比较大，由此导致投资减少得较多，均衡国民收入增加得就较少，财政政策效应较小；反之，财政政策效应则较大。

财政政策效应的大小，与政府支出增加对私人消费或投资支出的影响程度有关。政府开支增加所引起的私人消费或者投资支出减少称为“挤出效应”。财政政策产生挤出效应的重要原因是政府支出增加引起了利率上升，而利率上升会引起私人投资与消费减少。这是因为在非充分就业的经济下，如果政府支出增加会使社会总需求增加，导致国民收入增加，实际货币供应量减少，货币需求大于货币供给，因而引起利率上升，利率上升又会使私人投资水平下降，即政府支出部分挤出私人投资支出。在充分就业的经济下，政府支出增加会完全挤出私人投资支出。

财政政策挤出效应的大小取决于多种因素。第一，支出乘数的大小。政府支出增加会使利率上升，乘数越大，利率提高使投资减少所引起的国民收入减少也越多，挤出效应越大。第二，货币需求对产出水平的敏感程度，即货币需求函数 $L=kY-hr$ 中的 k 值。k 越大，政府支出增加引起的一定量产出水平增加所导致的对货币的交易需求增加越大，使利率上升得越多，挤出效应越大。第三，货币需求对利率变动的敏感程度，即货币需求函数中的 h 值。h 越小，货币需求稍有所变动，就会引起利率的大幅度变动，因此当政府支出增加引起货币需求增加所导致的利率上升越多，挤出效应越大；反之，h 越大，挤出效应越小。第四，投资需求对利率变动的敏感程度。其敏感程度越高，一定量利率水平的变动对投资水平的影响就越大，因而挤出效应就越大；反之，越小。这四个因素中，支出乘数主要取决于边际消费倾向，而它一般被认为是稳定的；货币需求对产出水平的敏感程度 k 取决于支付习惯和制度，一般认为也较稳定；因而挤出效应的决定性因素为货币需求及投资需求对利率的敏感程度。

不同的西方经济学派对财政政策挤出效应的大小持不同观点。凯恩斯主义者认为，财政政策的挤出效应不大，因为货币需求会对利率变动作出反应。货币主义者认为，财政政策挤出效应大，甚至是100%，因此财政政策的效应不大，甚至无用。但也有经济学家提出财政政策“挤进效应”的概念。所谓挤进效应就是政府在采用扩张性财政政策时，诱导了民间消费和投资的增加，从而带动产出总量或就业总量增加的效应。它是政府支出行为的正外部性所形成的。比如，政府对公共事业增加投资会改善当地的投资环境，引起私人投资成本的下降，产生正的外在经济效应，因此，有可能诱导私人投资增加，进而导致产出增加。再如，政府用财政资金为居民建立养老和医疗保障，可以形成居民对未来的良好预期，打消谨慎消费的念头，从而引起储蓄减少、消费和投资增加等一系列扩张性经济行为。

第三节 货币政策

货币政策是货币当局，即中央银行，通过控制货币供应量来调节金融市场信贷供给与利率，从而影响投资和社会总需求，以实现既定的宏观经济目标的经济政策。货币政策是西方国家干预和调节经济的主要政策之一。

一、货币政策工具

货币政策目标是通过一定的货币政策工具来实现的，公开市场业务、法定准备金率、再贴现率是中央银行间接调控金融市场的三大货币工具。

（一）公开市场业务

公开市场业务是中央银行最常用、也是最重要的货币政策工具。它是指中央银行通过在金融市场上公开买卖政府债券来调节货币供给量。公开市场业务分为两类：一类是主动性的公开市场业务，主要是改变准备金水平和基础货币；另一类是被动性的公开市场业务，主要是抵消影响基础货币的其他因素变动所带来的影响。当经济处于萧条期时，需要放松银根刺激经济，中央银行可以买进政府债券以增加货币供给量；反之，当经济处于繁荣期时，需要抑制通货膨胀、防止经济过热，中央银行可出售政府债券以减少货币供给量。由于在市场上购买中央政府债券和向中央银行销售政府债券的主要是金融机构和工商企业，因此，中央银行在公开市场上买卖政府债券可以影响金融机构的信贷规模和工商企业的生产与流通，从而保证经济的稳定协调发展。因此，公开市场业务是通过买卖政府债券来影响货币供给，最终影响投资与消费需求、产出与价格水平。其传导过程为：买卖政府债券→货币供给→利率→消费与投资→产出与价格水平。

20 世纪 30 年代以来，公开市场业务逐渐成为美国乃至许多西方市场经济体制国家首选的货币政策工具，其操作的传统模式是中央银行通过在金融市场上购买和出售政府债券来直接控制银行的准备金和基础货币，进而影响利率与货币供应量。20 世纪 90 年代以来，西方市场经济国家纷纷采取一种崭新的货币政策操作模式——公告操作。所谓的公告操作是指中央银行通过各种渠道向公众传达政策意图，引导公众的预期，让市场及其参与者自行进行利率的调整，进而改变其投资、储蓄与消费等决策。因此，公告操作的货币政策传导过程为：公告公开市场操作的目标利率→市场预期→同业拆借利率→其他利率→消费与投资→产出与价格水平。

（二）法定准备金率

准备金是商业银行库存的现金和按比例存放在中央银行的存款，其目的是为了确保商业银行在遇到突然大量提取银行存款时能有充足的清偿能力。在现代银行制度中，准备金在中央银行存款中应占的比例是依法规定的，银行法（或中央银行）所规定的存款金融机构（商业银行）所吸收的存款中必须向中央银行缴存的准备金比例即为法定准备金率。

存款准备金制度最初主要是为了保证银行的清偿能力，到后来发展成为中央银行调节货币供应量的手段之一。例如 1913 年美国根据《联邦储备法》所建立的联邦储备银行体系，美联储所扮演的角色是最后贷款人，主要目标是满足银行体系短期流动性，以缓解周期性的经济危机。第二次世界大战以后，美国逐步建立起以控制货币量为主题的存款准备金制度体系。到 20 世纪 80 年代中期，美国建立以 M_1 为调控目标的存款准备金制度和以 M_2 作为货币政策中间目标的存款准备金制度。但是，20 世纪 90 年代以后，存款准备金作为西方国家的信用调节功能却日益减弱。美国也只有在交易性存款（主要是支票账户）

中还保持着法定准备金的规定。

不过，许多国家仍然将法定准备金率作为中央银行控制信贷规模、约束商业银行信用投放的政策工具。由于银行存款创造量与法定准备金率成反比，即当中央银行降低法定准备金率时，商业银行贷款的货币量通过货币乘数成倍地扩大货币供给。中央银行会根据不同的经济情况调整法定准备金率。如在经济高涨时期，货币流通量过多，中央银行就通过提高法定准备金率，使所有金融机构对每一笔客户的存款留出更多的准备金，从而缩小银行的信用创造能力。由于货币供给量减少，利率随之上升，投资、消费和国民收入随之下降。反之，在经济萧条时期，当货币流通量不足时，中央银行降低法定准备金率，从而扩张银行的信用创造能力，并通过货币乘数效应，来增加货币供给量，使利率下降，刺激投资、消费，国民收入上升。

（三）再贴现率

再贴现是相对于贴现而言的，商业银行在其已贴现的票据未到期以前，将票据卖给中央银行得到中央银行的贷款，称为再贴现。中央银行在对商业银行办理贴现贷款时所收取的利率称为再贴现率。这一利率实际上是商业银行将其贴现的未到期票据向中央银行申请再贴现时的预扣利率。

再贴现率作为西方中央银行传统的三大货币政策工具之一被不少国家所运用，特别是第二次世界大战之后在日本、德国等国的经济重建中被成功运用。一般而言，当经济过热时，货币流通量过多，中央银行提高再贴现率，商业银行向中央银行的借款减少，使得商业银行信贷规模缩减，从而减少货币供应量；商业银行的贷款利率随之提高，进而使企业投资和居民消费减少，有效地抑制了总需求。反之，当经济衰退时，货币流通量过少，为了刺激经济发展，减少失业，中央银行放宽贴现条件，降低再贴现率，从而使商业银行向中央银行的借款增加，商业银行的信贷规模增加，通过其信用创造功能，引起货币供应量成倍增加；商业银行贷款利率也随之下降，进而引起企业和消费者对货币的需求增加，投资和消费需求扩大，从而促进经济的复苏与发展。

在美国，联邦基金利率也在调节货币市场。该利率是指美国同业拆借市场的利率，其中最主要的为隔夜拆借利率。联邦基金利率是美国的独有叫法。它是美联储货币政策的操作目标，美联储通过再贴现率在货币市场调节储备货币的供给，可以相当准确地实现某一基金利率目标，进而影响各种长期利率。也就是说，美联储瞄准并调节同业拆借利率就能直接影响商业银行的资金成本，并且将同业拆借市场的资金余缺传递给工商企业，进而影响消费、投资和国民经济。这与英格兰银行、加拿大银行等将再贴现率作为货币政策工具的做法有很大的差别。在美国，联邦基金利率和再贴现率的调节都是由美联储宣布的。但因再贴现率的调控效果较慢，所以，联邦基金利率逐渐取代了再贴现率。

现代货币政策工具逐渐趋向多元化，除了上述三种主要政策工具之外，还有其他货币工具作为辅助性措施，主要有信用控制、道义劝告和窗口指导等。

信用控制主要有消费信用控制、直接信用控制等。消费信用控制是指中央银行对不动产以外的耐用消费品的销售融资进行控制，主要是控制分期付款与抵押贷款的条件。直接信用控制是指中央银行以行政命令或其他方式，直接对金融机构尤其是商业银行的信用活动进行控制。道义劝告即中央银行运用自身在金融体系中的特殊地位，对商业银行及其他金融机构的贷款、投资业务进行口头或书面劝告，影响其贷款和投资方向，以达到控制信用的目的。这种劝说虽没有法律约束力，不是强有力的控制措施，但也有一定作用。例如，在经济衰退时期，鼓励银行扩大贷款；在通货膨胀时期，劝阻银行不要任意扩大信用。窗口指导是指中央银行根据物价变动趋势和金融市场状况，规定商业银行每季度贷款的增减额度，并要求执行。窗口指导虽然没有法律约束力，但影响力往往比较大。

在实际经济运行中，中央银行应该选择哪种货币政策工具来实现既定的货币政策目标，需要根据具体的经济状况和金融环境来决定。表 15-2 归纳了美国货币政策工具影响货币供给的效果。

表 15-2 美国货币政策工具影响货币供给的效果

联邦货币政策措施		机制	货币供给变化
公开市场业务	公开市场购入	基础货币增加	增加
	公开市场售出	基础货币减少	减少
再贴现率	贴现率降低	借贷成本降低→基础货币增加	增长
	贴现率提高	借贷成本增加→基础货币减少	减少
法定准备金率	法定准备金率降低	货币乘数可能增大	可能增加
	法定准备金率提高	货币乘数可能减小	可能减少

注：法定准备金率的变化并不必然改变实际准备金率。例如，在有超额准备金时，法定准备金率的提高或降低就有可能无法改变实际准备金率。在没有超额准备金时，法定准备金率的提高必然提高实际准备金率，但是其降低就不一定有影响。其实，再贴现率的调整也有类似的性质：当商业银行不配合时，就无法改变货币供给。

二、基础货币、货币乘数和货币供给

基础货币亦称货币基数、货币基础。西方国家的基础货币包括商业银行存入中央银行的存款准备金（包括法定准备金和超额准备金）与居民所持有的现金之和。中央银行通过调节基础货币的数量就能数倍扩张或收缩货币供应量，因此，基础货币是构成市场货币供应量的基础。因其是一种活动力强大的货币，具有高能量，故亦称之为强力货币或高能货币。

从用途上看，基础货币表现为流通中的现金和商业银行的准备金。从数量上看，基础货币由银行体系的法定准备金、超额准备金、库存现金以及银行体系之外的居民手持现金四部分构成。其公式为：

基础货币=法定准备金+超额准备金+银行体系的库存现金+银行体系之外的居民手持现金

美国的基础货币方程式为：

基础货币=纸币（联邦储备券）+商业银行准备金存款（黄金券+特别提款权及外汇-外国存款）+（政府债券-财政部存款）+中央银行对商业银行的贷款、贴现与承兑+（其他资产-资本资产及其他负债）

在现代经济中，每个国家的基础货币都来源于货币当局的投放。货币当局投放基础货币的渠道主要有如下三条：一是直接发行通货；二是变动黄金、外汇储备；三是实行货币政策（其中以公开市场业务为主）。基础货币的决定因素主要有：① 中央银行在公开市场上买进债券；② 中央银行收购黄金、外汇；③ 中央银行对商业银行再贴现或再贷款；④ 中央银行发行通货；⑤ 中央银行的应收未收款项；⑥ 中央银行的其他资产；⑦ 政府持有的通货；⑧ 政府存款；⑨ 外国存款；⑩ 中央银行在公开市场上卖出债券；⑪ 中央银行的其他负债。在以上这些因素中，①至⑥为增加基础货币的因素，⑦至⑪为减少基础货币的因素，而且这些因素均集中地反映于中央银行的资产负债表上。

在现代的货币体系中，一般由中央银行发行货币，商业银行负责吸收存款和发放贷款。商业银行在向中央银行缴纳一定的准备金后，可以将剩余资金贷给企业。企业得到贷款后又会将其中一部分存入这家商业银行或者其他商业银行。接着，商业银行可以再将其中的一部分作为贷款发放。如此反复，最终社会中形成的购买力将是中央银行发行货币数量的若干倍。这个过程称为货币创造。商业银行进行货币创造的能力用货币乘数来表示。可见，货币乘数体现了中央银行发放的基础货币被商业银行创造成具有社会购买力的货币的能力，即中央银行每增加（或减少）1单位基础货币，整个社会的货币供应量增加（或减少）的数量。因此，三者之间的关系可以表示为：货币供应量=基础货币×货币乘数。货币供应量的增长速度可近似地看做基础货币增长速度和货币乘数增长速度之和。

三、货币政策效应

在第十一章有关 *IS-LM* 模型均衡点的调整与变动中指出，货币当局用变动货币供应量的办法来改变利率和收入。那么，改变货币供应量后对均衡收入的影响程度如何，这些就涉及货币政策效应问题。利用 *IS-LM* 模型可以分析货币政策的扩张或收缩对产出的影响，即货币政策效应。

具体地说，货币政策的扩张性或者收缩性的变动可以反映在 *LM* 曲线的移动上。如图 15-6 所示，当实际货币供给量发生变化后，首先形成资产组合的非均衡而引致利率的变化。在初始均衡点 E_0，货币供给量的增加使 *LM* 曲线由 *LM* 移至 LM_1 产生了过度货币供给，即在现行利率和收入水平上，人们持有了超过他们意愿的货币量，居民将试图通过购买其他资产来减少他们已经持有的货币。在这一过程中，资产价格上升而收益下降。资产市场的迅速调整使得均衡点迅速向下移动到 E' 点，此时货币市场出清，居民也由于利率已经充分下降而愿意持有较多的货币。接着，利率的变化会改变总需求从而引起收入的变化。在货币市场均衡点 E'，产品市场存在着过度需求。这是由于利率下降提高了总需求，从而导致存货减少。企业就会增加投资，使产出和收入增加。因此，均

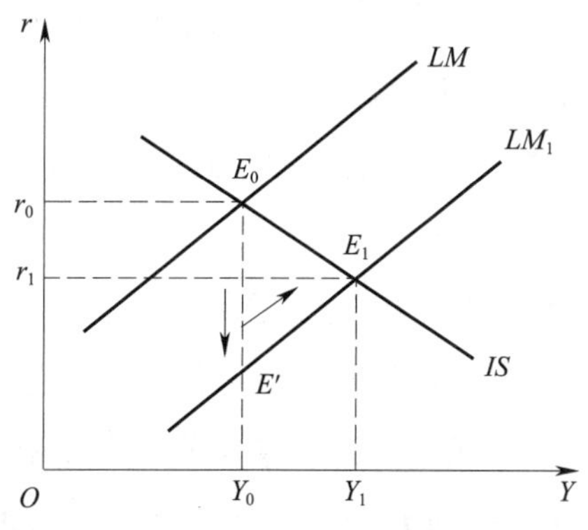

图 15-6 货币政策效应

衡点沿 LM_1 曲线向上移动到 E_1。在产出的调整过程中，产出的增加又提高了货币需求，这是因为在货币供给量不再增加的情况下，较高的货币需求必然要通过较高的利率水平来抵消。而货币政策效应的大小取决于 *IS* 曲线和 *LM* 曲线的斜率。

（一）*IS* 曲线的斜率

在图 15-7(a) 和 (b) 中，*LM* 曲线的斜率相同，但 *IS* 曲线的斜率不同。假定初始的均衡收入和均衡利率相同，对于相同的货币扩张（移动 *LM* 曲线），*IS* 曲线越平缓，扩张性货币政策引起的均衡国民收入增加越多，货币政策效应越强，如图 15-7(a) 所示；*IS* 曲线越陡峭，扩张性货币政策引起的均衡国民收入增加越少，即货币政策效应越弱，如图 15-7(b) 所示。

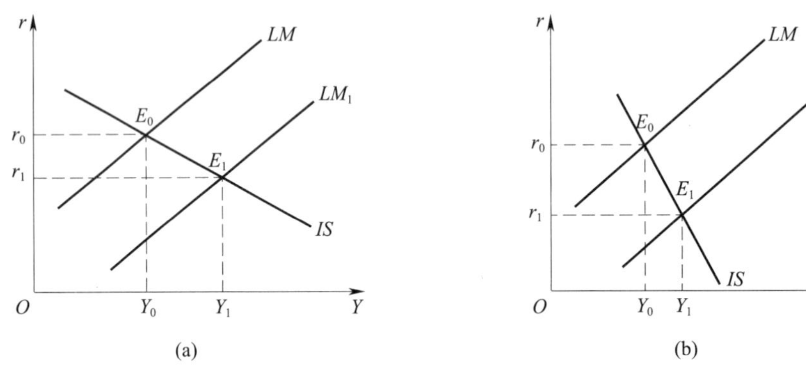

图 15-7 *IS* 曲线的斜率与货币政策效果

IS 曲线的斜率不同影响货币政策效应的主要原因是投资需求的利率弹性不同。前面已经分析，在边际消费倾向相同的假定下，*IS* 曲线的斜率主要取决于投资需求的利率弹性。*IS* 曲线较陡峭，表示投资的利率弹性较小。因此，当 *LM* 曲线因货币供给增加而向右移动使利率下降时，投资不会增加很多，从而国民收入水平也不会有较大提高。相反，*IS* 曲线越平缓，投资需求利率弹性越大。当中央银行实施扩张性货币政策时，随着利率的下降，投资需求增加得越多，均衡国民收入增加得越多，也就是货币政策效应就越大。

（二）*LM* 曲线的斜率

在图 15-8(a) 和 (b) 中，*IS* 曲线的斜率相同，但 *LM* 曲线的斜率不同，货币政策效应也不一样。如果货币供给量增加，*LM* 曲线较平坦的，那么货币政策效应较小；*LM* 曲线较陡峭的，那么货币政策效应较大。

LM 曲线斜率不同影响货币政策效应的原因是货币需求受利率的影响程度不同。*LM* 曲线较平坦，即斜率较小，表示货币需求的利率弹性较大，即利率

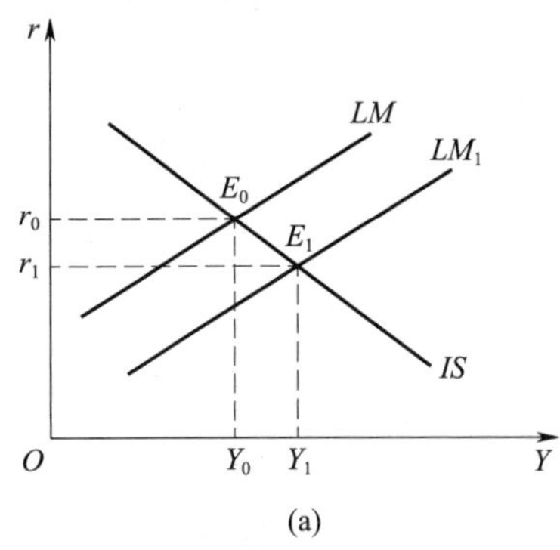

(a)

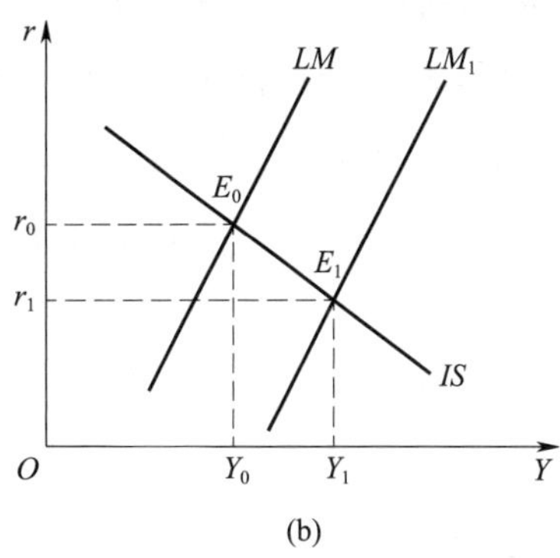

(b)

图 15-8　*LM* 曲线斜率与货币政策效果

的较小变动就会引起货币需求的较大变动，亦即货币供给的较大变动只能引起利率、从而投资的较小变动；*LM* 曲线较陡峭，即斜率较大，表示货币需求的利率弹性小，即利率的较大变动只能引起货币需求的较小变动，亦即货币供给的较小变动就会引起利率、从而投资的较大变动。因此，当 *LM* 曲线由于增加货币供给量的扩张性货币政策而向右移动时，斜率较小的 *LM* 曲线引起利率下降幅度较小，投资增加较少，从而使国民收入增加较少，即货币政策效应较小；斜率较大的 *LM* 曲线引起利率下降幅度较大，投资增加较多，从而使国民收入增加较多，即货币政策效应较大。

如果考虑 *LM* 曲线的极端情况，即 *LM* 曲线为水平线或者垂直线，这时货币政策表现出两种极端的情况："流动性陷阱"或古典情况。

"流动性陷阱"的 *LM* 曲线是一条水平线，它的货币利率弹性无限大，如前面所述，此时，居民在既定的利率水平之下愿意持有任何数量的货币。这一概念也被称为"凯恩斯陷阱"。此时，货币供给量的任何变动都不会使 *LM* 曲线移动。也就是说，货币供应量的任何增加或减少都不会影响利率和国民收入，从而货币政策就没有任何效应。从理论上说，利率为零时就是这种情况。因为在利率为零时，居民就不愿意持有债券，而宁愿全部持有货币。这样，货币供给量的任何增加都不会引起居民去购买债券，也不会使利率降低到零以下，从而货币供应量的任何变动都不会引起利率和国民收入的变动。

如图 15-9(a) 所示，从宏观上看，一国经济陷入"流动性陷阱"主要有三个特点。一是整个宏观经济陷入严重的萧条之中，需求严重不足，居民个人自发性投资和消费大为减少，失业情况严重，单凭市场的调节显得力不从心。二是利率已经达到最低水平，名义利率水平大幅度下降，甚至为零或负利率，在极低的利率水平下，投资者对经济前景预期不佳，消费者对未来持悲观态度，这使得利率刺激投资和消费的杠杆作用失效。货币政策对名义利率的下调已经不能启动经济复苏，只能依靠财政政策，通过扩大政府支出、减税等手段来摆脱经济的萧条。三是货币需求利率弹性趋向无限大。

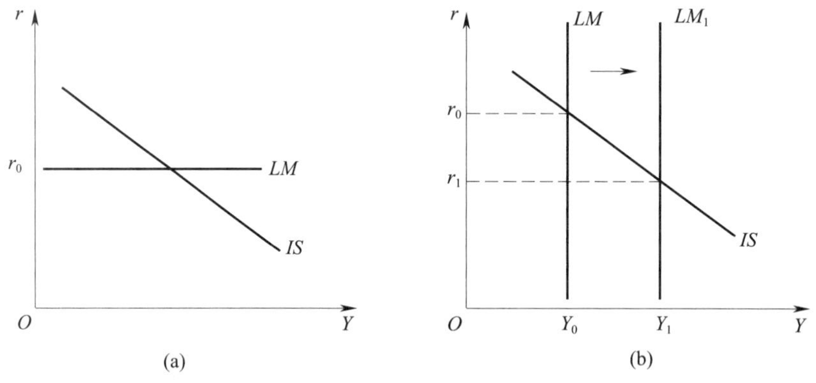

图 15-9 “流动性陷阱”与古典情况

古典情况的 *LM* 曲线是垂直线。当货币需求对利率完全没有反应时，*LM* 曲线就是垂直的。此时，货币数量的一定变化对收入水平的影响达到最大限度。如果价格水平保持不变，当中央银行采取增加货币供应量的扩张性政策时，垂直的 *LM* 曲线就会向右移动，收入水平增加。如图 15-9(b) 所示，当中央银行增加货币供给后，*LM* 向右移动到 LM_1，国民收入从 Y_0增加到 Y_1。

四、“相机抉择”和“规则”之争

（一）相机抉择

凯恩斯主义经济学家认为应该充分发挥政府财政和货币部门的作用，积极主动地对宏观经济波动进行干预，以促进经济稳定。这个主张其实就是前面提到的相机抉择政策。坚持这个主张的经济学家既包括老凯恩斯主义也包括新凯恩斯主义。前者是指那些先后自称为新古典综合学派、后凯恩斯主义主流经济学和现代主流经济学的新综合的经济学流派，他们曾经在 20 世纪 50—70 年代主导西方经济学界和政策界。后者是指 20 世纪 80 年代开始发展起来的新凯恩斯主义宏观经济学流派。

他们的共同观点是：市场是不完善的，存在着价格和工资的刚性，从而宏观经济会波动，因此，相机抉择的总需求管理政策非常必要，而且能够起作用，政府应该积极主动地采取政策，消除经济波动。

（二）坚持规则

货币主义和新古典主义的经济学家认为，应该制定政策规则，让政策制定部门照章办事，不要相机抉择。他们更看重货币政策，认为货币政策要优先于财政政策，而且在货币政策上应该按照既定的规则行事。他们提出了两个理论支持政策规则：一个是动态不一致性理论，一个是卢卡斯批评。

1. 动态不一致性理论

该理论认为，政策实施后，其作用分布在其后的较长一段时间，会出现短期效果和长期效果，而两者之间可能存在冲突，这个冲突叫做动态不一致性。动态不一致性又称时间不一致性，涉及长期最优政策与短期最优政策之间的关系，是指着眼于长期的最优政策与每个时期即期制定的短期最优政策不一致。比如，如果昨天为今天制定的最优政策（长期最优计划）到了今天不再符合变化了的形势，不再是最优的，这个长期最优计划就被称为是动态不一致的。显然，长期最优政策就是政策规则，短期最优政策就是相机抉择。

由于动态不一致性的存在，政府就有了违背承诺的动机，会在规则和相机抉择两项选择中倾向于后者，但是这种动机会被公众通过理性预期的方式预期到。于是，一旦政策制定部门在坚守规则上面摇摆，就会严重削弱他们的公信力或信誉，大大破坏其政策实施效果。以货币政策为例，如果中央银行宣布未来的货币政策是保持货币的稳定增长，以便为私人经济提供一个稳定的可以预期的环境，既保证物价稳定，也促进充分就业，这就是一个长期最优计划。但是，如果形势发生变化，例如出现了2008年那样的金融危机，导致宏观经济全面下行，此时如果还是坚持执行先期制定的货币政策不加任何调整，就不利于走出经济衰退。而如果中央银行根据具体经济形势的变化，针对经济全面衰退而改变政策方向，大幅度增加货币供给，可以帮助经济战胜金融危机，更快地走出衰退。可是这样一来信誉会缺失，会影响到今后的政策实施，公众会选择不再相信政策制定部门，不再对新出台的政策全力配合，会出现公众针对政策部门的博弈行为。

在政策实施效果受到动态不一致性影响的条件下，按政策规则行事虽然在短期不如相机抉择，会暂时付出代价，但是可以收获长期好处。当政策制定者不管经济形势发生了什么样的变化，都坚持此前宣布的政策措施时，在长期可以取信于民，建立起信誉。由此建立的信誉和公信力让政策获得个体决策者的配合，从而获得长期效果。

美联储在20世纪70年代末80年代初的货币政策很好地诠释了这个道理。美国在20世纪70年代时经历了严重的通货膨胀，到1979年沃尔克就任美联储主席，他声称要紧缩货币以反通货膨胀，但是一开始人们并不信任他，因为他的前任总是宣布稳定物价然后又违背了诺言。因此，当通货膨胀率从1980年的13%降低到1982年的6%以下时，失业率则从7%飙升至接近10%，这其实是人们不予信任的后果，本来是选择信任和配合就可以避免的。尽管如此，沃尔克的美联储还是坚守规则，没有因为失业率上升而改变货币政策。结果，到1983年，当通货膨胀率再降至3%以下时，失业率反而开始下降；而到1986年，当通货膨胀率降低到2%以下时，失业率反而下降到7%。1980—1982年，在失业率不断攀升时，本来美联储如果转向相机抉择，放松货币紧缩政策的力度甚至寻求货币扩张，也许能阻止失业率上升过快，但是这会带来长期隐患，如同此前20世纪70年代发生的事情：失业率高时采取扩张性货币政策降低失业率，但是带来通货膨胀率的提高；而看到通货膨胀率提高时又紧缩货币供给，但是已经降低的失业率开始反弹。

2. 卢卡斯批评

卢卡斯认为，稳定性政策在制定时依据的是历史上呈现出来的经济变量之间的关系。经济学家利用计量经济学方法准确掌握被解释变量（因变量）和解释变量（自变量）之间的关系，通过货币政策来改变解释变量，借以影响被解释变量。但是在现实中，人们对未来的政策会形成理性预期，并基于这种预期采取措施，这就给上述政策逻辑带来严重后果：政策制定者根据历史上的经验关系制定政策，一旦历史上的经验关系瞬间发生变化，不再是政策制定者所理解并引以为依据的那种关系了，政策依照经济变量之间过去的关系制定，但是却按新的关系影响到经济。结果是，稳定性政策有悖初衷，反而会加剧经济的不稳定。这个论点就是著名的卢卡斯批评。

用一个简单的公式可以更好地说明卢卡斯批评的论点。假设历史上的数据显示，y和x之间存在稳定的依存关系，用函数$y=f(x)$表示。基于这个判断，稳定性政策希望通过改变x来按照$f(x)$的函数关系改变y。但是，因为存在着理性预期，一旦政策制定者根据$y=f(x)$来改变x时，x会以一个新的函数关系影响到y，即函数变成$y=g(x)$。这样，政策的实际效果截然不同于政策制定者的初衷。

图15-10说明了货币当局希望利用菲利普斯曲线来实现通货膨胀率与失业

率的某种组合时遇到的卢卡斯批评问题。货币当局通过计量经济学技术，了解到历史上通货膨胀率与失业率之间存在由 PC_1 曲线表示的交替关系，因此希望利用这个关系，通过提高通货膨胀率来降低失业率。

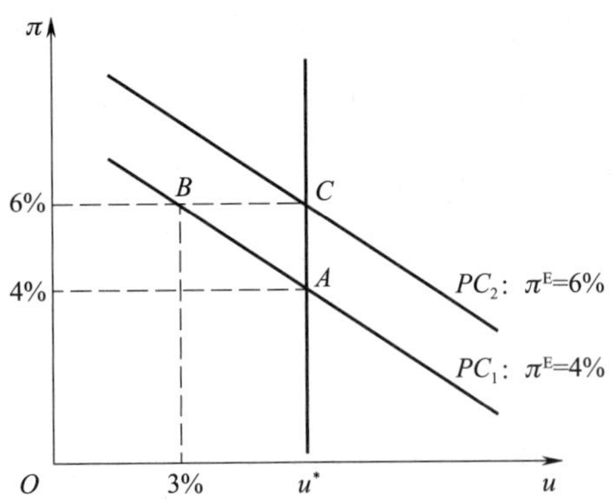

图 15-10 菲利普斯曲线中的卢卡斯批评

一开始经济处于 A 点，通货膨胀率和失业率分别为 4%和 u^*，后者是自然失业率。政策制定者希望经济从 A 点变化到 B 点，将通货膨胀率提高到 6%，以达到将失业率降低到 3%的目的。但是问题在于，公众能够通过理性预期认识到货币当局的意图，从而在后者出台扩张性货币政策的同时纷纷提高产品价格和工人工资。其结果是，通货膨胀率提高了，而失业率没有任何变化。这在图中表现为，通货膨胀率提高对经济的影响不是按照历史上的曲线 PC_1 完成的，而是按照新的曲线 PC_2 完成的，经济并没有从 A 点变化到 B 点，而是从 A 点变化到 C 点。

这个逻辑的关键是：货币当局没有意识到人们预期的变化，仍然认为即使自己进行货币扩张改变通货膨胀率，人们的预期仍然是 $\pi^E=4\%$，从而菲利普斯曲线维持在 PC_1 曲线上。但实际上，人们的预期适时进行了调整，变为 $\pi^E=6\%$，从而实际上的菲利普斯曲线发生了移动，向上移动到 PC_2。换言之，实际存在的是由 A 点和 C 点连接的垂直菲利普斯曲线。

（三）具体的政策规则

在货币政策的实施中，西方经济学家们提出了不同的政策规则，其中有四种最有影响。这些政策规则的共同点是：预先设定某种具体目标，让货币政策遵循而不任意改变。

1. 货币增长目标

以弗里德曼为代表的货币主义主张以货币增长作为政策目标，确定单一的货币增长规则。他们认为，经济波动主要是由货币供给的波动引起的，因此要保持经济稳定，货币供给应该始终按照一个既定的速度稳定增长，不应该因为宏观经济发生了波动而有所调整，这样才可以为私人经济提供一个稳定的货币环境，让市场机制更好地起作用。

弗里德曼还建议，根据不同年份的经济增长情况，货币供给增长率可以在2%、4%或5%中选择。这些增长率是和经济增长率相当的，因此能够满足总产出增长引起的对货币需求的增加。但是，这种政策规则的缺陷是没有考虑到货币流通速度的变化。如果货币流通速度变化而货币供给稳定，经济中的货币量也会过多或者过少，这同样会带来经济波动。

2. 名义 GDP 目标

这种货币政策规则是确定名义 GDP 目标，据此确定货币供给增长的路径，即根据现实中名义 GDP 是否偏离目标名义 GDP 而调整货币量。例如，如果当前名义 GDP 增长超出了事先宣布要维持的名义 GDP 增长目标，就减少货币供给；反之则增加货币供给。

与货币增长目标规则相比，设定名义 GDP 目标的好处是可以应对货币流通速度的变化，以保证价格的稳定。如前所述，货币增长目标可以确定为货币供给的增长要和实际 GDP 的增长保持相等，并且后者也处于目标路径上。如果此时货币流通速度发生变化，那么即使实际 GDP 增长速度和货币供给增长速度始终相等，名义 GDP 增长也会偏离目标路径：货币流通速度降低时，名义 GDP 增长会低于目标路径；货币流通速度增加时，名义 GDP 增长会高于目标路径。这种情形显示货币供给要么过少，要么过多，因此它不仅带来价格的变动，也会导致实际产出与就业的波动。而根据名义 GDP 目标，既然名义 GDP 增长偏离了目标路径，货币供给增长速度就应该相应调整：当货币流通速度降低导致名义 GDP 增长低于目标路径时，它意味着货币供给不能满足需求，此时货币供给根据规则应该加快增长；反之，当货币流通速度加快时，货币供给应该减慢增长。这样就将名义 GDP 持续地保持在目标路径上，同时保持了实体经济的稳定，也保持了价格的稳定。

3. 通货膨胀目标

这种货币政策规则是确定通货膨胀目标，根据实际通货膨胀率是否偏离目标通货膨胀率来调整货币供给增长速度。在现代经济体系中，零通货膨胀率很难保持，如果强行限制价格水平完全不变，代价会非常高。因此，货币当局会根据公众的接受程度确定一个较低的通货膨胀率作为货币政策目标，如果实际的通货膨胀率偏离了它，就采取货币政策进行干预，通货膨胀目标也能针对货币流通速度的变化而做出合适的应对。

4. 泰勒规则

也有经济学家主张在政策规则中包含多个经济变量，确定一个复合政策目标，据此实施货币政策。其中一个具体的例子是泰勒规则，它将实际产出和通货膨胀率组合在一起形成一个目标，根据现实中的实际产出和通货膨胀率是否偏离了这个目标而调整利率。其公式是：

$$r=2\%+\pi+0.5(\pi-\pi^{*})+0.5\left(\frac{Y-Y^{*}}{Y^{*}}\right) \tag{15.1}$$

式中，r、π 和 Y 分别代表利率、通货膨胀率和实际产出；π^{*} 代表目标通货膨胀率；Y^{*} 代表潜在的实际产出，这里是作为目标实际产出。式（15.1）表明，通货膨胀率目标和实际产出目标的权重是相同的。如果经济在目标路径上运行，即 $\pi=\pi^{*}$ 和 $Y=Y^{*}$，那么利率就定位在2%的基础上按通货膨胀率上浮。实际上这里的2%是实际利率，r 是名义利率。从式（15.1）中可以看出，如果通货膨胀率高于目标水平，那么名义利率跟着上调，这有助于抑制通货膨胀；如果实际产出高于潜在产出这个目标水平，经济有过热的危险，名义利率也要跟着上调，这有助于给经济降温。

第四节　财政政策和货币政策的局限性与协调

财政政策和货币政策是政府对国民经济进行宏观调控的两大手段，都不同程度地存在一定的局限性，它们从决定到实施，再到政策效果完全发挥出来都会产生政策时滞。因此，在宏观经济政策实施过程中，往往需要协调起来使用，以发挥好各自的调节功能。

一、财政政策的局限性

宏观经济政策在具体的实施过程中，往往会遇到各种问题，从而大大影响政策的实施效果。这些问题主要表现在以下四个方面。

（一）财政政策的时滞

财政政策在完全发挥作用达到最终目标之前必定存在一定的时间间隔，这种时间间隔就称为时滞。时滞有三种：识别时滞、决策时滞和执行时滞。识别时滞与决策时滞合称为内在时滞，即决定并实施某项政策所需要的时间；执行时滞也称为外在时滞。

识别时滞是指对经济数据的收集和分析、宏观经济指标变量的衡量等都要耗费一定的时间。也就是说，政府要对经济形势作出判断，不是一件容易的事情。因为经济形势是千变万化的，例如，当经济比较大地偏离充分就业产出水平时，这种偏离是长期性的还是暂时性的，在实践中很难判断出来。此时，政府从掌握信息、分析经济形势到识别、判断经济运行情况所经历的时间就是识别时滞。

决策时滞是政府在判断了形势、认清了大局后采取经济政策措施所需要的时间。就财政政策来说，它的决策时滞往往很长。因为在制定财政政策时，一般都需要得到如国会等权力机关的审批通过，这一过程需要耗费很多的时间。

执行时滞是指从一项政策出台到真正对经济运行产生影响所经历的时间。当政策决定实施后，还需要由行政部门制定实施细则，确定具体实施步骤并组织实施。一般地说，财政政策的外在时滞较短，政策一旦出台，见效快且带有一定的强制性。

总之，任何一项财政政策，从对经济形势的分析判断到决定实施再到制定出政策细则，从政策的实施到政策完全发挥效用达到预期的目的，都需要有一定的时间间隔。政策时滞的长短对政策的制定和效果有重大的影响，并根据各种不同的政策而不同。例如，政府实施某项增税或减税的政策，需要通过一些立法程序、进行会议论证等过程。这种时滞的长短很难确定，它与当时的政治、经济形势等因素有关。

（二）经济形势的不确定性

经济形势有很多的不确定性因素。例如，乘数效应的大小难以准确地确定，总需求水平通过财政政策作用达到预期目标具体需要多长时间无法确定，等等。正因为在实际经济运行过程中，随时都存在外在的不可预期的随机因素的干扰，所以政府很难对政策效果做出准确的预测。例如，政府要采取扩张政策，必须测算到底需要增加多大购买量。如果增加过多、力度过大，会对私人投资“挤出”太多；如果增加少了，又达不到政策效果。

事实证明，即使像美国，经济预测研究机构众多，方法与手段先进，经济预测种类也多种多样，预测的范围有微观预测、宏观（全国）预测、世界经济预测，预测的时间有短期（1 年以内）、中期（1~5 年）、长期（5 年及以上），预测的内容有国民生产总值、通货膨胀率和失业率等，其预测的结果也经常偏离实际经济运行，其准确性仍屡遭质疑。例如，美国学者在对 2007 年次贷危机引起的经济衰退的预测中，失业率的预测与实际失业率的偏差很大。如图 15-11 所示，实线为 2007 年到 2010 年的实际失业率，带有圆点的线分别为 2007 年 11 月、2008 年 5 月、2008 年 11 月、2009 年 5 月和 2009 年 11 月共 5 个预测时点的预测失业率。可以看出，2007 年 11 月和 2008 年 5 月的预测值非常离谱，远远低于后来实际发生的失业率。

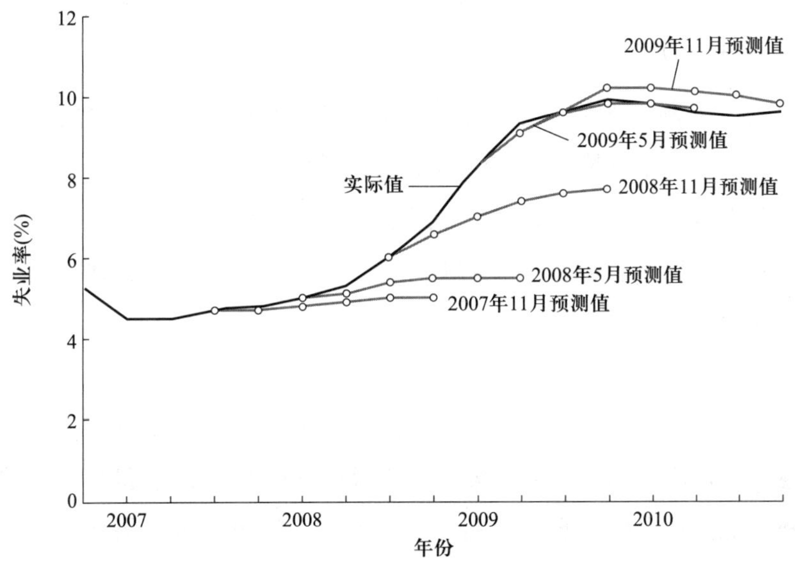

图 15-11 对 2007—2010 年的失业率预测值与实际失业率的偏差

资料来源：N. Gregory Mankiw, *Macroeconomics* (9th edition), New York: Worth Publisher, 2016, p. 536.

（三）实施财政政策存在公众的阻力

政府紧缩性财政政策中的增税措施，一般会遭到公众的普遍反对；减少政府购买可能会引起大垄断资本集团的反对；削减政府转移支付则会遭到一些公众的反对。政府采取增支减税政策扩大总需求时，人们并不一定会把增加的收入全部用于增加消费支出，也可能部分地转化为储蓄。

（四）公众预期对政策效果的影响

以凯恩斯主义理论为基础的政策体系忽视公众的预期，这种理论受到新古典主义宏观经济学的挑战。后者的代表人物之一卢卡斯认为，传统经济政策分析没有充分考虑到政策变动对人们预期的影响。他指出，人们在对将来的事态做出预期时，会像经济学家一样，利用所有可得的信息和知识进行预期，不会犯系统性错误，预期“平均而言”是正确的。同样，人们会预期政府采取什么样的政策以及政策的经济影响是什么，并据此采取行动。人们基于理性预期所采取的行动常常会抵消政策效果。这种对传统经济理论有关稳定性经济政策的批评正是前文介绍过的“卢卡斯批评”。

此外，财政政策还存在“挤出效应”问题。政府增加支出会使利率提高，私人投资减少，即产生挤出效应，这是对微观经济的一个很重要的不良影响。因此，政府在实施财政政策时，必须综合考虑其局限性及相关因素的影响，尽可能使政策效果接近其预定目标。

二、货币政策的局限性

货币政策作为宏观经济政策的重要部分，它的目的在于综合运用各种货币政策工具来调节货币供给，影响经济主体的货币需求，从而对全社会的投资水平和消费支出规模产生影响，并最终影响社会总供给和社会总需求，使之达到一种动态的平衡状态。但是它与财政政策一样，在实践中也存在许多局限性，主要表现在以下三个方面。

（一）效果具有短期性

货币政策效果在短期内可能起到刺激经济的作用，但在长期中这种刺激会失效，使得产量不变而物价却上涨。在通货膨胀时期实行紧缩性货币政策可能效果比较显著，但在经济衰退时期，实行扩张性货币政策效果就未必明显，特别是存在“流动性陷阱”时，无论银根如何松动，利率都不会降低。这样，货币政策反衰退的效果就相当微弱。即使从反通货膨胀来看，货币政策的作用也主要表现在反需求拉上型的通货膨胀，而对成本推动型的通货膨胀，货币政策效果就很小。因为物价的上升若是由工资上涨超过劳动生产率上升幅度引起，或由垄断企业为获取高额利润引起，中央银行想通过控制货币供给来抑制通货膨胀就比较困难了。

另外，从货币供给的影响因素看，扩张性货币政策也存在局限性。当中央银行为刺激社会需求而采取扩张性货币政策时，主要通过投放基础货币和降低法定准备金率的办法来实现。但是，在微观经济主体消费和投资意愿低下的经济背景中，一是由于物价水平持续下跌情况下，“买涨不买跌”的消费心理以及名义利率水平尤其是名义储蓄存款利率水平相对低下，居民的经济行为往往表现为持币待购，由此导致社会现金流通量的增加和现金漏损率的提高，客观上起到了降低货币乘数和抵消中央银行货币供给的作用。二是因为销售不畅和生产经营的萎缩，企业对于活期存款的交易性需求减少，加上其投资行为受到遏制，企业活期存款在一定程度上会转化为定期存款，如上所述，定期存款比率的上升同样能起到降低货币乘数、抵消中央银行货币供给的作用。三是商业银行在法定准备金率下调和中央银行基础货币投放增加的情况下，虽然可用资金大量增加，但与此同时其放贷规模并未随之相应增长，其原因：① 企业和居民贷款意愿低下，使得全社会贷款需求不振；② 贷放风险尤其是信用风险增加，商业银行出于风险控制和资产安全性的需要严格控制资金贷放，出现银行“惜贷”现象。这样，最终影响商业银行资产结构的变化，即超额存款准备金的超常增长，这在一定程度上也起到了降低货币乘数、抵消中央银行货币供给的作用。

综上所述，在中央银行为刺激社会需求而试图扩张货币供给的过程中，其他经济主体的经济行为在客观上却与中央银行的政策意向背道而驰，进而在相当程度上抑制了货币政策效应的实现。

（二）货币政策的时滞

中央银行变动货币供给量要通过影响利率，再影响投资，最后影响就业和国民收入，因而与财政政策相同，货币政策的作用也要经过相当长一段时间才会得到充分发挥。时滞是客观存在的，其中识别时滞和决策时滞可以通过各种措施缩短，但不可能完全消失；执行时滞则涉及更复杂的因素，一般是难以控制的。时滞的存在可能使政策意图与实际效果脱节，从而不可避免地导致货币政策的局限性。尤其是市场利率变动以后，投资规模不会很快发生相应变动。总之，货币政策即使从制定到开始采用不需要花很长时间，但从执行到产生效果却需要有一个相当长的过程，在此过程中，经济情况有可能已发生出人意料的变化。

（三）货币流通速度的变动

货币流通速度变动是货币主义学派以外的经济学家所认为的限制货币政策效应的因素。他们认为，货币流通速度对货币政策效应的重要性表现在：货币流通速度中的一个相当小的变动，如果未曾被政策制定者所预料到并加以考虑，或估算这个变动的幅度时出现小的差错，就有可能使货币政策效果受到严重影响，甚至有可能使本来正确的政策走向反面。

三、财政政策和货币政策的协调

（一）财政政策和货币政策协调的客观性

财政政策与货币政策是政府对国民经济进行宏观调控的两大手段。财政政策和货币政策相互协调有其客观必要性。一是二者尽管调节目标不同，但最终目标是一致的。就调节的目标不同来说，是指在具体的财政政策和货币政策的实施过程中，二者的直接目标有一些差异。财政政策往往以促进经济发展为首要目标，货币政策则常常以货币稳定为第一目标。正是二者之间在调节目标上存在一定的差异，才必须协调二者之间的关系。二是二者具有不同的作用机制。财政政策可以从收入和支出两方面影响社会总需求的形成，货币政策通过货币的供给量影响消费需求与投资需求。三是二者具有不同的功能。财政政策对供求总量和供求结构均有较强的作用；货币政策对供求结构的调节能力较弱，它侧重于对供求总量的调节。四是二者均具有一定的局限性，如上文所述，财政政策和货币政策同样存在时滞等问题。

正因如此，必须把财政政策和货币政策协调起来，以发挥聚合效应和互补效应。一是政策目标的协调。财政政策和货币政策都要服从于经济目标，同时，还要根据财政政策和货币政策各自的特点，发挥各自的优势，突出各自的政策目标重点，充分发挥各自的政策调控功能。二是政策方向的协调。财政政策和货币政策的调控方向是反经济周期的逆向调节，以熨平经济波动。当社会总需求明显大于社会总供给、经济处于繁荣期时，应实行紧缩性财政政策与紧缩性货币政策搭配，以抑制社会总需求和通货膨胀；当社会总需求明显小于社会总供给、经济处于萧条期时，应当实行扩张性财政政策与扩张性货币政策搭配，以刺激社会总需求，抑制通货紧缩；在经济平稳发展时期或在经济高峰期与低谷期之间的过渡期，则可根据社会总供求的具体情况相机抉择，实行总体上中性的财政政策和货币政策。三是政策力度的协调。在政策方向明确的前提下，政策力度即“松紧度”的强弱是否恰当以及是否随着经济运行情况的改变而适时予以调整，决定着政策调控成效的大小。

（二）财政政策和货币政策的协调：*IS*-*LM* 模型分析

从 *IS*-*LM* 模型的分析中可以看出，扩张性财政政策和货币政策虽然都可以增加总需求，但对均衡国民收入和利率却有不同的影响。一般说来，扩张性财政政策在增加国民收入的同时会提高利率水平，产生挤出效应；扩张性货币政策在降低利率的同时会提高国民收入，产生通货膨胀压力。财政政策和货币政策的配合使用可以有不同的组合情况。当经济萧条时可以把扩张性财政政策与扩张性货币政策配合使用。扩张性财政政策使总需求增加，但是提高了利率水平，抑制私人投资，产生挤出效应。这时采用扩张性货币政策就可以抑制利率的上升，消除或减少扩张性财政政策的挤出效应，使总需求增加，从而在保持利率不变的情况下刺激经济。如图 15-12 所示，IS_1 曲线和 LM_1 曲线交于 E_1 点，相应的利率和国民收入分别为 r_1 和 Y_1。但 Y_1 不是充分就业的国民收入，充分就业的国民收入为 Y^*。为了实现充分就业，政府既可以实施扩张性财政政策，将 IS_1 曲线向右移动，也可以实施扩张性货币政策，将 LM_1 曲线向右移动。这两种政策都可实现充分就业，使国民收入增加为 Y^*。如果只采用财政政策，需将 IS_1 曲线移至 IS_2 的位置，这时利率上升为 r_2；如果只采用货币政策，需将 LM_1 曲线移至 LM_2 的位置，这时利率降低为 r_3。这两种方法都会导致利率的大起大落，不利于经济的稳定。如果同时采用扩张性财政政策和扩张性货币政策，即同时将 IS_1 和 LM_1 分别移动到 IS'_1 和 LM'_1 位置，则利率 r_1 可保持不变，而国民收入可达到充分就业水平 Y^*。

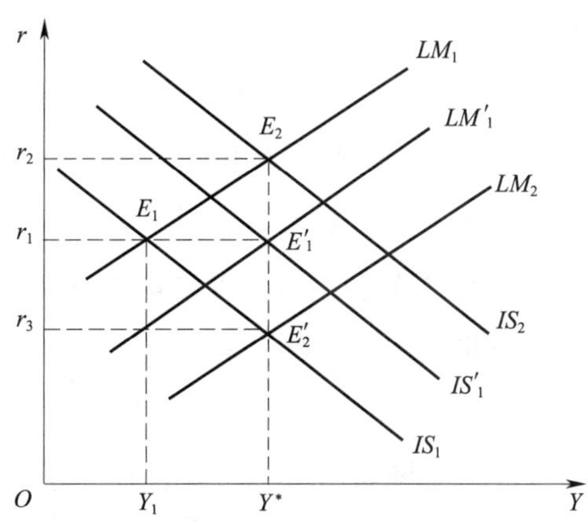

图 15-12　财政政策与货币政策的协调使用

财政政策和货币政策的组合是多种多样的，其基本组合及相应的效应，如表 15-3 所示。这些混合的政策效应，有的可以事先预料，有的则必须根据财政政策和货币政策效应的大小，进行比较后才能确定。

表 15-3　财政政策与货币政策的组合效应

政策配合	收入	利率
扩张性财政政策与紧缩性货币政策	不确定	上升
扩张性财政政策与扩张性货币政策	增加	不确定

续表

政策配合	收入	利率
紧缩性财政政策与紧缩性货币政策	减少	不确定
紧缩性财政政策与扩张性货币政策	不确定	下降

第五节 供给管理政策

前面所介绍的宏观经济政策是侧重于需求管理的。从宏观政策体系来看，通过对总供给的调节来达到宏观经济目标的经济政策是供给管理政策。供给管理政策主要包括人力政策、收入政策、指数化政策等。

一、人力政策

人力政策就是通过对人力资源的优化配置，增加就业，促进经济增长的政策。

从美国看，在 1944 年的《军士权利法案》和 1946 年的《就业法》颁布实施之后，其在 1958—1968 年十年间先后颁布了十多项法案，其中最重要的是《国防教育法》(1958 年)、《人力开发与培训法》(1962 年)、《职业教育法》(1963 年)、《经济机会法》(1964 年)、《中小学教育法》(1965 年) 和《高等教育法》(1965 年)，到 20 世纪 60 年代中期基本确立了联邦人力政策体系，这些逐渐成为联邦政府干预经济生活的一种重要制度。英国于 1964 年颁布《工业训练法》，1973 年又通过了《就业和培训法》，建立了“人力服务委员会”，统一了全国的人力政策。

人力政策的理论基础是人力资本理论和新古典综合派的就业理论，而人力政策的形成有其客观的社会条件。一是劳动力结构自身的因素。在人才市场上，用人单位以择优原则，优先录取技术能力强、熟练程度较高的劳动者，而失业者大多是能力较差、不熟练的劳动者。二是经济结构变化的因素。世界处于变革之中，产业结构不断变化升级，劳动者陈旧的技术能力无法满足新阶段的就业需要，而导致失业。20 世纪 50 年代，美国经济结构的变化突出地表现为经济周期的加快和国民经济产业结构的变化。美国经济先后经历了 1957—1958 年、1960—1961 年的两次衰退，失业率由 1953 年的 3.1%增至 1958 年的

6.8%，到1961年仍高达6.7%。在这一过程中，制造业、农业、建筑业、采矿业新增的就业机会锐减。而在新增就业岗位中，3/4左右来自服务业。结构性失业倍加突出，新兴产业如工程师、医师、教师和办公室职员等大量技术性职业无人问津，就业市场上劳动技术的供求关系严重脱节。所以人力政策才显得很有必要。三是劳动力市场信息不对称。择业者不能随时获得人才招聘的信息，而用人单位也不能随时找到所需人才。企业招聘总是在一轮又一轮地面试、筛选。四是新加入劳动力市场的劳动者，由于熟练程度不足或不适应现有的经济结构而失业。所以，20世纪60年代美国联邦政府人力政策的重点就是直接面向社会就业市场，着重解决因经济机制转变和经济结构变化而导致的结构性失业问题。

人力政策的主要措施有：一是人力资本投资。即政府通过培训、加强教育等手段来提高劳动力质量，提高劳动者的技能水平、熟练程度、文化素质，以适应劳动力市场的需求，促进就业。西方国家都建立了庞大的社会开放式的人才培训系统，为青年提供实践机会以获取工作经验。20世纪60年代，美国联邦政府通过一系列立法干预、引导高等教育的发展。德国规定“不培训就不能就业”，它已成为劳动力市场的准则。二是完善劳动力市场，如建立人才市场和就业指导中心，以减小劳动力市场结构性摩擦。在西方市场经济国家，就业服务体系是连接劳动力供需双方的中介，帮助劳动者克服转换职业、寻找新职位的盲目性，从而达到合理调节劳动力流向、改善就业布局、减少失业现象，使劳动力供求双方尽可能趋于平衡的目的。三是协助劳动力进行流动，即推动劳动力在地区间的流动，在更大的范围内促进劳动力的优化配置。20世纪70年代以来，美国政府十分重视农村经济发展和新兴产业的成长，由政府提供迁移费补贴、住房补贴、职业培训等，使劳动力形成合理的流动，优化了劳动力的配置。四是降低最低工资标准，使技能水平较低的劳动者能够获得就业机会。

二、收入政策

收入政策是指政府通过某种行政措施强制性或非强制性地限制工资和价格的政策，又称为工资与物价控制政策，其目的是制止工资成本推动的通货膨胀。不过，西方经济学者往往还从更多的层面去解释或提出收入政策，主要有：一是影响工资和价格决定的、由政府实施的一整套措施或手段，它是反通货膨胀的一种工具，是财政政策和货币政策的必要补充；二是与收入有关的一系列政策和措施，它不仅包括上述含义，还包括调节个人收入分配（如减少不平等、消除最低工资等）、处理与工会关系等其他配套的政策措施；三是在经济发展过程中考虑收入分配的政策。

收入政策的理论基础是成本推动的通货膨胀理论。按照成本推动的通货膨胀理论，工会的垄断导致“工资刚性”。也就是说，工会是一种垄断组织，货币工资和价格决定于工会和企业的垄断势力。因工会和企业具有操纵工资和价格的力量，使企业开工不足或劳动者失业时也能提高工资和价格，因此，只有推行扩张性的财政和货币政策来实现充分就业。这也随之带来货币工资和价格的刚性上涨，造成通货膨胀。因而，在实行扩张性的财政和货币政策时，为抑制货币工资和价格刚性上涨，有必要采取收入政策。即工资上涨是导致成本推动的通货膨胀的根本原因，但要采取削弱工会垄断力量的措施控制工资水平的上涨在政策上不可取。因此，实行工资管制是最适宜的反通货膨胀的手段。

收入政策出现于第二次世界大战以后有其经济社会背景。第二次世界大战以后，西方资本主义国家出现不同程度的通货膨胀。1950—1960 年，英国年平均通货膨胀率为 4. 1%，美国为 2. 1%，意大利为 3%。因此，西方资本主义国家，如荷兰、瑞典、英国、意大利、加拿大和美国等，采取了一种既防止失业又遏制通货膨胀的措施，这就是收入政策。其主要类型有以下四种。

（一）工资-物价指导线

工资-物价指导线是指政府根据经济发展的情况，制定一个与经济增长相适应的工资增长率和价格增长率，然后政府运用经济方法或劝说与宣传的策略去指导工会与企业领导人执行。例如，1962 年美国肯尼迪政府就提出了“非膨胀性工资与物价行为指标”，规定全国的平均货币工资增长率必须与劳动生产率的增长率保持相同水平。英国政府在 1964 年规定的工资-物价指导线把货币工资增长率确定为 3%~3. 5%。现在这种做法已被西方国家广泛运用，并起到了一定的作用。

（二）工资-物价冻结

工资-物价冻结是指政府用法律手段禁止工资与物价上升，或者规定工资与物价的增加必须得到负责工资和价格管理部门的批准。这种方法一般是在战争或自然灾害发生等特殊时期采用，当然，在通货膨胀相当严重时也可以采用。例如，1971 年 8 月，尼克松就任总统后，针对当时非常高的通货膨胀率，曾宣布工资与物价冻结 90 天，由政府设立的生活费用委员会强制实行。这种方法可以迅速而有效地制止通货膨胀，但不能经常或长期使用。这是因为，冻结手段使价格起不到调节经济的作用，会导致资源配置失当，生产效率低下，使产量减少。从长期看，不仅不能制止通货膨胀，反而会引起需求拉上的通货膨胀。

（三）对特定工资或物价进行“权威性劝说”或施加政府压力

政府劝告工资和价格制定者们“负责任地”采取行动，鼓励雇员和雇主在较低的工资增长率水平上达成和解，以减轻通货膨胀压力。

（四）以税收政策对工资增长率进行调整

政府以税收作为惩罚或奖励手段来限制工资增长。对于工资增长率保持在政府规定界限以下的企业，以减少税收的方式进行奖励；对于工资增长率超出政府规定界限的企业，则以增加税收的方式加以惩罚。这种形式的收入政策，仅仅以最一般的形式尝试过。例如，1977—1978 年英国工党政府曾经许诺，如果全国的工资适度增长，政府将降低所得税。

从西方发达国家的实践经验看，利用收入政策对付通货膨胀的效果并不理想，最多它也只是一种补充的政策。这是因为，如果是温和的收入政策，譬如规劝，其不具有强制性，所以收效往往不大。如果是严格的收入政策，如工资-价格冻结，它将严重削弱价格机制在资源配置中的作用，甚至恶化市场资源配置的功能。一旦采取最严厉的收入政策，如工资-价格管制，那么，在没有紧缩性的财政、货币政策配合的情况下，也不可能长期奏效。特别是存在预期情况下，人们可能会采取规避管制的办法或者变相地提高价格和工资，而且容易激化社会矛盾。

三、指数化政策

宏观经济学将经济变量区分为名义变量和实际变量。通货膨胀会引起名义变量的变动，如通货膨胀使名义工资上升，实际工资下降。为此，西方发达国家采取指数化政策，以保持实际变量值不变，实现宏观经济的稳定发展。指数化政策的手段主要有以下三种。

（一）工资指数化

工资指数化是指根据通货膨胀率来调整货币工资，把货币工资增长率与物价上涨率联系在一起，使它们同比例变动。这种做法一般称为“生活费用调整”。具体做法是：在签订劳动合同时，明确雇员的工资要随着消费价格指数的增长同步或逐步调整。20 世纪 20 年代，比利时开始实行工资指数化制度。1952 年意大利在全国实行了统一的挂钩物价指数，俗称“工会指数”，1975 年通过国家立法在全国实行统一的滑动工资制度。在美国，最早是 1948 年通用汽车公司与工会之间达成这一协议，以后逐渐被广泛采用。在现实中，这种调整有完全性调整——即完全按通货膨胀率调整货币工资，也有部分调整。

此外，对退休金、养老金、失业补助、贫困补助等社会保险与福利支出也实行类似的指数化政策。

西方各国学者对工资指数化问题有不同的看法。有的认为工资指数化是保证工资不受通货膨胀影响的有效途径，它的正确实施不仅有助于降低通货膨胀率，而且可使消费者形成稳定的预期。有的认为工资指数化往往只能局部补偿，不能完全补偿通货膨胀带来的损失。加上具体实施过程中有一系列的技术性难题无法解决，货币工资的调整往往具有滞后性，落后于通货膨胀率的变动。更主要的是，工资指数化还有可能导致“工资-物价螺旋式上升”，从而加速而不是控制通货膨胀。

（二）税收指数化

税收指数化是指在通货膨胀、支出水平以及工资福利水平随经济发展而变动的情况下，对税制的某些要素进行相应的调整，以避免名义减除标准或税率档次爬升的问题。例如，假定原来免征额为 500 元，当通货膨胀率为 10%时，就可以把免征额变为 550 元。税率等级也可以按通货膨胀率相应地进行调整。美国 20 世纪 70 年代以来的高通货膨胀率导致的税率档次爬升，日益增加了纳税人的负担。1981 年美国《经济复兴税收法案》建议所有的税率档次，其标准扣除额以及个人的豁免额都实行指数化，该法案在 1985 年付诸实施。税收指数化处理赋予了税制更多的灵活性，这被看成是一种积极地利用经济手段反通货膨胀的政策。但也有经济学者提出质疑，认为这种税收制度的交易成本很高，并且认为税收指数化会降低国家的税收收入等。

（三）利率指数化

利率指数化是指根据通货膨胀率来调整名义利率，以保持实际利率不变。即在债务契约中规定，名义利率自动按通货膨胀率进行调整。这样，就可以使通货膨胀不会对正常的债务活动与住房投资这类长期投资产生不利的影响。利率指数化使得无论是贷款人还是存款人的利益，都能得到较好的保护。更重要的是，利率作为资本的价格是资源配置的重要经济信息，采用利率指数化可以较好地平稳资本价格，实现资源优化配置。

以上各种指数化政策虽然在一定程度上可以削弱通货膨胀对经济的消极影响，有利于社会稳定，但由于实施起来较为困难，有时可能存在加剧通货膨胀的危险。因此，如何根据不同情况来采用指数化政策仍然是值得研究的。当然，也有一些经济学者对这种政策持否定意见。

第六节　本章评析

一、宏观经济政策的局限性

宏观经济理论与政策经历了一系列曲折的演变和发展过程，迄今并未取得广泛共识，例如，关于稳定经济的政策，关于政府是否应平衡其预算或者如何看待预算赤字，分歧最多、争论最为激烈。

关于宏观经济政策最根本最关键的问题是稳定性政策是否有用，但西方经济学在这个问题上都不能达成基本的一致。新古典主义认为政策无效，而且无法操作，也没有任何必要。而新凯恩斯主义则完全相反，认为政策有效而且非常必要。他们互相不能说服对方，相应地反映到政府经济管理部门那里，决策者也就无所适从，要么政策决策过程要经过反复争论而贻误战机，要么不同的决策者采取不同的政策，带来政策的不稳定。

在现实经济中，西方国家采取的宏观经济政策所取得的实际效果常常也是乏善可陈的。在20世纪60年代，美国采用了凯恩斯主义主张的总需求管理政策，在实现充分就业上较为成功，但是带来日益严重的通货膨胀隐患。到了20世纪70年代，滞胀问题频频发生，宏观经济政策对此更是束手无策，无法兼顾价格稳定和充分就业。在美国，货币政策由美联储实施，对美国经济极为重要，但是美联储的政策却总是存在问题。美国在20世纪90年代中后期实现了被誉为新经济的长时期经济繁荣，很多人将其部分归功于时任美联储主席格林斯潘在货币政策上的保驾护航。但是，也正是因为他倡导金融自由化、放任金融业无节制的创新和对金融行业疏于监管，酿成了2007年的美国次贷危机，并引发全球金融危机，其对世界经济带来的破坏作用迄今还没有完全恢复。

并且，从美国应对次贷危机的措施更可以看到宏观经济政策的局限性。为了应对这次席卷全球的经济危机，美国政府尤其美国财政部和美联储出台了一系列相互配合的全方位的财政货币政策组合拳和救助措施，以期抵消危机带来的负面影响。这固然阻止了经济危机的全面恶化，但是没有从根本上扭转和消除危机。

综上所述，这些争论与分歧，以及美国应对次贷危机措施方面乏善可陈，不仅说明了宏观经济理论自身的局限性，更重要的是，它反映出资本主义经济制度的根本缺陷。它表明资本主义经济中客观存在着内在不稳定性，而且是制度性的，是不可能通过政府宏观政策干预加以消除的。因为政府实施的宏观经济政策只能在短期内起到缓解经济危机和熨平经济波动的效果，但未能解决生产资料私有制与生产社会化之间的基本矛盾，也就不能消除诸如高失业率等宏观经济问题。

二、宏观经济政策的借鉴

尽管西方宏观经济政策存在局限性，但是某些方面值得我们批判性地借鉴。

一是确定清晰的宏观经济政策目标。宏观经济政策目标即“充分就业、稳定物价、经济增长和国际收支平衡”得到普遍的认可，各国都不同程度地采用。只有确定清晰现实的政策目标，才可以更好地实施具体的财政政策和货币政策。

但我国宏观调控的根本目的与西方发达国家是不同的。例如，我国宏观调控始终把保障和提高人民生活水平作为重要目的，这是由社会主义制度的本质所决定的。从更高的层面看，我国宏观调控的目标是让宏观经济运行更为稳健，不断发展生产力，努力解决人民日益增长的美好生活需要和不平衡不充分的发展之间的矛盾。

二是熟练运用各种宏观经济政策工具。有关宏观经济政策中的财政政策与货币政策的组合运用，财政政策中的政府支出、税收的调整和货币政策中的政策工具运用等，对我国完善宏观调控体系有借鉴价值。

改革开放以来，我国财政政策的宏观调控能力逐步增强，调控体系趋于完善。财政政策成为国家宏观调控的重要手段之一。针对各个时期国民经济发展的起伏变化，我国采取了紧缩性或者扩张性的财政政策，促进了国民经济平稳持续发展。而且，财政政策的调控手段和方式也发生了显著变化，逐渐放弃了以行政手段为主的直接调控，形成了适应市场经济体制的、以经济手段为主的间接调控体系。同样，货币政策在我国也日益发挥其调控宏观经济的职能。在健全货币政策调控的同时，健全金融监管体系，加强金融行业的宏观审慎管理和对金融机构的微观规制。

三是审慎对待相机抉择和坚持规则这两个不同的政策原则。重大经济问题的决策，必须有长远战略和清晰的路线图，必须通过科学严肃的规划固定下来；而涉及经济微调的，例如应对偶发性的外在冲击或者临时性的具体问题，可以采取相机抉择的方式。

四是创造性地丰富适合中国国情的宏观经济调控体系。总体上，西方宏观经济政策局限于以财政政策、货币政策为主和以总需求管理为手段，供给政策方面乏善可陈，很少使用，并且仅仅着眼于短期的供给政策。中国特色社会主义的经济制度基础与西方国家有根本的不同，从而决定了中国宏观经济调控任务的特质，是创新性地构建以人民利益为中心的中国特色的宏观经济调控体系，其中也包括供给政策——供给侧结构性改革。

应该强调指出，中国的供给侧结构性改革与西方的供给学派政策主张有着根本不同。“我们讲的供给侧结构性改革，既强调供给又关注需求，既突出发展社会生产力又注重完善生产关系，既发挥市场在资源配置中的决定性作用又更好发挥政府作用，既着眼当前又立足长远。”① 我国供给侧结构性改革，是从供给与需求的相互匹配的角度来进行的，不仅兼顾短期的经济稳定和长期的经济增长两个目标，而且在制定短期宏观经济政策时就必须对总供给和总需求进行协调，并不像供给学派那样只关注供给，并且认为供给会自己创造需求。我国的供给侧结构性改革既注重市场机制的作用，也注重政府的宏观调控作用，并不像供给学派那样片面强调市场作用。我国的供给侧结构性改革是以人民利益为中心诉求的，而供给学派则主张削减社会福利。我国的供给侧结构性改革通过减税来减轻企业负担，而供给学派的减税则是有利于富人的。总之，我国的供给侧结构性改革是通过坚持和完善社会主义市场经济来解放和发展生产力，以更好地满足人民对美好生活的向往；而供给学派的主张则恰好相反，其宗旨在于维护资本主义制度，维护私有制。

思考题：

1. 宏观经济政策目标有哪些？如何理解宏观经济政策目标之间的一致性和

---

① 《习近平谈治国理政》第二卷，外文出版社 2017 年版，第 252 页。

冲突关系？

2. 如何用 *IS–LM* 模型解释财政政策的效应？
3. 货币政策工具有哪些？如何用 *IS–LM* 模型解释货币政策的效应？
4. 查找有关美国 1929—1933 年大萧条的资料，利用 *IS–LM* 模型分析其原因。
5. 什么是卢卡斯批评？它对于宏观经济政策而言意味着什么？
6. 货币供给是仅仅由中央银行决定，还是说商业银行、非银行企业与公众也能影响货币供给？为什么？
7. 宏观经济政策中“相机抉择”和“规则”之争的焦点以及各自的依据是什么？
8. 根据我国国情，你认为我国在制定与执行宏观经济政策时应该如何处理“相机抉择”和“规则”的关系？
9. 中国近期实际采用的供给政策有哪些？请用 *AD* –*AS* 模型分析其效果。
10. 如何认识西方宏观经济政策主张的局限性？

▶ 自测习题及参考答案

第十六章 经济增长

在西方经济学中，虽然长期和短期的划分标准并不精确，但是大体说来，本章以前所论述的内容属于短期国民收入决定的范围，而本章的内容则涉及长期国民收入的决定，旨在解释经济在几十年的时期如何演进。本书第九章第四节陈述了四个宏观经济问题，其中的增长问题属于长期宏观经济问题，本章对该问题进行一些考察。

第一节 经济增长的描述和事实

经济增长是最古老的经济学议题之一。人类要生存，要发展，其基础和前提就是物质产品或物质财富的丰富和增加。对于一个国家而言，发展的基本目标是民富和国强。一个持续稳定增长的经济能够给该经济体的居民提供更多的福祉。那么，什么是经济增长？如何描述它呢？

一、经济增长和经济发展

从本书第九章中可知，在宏观经济学中，国内生产总值（GDP）既是衡量一个国家（或地区）经济活动的重要指标，也是反映该国（或该地区）在一定时期内生产总成果的重要指标。因此，从理论的层面看，为了描述和反映一个经济体（国家或地区）物质产品的丰富和增加，很自然地联系到以 GDP 表示的产量的概念。

一般地，在宏观经济学中，经济增长被定义为产量的增加，这里，产量既可以表示为经济的总产量（GDP 总量），也可以表示为人均产量（人均 GDP）。经济增长的程度可以用增长率来描述。

先来考察增长率这一概念。从抽象的意义上讲，设变量 $Z(t)$ 是时间变量 t 的实值函数，则变量 Z 从时间 t 到时间 $t+\Delta t$ 的增长率被定义为如下关系式：

$$g_z=\frac{Z(t+\Delta t)-Z(t)}{\Delta t Z(t)} \tag{16.1}$$

式中，Δt 代表时间改变量；g_z 代表变量 Z 的增长率。在式（16.1）中，

若取 $\Delta t=1$，则增长率的关系式变为：

$$g_z=\frac{Z(t+1)-Z(t)}{Z(t)} \tag{16.2}$$

关系式（16.2）就是人们较熟悉的增长率的表达式。如果让时间改变量 Δt 趋于零，则在变量 $Z(t)$ 关于时间 t 可微分的情况下，可得到变量 Z 在时间 t 的瞬时增长率表达式：

$$g_z=\lim_{\Delta t\to 0}\frac{Z(t+\Delta t)-Z(t)}{\Delta t Z(t)}=\frac{\dot{Z}(t)}{Z(t)}=\frac{\mathrm{d}\ln Z(t)}{\mathrm{d}t} \tag{16.3}$$

式中，$\dot{Z}(t)=\dfrac{\mathrm{d}Z(t)}{\mathrm{d}t}$ 为 $Z(t)$ 关于时间变量 t 的导数。通常，可将式（16.2）表示的增长率称为常规增长率，将式（16.3）表示的增长率称为瞬时增长率。瞬时增长率由于与导数或微分相联系，从而在关于增长率的理论分析中有时可能更方便。

利用式（16.3），可以得到关于增长率的三个结论①：

结论 1：如果 $Z(t)=X(t)Y(t)$，则有：

$$g_z=g_x+g_y \tag{16.4}$$

即两个变量之积的增长率，等于两个变量增长率之和。

结论 2：如果 $Z(t)=\dfrac{X(t)}{Y(t)}$，则有：

$$g_z=g_x-g_y \tag{16.5}$$

即两个变量之商的增长率，等于两个变量增长率之差。

---

① 三个结论依次证明如下：

如果 $Z(t)=X(t)Y(t)$，对其取自然对数，则有：

$$\ln Z(t)=\ln X(t)+\ln Y(t) \tag{1}$$

对(1)式关于时间变量 t 求导数，并利用式（16.3）可得

$$g_z=g_x+g_y$$

如果 $Z(t)=\dfrac{X(t)}{Y(t)}$，对其取自然对数，则有：

$$\ln Z(t)=\ln X(t)-\ln Y(t) \tag{2}$$

对（2）式关于时间变量 t 求导数，并利用式（16.3）可得

$$g_z=g_x-g_y$$

如果 $Z(t)=[X(t)]^a$，对其取自然对数，则有：

$$\ln Z(t)=a\ln X(t) \tag{3}$$

对（3）式关于时间变量 t 求导数，并利用式（16.3）可得

$$g_z=ag_x$$

结论 3：如果 $Z(t)=[X(t)]^{a}$，a 为常数，则有：

$$g_{z}=ag_{x} \tag{16.6}$$

回到经济增长问题上来，若用 Y_t 表示 t 时期的总产量，Y_{t-1} 表示（$t-1$）时期的总产量，则总产量意义下的增长率为：

$$g_{Y}=\frac{Y_t-Y_{t-1}}{Y_{t-1}} \tag{16.7}$$

若用 y_t 表示 t 时期的人均产量，y_{t-1} 表示（$t-1$）时期的人均产量，则人均产量意义下的增长率为：

$$g_{y}=\frac{y_t-y_{t-1}}{y_{t-1}} \tag{16.8}$$

考察国民经济长期问题经常涉及两个既有联系又有区别的概念，即经济增长和经济发展。前面已经说明了经济增长的概念。

如果说经济增长是一个“量”的概念，那么经济发展就是一个比较复杂的“质”的概念。从广泛的意义上说，经济发展不仅包括经济增长，还包括国民的生活质量，以及整个社会各个不同方面的总体进步。总之，经济发展是反映一个经济社会总体发展水平的综合性概念。

一般地，主流的宏观经济学都把经济增长作为其重要内容之一，而对经济发展问题论述得并不多。① 遵循这种做法，本章主要论述经济增长的内容。

二、经济增长和发展的一些事实

为了更好地理解和认识经济增长问题的重要性，有必要说明经济增长和发展的一些事实。先来考察国家间收入水平的差异，然后展示国家间收入增长率的差异。

虽然第九章就已经指出，GDP 指标有许多缺陷，但 GDP 仍不失为一个粗略地度量一国生活水平的现成指标。表 16-1 给出了 2017 年世界上 14 个人口最多的国家的人均 GDP 情况。通过表 16-1 可以看到，国家间生活水平的差距如此之大，以至于即使一个不十分精确的指标也足以得到人们的关注。

该表明显地反映了这样一个事实：各国在人均 GDP 方面，进而在生活水平方面存在着巨大的差异。2017 年，美国的人均 GDP 为 59 532 美元，埃塞俄比

① 在西方国家的经济学科中，专门论述经济发展的学科被称为发展经济学。

亚的人均 GDP 仅为 1 899 美元，前者约为后者的 31 倍。换一种方式说，一个代表性的美国工人 1 天的工作收入相当于一个代表性的埃塞俄比亚工人工作 31 天的收入。

表 16-1 生活水平的国际差异

国家	人均 GDP（2017 年，美元）	国家	人均 GDP（2017 年，美元）
美国	59 532	菲律宾	8 343
日本	43 279	尼日利亚	5 861
俄罗斯	25 533	印度	7 056
墨西哥	18 258	越南	6 776
巴西	15 484	巴基斯坦	5 527
中国	16 807	孟加拉国	3 869
印度尼西亚	12 284	埃塞俄比亚	1 899

资料来源：N. Gregory Mankiw，*Brief Principles of Macroeconomics*，Cengage Learning，2021，pp. 126-127。

人均 GDP 尽管不是一个衡量人类福利的完美指标，但是正像美国经济学家曼昆所说的，GDP 高的国家负担得起孩子更好的医疗保健，负担得起更好的教育制度，也可以教育更多公民阅读和欣赏诗歌。总之，GDP 确实衡量了人们过上一种有意义生活的投入能力。①

表 16-1 显示的是不同国家的人均 GDP 水平，这些数据说明国家之间的富裕程度或生活水平存在着巨大差异。下面要展示的是一些国家的人均 GDP 增长率，即人均 GDP 以多快的速度增长。增长是重要的，因为增长较快的国家随着时间的推移其收入可以达到更高的水平。

设 y_t 和 y_{t+n} 分别为一国 t 时期和（$t+n$）时期的人均 GDP，则该国 n 期的人均 GDP 的平均增长率可表示为②：

$$g=\left(\frac{y_{t+n}}{y_t}\right)^{\frac{1}{n}}-1 \tag{16.9}$$

① ［美］曼昆：《经济学原理》（宏观经济学分册）（第 7 版），梁小民译，北京大学出版社 2015 年版，第 18 页。

② 式（16.9）推导如下：记 $g=\frac{y_{t+1}-y_t}{y_t}$，则有 $y_{t+1}=(1+g)y_t$，如果 y 连续两个时期按相同的增长率 g 增长，那么（$t+1$）期和（$t+2$）期的 y 值均可以按照上式表示出来，即有 $y_{t+2}=(1+g)y_{t+1}=(1+g)(1+g)y_t=(1+g)^2y_t$。依此类推，$n$ 期的平均增长率满足 $y_{t+n}=(1+g)^ny_t$，将 g 解出，便有 $g=\left(\frac{y_{t+n}}{y_t}\right)^{\frac{1}{n}}-1$。

根据式（16.9），当知道每个国家在任意年份的人均 GDP 数据时，就可求得该国在相应时期的人均 GDP 的年均增长率。图 16-1 显示了 128 个国家（地区）1970—2005 年经济增长率的分布状况。

在图中，按照人均收入年均增长率对这些国家（地区）进行分组，图形显示了每一组国家（地区）的数据以及属于该组的其中几个国家（地区）的名字。例如，加拿大在此期间的年均增长率为2.07%，因此，加拿大与另外15个国家（地区）同处一组，它们的年均增长率落在2.0%~2.5%范围内。

图 16-1 显示，不同国家（地区）的经济增长率有显著的差异。在图形的顶部是所谓“增长奇迹”的国家和地区，它们的年均增长率均超过 5%。位于图形底部的则是经历“增长灾难”的国家和地区，如委内瑞拉、尼日尔、加蓬和尼加拉瓜，这些国家在 30 多年的时期中都经历了负增长。

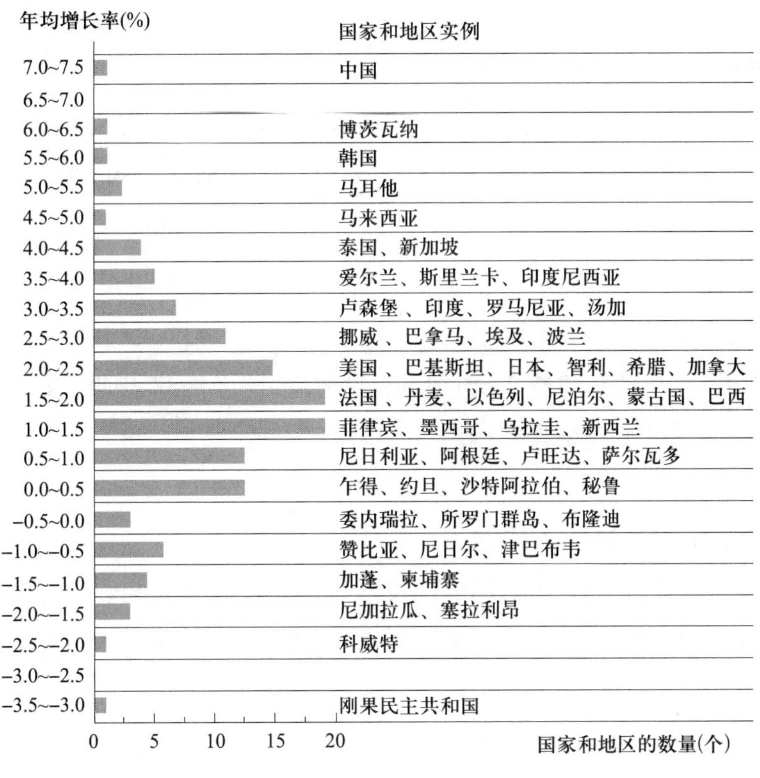

图 16-1　经济增长率分布（1970—2005 年）

资料来源：［美］戴维·N. 韦尔：《经济增长》（第 2 版），王劲峰等译，中国人民大学出版社 2011 年版，第 14 页。

经济增长作为人类福利进步的一项基础，其重要性是不言而喻的。事实上，国家间人均收入增长率即使只有微小的差别，如果长期持续下去，也会导致不同国民之间相对生活水准的显著差别。表 16-2 显示了持续增长对于五个假想国家的生活水平的复利①效果，这五个国家的人均收入都以 1 000 美元作为起点。

表 16-2 不同增长率的累积效果 单位：美元

年数	国家 1 增长率 $g=1\%$	国家 2 增长率 $g=2\%$	国家 3 增长率 $g=3\%$	国家 4 增长率 $g=4\%$	国家 5 增长率 $g=5\%$
0	1 000	1 000	1 000	1 000	1 000
10	1 100	1 220	1 340	1 480	1 630
20	1 220	1 490	1 810	2 190	2 650
30	1 350	1 810	2 430	3 240	4 320
40	1 490	2 210	3 260	4 800	7 040
50	1 640	2 690	4 380	7 110	11 470

表 16-2 的数据显示，在 50 年后，这五个国家在增长率方面的差距是如何导致相对生活水平的巨大分化的。

现实中的实例也进一步说明了这一点。根据美国学者韦尔提供的数据，1960 年韩国和菲律宾的人均收入水平大体相当（分别为 1 598 美元和 2 153 美元），但是，在随后的年份里，它们的经济增长率差异非常明显，韩国年均增长率达到 6.1%，而菲律宾的年均增长率仅为 1.3%。到 2000 年，增长率上的这种差异已经转化成两国间收入水平的巨大差异：韩国人均收入为 16 970 美元，而菲律宾人均收入只有 3 661 美元。尽管韩国经济起步时更穷一些，但到比较期末，它比菲律宾要富裕得多。

三、经济增长的基本问题

对于经济增长，摆在人们面前的难题是，为什么收入和经济增长率在世界各国存在着巨大差异？对这一难题的认识，涉及经济增长的三个基本问题，它们是：

第一，为什么一些国家如此富裕，而另一些国家那么贫穷？

第二，什么是影响经济增长的因素？

第三，怎样理解一些国家和地区的增长奇迹？

在宏观经济学中，对上述问题的解答有两种互为补充的分析方法：一种是

---

① 复利就是当期的利息收入进入下一期计息的本金的一种计息方法，俗称“利滚利”。

增长核算，它试图把产量增长的不同决定因素的贡献程度数量化；另一种是增长理论，它把增长过程中生产要素供给、技术进步、储蓄和投资互动关系模型化。大致说来，这两种方法构成了分析增长问题的框架。

第二节 经济增长的决定因素

人们已经认识到，虽然经济增长的概念是清晰的，但导致经济增长的原因是复杂的。为了系统认识经济增长的决定因素，西方学者区分了经济增长的直接原因和根本原因。

一、经济增长的直接原因

简单地说，经济增长的直接原因是用宏观生产函数或总量生产函数来说明的。总量生产函数提供了总量投入与总产出（GDP）之间的数量关系。假定经济的总量生产函数为

$$\underset{}{Y}=\underset{(+)}{A}F(\underset{(+)}{N},\underset{(+)}{K}) \tag{16.10}$$

式中，总产出 Y 取决于劳动 N 和资本 K 两种投入以及技术水平 A。式（16.10）右侧变量下方带有“+”号的意思是，作为因变量的 Y 与作为自变量的 A、N 和 K 之间的关系是同方向变动的。总量生产函数式（16.10）描述了在给定 A、N 和 K 的情况下，一个经济能够生产产品和服务的能力。

根据微观经济学中规模报酬不变的概念，如果上述生产函数为规模报酬不变，那么所有投入扩大一定比例也会使产出扩大同样的比例。在数学上，可以把式（16.10）写为

$$\lambda Y=AF(\lambda N,\lambda K) \tag{16.11}$$

设 $\lambda=\frac{1}{N}$，则式（16.11）变为

$$\frac{Y}{N}=AF\left(1,\ \frac{K}{N}\right) \tag{16.12}$$

式（16.12）中，表达式 Y/N 被定义为生产率，即每单位劳动投入所生产的产品和服务的数量。显然，在这里生产率表示为每个工人的产量。因此，式

（16.12）说明，生产率或每个工人的产量取决于人均资本 K/N 和代表技术状况的变量 A。

有了生产函数式（16.10），就能简单说明经济增长的直接原因。经济增长被定义为产量的增加，而生产函数式（16.10）则表明，作为因变量的总产量 Y 取决于作为自变量的 N、K 和 A。从函数关系上说，当自变量中的一个或多个发生变化时，作为因变量的产出水平 Y 将会发生变化。特别地，根据前面对因变量 Y 和自变量 A、N 和 K 关系的说明，当 A、N 和 K 中的一个（或多个）增加时，则产出水平 Y 将会增加，进而引起经济增长。①

对于生产函数式（16.10）而言，经济增长的直接原因有三个，即作为生产要素的劳动 N 和资本 K，以及技术水平 A。

显然，经济增长的直接原因是从生产函数中的自变量着手的。在有的文献中，生产要素除了劳动和资本外，还包括人力资本②和自然资源。这时，经济增长的直接原因也会相应地变化。

经济增长的直接原因不仅可以解释一个国家在不同时期由于生产函数中自变量的变化，进而引起的产出水平变化的增长现象，而且在一定条件下，还可以通过比较不同国家在劳动、资本和技术等方面的差别来解释不同国家 GDP 和生活水平的差别。

二、经济增长的根本原因

对经济增长的直接原因的探讨会引出这样一个问题：如果考虑不同国家 GDP 和生活水平的差别，为什么一些国家与另一些国家相比积累了更多的生产要素，开发和采用了更好的技术？如果增加生产要素和采用先进技术就能大量增加 GDP，那么世界上的所有国家不都想这么做吗？为什么世界上还会存在一些国家如此富裕，而另一些国家那么贫穷呢？

所谓经济增长的根本原因是指导致增长的直接原因有所差别的那些根源性原因。经济增长的根本原因和直接原因的关系如图 16-2 所示。

当社会拥有充足的生产要素并在生产中有效地使用先进技术时，社会就出现了经济增长。但这只是增长的直接原因，因为生产要素和技术是由其他更深

① 经济增长不仅可以用总产量来定义，而且可以用人均产量来定义，这时，通常用人均生产函数式（16.12）加以说明，此处从略。

② 人力资本是指人们通过教育、培训和经验获得的知识与技能。

层次的因素决定的。西方学者将增长的根本原因划分为三个方面，即制度、文化和地理。

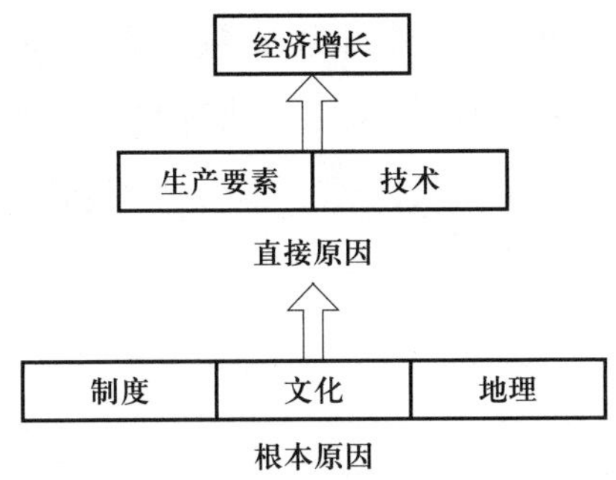

图 16-2　经济增长的根本原因和直接原因

为了更清楚地看出直接原因和根本原因之间的区别，现在举一个例子。考虑一个人由于身体出现炎症而头痛和发高烧，为此该人服用了一些药物。在这个例子中，该人服用药物的直接原因是头痛和发高烧，但是根本原因（也就是该人出现症状的原因）是该人身体出现炎症。

理解经济增长的直接原因和根本原因的另一种方式，是借助于数学中复合函数的概念。从前面的讨论知道，增长的直接原因可利用关系式（16.10）进行说明。为了说明根本原因对经济的影响，记字母 f 表示增长的根本原因，则 f 对经济产出的影响可以通过下面的复合函数来理解，即：

$$Y=Y(f)=A(f)F[N(f),K(f)] \tag{16.13}$$

函数式（16.13）说明，一个经济的总产出（GDP）是通过变量 A、N 和 K 成为根本原因 f 的函数，进而通过生产函数成为根本原因 f 的复合函数。

由于本书篇幅所限，本章下面着重考察影响经济增长的直接原因。①

第三节　新古典增长模型

上一节说明经济增长的直接原因时，主要是借助于生产函数进行的，这种分析在本质上是静态分析。为了解释为什么一个国家的国民收入会增长，以及为什么一些国家增长得比另一些国家快，则必须拓宽相关分析，以便描述经济

① 对经济增长根本原因的考察，可参见：［美］戴维·N. 韦尔：《经济增长》（第 2 版），王劲峰等译，中国人民大学出版社 2011 年版。

随时间的推移而发生的变化。也就是说，需要对经济进行动态分析。

从当代的角度看，宏观经济学对经济增长理论所进行的较有影响的研究有两个时期：第一个时期是20世纪50年代后期和整个60年代，第二个时期是20世纪80年代后期和90年代初期。第一个时期的研究产生了新古典增长模型，第二个时期的研究产生了内生增长理论。本节考察新古典增长模型，下节论述内生增长理论。

一、基本假定和思路

新古典增长模型①建立在一个新古典生产方程体系之上，强调了在一个封闭的没有政府部门的经济中储蓄、人口增长及技术进步对增长的作用，它关注的焦点是经济增长的直接原因。新古典增长模型的基本假定是：

（1）经济由一个部门组成，该部门生产一种既可用于投资也可用于消费的商品；

（2）该经济为不存在国际贸易的封闭经济，且政府部门被忽略；

（3）生产的规模报酬不变；

（4）该经济的技术进步、人口增长及资本折旧的速度都由外生因素决定；

（5）社会储蓄函数为 $S=sY$，s 为储蓄率。

本着循序渐进的思路，这里关于新古典增长模型的构建分为两个部分，先论述没有技术进步的新古典增长模型，再论述具有技术进步的新古典增长模型。

二、模型的构建

（一）没有技术进步的新古典增长模型

在没有技术进步的情况下，设经济的生产函数为：

$$Y=F(N,K) \tag{16.14}$$

式中，Y 代表总产出；N 和 K 分别代表总量劳动和总量资本，它们均随时间的推移而变化，从而 Y 也随时间的推移而变化。

根据生产规模报酬不变的假定，有：

$$\lambda Y=F(\lambda N,\lambda K)$$

---

① 新古典增长模型有时又被称为索洛增长模型。

对任何正数 λ 都成立，特别地，取 $\lambda=\frac{1}{N}$，上式变为：

$$\frac{Y}{N}=F\left(1,\frac{K}{N}\right)$$

为说明简便起见，假定全部人口都参与生产，那么上式说明，人均产量 Y/N 只依赖于 K/N。用 y 表示人均产量，即 $y=\frac{Y}{N}$，k 表示人均资本，即 $k=\frac{K}{N}$。则生产函数可表示为下述人均形式：

$$y=f(k) \tag{16.15}$$

式中，$f(k)=F(1,k)$。

一般地说，资本积累受两种因素的影响，即投资（形成新资本）和折旧（旧资本的损耗）。假定折旧是资本存量的一个固定比率 $\delta(0<\delta<1)$，人口增长率为 g_N，且储蓄能有效地转化为投资，则有：

$$\dot{K}=I-\delta K=S-\delta K=sY-\delta K$$

上式两边同除以 N，可得：

$$\frac{\dot{K}}{N}=\frac{sY}{N}-\frac{\delta K}{N}=sy-\delta k=sf(k)-\delta k \tag{16.16}$$

此外，由 $k=\frac{K}{N}$，对该式关于时间变量求导①，利用 $\dot{N}/N=g_N$ 经运算可得：

$$\dot{k}=\frac{\dot{K}}{N}-\frac{\dot{N}}{N}\cdot\frac{K}{N}=\frac{\dot{K}}{N}-g_N k$$

进而有：

$$\frac{\dot{K}}{N}=\dot{k}+g_N k$$

将上式代入式（16.16），并整理，可得：

$$\dot{k}=sf(k)-(g_N+\delta)k \tag{16.17}$$

式（16.17）是新古典增长模型的基本方程。这一关系式表明人均资本变化等于人均储蓄减去 $(g_N+\delta)k$ 项。表达式 $(g_N+\delta)k$ 可以理解为“必要”的或者

---

① 在本章中约定，变量关于时间的导数一律用变量上加一点来表示，即 $\dot{k}=\frac{dk}{dt}$，$\dot{K}=\frac{dK}{dt}$，等等。

是“临界”的投资，它是保持人均资本 k 不变的必需投资。为了阻止人均资本 k 下降，需要用一部分投资来抵销折旧，这部分投资就是 δk 项。同样还需要一些投资，因为劳动数量以 g_N 的速率在增长，这部分投资就是 $g_N k$ 项。因此资本存量必须以 $(g_N+\delta)$ 的速度增长，以维持 k 不变。总计为 $(g_N+\delta)k$ 的储蓄（或投资）被称为资本的广化。当人均储蓄（投资）大于临界投资所必要的数量时，k 将上升，这时经济社会经历着资本深化。根据以上解释，新古典增长模型的基本方程式(16.17)可表述为：

资本深化=人均储蓄（投资）-资本广化

（二）具有技术进步的新古典增长模型

现在构建具有技术进步的新古典增长模型，为此把经济的生产函数写为：

$$Y=F(AN,K) \tag{16.18}$$

在上述生产函数中，当作为技术状态的变量 A 随着时间的推移增大时，说明存在着技术进步，这时，经济中劳动效率提高了。20 世纪最有影响的劳动效率提高的例子是亨利·福特通过流水线进行大规模生产的创新。根据当时的观察计算，这一技术进步把工人组装一辆汽车主要部件的时间从 12.5 小时缩短到 1.5 小时。

在生产函数式（16.18）中，表达式 AN 被称为有效劳动，在这种情况下，新古典增长模型对生产函数的假定就变为，产出 Y 是资本 K 和有效劳动 AN 的一次齐次函数。

进一步地，记 $\hat{y}=\frac{Y}{AN}$，代表按有效劳动平均的产量；记 $\hat{k}=\frac{K}{AN}$，代表按有效劳动平均的资本。则式（16.18）可写为：

$$\hat{y}=f(\hat{k}) \tag{16.19}$$

关于技术进步，新古典增长模型的一个重要假定是，技术进步是外生给定的，即假定变量 A 以一个固定的比例 g_A 增长，即有 $\dot{A}/A=g_A$。

为了得到具有技术进步的新古典增长模型的基本方程，专门考虑按有效劳动平均的资本，即：

$$\hat{k}=\frac{K}{AN} \tag{16.20}$$

现对式（16.20）关于时间变量 t 求导数，利用导数的运算规则，可得：

$$\begin{aligned}\dot{\hat{k}}&=\frac{\dot{K}}{AN}-\frac{K}{(AN)^2}\left[A\dot{N}+\dot{A}N\right]\\&=\frac{\dot{K}}{AN}-\frac{K}{AN}\cdot\frac{\dot{N}}{N}-\frac{K}{AN}\cdot\frac{\dot{A}}{A}\\&=\frac{sY-\delta K}{AN}-\hat{k}\cdot g_{\mathrm{N}}-\hat{k}\cdot g_{\mathrm{A}}\\&=\frac{sY}{AN}-\delta\hat{k}-g_{\mathrm{N}}\hat{k}-g_{\mathrm{A}}\hat{k}\end{aligned}\tag{16.21}$$

其中，上述第三个等式利用了假设$\dot{N}/N=g_{\mathrm{N}}$和$\dot{A}/A=g_{\mathrm{A}}$。

进一步地，利用$\hat{y}=\frac{Y}{AN}$和关系式（16.19），式（16.21）可表示为：

$$\dot{\hat{k}}=sf(\hat{k})-(g_{\mathrm{N}}+\delta+g_{\mathrm{A}})\hat{k}\tag{16.22}$$

式（16.22）便是具有技术进步的新古典增长模型的基本方程。这一方程表明，每单位有效劳动的资本存量$\hat{k}$的变化取决于以下两方面的因素：等式右边第一项$sf(\hat{k})$表示每单位有效劳动的实际投资量；第二项$(g_{\mathrm{N}}+\delta+g_{\mathrm{A}})\hat{k}$可以理解为投资平衡水平，表示投资量必须恰好使每单位有效劳动的投资保持在现有水平。

经济必须维持一定的投资水平以使$\hat{k}$不下降的原因如下：首先，现有的资本存量不断磨损，需要有新投资以使资本存量不减少。其次，由于劳动和知识的增长，有效劳动的数量是不断增加的，因此，需要足够的投资以使每单位有效劳动拥有的资本存量保持不变。

新古典增长模型的基本方程式（16.17）和式（16.22）在本质上是关于k和$\hat{k}$的微分方程。在增长领域中，为了便于说明，常常将该模型用图形的方式来表示。以没有技术进步的新古典增长模型为例，其图形表示见图16-3。

在图16-3中，上面的曲线是生产函数曲线，式(16.17)中的$(g_{\mathrm{N}}+\delta)k$项在图中是一条从原点出发的具有正斜率$(g_{\mathrm{N}}+\delta)$的直线。式(16.17)中的$sf(k)$去掉参数s(正值)，就是生产函数。在形状上，$sf(k)$曲线和$f(k)$曲线类似，都是从坐标原点出发，斜率为正，并且随着k的增加而变得越来越平坦。

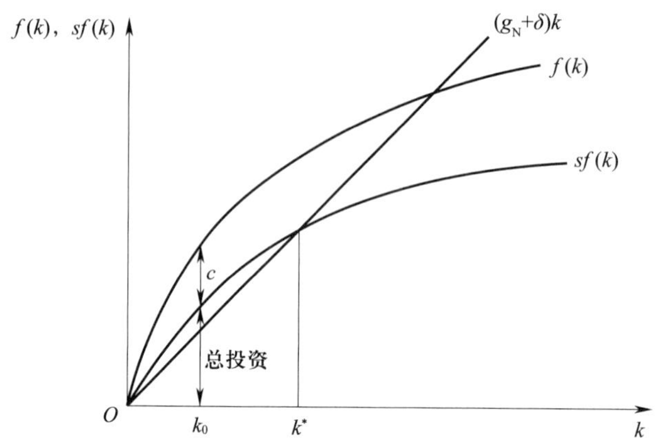

图 16-3 新古典增长模型的图形表示

三、稳态及其条件

在增长文献中，稳态是指包括资本存量和产出在内的有关内生变量将不会随时间的推移而变化的一种状态。根据上述说明，在新古典增长模型中，经济达到稳态的条件是$\dot{k}=0$或$\dot{\hat{k}}=0$。进一步地，根据式（16.17），对没有技术进步的新古典增长模型来说，该模型稳态的条件是

$$sf(k)=(g_N+\delta)k \tag{16.23}$$

根据式（16.22），对具有技术进步的新古典增长模型来说，该模型稳态的条件是

$$sf(\hat{k})=(g_N+\delta+g_A)\hat{k} \tag{16.24}$$

新古典增长模型的稳态条件除了用方程来表示外，还可以用图形来表示。下面以没有技术进步的新古典增长模型为例进行说明，如图 16-4 所示。

根据上述稳态的含义，在图 16-4 中，当经济在 D 点上运行时，对应的人均资本存量为 k^*，此时，$sf(k)$曲线正好与$(g_N+\delta)k$线相交，这意味着两者相等。而由式（16.17）可知，此时有$\dot{k}=0$，即这时的人均资本量将不随着时间的推移而变化。所以，图 16-4 中 D 点所对应的状态即为该模型的稳态。

进一步地，如果资本存量不等于稳态水平，会出现什么情况？图 16-4 显示，在这种情况下，随着时间的推移，经济的资本存量将向稳态移动。例如，如果实际资本水平低于稳态水平，那么，从图中可以清楚地看出，投资量$sf(k)$将大于$(g_N+\delta)k$，这时，资本存量将像式（16.17）所显示的那样增加。同样，

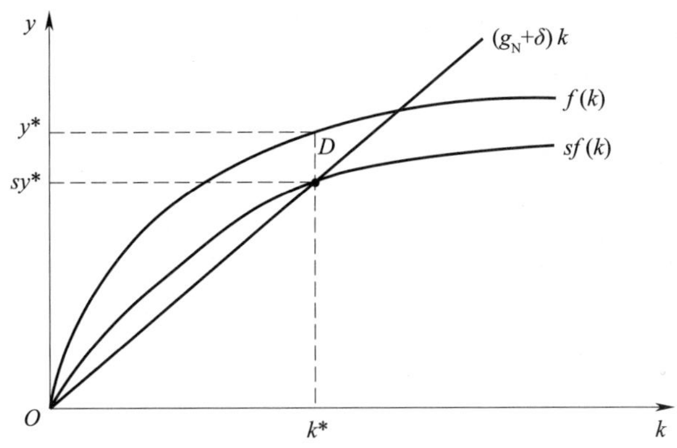

图 16-4　新古典增长模型的稳态

如果资本存量大于稳态水平，那么$(g_N+\delta)k$项将大于投资量$sf(k)$，在这种情况下，经济中的资本存量将随时间的推移而减少。以上论述表明，当经济偏离稳定状态时，无论人均资本存量过多还是过少，都存在着某种力量使其恢复到稳态。这意味着，新古典增长模型所确定的稳态是稳定的。

由于稳态是经济的长期均衡状态，为了更充分地理解新古典增长模型的稳态，下面以浴盆模型的方式说明没有技术进步的新古典增长模型的稳态。

在新古典增长模型中，流入浴盆的流量是投资量$sf(k)$，在图 16-5 中用从水龙头流出的水量来表示。

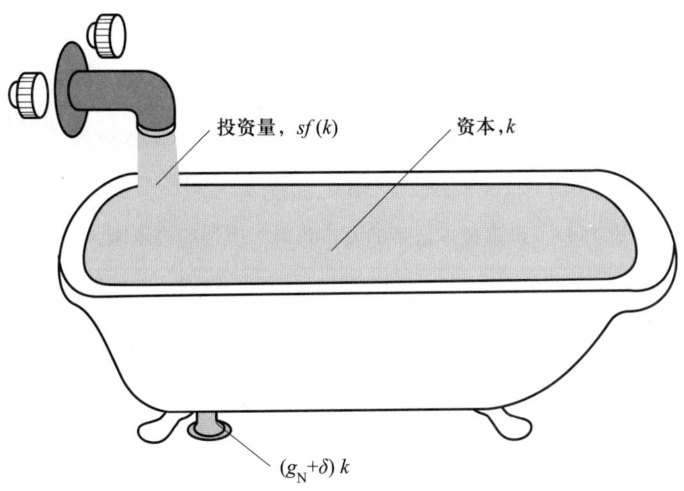

图 16-5　稳态的通俗说明

从浴盆流出的是$(g_N+\delta)k$项，图中用从浴盆排水口排出的水量来表示。而浴盆中的水代表人均资本存量k。如式（16.17）表明的那样，当投资$sf(k)>(g_N+\delta)$时，流入浴盆的水量大于排出的水量，因此导致浴盆中水的存量k上升。反之，当$sf(k)<(g_N+\delta)k$时，流入浴盆的水量小于排出的水量，导致浴盆

中水的存量 k 下降。只有当 $sf(k)=(g_N+\delta)k$ 时，流入浴盆的水量与排出的水量相同，水的存量才会既不上升也不下降，因此使浴盆的水量处于一个稳定状态，即有 $k=k^*$。

四、稳态时的增长率

下面考虑当经济达到稳态时，新古典增长模型中的相关内生变量的增长率。具体分没有技术进步的新古典增长模型和具有技术进步的新古典增长模型两种情况来说明。先考虑前者。

根据图 16-4，可知经济的稳态出现在 D 点，对应于 D 点，求得人均资本、人均产量和人均储蓄（投资）的稳态值分别为 k^*、y^* 和 sy^*。

由于 k^* 和 y^* 都为常数，故可知它们的增长率均为 0，即：

$$g_k=g_y=0 \tag{16.25}$$

式（16.25）说明了新古典增长模型中的一个非常重要的结论，即人均资本和人均产量的稳态增长率均为零。出于这个原因，可以说在没有技术进步的情况下，新古典增长模型并没有对长期人均产量增长的决定因素作出解释。

进一步地，由于 $k=\dfrac{K}{N}$ 和 $y=\dfrac{Y}{N}$，利用前述式（16.5）并知人口增长率为 g_N，即有：

$$g_K=g_Y=g_N \tag{16.26}$$

式（16.26）说明，在不考虑技术进步的情况下，总量资本和总产出的稳态增长率为 g_N，即人口增长率。上述结论总结如表 16-3 所示。

表 16-3 没有技术进步的新古典增长模型的稳态增长率

内生变量	符号	稳态增长率
人均资本	$k=\dfrac{K}{N}$	0
人均产量	$y=\dfrac{Y}{N}$	0
总资本	K	g_N
总产出	Y	g_N

现在说明具有技术进步的新古典增长模型的稳态增长率。根据该模型的稳态条件式（16.24）可知，在 $f(\hat{k})$ 给定及参数 s、g_N、g_A 和 δ 确定的情况下，

该方程能决定一个确定的$\hat{k}^*$，将其代入生产函数即可求得$\hat{y}^*$，而这里的$\hat{k}^*$和$\hat{y}^*$又都是不依赖于时间的常数，故它们的增长率均为0。

又由于在具有技术进步的新古典增长模型中，$\hat{k}$ 和 $\hat{y}$的定义如下：

$$\hat{k}=\frac{K}{AN} \tag{16.27}$$

$$\hat{y}=\frac{Y}{AN} \tag{16.28}$$

再一次用到本章第一节中关于增长率的结论1和结论2，即式（16.4）和式（16.5），并注意到人口增长率为 g_N 和技术增长率为 g_A，便形成如表16-4所示的结果。

表16-4　具有技术进步的新古典增长模型的稳态增长率

内生变量	符号	稳态增长率
按有效劳动平均的资本	$\hat{k}=\frac{K}{AN}$	0
按有效劳动平均的产量	$\hat{y}=\frac{Y}{AN}$	0
人均资本	$\frac{K}{N}=\hat{k}A$	g_A
人均产量	$\frac{Y}{N}=\hat{y}A$	g_A
总资本	$K=\hat{k}AN$	g_N+g_A
总产量	$Y=\hat{y}AN$	g_N+g_A

根据表16-4可知，在加入技术进步因素后，新古典增长模型终于可以解释本章第一节所展示的经济水平的持续提高。也就是说，技术进步会导致人均产出的持续增长。一旦经济达到稳态，人均产出的增长率就只取决于技术进步的速率。根据新古典增长模型，只有技术进步才能解释经济持续增长和生活水平的持续上升。

五、模型的应用

有了新古典增长模型，就可以应用该模型来考察一些相关的问题。

（一）对收入差异的解释

本章第一节已经表明，在世界范围内，国家间的收入差距是巨大的，那么不考虑技术进步的新古典增长模型对此能加以解释吗?

理解新古典增长模型对收入差异的解释，在于说明对该模型所做的比较静态分析，具体而言，主要考虑经济的储蓄率增加和人口增长对经济稳态的影响。

1. 储蓄率增加对经济稳态的影响

图 16-6 显示了储蓄率的增加是如何影响产量的。经济最初位于图中 C 点的稳态。现在假定储蓄率上升了，从 s 提高到 s'，这使储蓄曲线上移至 $s'f(k)$ 的位置。这时新的稳态为 C'，比较 C 点和 C'点，可知储蓄率的增加提高了稳态的人均资本和人均产量。

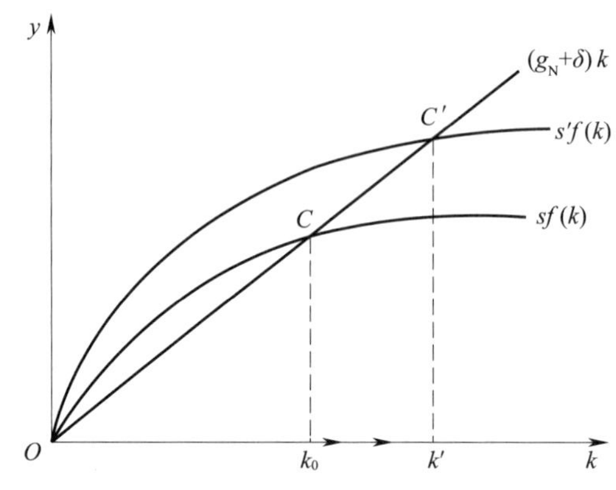

图 16-6 储蓄率增加的影响

对于从 C 点到 C'点的转变，这里需要指出两点。第一，从短期看，更高的储蓄率导致了总产量和人均产量增长率的增加，这可以从人均资本从初始稳态的 k_0 上升到新的稳态中的 k'这一事实中看出。因为增加人均资本的唯一途径是资本存量比劳动力更快地增长，进而又引起产量的更快增长。第二，由于 C 点和 C'点都是稳态，按照前面关于稳态的分析，稳态中的产量增长率是独立于储蓄率的，从长期看，随着资本的积累，总产量增长率逐渐降低，最终又回落到人口增长的水平。图 16-7 概括了以上分析。

其中，图 16-7（a）显示了人均收入的时间路径。储蓄率的上升导致人均资本上升，从而增加人均产量，直到达到新的稳态为止。图 16-7（b）则显示了总产量增长率的时间路径。储蓄率的增加导致资本积累，从而带动了产量的一个暂时性的较高增长。但随着资本积累，总产量的增长最终会回落到人口增长率的水平上。

总之，新古典增长理论在这里得到的结论是，储蓄率的增加不能影响到稳

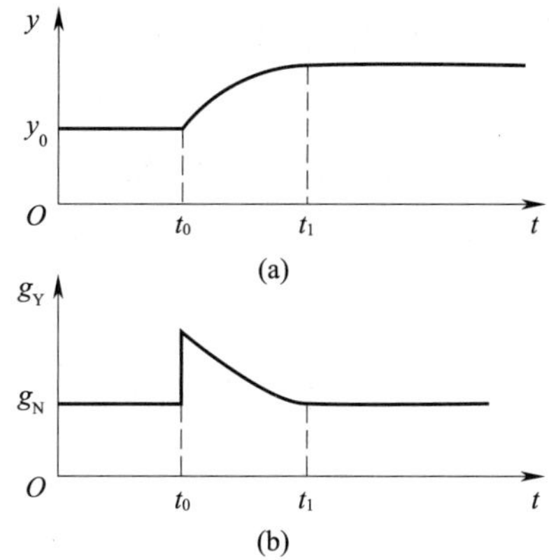

图 16-7　人均产出和总产量增长率随时间变化的轨迹

态增长率，但确实能提高收入的稳态水平。用更专业的话说，就是储蓄率的增加只有水平效应，没有增长效应。

新古典增长模型的上述结论是否与现实情况吻合呢？图 16-8 给出了一些国家（地区）人均收入与总投资占产出比例的关系。

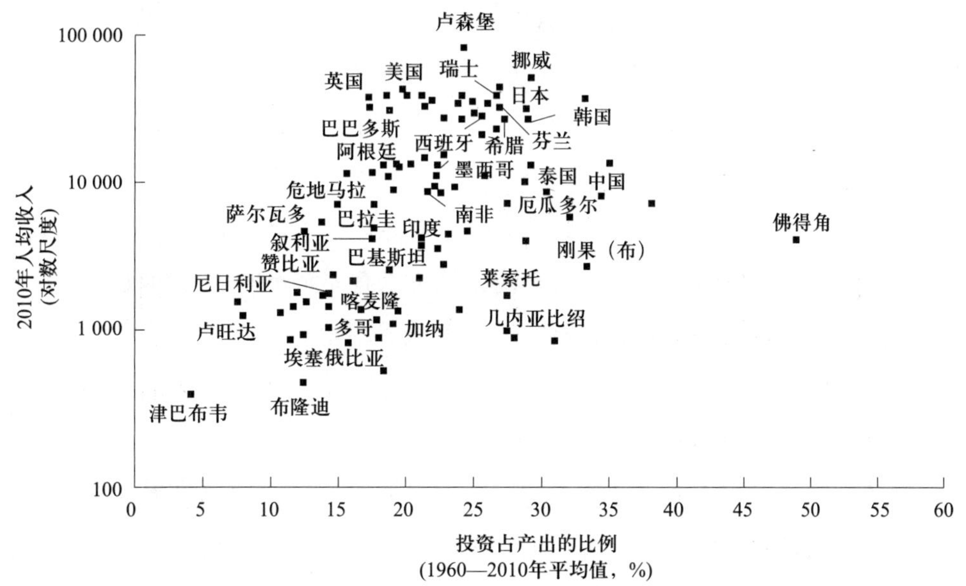

图 16-8　投资率与人均收入的国际证据

资料来源：［美］N. 格里高利·曼昆：《宏观经济学》（第 9 版），卢远瞩译，中国人民大学出版社 2016 年版，第 172 页。

数据表明，用于投资的产出比例和人均收入水平之间存在正相关关系。也就是说，具有高投资率的国家，例如美国和日本，通常具有高人均收入；而具有低投资率的国家，如埃塞俄比亚和布隆迪，通常人均收入较低。

2. 人口增长对经济稳态的影响

新古典增长模型虽然假定劳动力按一个不变的比率 g_N 增长，但当把 g_N 作为参数时，就可以说明人口增长对产量增长的影响，如图 16-9 所示。

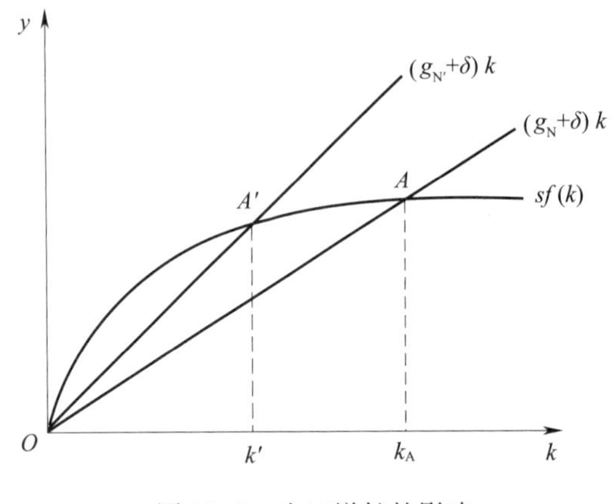

图 16-9 人口增长的影响

图中，经济最初位于 A 点所示的稳态。现在假定人口增长率从 g_N 增加到 $g_{N'}$，则图 16-9 中的$(g_N+\delta)k$ 线便移动到$(g_{N'}+\delta)k$ 线，这时，新的稳态为 A'点。比较 A'点与 A 点可知，人口增长率的增加降低了人均资本的稳态水平（从原来的 k_A 减少到 k'），进而降低了人均产量的稳态水平，这是从新古典增长模型得出的又一重要结论。西方学者进一步指出，人口增长率上升产生的人均产量下降正是许多发展中国家面临的问题。两个有着相同储蓄率的国家仅仅由于其中一个国家比另一个国家的人口增长率高，就可以有非常不同的人均收入水平。

对人口增长进行比较静态分析的另一个重要结论是，人口增长率的上升增加了总产量的稳态增长率。理解这一结论的要点在于懂得稳态的真正含义，并且注意到 A'点和 A 点都是稳态均衡点。

现在回到解释收入差异问题上来。根据上述分析，人口增长率较高的国家将会有较低的稳态的人均资本量，进而有较低的人均收入。为了了解证据是否支持这个结论，再来考察各国数据。图 16-10 给出了部分国家或地区的数据散点图。

该图表明，人口增长率较高的国家或地区往往有较低的人均收入水平，这与新古典增长模型的上述结论是吻合的。

（二）对增长率差异的解释

增长问题的另一个事实是，世界各国或地区的增长率也具有很大的差异。下面说明新古典增长模型对该问题的解释。

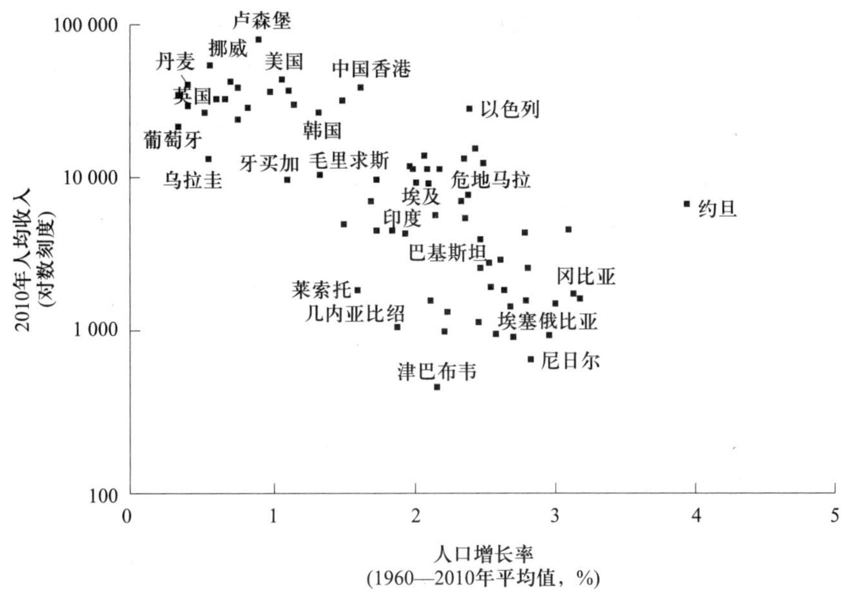

图 16-10　人口增长率与人均收入的国际证据

资料来源：［美］N. 格里高利·曼昆：《宏观经济学》（第 9 版），卢远瞩译，中国人民大学出版社 2016 年版，第 181 页。

先介绍在特定生产函数假定下，观察新古典增长模型的新方式。根据式（16.17），假设 $y=f(k)=k^{a}(0<a<1)$，则有：

$$\dot{k}=sk^{a}-(g_{\mathrm{N}}+\delta)k$$

上式左右两侧同除以 k，并记 $g_{\mathrm{k}}=\dfrac{\dot{k}}{k}$，则有：

$$g_{\mathrm{k}}=sk^{a-1}-(g_{\mathrm{N}}+\delta) \tag{16.29}$$

式（16.29）是由新古典增长模型求得的人均资本增长率方程。图 16-11 显示了式（16.29）右边两部分的关系。

根据（16.29）式和图 16-11，如果 sk^{a-1} 大于（$g_{\mathrm{N}}+\delta$），则人均资本增长率为正值，这时 k 的值较小，图中 A 点的左边表示的就是这种情况。相反，当 k 值比较大时，（$g_{\mathrm{N}}+\delta$）大于 sk^{a-1}，这时 g_{k} 为负值。换言之，人均资本存量将缩减。当两条线相交时，人均资本增长率等于零，此时经济达到前面所说的稳态。

这种观察模型新方式的好处是，它给出了某些因素变动使经济达到稳态的速度。因为从图形上看，人均资本增长率与 sk^{a-1} 线和（$g_{\mathrm{N}}+\delta$）线之间的垂直距离成比例关系，因此，图 16-11 清楚地表明了，随着人均资本越来越接近稳态水平，$sk^{\alpha-1}$线和（$g_N+\delta$）线将逐步接近，人均资本增长率将趋近于零。

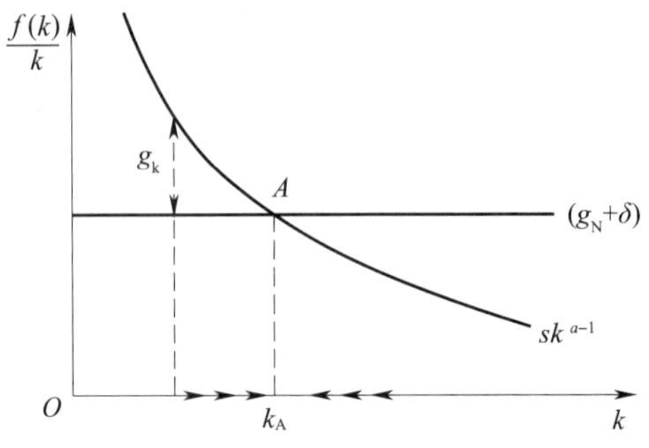

图 16-11 收敛于稳态的速度

根据以上分析，一个国家的初始人均资本比其稳态水平低得越多，则经济增长得越快；同样，如果一个国家的初始人均资本存量远高于它的稳态水平，那么，它的资本存量将迅速减少，随着这个国家的资本存量逼近稳态水平，资本存量下降的速度将趋近于零。

更具体地，新古典增长模型形成了如下三个预言：第一，如果两个国家的储蓄率（或投资率）相同，但初始人均资本（从而初始人均收入）不同，那么，初始人均资本较低的那个国家将具有较高的经济增长；第二，如果两个国家的初始人均资本相同，但是投资率不同，那么，投资率高的那个国家将具有较高的经济增长；第三，如果一个国家提高投资水平，那么，它的收入增长率也将提高。

总之，新古典增长模型分析相对经济增长率的关键，在于考察那些尚未处于稳态水平的经济。

（三）资本的黄金律水平

根据前面介绍的新古典增长模型，储蓄率可以影响稳态的人均资本水平，人均资本水平继而决定人均产量。从全社会的角度看，产出可用于消费和积累（储蓄）两个方面。产出一定时，消费多了，积累就少了，反之积累就多了。因此，这里存在一个如何处理积累与消费的关系问题。显然，对这个问题的回答取决于人们对经济发展目标的认识。

一些西方学者认为，经济增长是一个长期的动态过程，因此，提高一个国家的人均消费水平是一个国家经济发展的根本目的。在这一认识下，美国经济学家菲尔普斯于1961 年找到了与人均消费最大化相联系的人均资本应满足的关系式，这一关系式被称为资本的黄金律水平。

下面借助新古典增长模型的图形来说明和推导资本的黄金律水平，见图

16-12。

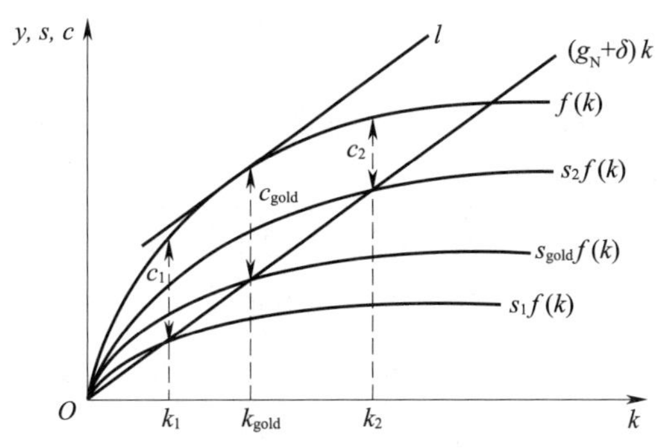

图 16-12　资本的黄金律水平

图 16-12 中，横坐标表示人均资本，纵坐标表示人均产量、人均储蓄和人均消费。由图可知，对应于不同的储蓄率，就决定着不同的人均储蓄（投资）曲线，而对应于不同的储蓄曲线，就决定了图中不同的稳态人均资本。例如，当储蓄率为 s_1时，就决定了相对应的稳态人均资本 k_1。为简单起见，图中只标出了三个储蓄率 s_1、s_{gold}和 s_2，继而得到了三个不同的稳态人均资本量 k_1、k_{gold}和 k_2。在稳态时，人均消费在图形上可表示为曲线$f(k)$与直线$(g_N+\delta)k$ 之间的垂直距离。从图中可以看出，与不同的稳态人均资本相对应的人均消费水平是不同的，现在的问题是，如何找到使稳态人均消费水平达到最大时的稳态人均资本水平。这相当于在图 16-12 中寻找稳态人均资本 k，使曲线$f(k)$和直线$(g_N+\delta)k$ 之间的垂直距离最大。从图中可知，这时应选择 k_{gold}，此时对应的稳态人均消费为 c_{gold}，为稳态人均消费的最大值。k_{gold}被称为资本的黄金律水平。

利用简单的几何知识可知，在 k_{gold}处，曲线$f(k)$的切线 l 应该与直线$(g_N+\delta)k$ 平行。进一步地，直线$(g_N+\delta)k$ 的斜率为$(g_N+\delta)$，而曲线 $f(k)$ 的斜率为 $f'(k)$，故有：

$$f'(k_{gold})=g_N+\delta \tag{16.30}$$

式（16.30）即为资本的黄金律水平应满足的经济学条件①。它表明，若使稳态人均消费达到最大，稳态人均资本量的选择应使资本的边际产量等于劳动增长率加上折旧率。一般地，一个经济并不会自动趋向于资本的黄金律水平。如果人们想要得到资本的黄金律水平，就需要一个特定的储蓄率来实现它。相

① 资本的黄金律水平在本质上是如下有约束条件最大化消费问题：$\begin{cases}\max[f(k)-sf(k)]\\ \text{s. t. } sf(k)=(g_N+\delta)k\end{cases}$利用数学方法可知，这一最优化问题的解即是正文中的式（16.30）。

应地，与资本的黄金律水平对应的储蓄率，也称为储蓄率的黄金律水平，在图16-12中就是s_{gold}。

六、模型的重要结论

新古典增长模型描述了在长期内经济趋于稳态时，内生变量k^*、c^*和y^*的情况。通过本节的分析，可以形成该模型的如下结论：

（1）生产函数和储蓄率相似的经济体，如果初始人均收入较低，其增长速度会较快，而初始人均收入较高的经济体，其增长速度则较慢。

（2）储蓄率较高，使得投资水平较高，导致人均资本和人均产出水平较高，但是不影响这些变量的长期增长率。

（3）较高的人口增长率会降低人均产出水平。

（4）一旦经济达到稳态，人均产出的增长率就只取决于技术进步的速率。换句话说，只有技术进步才能解释一国或地区经济的持续增长和生活水平的持续提高。

第四节 内生增长理论

经济增长理论的一个目的是解释人们在世界上大部分地方所观察到的生活水平的长期提高。上面介绍的新古典增长模型说明了这种长期增长必定来自技术进步。但技术进步来自哪里呢？在新古典增长模型中，这只是个假设！

为了充分理解增长的过程，人们需要超越新古典增长模型，建立解释技术进步的模型，这种使增长率内生化的理论探索被称为内生增长理论。下面对该理论加以简要介绍。

一、基本模型

为了说明内生增长理论的思想，先从一个很简单的生产函数开始：

$$Y=AK$$

式中，Y代表产出；K代表资本存量；A代表一个常量，它衡量一单位资本所生产的产出量。要注意的是，这个生产函数并没有反映出资本边际收益递减的性质。无论资本量为多少，额外一单位资本生产A单位的额外产出，不存在资本边际收益递减是这个模型和新古典增长模型的关键区别。

与前面一样，仍假设收入中的一定比例 s 用于储蓄和投资，因此，经济中的资本积累由下式描述：

$$\Delta K=sY-\delta K$$

上式表明，资本存量的变动（ΔK）等于投资（sY）减去折旧（δK）。将这一关系式与生产函数 $Y=AK$ 结合在一起，进行一些运算之后可得：

$$\frac{\Delta Y}{Y}=\frac{\Delta K}{K}=sA-\delta \tag{16.31}$$

式（16.31）表明，决定产出增长率 $\Delta Y/Y$ 的是什么。要注意的是，只要 $sA>\delta$，即使没有外生技术进步的假设，经济也一直增长。

因此，生产函数的简单变动就可以从根本上改变对经济增长的说明。在新古典增长模型中，储蓄引致了经济的暂时增长，但资本边际收益递减最终使经济达到增长只取决于外生技术进步的稳定状态。与此相比，在这种内生增长模型中，储蓄和投资会引起长期增长。

现在的问题是，放弃资本边际收益递减的假设合理吗？回答取决于人们如何解释生产函数 $Y=AK$ 中的变量 K。如果 K 只包括通常意义下经济中的厂房与设备存量，那么，假设资本边际收益递减就是自然而然的。

但是，内生增长理论的支持者认为，如果对 K 作出更广义的解释，资本边际收益不变（而不是边际收益递减）的假设就更合理。一些西方学者认为，知识是经济生产中的一种重要投入，无论是用它来生产产品与服务，还是用它来提供新知识。如果把知识看做一种资本，与通常意义下的资本相比，假设知识表现出收益递减的性质就不太合理了。实际上，过去几百年来科学与技术创新增长的速度使一些西方学者认为，存在着知识收益递增。如果接受知识是一种资本的观点，那么，假设资本边际收益不变的内生增长模型就更合理地描述了长期经济增长。

上述被称为 AK 模型的内生增长模型提供了一条内生化稳态增长率的途径，即如果可以被累积的生产要素有固定报酬，那么稳态增长率将被这些要素的积累率所影响。从式（16.31）知，储蓄率 s 越高，产出增长率也将越高。进一步地，这一模型暗示，那些能永久提高投资率的政府政策会使经济增长率不断地提高。

二、两部门模型

内生增长理论研究的一个思路是建立一个多部门模型，以便对支配技术进步的力量提供更好的描述。下面介绍关于这一思路的一个简单例子。

假定经济有两个部门，分别称为制造业企业和研究性大学。企业生产产品与服务，这些产品与服务用于消费和物质资本投资。大学生产被称为“知识”的生产要素，然后这两个部门免费利用知识。企业的生产函数、大学的生产函数，以及资本积累方程描述了该经济：

$$Y=F[K,(1-u)EN] \qquad \text{企业的生产函数}$$

$$\Delta E=g(u)E \qquad \text{大学的生产函数}$$

$$\Delta K=sY-\delta K \qquad \text{资本积累方程}$$

式中，u 代表在大学的劳动力比例；相应地，$(1-u)$ 代表在企业的劳动力比例；E 代表知识存量；函数 $g(u)$ 表明知识增长如何取决于在大学的劳动力比例的函数。一般地，假设企业的生产函数是规模报酬不变的，即如果资本存量 K 和在企业的劳动力的数量(即 $(1-u)EN$) 翻一番，那么，产品与服务产出 Y 也翻一番。

如果使资本存量 K 和知识 E 都翻一番，根据以上关系式和假定可知，这时经济中两个部门的产出也都翻一番。因此，与前面的 AK 模型一样，这个模型也可以在不假设生产函数中有外生变动的情况下引起长期增长。在这里，长期增长是内生地产生的，因为大学的知识创造不会停止。

有趣的是，这个模型也与新古典增长模型类似。如果在大学的劳动力比例 u 是不变的，那么，知识存量 E 就按不变的比率 $g(u)$ 增长。这在本质上与新古典增长模型中关于技术进步的说明是一样的。而且，这个模型的其余部分，包括企业的生产函数和资本积累方程也与新古典增长模型相同。因此，对任何一个既定的 u 值，这种内生增长理论也和新古典增长模型一样发挥作用。

对内生增长理论进一步的介绍超出了本书的范围，但可以指出的是，这一增长理论的新发展深化了人们对于增长过程的认识，同时，这一理论对技术创新过程提供了更为全面的认识。

第五节　增长核算

一、增长核算方程

增长核算是一种经济分析方法，它将观测到的总产出(GDP)增长分解成几部分，而各部分分别与各要素投入的变化和生产技术的变化相关。

假设经济的生产函数为

$$Y=AK^{a}N^{1-a} \tag{16.32}$$

式中，Y、N 和 K 分别代表总产出、投入的劳动量和投入的资本量，A 代表经济的技术状况，参数 a 介于 0 和 1 之间。

借助于本章第一节关于增长率的结论，即式（16.4）和式（16.6），可把式（16.32）表述为

$$g_{Y}=g_{A}+ag_{K}+(1-a)g_{N} \tag{16.33}$$

式中，g_Y 代表总产出增长率，g_A 代表技术增长率（全要素生产率），g_K 代表资本增长率，g_N 代表劳动增长率。

式（16.33）便是增长核算方程，它是生产函数式（16.32）的增长版本。该方程表明，总产出增长率等于全要素生产率加上资本和劳动的增长率。

式（16.33）中的三项对产出的增长有贡献：

来自生产率增长的贡献 $=g_A$

来自资本增长的贡献 $=ag_K$

来自劳动增长的贡献 $=(1-a)\ g_N$

因此，增长核算方程式（16.33）又被写为：

产出增长=生产率增长的贡献+资本增长的贡献+劳动增长的贡献

由于全要素生产率无法直接观测到，所以要间接地衡量。根据式（16.33）有：

$$g_{A}=g_{Y}-ag_{K}-(1-a)g_{N}$$

因此，全要素生产率是作为一个余量计算出来的，即作为考虑了可以直接衡量的增长决定因素后剩余的产出增长率，由于这个原因，g_A 有时被称为索洛余量。

二、增长的经验估算

现在来看看有关增长的数据。表 16-5 给出了美国从 1948—2013 年增长核算的有关数据。该表表明，从 1948 年到 2013 年，美国实际 GDP 增长率平均为每年 3.5%，其中的 1.3%是由于资本存量的增加贡献的，1.0%是由于劳动投入的增加贡献的，另外 1.2%是由于全要素生产率的提高带来的。

表 16-5 还表明，1972—1995 年，美国全要素生产率的增长明显放慢了。为此，许多西方学者试图解释这一不利的变动。例如，有人从数据衡量方面提

出解释，认为实际上生产率并没有放慢，只是因为数据有缺陷而表现在数据上。还有一些人认为，1973 年和 1979 年两次石油价格的大幅上升是导致生产率下降的主要原因。然而，有关生产率下降原因的种种分析都还没能对此提出一个系统而全面的解释。

表 16-5 美国经济增长的核算 单位：%

年份	产出的增长 $(\Delta Y/Y)$ (1)=(2)+(3)+(4)	增长的源泉		
		资本 $(a\Delta K/K)$ (2)	劳动 $[(1-a)\Delta L/L]$ (3)	全要素生产率 $(\Delta A/A)$ (4)
1948—2013	3.5	1.3	1.0	1.2
1948—1972	4.1	1.3	0.9	1.8
1972—1995	3.3	1.4	1.4	0.5
1995—2013	2.9	1.1	0.6	1.1

资料来源：［美］N. 格里高利 · 曼昆：《宏观经济学》（第 9 版），卢远瞩译，中国人民大学出版社 2016 年版，第 210 页。

注：由于计算过程的四舍五入，各分项相加可能不等于总和。

三、经济增长因素分析

经济增长是一个复杂的经济和社会现象。增长核算方程虽然说明了经济增长的源泉，但在如何认识影响经济增长的因素这个问题上，人们还需要数据做进一步的分析，也需要把有关因素进一步细化。从现实角度看，影响经济增长的因素有很多，正确地认识和估计这些因素对经济增长的贡献和影响，对于理解和认识现实的经济增长与制定促进经济增长的政策都是至关重要的。因此，很多西方学者都投身到这一研究中来，其中美国经济学家丹尼森的工作影响较大，下面介绍丹尼森对经济增长因素的分析。

在经济增长因素分析中首先遇到的问题是经济增长因素的分类。丹尼森把经济增长因素分为两大类：生产要素投入量和生产要素生产率。关于生产要素投入量，丹尼森把经济增长看成是劳动、资本和土地投入的结果，其中土地可以看成是不变的，其他两个则是可变的。关于生产要素生产率，丹尼森把它看成是产量与投入量之比，即单位投入量的产出量。要素生产率主要取决于资源配置状况、规模经济和知识进展。具体而言，丹尼森把影响经济增长的因素归结为六个：① 劳动；② 资本存量的规模；③ 资源配置状况；④ 规模经济；

⑤ 知识进展；⑥ 其他影响单位投入产量的因素。

丹尼森进行经济增长因素分析的目的，就是通过量的测定，把产量增长率按照各个增长因素所做的贡献分配到各个增长因素上去，分配的结果用来比较长期经济增长中各个因素的相对重要性。

在 1985 年出版的《1929—1982 年美国经济增长趋势》一书中，丹尼森根据美国国民收入的历史统计数据，对上述各个增长因素进行了考察和分析，其结果如表 16-6 所示。运用 1929—1982 年间的数据，丹尼森计算出 2.92%的年实际产量增长率中的 1.9%应归功于要素投入的增加。

表 16-6 美国国民收入增长的源泉（1929—1982 年）

增长因素	增长率（%）
总要素投入	**1.90**
劳动	1.34
资本	0.56
单位投入的产量	**1.02**
知识进展	0.66
资源配置	0.23
规模经济	0.26
其他	-0.13
国民收入	**2.92**

资料来源：Edward Denison, *Trends in American Economic Growth, 1929—1982*, Washington, D.C., The Brookings Institution, 1985, Table8-1.

从表 16-6 中可以看出，劳动力增加对经济增长的贡献相当大。其原因可以部分地从增长核算方程式（16.32）中得到解释，即劳动份额相对较大，所以劳动的增长率就有相对大的权重。

下面来看要素生产率增加或每单位要素投入产量的源泉。值得关注的是，知识进展解释了技术进步对经济增长约 2/3 的贡献。此外，资源配置这一因素对要素生产率增加的贡献也不可忽视。例如，人们从薪水少的工作“跳槽”到更好的工作，从而导致产量的增加或收入的增长。另一个重要情形是劳动力从农村到城市的就业而引起的生产要素的再配置。

另一个因素是规模经济。从表 16-6 可以看出，规模经济对单位投入的产量增长率的贡献仅次于知识。当经济运作的规模扩大时，每单位产量所需的投入更少，这主要是因为在小规模水平上使用技术经济的效率可能不高，而在更大的生产规模上则产生节约，带来规模经济效应。

据此，丹尼森的结论是，知识进展是发达资本主义国家最重要的增长因素。丹尼森所说的知识进展包括的范围很广，它包括技术知识、管理知识的进步和由于采用新的知识而产生的结构和设备更有效的设计在内，还包括从国内和国外的有组织的研究、个别研究人员和发明家，或者从简单的观察和经验中得来的知识。丹尼森所谓的技术知识是关于物品的具体性质和如何具体地制造、组合以及使用它们的知识。他认为，技术进步对经济增长的贡献是明显的，但只把生产率的增长看成大部分是采用新的技术知识的结果则是错误的，他强调管理知识的重要性。管理知识就是广义的管理技术和企业组织方面的知识。在丹尼森看来，管理和组织知识方面的进步更可能降低生产成本，增加国民收入，因此它对国民收入的贡献比改善产品物理特性对国民收入的贡献影响更大。总之，丹尼森认为，技术知识和管理知识进步的重要性是相同的，不能只重视前者而忽视后者。

第六节 促进经济增长的政策

由式（16.10）可知，政府可以影响决定经济增长的三个因素，即技术进步、资本形成和劳动投入。

一、鼓励技术进步

索洛模型表明，人均收入的持续增长来自技术进步。虽然索洛模型没有解释技术进步，在一定程度上无法理解技术进步的决定作用，但许多公共政策的目的仍在于鼓励技术进步。

例如，专利制度给新产品发明者以暂时的垄断权利。当一个人或一个企业发明了一种新产品时，发明者可以申请专利。如果认定该产品的确是原创性的，政府就授予专利，专利给予发明者在规定年限内排他性地生产该产品的权利。通过允许发明者从其发明中获得利润，尽管只是暂时的，但专利制度提高了个人和企业从事研究的积极性。类似的例子还有税收法规为进行研究和开发的企业提供税收减免。

政府在改善技术进步方面的一个重要领域是教育。在美国，州和地方政府提供了对小学、中学和大学的支持中的大部分。一个高素质的研究与开发团队是改善技术进步的关键因素之一。

美国政府长期以来在创造和传播技术知识方面发挥着作用。美国政府很早就资助耕作方法研究，并建议农民如何最好地利用自己的土地。近年来，美国政府通过空军和国家航空航天局支持空间研究，同时，国家科学基金等政府机构持续直接资助大学的基础研究。

二、鼓励资本形成

根据式（16.10），资本存量的上升会促进经济增长。从直观的角度看，由于资本是被生产出来的生产要素，因此，一个社会可以改变它所拥有的资本量。如果一个经济体生产了大量新资本品，那么它就有大量资本存量，并能生产出更多的产品与服务。另外，资本存量的增长是储蓄和投资推动的，因此，鼓励资本形成便主要归结为鼓励储蓄和投资。这是政府促进经济增长的一种方法，而且在长期中，这也是提高一国公民生活水平的一种方法。

图 16-13 为 1960—1988 年 17 个国家的投资-GDP 比率与人均 GDP 增长率的散点图。

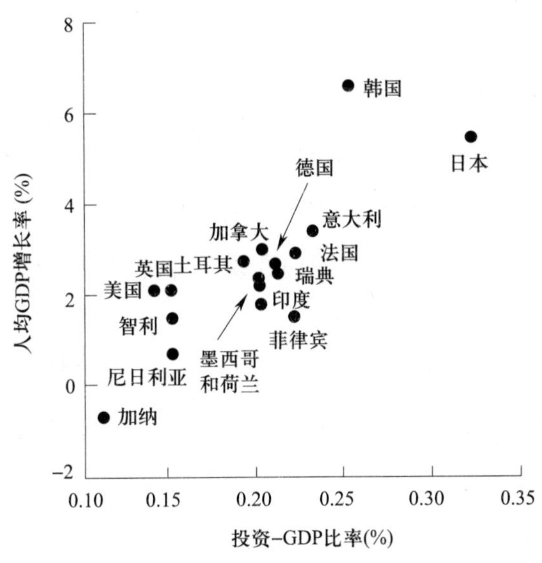

图 16-13　投资与增长

资料来源：［美］罗杰 · E. 法默：《宏观经济学》（第 2 版），北京大学出版社 2009 年版，第 316 页。

从图 16-13 中可以看出，投资-GDP 比率高的国家增长率也较高，以墨西哥、荷兰、印度和加拿大为例，尽管这些国家人均 GDP 水平有差异，但它们的增长率相近。而像韩国和日本，它们经历了高速的增长，这与它们很高的储蓄率和投资率相关。总之，上述散点图揭示了投资-GDP 比率和人均 GDP 的平均增长率存在着显著的正相关。

三、增加劳动供给

增长核算方程表明，增加劳动供给会引起经济增长。容易理解，所得税的提高减少了工人的工作所得从而会降低工作的积极性；与之相反，所得税减免是加强激励、促使人们努力工作的一个途径。

与劳动供给相关的一个概念是人力资本，它是指劳动者通过教育和培训所获得的知识和技能。尽管基本的新古典增长模型只包括物质资本，而且没有努力去解释劳动效率，但人力资本在许多方面与物质资本类似。与物质资本一样，人力资本也提高了一国生产产品和服务的能力。20 世纪 90 年代的一项研究强调了在解释各国生活水平的差别中，人力资本至少与物质资本同样重要。① 因此，政府政策可以提高生活水平的一种方法是提供良好的教育、培训体系，并鼓励人们利用这样的体系。

四、建立适当的制度

本章第二节在说明经济增长的决定因素时指出，为了系统认识经济增长的决定因素，经济学家区分了增长的直接原因和根本原因。在经济增长的根本原因中，制度是一个重要的因素。下面简要说明经济发展中的所谓制度假说。

（一）制度定义和要素

制度可以定义为支配一个社会的组织方式的正式和非正式规则，包括法律和规章。诺贝尔经济学奖获得者、美国经济学家诺思将制度定义为，制度是社会中的博弈规则，或者更正式地说，制度是人们设计的影响人们互动的约束。

一般地，制度具有三个要素：

其一，制度是由人设计的。也就是说，制度不是凭空出现的，而是由社会

---

① N. Gregory Mankiw, David Romer, David N. Weil, "A Contribution to the Empirics of Economic Growth", *The Quarterly Journal of Economics*, 1992, vol. 107, no. 2, pp. 407-437.

成员对如何组织他们的互动而做出的选择发展而成的。

其二，制度对个体行为施加了约束。从积极的方面说，制度限制了个人偷窃他人东西或欠债不还的能力。从消极的方面看，它们可能阻止了人们进入某些职业或开办新企业。

其三，制度影响激励。制度对个人施加的约束，无论是禁止某些活动这样的正式约束，还是通过惯例和社会规范抑制某些类型的行为这样的非正式约束，都影响人们互动和获得的激励。

（二）制度假说

在增长文献中，关于制度和经济繁荣的关系存在着被称为制度假设的论断。这一论断称，人们为组织社会所选择的方式的差别，即那些影响社会中的个人和企业面临的激励的差别，是导致他们的相对繁荣程度有所差别的原因。例如，当市场将个人配置于他们具有最高生产率的职业时，当法律和规章鼓励企业投资于实物资本和技术时，当教育系统使得人们能够并且鼓励人们投资于他们的人力资本时，经济体将比其他制度未能这么做时生产出更高的 GDP 和更加繁荣。

概括地说，制度假说依赖于如下的推理链条：一是不同社会通常有不同的制度；二是这些不同的制度创造了不同类型的激励；三是激励帮助决定社会积累生产要素和采用新技术的程度。

美国经济学家诺思指出："社会没有能力形成一套有效的、低成本执行合同的体系，这是第三世界国家过去的经济停滞和现在的经济不发达的最主要的根源。"①

第七节 本章评析

一、对增长理论的评析

在西方增长理论文献中，新古典增长模型或索洛模型是该领域最持久、最实用的模型之一。但是该模型也存在着明显的缺陷。从本章对该模型的论述来

① ［美］戴维·N. 韦尔：《经济增长》（第 2 版），王劲峰等译，中国人民大学出版社 2011 年版，第 271 页。

看，该模型可以帮助人们理解为什么国家之间存在贫富差距。但是，该模型无法很好地解释生活水平持续提高的原因，而人们的生活水平不断提高也是当代经济的核心特点。在新古典增长模型中，只有技术进步可以解释生活水平的持续提高。但是技术进步是外生变量，即模型之外决定的因素。简言之，新古典增长模型并没有在模型中加以解释。

西方学者对经济增长问题的研究成果含有不少可供借鉴之处，尤其是内生增长理论，其中包括本章关于经济增长源泉分解的分析表明，教育的加强、知识的增进以及知识的应用等，对经济增长有着举足轻重的作用。这与关于“科学技术是生产力”的论断相一致。但其不足之处也显而易见，例如，往往着重于经济增长的经济技术因素而并不涉及影响它的社会因素。

二、创新驱动战略与经济发展

西方学者区分了“停滞经济”国家与“加速经济”国家。对于一个社会来说，要提高生活水平，人均总产量必须增长。每个国家都有温和的经济波动，“停滞经济”国家的特征是实际 GDP 十分缓慢地增长，相反，“加速经济”国家的实际 GDP 加速增长。如果每个国家的人口增长相同，那么，人均产量的增长在“加速经济”国家更快。在这样的国家，每个人能够购买更多的消费品，有大量的剩余产品可以用来提供更好的学校、公园、医院等。而“停滞经济”国家的公民则必须持久地面对争论：如果将更多的钱用于学校和医院，那么就必须牺牲公民的消费。

内生增长理论是引领和支撑“加速经济”国家发展的基础理论，它与新古典增长模型不同之处在于技术是外生变量还是内生变量。新古典增长模型告诉我们，投资更多的资本在最好的情况下，也只能在一段时间内推动增长。要想获得长期增长，经济体需要更好的技术。但新古典增长模型并没有解释新技术究竟来自哪里。也就是说，技术是外生变量。20 世纪 80 年代产生的倡导技术内生变量的内生增长理论认为，它可以在经济体内被创造出来；技术具有“非竞争性”以及技术可以不断扩充和发展；政府可以通过资助研究开发来发挥作用，从而带来更多的创新。由此，在新古典增长模型认为增长会减速的地方，内生增长理论认为增长还会继续。因为新的知识会扩散到整个经济体。这意味着那些善于创新知识的大体量经济体能够在不减速的状态下继续增长。

党中央在 2006 年提出建设“创新型国家”。党的十八大进一步提出实施创新驱动发展战略。“改革开放这三十多年，我们更多依靠资源、资本、劳动力等要素投入支撑了经济快速增长和规模扩张。改革开放发展到今天，这些要素条件发生了很大变化。再要像过去那样以这些要素投入为主来发展，既没有当初那样的条件，也是资源环境难以承受的。我们必须加快从要素驱动发展为主向创新驱动发展转变，发挥科技创新的支撑引领作用。这是立足全局、面向未来的重大战略，对实现到二〇二〇年全面建成小康社会目标具有十分重要的意义。”① 十九大报告进而强调，“创新是引领发展的第一动力，是建设现代化经济体系的战略支撑”，把加快建设创新型国家作为贯彻新发展理念、建设现代化经济体系的一项重大战略任务，把实施科教兴国战略、人才强国战略、创新驱动发展战略作为决胜全面建成小康社会的重大举措。“全党全社会都要充分认识科技创新的巨大作用，把创新驱动发展作为面向未来的一项重大战略，常抓不懈”②，力争到2020年进入创新型国家行列，到2030年跻身创新型国家前列，到2050年建成世界科技创新强国。

如何充分发挥社会主义制度的优越性，如何促进我国的经济建设迅速而平稳地向前发展，是一个需要认真对待的重要课题。这就要求在深入调查、分析和研究本国经济建设实际情况的同时，吸收包括经济增长理论在内的国外一切有用的东西，为我所用，以利于我国经济发展和经济科学的建设。

思考题：

1. 说明经济增长和经济发展的关系。
2. 推导经济的总产量、人均产量和人口增长这三者的增长率之间的关系。
3. 什么是新古典增长模型的基本公式？它有什么含义？
4. 用图形说明，在新古典增长模型中，人口增长对经济有哪些影响？
5. 在新古典增长模型中，人均生产函数为 $y=f(k)=2k-0.5k^2$，人均储蓄率为0.1，人口增长率为0.05，资本折旧率为0.05，求：

   （1）使经济达到稳态时的 k 值和 y 值；

   （2）稳态时的人均储蓄和人均消费。

① 《习近平关于科技创新论述摘编》，中央文献出版社2016年版，第13-14页。

② 《习近平关于科技创新论述摘编》，中央文献出版社2016年版，第25页。

6. 假设一个经济体的总量生产函数为 $Y_t = A_t f(L_t, K_t)$，其中 Y_t、L_t、K_t 顺次为 t 时期的总产量、劳动数量和资本量，A_t 为 t 时期的技术状况。推导经济增长率关于技术进步率、劳动增长率和资本增长率的分解式，并指出其对增长问题的意义。
7. 举例说明经济增长的直接原因和根本原因。
8. 假定总量生产函数为 $Y=AK$，假设经济的初始资本存量为 $k(0)$。
   （1）求出内生的经济增长率，同时给出内生增长的条件；
   （2）求初始的消费水平和投资率。
9. 新古典增长理论是如何解释有一些国家的增长率会高于另一些国家的？
10. 请用本章介绍的经济增长理论说明我国提出的创新驱动发展战略。

▶ 自测习题及参考答案

阅读文献

■《马克思恩格斯文集》第5、6、7、8卷，人民出版社2009年版。

■《列宁专题文集 论资本主义》，人民出版社2009年版。

■《习近平谈治国理政》第二卷，外文出版社2017年版。

■《习近平关于社会主义经济建设论述摘编》，人民出版社2017年版。

■《习近平谈治国理政》第一卷，外文出版社2018年版。

■［美］约瑟夫·熊彼特：《经济分析史》（第一、二、三卷），朱泱等译，商务印书馆1996年版。

■［英］大卫·李嘉图：《政治经济学及赋税原理》，郭大力、王亚南译，商务印书馆1962年版。

■［美］斯坦利·L. 布鲁、兰迪·R. 格兰特：《经济思想史》（第8版），邸晓燕译，北京大学出版社2014年版。

■［美］E. K. 亨特：《经济思想史：一种批判性的视角》，颜鹏飞译，上海财经大学出版社2007年版。

■［美］保罗·克鲁格曼、罗斯·韦尔斯：《微观经济学》，黄卫平等译，中国人民大学出版社2009年版。

■［美］保罗·克鲁格曼、罗斯·韦尔斯：《宏观经济学》，赵英军等译，中国人民大学出版社2009年版。

■［美］N. 格里高利·曼昆：《宏观经济学原理》（第9版），卢远瞩译，中国人民大学出版社2016年版。

■［美］保罗·萨缪尔森、威廉·诺德豪斯：《经济学》（第18版），萧琛主译，人民邮电出版社2008年版。

■［美］约瑟夫·E. 斯蒂格利茨、卡尔·E. 沃尔什：《经济学》（第4版），黄险峰、张帆译，中国人民大学出版社2013年版。

■［英］马克·布劳格、罗杰·E. 巴克豪斯：《经济学方法论的新趋势》，张大宝、李刚译，经济科学出版社 2000 年版。

■［英］马克·布劳格：《经济学方法论》，石士钧译，商务印书馆 1992 年版。

■［英］马歇尔：《经济学原理》上卷，朱志泰译，商务印书馆 1964 年版。

■［英］马歇尔：《经济学原理》下卷，陈良璧译，商务印书馆 1965 年版。

■［英］凯恩斯：《就业、利息和货币通论》，高鸿业译，商务印书馆 2005 年版。

■［英］约翰·穆勒：《政治经济学原理及其在社会哲学上的若干应用》上、下册，赵荣潜等译，商务印书馆 2009 年版。

■［英］斯密：《国民财富的性质和原因的研究》上卷，郭大力、王亚南译，商务印书馆 1972 年版。

■［英］斯密：《国民财富的性质和原因的研究》下卷，郭大力、王亚南译，商务印书馆 1974 年版。

■［英］斯密：《道德情操论》，蒋自强等译，商务印书馆 1995 年版。

■［英］布赖恩·斯诺登、霍华德·R. 文：《现代宏观经济学发展的反思》，黄险峰译，商务印书馆 2000 年版。

■高鸿业：《西方经济学》（第 7 版），中国人民大学出版社 2018 年版。

■吴易风等：《当代西方经济学流派与思潮》，首都经济贸易大学出版社 2005 年版。

■张培刚、厉以宁：《微观宏观经济学的产生和发展》，湖南人民出版社 1986 年版。

■ Olivier J. Blanchard：*Macroeconomics*，Prentice-Hall International，Inc.，1997.

■ Arthur Frank Burns，Wesley Clair Mitchell：*Measuring Business Cycles*，NBER Book Series Studies in Business Cycles，New York，1946.

■ Evsey D. Domar：*Essays in the Theory of Economic Growth*，Oxford University Press，1957.

■ United States Executive Office of the President：*Economic Report of the President of*

2006, Bibliogov, 2011.

■ Charles E. Ferguson: *Microeconomic Theory*, 3rd ed. , Homewood, Illinois, Irwin Inc. , 1972.

■ Lee S. Friedman: *Microeconomic Policy Analysis*, McGraw-Hill, 1984.

■ Helmut Frisch: *Theories of Inflation: Cambridge Surveys of Economic Literature*, Cambridge University Press, 1983.

■ Robert Gibbons: *Game Theory for Applied Economists*, Princeton University Press, 1992.

■ J. Graaff: *Theoretical Welfare Economics*, Cambridge University Press, 1957.

■ Howard J. Sherman, E. K. Hunt, Reynold F. Nesiba, Phillip Anthony Ohara: *Economics: an introduction to traditional and progressive views*, 7th ed. , M. E. Sharpe, 2008.

■ Campbell R. McConnell, Stanley L. Brue, Campbell R. R. : *Microeconomics: Principles Problems and Policies*, McGraw-Hill/Irwin, 2005.

■ Walter Nicholson, Christopher Snyder: *Microeconomic Theory: Basic Principles and Extensions*, Cengage Learning, 2008.

■ A. W. Phillips: *The Relationship Between Unemployment and the Rate of Change of Money Wages in the United Kingdom, 1861—1957*, Economica, New Series, 1958, Vol. 25, No. 100, pp. 283-299.

■ Lionel Robbins: *An Essay on the Nature and Significance of Economic Science*, Ludwig von Mises Institute, 1932.

■ Paul Marlor Sweezy: *The Theory of Capitalist Development*, Modern Reader Paperbacks, 1968.

■ John B. Taylor: *Discretion Versus Policy Rules in Practice*, Elsevier Science Publishers, 1993.

■ Richard D. Wolff, Stephen A. Resnick: *Economics: Marxian versus Neoclassical*, The Johns Hopkins University Press, 1987.

人名译名对照表

[美]	阿克洛夫	George G. Akerlof
[美]	阿罗	Kenneth Arrow
[美]	阿塔克	Jerem Atack
[爱尔兰]	埃奇沃斯	Francis Ysidro Edgeworth
[美]	艾克纳	Alfred Eichner
[美]	安多	Albert Ando
[德]	奥肯	Arthur M. Okun
[美]	巴罗	Robert Barro
[法]	巴斯夏	Frederic Bastiat
[美]	贝纳西	Jean-Pascal Benassy
[英]	庇古	Arthur Cecil Pigou
[美]	伯恩斯	Arthur Burns
[美]	博兰	Lawrence A. Boland
[美]	伯南克	Ben S. Bernanke
[法]	布兰查德	Olivier Blanchard
[美]	布隆贝格	Richard Brumberg
[美]	戴维森	Paul Davidson
[美]	丹尼森	Edward Denison
[美]	道格拉斯	Paul Howard Douglas
[法]	德布鲁	Gerard Debreu
[美]	多恩布什	Rudiger Dornbusch
[美]	多马	Evsey Domar
[德]	恩格尔	Ernst Engel
[德]	恩格斯	Friedrich Engels
[美]	法默	Roger E. A. Farmer
[美]	法玛	Eugene F. Fama
[美]	凡勃伦	Thorstein Bunde Veblen
[美]	范里安	Hal R. Varian
[美]	菲尔普斯	Edmund S. Phelps

[新西兰]	菲利普斯	Arthur W. Phillips
[美]	费雪	Irving Fisher
[美]	弗格森	C. Ferguson
[美]	福克斯	Justin Fox
[美]	弗莱明	J. Marcus Flemins
[美]	弗兰克	Robert H. Frank
[美]	弗里德曼	Milton Friedman
[美]	弗里希	Helmut Frisch
[法]	古莱特	D. Goulet
[法]	古诺	Antoine Augustin Cournot
[美]	哈伯勒	Gottfried Haberler
[英]	哈罗德	Roy Harrod
[英]	哈奇森	Terence W. Hutchison
[奥地利]	哈耶克	Friedrich August von Hayeke
[美]	汉森	Alvin H. Hansen
[英]	贺塔克	Hendrik S. Houthakker
[美]	霍尔	Robert Hall
[挪威]	基德兰德	Finn E. Kydland
[美]	基钦	Joseph Kytchin
[美]	吉芬	Robert Giffen
[英]	杰文斯	William Stanley Jevons
[英]	凯恩斯	John Maynard Keynes
[美]	凯里	Henry Charles Carey
[俄]	康德拉季耶夫	Nikolai Dmitrievich Kondratieff
[美]	科斯	Ronald Coase
[美]	克拉克	John Bates Clark
[美]	克鲁格曼	Paul Krugman
[英]	拉姆赛	Frank Plumpton Ramsey
[美]	勒纳	Abba Lerner
[美]	里昂惕夫	Wassily Leotieve
[英]	李嘉图	David Ricardo
[德]	李斯特	Friedrich List

[俄]	列宁	Vladimir Ilyich Lenin
[美]	林德	Marc Linder
[美]	卢卡斯	Robert Lucas
[英]	罗宾斯	Lionel Charles Robbins
[英]	罗宾逊	Joan Violet Robinson
[美]	罗默	Chtistina D. Romer
[英]	马尔萨斯	Thomas Robert Malthus
[德]	马克思	Karl Marx
[匈牙利]	马加什	Antat Matyas
[美]	马斯洛	Abraham Maslow
[英]	马歇尔	Alfred Marshall
[美]	迈克易切恩	William A. McEachern
[美]	曼昆	Nicholas Gregory Mankiw
[奥地利]	门格尔	Carl Menger
[美]	蒙代尔	Robert A. Mundell
[法]	蒙克莱田	Antoyne de Montchretien
[英]	米德	James Mead
[美]	米契尔	Wesley C. Mitchell
[美]	米什金	Frederic S. Mishkin
[美]	摩根斯坦	Oskar Morgenstern
[美]	莫迪利安尼	Franco Modigliani
[英]	穆勒	John Stuart Mill
[美]	纳尔逊	Charles Nelson
[美]	纳克斯	Ragnar Nurkse
[美]	纳什	John F. Nash
[美]	奈特	Frank Hyneman Knight
[美]	诺德豪斯	William D. Nordhaus
[美]	诺齐克	Robert Nozick
[美]	冯·诺伊曼	John von Neumann
[英]	帕金	Michael Parkin
[意大利]	帕累托	Vilfredo Pareto
[美]	帕塞尔	Peter Passell

[美]	帕廷金	Don Patinkin
[英]	配第	William Petty
[美]	普雷斯科特	Edward C. Prescott
[英]	琼斯	Richard Jones
[美]	萨金特	Thomas Sargent
[美]	萨克斯	Jeffrey D. Sachs
[美]	萨缪尔森	Paul Anthony Samuelson
[法]	萨伊	Jean-Baptiste Say
[美]	斯蒂格利茨	Joseph Eugene Stiglitz
[英]	斯密	Adam Smith
[英]	斯诺登	Brain Snowdon
[美]	斯旺	Alan C. Swan
[美]	斯威齐	Paul Marlor Sweezy
[美]	索洛	Robert Merton Solow
[美]	泰勒	John Brian Taylor
[德]	屠能	Johann Heinrich von Thunen
[美]	托宾	James Tobin
[法]	瓦尔拉斯	Leon Walras
[美]	韦尔	David N. Well
[美]	韦尔斯	Robin Wells
[英]	文	Howard R. Vane
[瑞典]	维克塞尔	Johan Gustaf Knut Wicksell
[美]	沃尔什	Carl E. Walsh
[英]	西尼尔	Nassau William Senior
[法]	西斯蒙第	Jean-Charles-Leonard Simonde de Sismondi
[美]	希布斯	Douglas A. Hibbs
[英]	希克斯	John Richard Hicks
[美]	希林	A. Gary Shilling
[美]	席勒	Robert Shiller
[美]	熊彼特	Joseph Schumpeter
[美]	亚伯	Andrew B. Abel

[英]	休谟	David Hume
[美]	伊万斯	Michael K. Evans
[美]	詹森	Michael C. Jensen
[美]	张伯伦	Edward Chamberlin
[法]	朱格拉	C. Juglar

重要术语中英文对照表

Acceleration principle	加速原理
Accelerator	加速数
Action lag	执行时滞
Adaptive expectation	适应性预期
Adverse selection	逆向选择
Aggregate analysis	总量分析
Aggregate demand	总需求
Aggregate demand curve	总需求曲线
Aggregate supply	总供给
Aggregate supply curve	总供给曲线
Allocation efficiency	配置效率
Allocation of resources	资源配置
Antitrust law	反托拉斯法
Arc elasticity	弧弹性
Asset	资产
Asymmetric information	不对称信息
Austrian school	奥地利学派
Automatic stabilizer	自动稳定器
Average cost	平均成本
Average fixed cost	平均固定成本
Average product	平均产量
Average revenue	平均收益
Average variable cost	平均可变成本
Balance of international payments	国际收支
Balanced budget	平衡预算
Balanced budget multiplier	平衡预算乘数
Bank reserves	银行准备金
Barter	物物交换
Base year	基年

Benchmark	标尺或基准
Black market	黑市
Bonds	债券
BP curve	*BP* 曲线
Budget deficit	预算赤字
Budget line	预算线
Budget surplus	预算盈余
Built-in stabilizers	内在稳定器
Business cycle	经济周期
Business fluctuation	经济波动
Capital	资本
Capital deepening	资本深化
Capital inflow	资本流入
Capital market	资本市场
Capital widening	资本广化
Capital outflow	资本流出
Capital output ratio	资本-产出比率
Cardinal utility theory	基数效用论
Cartel	卡特尔
Central bank	中央银行
Checking account	支票账户
Classical economics	古典经济学
Clearing market	出清市场
Club goods	俱乐部物品
Coase Theorem	科斯定理
Cobb-Douglas production function	柯布-道格拉斯生产函数
Cobweb model	蛛网模型
Commercial bank	商业银行
Common resource	公共资源
Comparative cost theory	比较成本理论
Comparative static analysis	比较静态分析
Comparative statics	比较静态学

Compensated budget line	补偿的预算约束线
Competition	竞争
Complement goods	互补品
Complete information	完全信息
Constant returns to scale	规模报酬（收益）不变
Consumer surplus	消费者剩余
Consumer equilibrium	消费者均衡
Consumer preference	消费者偏好
Consumption	消费
Consumption demand	消费需求
Consumption function	消费函数
Consumption price index	消费价格指数
Contract curve	契约曲线
Corporate income tax	公司所得税
Corporation	公司
Cost	成本
Cost-benefit analysis	成本-收益分析
Cost function	成本函数
Cost-push inflation	成本推动型通货膨胀
Cournot model	古诺模型
Credit	信贷
Cross price elasticity of demand	需求的交叉价格弹性
Crowding out	挤出效应
Cyclical unemployment	周期性失业
Decreasing returns to scale	规模报酬（收益）递减
Deflation	通货紧缩
Demand	需求
Demand curve	需求曲线
Demand for money	货币需求
Demand function	需求函数
Demand price	需求价格
Demand schedule	需求表

Demand-pull inflation	需求拉上型通货膨胀
Depreciation	折旧
Depression	萧条
Devaluation	贬值
Diminishing marginal utility	边际效用递减
Discounting	贴现
Discount rate	贴现率
Discretion	相机抉择
Disequilibrium	非均衡
Disposable personal income （DPI）	个人可支配收入
Distribution	分配
Distribution theory of marginal productivity	边际生产力分配论
Durable goods	耐用品
Dynamic analysis	动态分析
Dynamic stochastic general equilibrium （DSGE）	动态随机一般均衡
Dynamic general equilibrium	动态一般均衡
Dynamic models	动态模型
Easy money policy	扩张性货币政策
Economic agent	经济人
Economic development	经济发展
Economic efficiency	经济效率
Economic growth	经济增长
Economic model	经济模型
Economic profit	经济利润
Economic rent	经济租金
Economics of information	信息经济学
Economies of scale	规模经济
Economic stabilization policy	经济稳定政策
Edgeworth box	埃奇沃斯盒式图
Effective demand	有效需求
Effects of fiscal policy	财政政策效果
Effects of monetary policy	货币政策效果

Efficiency	效率
Efficiency wage	效率工资
Efficiency wage theory	效率工资理论
Elasticity	弹性
Elasticity of demand	需求弹性
Elasticity of supply	供给弹性
Endogenous growth	内生增长
Endogenous growth theory	内生增长理论
Endogenous variable	内生变量
Engel curve	恩格尔曲线
Engel's law	恩格尔定律
Entrepreneur	企业家
Entrepreneurship	企业家精神
Envelope curve	包络曲线
Equation of cost	成本方程
Equation of exchange	交易方程
Equilibrium	均衡
Equilibrium growth	均衡增长
Equilibrium of capital market	资本市场均衡
Equilibrium output	均衡产出
Equilibrium price	均衡价格
Equilibrium quantity	均衡数量
Excess demand	超额需求
Excess reserve	超额准备金
Excess reserve ratio	超额准备金率
Excess supply	超额供给
Exchange	交换
Exchange contract curve	交换契约曲线
Exclusion	排他性
Existence of general equilibrium	一般均衡的存在性
Exogenous variable	外生变量
Expansion path	扩展线

Expectation	预期
Expected return	预期收益
Expected utility	期望效用
Expenditure method	支出法
Explicit cost	显性成本
Export	出口
External diseconomy	外部不经济
External effects	外部影响
External economy	外部经济
Externality	外部性
Factor demand curve	要素需求曲线
Factor demand curve of firm	企业对要素的需求曲线
Factor market	要素市场
Factor owner	要素所有者
Factor supply	要素供给
Factors of production	生产要素
Federal Reserve System	联邦准备金制度
Final goods	最终产品
Financial market	金融市场
Firm	企业
Fiscal budget	财政预算
Fiscal policy	财政政策
Fixed cost	固定成本
Fixed input	固定投入
Flexible exchange rates	浮动汇率
Flow	流量
Foreign exchange	外汇
Foreign trade	对外贸易
Foreign trade multiplier	对外贸易乘数
Free rider	搭便车
Free trade	自由贸易
Frictional unemployment	摩擦性失业

Full employment	充分就业
Full employment budget surplus	充分就业预算盈余
Functional finance	功能财政
Fundamental analysis	基础分析方法
Future	期货
Game theory	博弈论
GDP deflator	GDP 平减指数
General equilibrium	一般均衡
Giffen goods	吉芬商品
Gini coefficient	基尼系数
Government purchase	政府购买
Government regulation	政府管制
Gross domestic product（GDP）	国内生产总值
Gross investment	总投资
Gross national product（GNP）	国民生产总值
Growth disaster	增长困境
Harold-Domar model	哈罗德-多马模型
High-powered money	高能货币
Hidden actions	隐蔽的行为
Hidden characteristics	隐藏的特征
H-O model	*H-O* 模型
Household	居民户（家庭）
Human capital	人力资本
Hyperinflation	恶性通货膨胀
Ideal output	理想的产量
Imperfect competition	不完全竞争
Imperfect information	不完全信息
Implicit cost	隐性成本
Import	进口
Impossible trinity	不可能的三位一体
Income	收入
Income effect	收入效应

Income elasticity of demand	需求的收入弹性
Income method	收入法
Income policy	收入政策
Income theory	收入理论
Income velocity of money	货币收入流通速度
Increasing returns to scale	规模报酬（收益）递增
Indexing	指数化
Index number	指数
Indifference curve	无差异曲线
Induced consumption	引致消费
Industry	行业（产业）
Inelasticity	缺乏弹性
Inefficiency of monopoly	垄断的低效率
Inferior goods	低档品
Inflation	通货膨胀
Innovation	创新
Input	投入
Input-output	投入产出
Input-output analysis	投入产出分析
Instantaneous growth rate	瞬时增长率
Instrument of fiscal policy	财政政策工具
Instrument of monetary control (or monetary policy tool)	货币政策工具
Insurance	保险
Interest	利息
Interest rate	利率
Interest rate elasticity	利率弹性
Intermediate cycle	中周期
Intermediate goods	中间产品
International division of labor	国际劳动分工
Inventory investment	存货投资
Investment	投资
Investment demand	投资需求

Investment function	投资函数
Investment multiplier	投资乘数
Invisible hand	看不见的手
Invisible hand theorem	看不见的手原理
Involuntary unemployment	非自愿失业
IS curve	*IS* 曲线
IS-*LM* analysis	*IS*-*LM* 分析
Isocost line	等成本线
Isoquant curve	等产量曲线
Juglar cycle	朱格拉周期
Keynesian economics	凯恩斯主义经济学
Keynesian revolution	凯恩斯革命
Keynesianism	凯恩斯主义
Keynesian trap	凯恩斯陷阱
Keynes's law	凯恩斯定律
Kinked demand curve	扭折的需求曲线
Kitchin cycle	基钦周期
Kondratieff cycle	康德拉季耶夫周期
Labor	劳动
Labor force participation rate	劳动力参与率
Labor theory of value	劳动价值论
Laffer curve	拉弗曲线
Laissez faire	自由放任
Land	土地
Land price	土地价格
Law of demand	需求规律
Law of diminishing marginal utility	边际效用递减规律
Law of diminishing marginal propensity to consume	边际消费倾向递减规律
Legal reserve	法定准备金
Liabilities	负债
Life cycle hypothesis	生命周期假说

Limit pricing	限制性定价
Liquidity preference	流动性偏好
Liquidity trap	流动性陷阱
LM curve	*LM* 曲线
Long cycle	长周期
Long run	长期
Long run consumption decision	长期消费决策
Lorenz curve	洛伦兹曲线
Lottery	彩票
Low inflation	温和的通货膨胀
Luxury	奢侈品
Macroeconomics	宏观经济学
Marginal benefit	边际收益
Marginal cost	边际成本
Marginal cost of factor	边际要素成本
Marginal efficiency of capital（MEC）	资本边际效率
Marginal efficiency of investment（MEI）	投资边际效率
Marginal product	边际产量
Marginal productivity	边际生产率（力）
Marginal propensity to consume（MPC）	边际消费倾向
Marginal propensity to save（MPS）	边际储蓄倾向
Marginal rate of substitution（MRS）	边际替代率
Marginal rate of technical substitution（MRTS）	边际技术替代率
Marginal rate of transformation（MRT）	边际转换率
Marginal revenue	边际收益（报酬）
Marginal revenue product	边际收益产品
Marginal tax rate	边际税率
Marginal utility	边际效用
Marginal utility theory	边际效用论
Market	市场
Market clearing	市场出清
Market failures	市场失灵

Market share	市场份额
Market structure	市场结构
Menu cost	菜单成本
Mercantilism	重商主义
Methodological individualism	方法论个人主义
Microeconomics	微观经济学
Mixed economy	混合经济
Model	模型
Modeling	建立模型
Monetarism	货币主义
Monetary base	基础货币
Monetary-fiscal policy mix	货币-财政政策的混合使用
Monetary illusion	货币幻觉
Monetary policy	货币政策
Monetary policy tool	货币政策工具
Money markets	货币市场
Money multiplier	货币乘数
Money supply	货币供给
Monopolistic competition	垄断竞争
Monopoly	垄断（卖方垄断）
Monopsony	买方垄断
Moral hazard	道德风险
Moral suasion	道义劝告
Mortgage credit	抵押贷款
Multiplier	乘数
Multiplier effect	乘数效应
Multiplier theory	乘数理论
Multiplier-accelerator interaction	乘数-加速数相互作用
Nash equilibrium	纳什均衡
National income（NI）	国民收入
National income accounting	国民收入核算
Natural monopoly	自然垄断

Natural rate of unemployment	自然失业率
Necessary goods	必需品
Net domestic products (NDP)	国内生产净值
Net exports	净出口
Net investment	净投资
Net national product (NNP)	国民生产净值
New Classical school	新古典学派
Neo-classical growth model	新古典增长模型
Neo-classical synthesis	新古典综合
New Keynesian school	新凯恩斯主义学派
New Keynesian Macroeconomics	新凯恩斯主义宏观经济学
Nominal exchange rate	名义汇率
Nominal GDP	名义 GDP
Nominal GNP	名义 GNP
Normal goods	正常品
Normal profit	正常利润
Normative economics	规范经济学
Okun's law	奥肯定律
Oligopoly	寡头
Oligopoly market	寡头市场
Open economy	开放经济
Open market operation	公开市场业务
Opportunity cost	机会成本
Option	期权
Ordinal utility theory	序数效用论
Output elasticity of factor	要素的产出弹性
Parameter	参数
Pareto optimal criterion	帕累托最优标准
Pareto efficiency	帕累托效率
Pareto improvement	帕累托改进
Pareto optimality	帕累托最优
Partial equilibrium	局部均衡

Payment or Expenditure	支出
Perfect competition market	完全竞争市场
Perfectly elasticity	完全弹性
Perfectly inelasticity	完全无弹性
Permanent income hypothesis	恒久收入假说
Permanent income hypothesis of Consumption	恒久收入消费假说
Personal disposable income (PDI)	个人可支配收入
Personal income (PI)	个人收入
Personal income tax	个人所得税
Phillips curve	菲利普斯曲线
Pigovian taxes	庇古税
Point elasticity	点弹性
Positive economics	实证经济学
Potential GDP	潜在 GDP
Potential GNP	潜在 GNP
Precautionary demand	预防需求
Precautionary motive	预防动机（或谨慎动机）
Preferences	偏好
Price discrimination	价格歧视
Price elasticity of demand	需求价格弹性
Price elasticity of supply	供给价格弹性
Price expansion path	价格扩展线
Price floor	最低限价
Price index	物价指数
Price leadership	价格领袖
Price rigidity	价格刚性
Price stabilization	价格稳定
Price-consumption curve	价格-消费曲线
Principal-agent	委托-代理
Private cost	私人成本
Private goods	私人物品
Producer	生产者

Producer surplus	生产者剩余
Product differentiation	产品差异
Production function	生产函数
Product markets	产品市场
Production contract curve	生产契约线
Production possibility frontier	生产可能性边界
Productivity	生产率
Profit	利润
Progressive tax	累进税
Proportional tax	比例税
Public choice	公共选择
Public debt	公债
Public goods	公共物品
Property rights	财产权
Quantity theory of money	货币数量论
Quasi-rent	准租金
Rate of rediscount	再贴现率
Rate of unemployment	失业率
Rational expectations	理性预期
Rationality	理性
Rational agent	理性人
Real business cycle	实际经济周期
Real exchange rate	实际汇率
Real GDP	实际 GDP
Real GDP per person	实际人均 GDP
Real interest rate	实际利率
Real wages	实际工资
Recession	衰退
Relative income hypothesis	相对收入假说
Rent	地租（或租金）
Rent seek	寻租
Replacement investment	重置投资

Required reserve	法定准备金
Reserve	准备金
Reserve rate	准备金率
Resource allocation	资源配置
Revenue	收益（报酬）
Rigid price	刚性价格
Risk	风险
Risk averter	风险厌恶者
Risk lover	风险喜好者
Risk neutral	风险中性者
Saving	储蓄
Saving function	储蓄函数
Say’s law	萨伊定律
Scarcity	稀缺性
Service	服务
Short cycles	短周期
Short run	短期
Shutdown point	停业点
Social cost	社会成本
Social welfare function	社会福利函数
Speculative demand	投机需求
Speculative motive	投机动机
Stagflation	滞胀
State of general equilibrium	一般均衡状态
Static analysis	静态分析
Statistical discrepancy	统计误差
Steady-state	稳态
Sticky prices	价格黏性
Sticky wages	工资黏性
Stock	股票（存量）
Structural unemployment	结构性失业
Subsidy	津贴

Substitutes	替代品
Substitution effect	替代效应
Supply	供给
Supply curve	供给曲线
Supply curve of capital	资本供给曲线
Supply curve of factor	要素供给曲线
Supply curve of labor	劳动供给曲线
Supply curve of land	土地供给曲线
Supply function	供给函数
Supply schedule	供给表
Supply-side school	供给学派
System of national accounts	国民经济核算体系
Tariff	关税
Tax multiplier	税收乘数
Technological advance	技术进步
Tight-money policy	紧缩性货币政策
Time deposit	定期存款
Time inconsistency	时间不一致性
Tobin's q theory	托宾的 q 理论
Total cost	总成本
Total product	总产量
Total revenue	总收益
Total utility	总效用
Transaction demand	交易需求
Transaction costs	交易成本
Transfer payment	转移支付
Transfer payment multiplier	转移支付乘数
Treasury bills	政府债券
Trilemma of international finance	国际金融三元悖论
Uncertainty	不确定性
Undistributed profit	未分配利润
Unemployment	失业

Utility	效用
Utility function	效用函数
Utility possibility frontier	效用可能性边界
Value of marginal product	边际产品价值
Variable cost	可变成本
Variable input	可变投入
Velocity of money	货币流通速度
Voluntary unemployment	自愿失业
Wage	工资
Walrasian general equilibrium	瓦尔拉斯一般均衡
Walras's Law	瓦尔拉斯定律
Wealth	财富
Welfare	福利

第一版后记

《西方经济学》教材是马克思主义理论研究和建设工程重点教材。在编写过程中，得到了马克思主义理论研究和建设工程咨询委员会的指导，得到了中央有关部门和有关专家学者的帮助和支持。同时，广泛听取了高校西方经济学课程教师和大学生的意见和建议。

本教材由首席专家吴易风、颜鹏飞主持编写。参加写作、统稿和修改的有：吴易风、颜鹏飞、刘凤良、吴汉洪、王志伟、杨玉生、郭其友、文建东、冯金华等。张磊主持了工程办公室组织的审改和统稿工作。邵文辉、何自力、宋凌云、何成、田岩、冯静、张建刚、蒋旭东、罗炯、冯宏良、李海青、宋义栋、王燕燕等参加了具体审改和统稿工作。参加集中阅看并提出修改意见的有：韩保江、李翀、张宇、胡乐明、白暴力、张雷声、杨春学、孟捷、谢鲁江、胡希宁、张晓晶。

2011 年 6 月

第二版后记

组织全面修订马克思主义理论研究和建设工程重点教材，是推动习近平新时代中国特色社会主义思想和党的十九大精神进教材、进课堂、进头脑的重要举措。《西方经济学》（第二版）是在第一版教材基础上修订而成的。在教材修订过程中，得到了马克思主义理论研究和建设工程咨询委员会的指导，得到了中央有关部门和有关专家学者的帮助和支持。同时，也广泛听取了高校专业课程教师和学生的意见和建议。

教材修订课题组由颜鹏飞、刘凤良、吴汉洪任首席专家，颜鹏飞主持修订，王志伟、文建东、冯金华、李俊青、韦鸿作为主要成员参加修订，周绍东作为学术助手做了辅助性工作。邵文辉、何成主持了工程办公室组织的审改定稿工作。田岩、冯静、王昆、王勇、曹守亮、张文君、徐立恒等参加了审改。参加集中审阅并提出修改意见的有：白暴力、张衔、李翀、张开、张云、胡乐明、李宝伟、韩玉玲、杨虎涛等。

2019 年 9 月

郑重声明

高等教育出版社依法对本书享有专有出版权。任何未经许可的复制、销售行为均违反《中华人民共和国著作权法》,其行为人将承担相应的民事责任和行政责任;构成犯罪的,将被依法追究刑事责任。为了维护市场秩序,保护读者的合法权益,避免读者误用盗版书造成不良后果,我社将配合行政执法部门和司法机关对违法犯罪的单位和个人进行严厉打击。社会各界人士如发现上述侵权行为,希望及时举报,我社将奖励举报有功人员。

反盗版举报电话　(010)58581999　58582371

反盗版举报邮箱　dd@hep.com.cn

通信地址　北京市西城区德外大街4号

高等教育出版社法律事务部

邮政编码　100120

读者意见反馈

为收集对教材的意见建议,进一步完善教材编写并做好服务工作,读者可将对本教材的意见建议通过如下渠道反馈至我社。

咨询电话　400-810-0598

反馈邮箱　gjdzfwb@pub.hep.cn

通信地址　北京市朝阳区惠新东街4号富盛大厦1座

高等教育出版社总编辑办公室

邮政编码　100029

防伪查询说明

用户购书后刮开封底防伪涂层,使用手机微信等软件扫描二维码,会跳转至防伪查询网页,获得所购图书详细信息。

防伪客服电话　(010)58582300